DER
INNOVATIONS
KREIS

THE CIRCLE OF INNOVATION

DER
INNOVATIONS
KREIS

THE CIRCLE OF INNOVATION

Ohne Wandel
kein Wachstum –
wer abbaut,
verliert

von
TOM PETERS

Deutsch von
Ursel Reineke

Econ
Düsseldorf und München

Titel der amerikanischen Originalausgabe:
THE CIRCLE OF INNOVATION
You Can't Shrink your Way to Greatness

Übersetzt aus dem amerikanischen Englisch von Ursel Reineke mit
Wolfgang Reineke, Christiane Ferdinand-Gonzalez und Angelika Haarkamp
Originalverlag: ALFRED A. KNOPF, INC., N.Y.
Copyright © 1997 by Excel/A California Partnership
This translation is published by arrangement with Alfred A. Knopf, Inc.

2. Auflage 1999

Deutsche Erstausgabe

Der Econ Verlag ist ein Unternehmen der Econ & List Verlagsgruppe

© 1998 der deutschen Ausgabe by Econ Verlag GmbH, Düsseldorf und München
Alle Rechte der Verbreitung, auch durch Film, Funk und Fernsehen, fotomechanis-
che Wiedergabe, Tonträger jeder Art, auszugsweisen Nachdruck
oder Einspeicherung und Rückgewinnung in Datenverarbeitungsanlagen
aller Art, sind vorbehalten.
Lektorat: Christina Seitz mit Susanne Seeberger, Wibke Greeven
und Annette von der Weppen.
Satz: LHF Satzstudio GmbH, Düsseldorf
Papier: Papierfabrik Schleipen GmbH, Bad Dürkheim
Druck und Bindearbeiten: Bercker, Graphischer Betrieb GmbH, Kevelaer
Printed in Germany
ISBN 3-430-17464-3

Für
Susan, Donna, Ken,
Sonny, Herb, Larry, Ian.
Ihre Integrität und ihr Lebenshunger
stehen für die Botschaft
dieses Buches.

Die Erfolgsfaktoren
der Vergangenheit
werden in Zukunft
<u>nicht mehr</u> gelten.

— *Lew Platt, Chairman und CEO,*
Hewlett-Packard

Dies ist das
Ende der Welt,
wie wir sie
kennen.

— *Peter Georgescu, Chairman und CEO,*
Young & Rubicam

Business – erfolgreiches Business – ist eher eine Sache des Gefühls als eine des Verstands. Wenn wir untersuchen, was andere tun, werden wir zwar das Marktgeschehen begreifen, aber wir werden nie herausfinden, wie wir es steuern können.

Tom Peters ist ein eher instinktiv urteilender Mensch. Seine Einschätzung der Wirtschaft kommt aus dem Bauch. Keineswegs möchte ich damit aber seinen Doktorgrad von der University of Stanford, seine Jahre im Elfenbeinturm von McKinsey oder seine enormen Beiträge zur Theorie und Praxis des Managements – beginnend mit der Veröffentlichung von *Auf der Suche nach Spitzenleistungen* – übergehen.

Was Tom von anderen unterscheidet, ist seine Leidenschaft und seine leidenschaftliche Energie. Er ergreift jede Chance, die ihm in den Weg kommt. Es tut ihm weh, wenn er Mittelmäßigkeit erlebt. Er jubelt, wenn er Innovationen sieht. Tom ist ein guter Freund von mir. Vor einigen Monaten lud er mich zur Teilnahme an einem seiner berühmten Seminare in Detroit ein. Ich hatte seine Bücher gelesen und oft mit ihm zusammengearbeitet. Wir sind miteinander Essen gegangen und haben viele gute Gespräche geführt. Wir tauschen oft witzige Bemerkungen auf elektronischem Weg aus, weil wir beide viel in der ganzen Welt unterwegs sind. Als ich ihn in Detroit hörte, erinnerte er mich an einen Prediger. Tom krempelt das Leben der Menschen um. Er vermittelt tiefempfundene und mit Leidenschaft vertretene Überzeugungen. Er ist ein Heiler. Prediger nutzen die Macht des Geistes zur Heilung körperlicher Gebrechen. Tom nutzt die Macht der Ideen zur Umgestaltung der Wirtschaftswelt.

Tom reist in der ganzen Welt herum. (Er fühlt sich überall wohl.) Die Schuldigen stellt er an den Pranger (und schont auch sich selbst nicht). Er braucht keinen Schlaf. (Das erkenne ich an der Zeitangabe auf seinen E-Mails.) Er liest und behält alles. (Seine Bibliothek würde auch einem guten College zur Ehre gereichen.) Er verarbeitet Ideen von überall her und gibt ihnen seinen eigenen Dreh.

Niemand steht Tom kritischer gegenüber, als er selbst. Die Geschwindigkeit, mit der Tom Ideen in seinem Kopf aussortiert, ist höher als die eines Kindes. In unserer von Umbrüchen geprägten Welt ist er in seinem Element. Er ist ständig auf der Suche nach ›etwas noch Besserem‹, nach WOW! Ständig schraubt er die Anforderungen an sich selbst in die Höhe. Er experimentiert, meistens in der Öffentlichkeit. Es kommt auch vor, daß er auf die Nase fällt, aber meistens ist er obenauf. Der Mensch muß Fehler machen, sagt er. Der Mensch braucht eine gewisse Fehlerquote, und Tom hat die seine. Tom wird manchmal Inkonsequenz vorgeworfen, und Tom gibt das auch zu – Gott sei Dank. Wenn man eine Idee hat, muß man sie auch ändern können, glaubt er. Ich und viele andere sind seiner Meinung.

Kreative Vordenker wie Tom sind anders als wir. Sie sehen, was wir übersehen. Tom nimmt eine Idee und verwirklicht damit Dinge, die anderen nicht gelingen. Er verwandelt lernende Organisationen in vergessende Organisationen. Er verkehrt die Bewältigung des Wandels in Zerstörung um. Er macht die Hausdamen eines Hotels zu Michelangelos.

Wie alle Forschungsreisenden nimmt Tom uns mit auf einen Pfad der Entdeckung. Wie es sich für alle wahren Innovatoren gehört, ist Tom Einzelgänger und König der Einzelgänger zugleich. Wir begegnen Menschen, die er bewundert – z. B. Percy Barnevik von ABB Asea Brown Boveri, Bill Gates von Microsoft und Alfred Sloan von General Motors. Seine vielen Geschichten über Erfolg und Mißerfolg spiegeln unsere eigene Situation. Lakeland Hospital zeigt uns, daß keine Arbeitsplatzbeschreibung sakrosankt ist. Diese Geschichte zeigt uns die Grenzen des Reengeneering und die Chancen zur Einführung völlig neuer Strukturen. Sie lehrt uns, daß eine Technologie, die wir nicht begreifen, nicht berechnen und nicht steuern können, sich für uns und unsere Unternehmen zu einer Frage von Leben und Tod entwickeln kann.

Wir wissen die Originalität von Toms Büchern und Seminaren zu schätzen. Wir sollten aber eigentlich viel mehr tun. Was Tom schreibt, ist wichtig, wirklich zählt aber, was Sie selbst daraus machen. All seine Ratschläge sind nichts wert, wenn sie nicht umgesetzt werden.

Ich vermute, daß Tom mehr Wert darauf legt, wie wir sein Buch lesen, als darauf, wie er es schreibt. Es ist leicht, ihm zu folgen – lassen Sie sich einfach vom Gedankenfluß tragen. Die Versuchung ist groß, das Buch schnell durchzulesen, ohne sich die Zeit zu nehmen, über die einzelnen Nuancen nachzudenken. Tom, nehme ich an, würde auch dazu raten. Ich rege jedoch an, das Buch ein zweites Mal zu lesen, dieses Mal mit einem Bleistift oder Marker in der Hand. Machen Sie sich Notizen. Sie bilden den ersten Schritt zu einer mit Sicherheit entstehenden intensiven Auseinandersetzung mit Tom Peters, und ich weiß aus eigener Erfahrung, daß dies eine Auseinandersetzung ohnegleichen sein wird.

Toms Buch endet mit einem Kapitel, das die Überschrift trägt: »Wir wollen leben, intensiv und laut«. Dies ist die freie Wiedergabe eines Ausspruchs des französischen Romanciers Emile Zola. Ich habe ihn oft von Tom gehört und muß sagen, Tom hat die Lautstärke für mich aufgedreht. Ich denke, daß es Ihnen mit *Der Innovationskreis* genauso gehen wird.

Dean LeBaron
Weesen, Schweiz
11. August 1997

Dean LeBaron, Begründer des innovativen Investment-Hauses Batterymarch Financial Management und Mitglied des Kuratoriums des Santa Fe Institute, gilt als unbarmherziger Gegner konventionellen Denkens. Die Harvard Business School zeichnete ihn mit dem Distinguished-Alumni-Achievement-Preis aus. In der Laudatio heißt es: »Die Geschichten Ihrer Erfolge als widerspenstiger und widerspruchsfreudiger Geist sind Legion und Legende. Einem hervorragenden Wertpapierexperten und außergewöhnlichen institutionellen Anleger.«

INHALT

N-E-U-E W-E-L-T-O-R-D-N-U-N-G

KLM 0807 ...

Explosion. EXPLOSION. E-X-P-L-O-S-I-O-N. Nicht die Hitze versetzt mir einen Schlag, als ich nach elfstündigem Flug am 31. Mai 1997 das Flugzeug verlasse.

Heiß? Ja!

Aber ...

Es war schon verrückt, als ich das letzte Mal im Juni 1993 hier war. Und jetzt? Der reine Wahnsinn!

`Samstag, 14 Uhr.` Wieder ein geschäftiger Arbeitstag. Die Autos fahren (stehen) Stoßstange an Stoßstange.

`Samstag, 8 Uhr.` Ein Trupp Arbeiter auf der Baustelle (ein Hochhaus natürlich), die ich aus dem Fenster meines Hotelzimmers im 27. Stock sehe.

Schaue hoch ... UND HÖHER ... und sehe den kaum fertiggestellten Petronas-Turm. Höchstes Gebäude der Welt. (Elf Meter höher als der Sears-Turm in Chicago.)

Kuala Lumpur

Malaysia

Asien

Ich lese ... UND LESE ... und lese. Ich bin auf mein Seminar für übermorgen in Kuala Lumpur ... und drei Tage später in Hongkong ... – 26 Tage vor der Übergabe an China – gut vorbereitet.

Worauf ich jedoch nicht vorbereitet war – nicht einmal durch einen Besuch in Indien vor gerade zwei Monaten – sind die neuerlichen Beweise für die physische und mentale Intensität der ... WIRTSCHAFTSEXPLOSION – DIE-ASIEN-GENANNT-WIRD-UND-DIE-DIE-WELT-STÜNDLICH-VERÄNDERT – RUND-UM-DIE-UHR-AN-SIEBEN-TAGEN-DER-WOCHE.

Zu Hause – in A-M-E-R-I-K-A – füllen die Medien Spalte für Spalte mit Gerede über Bills Unternehmen (Gates). Bills Hämorrhoiden (Gates). Und ... natürlich ... Bills Software. Ich weiß, daß ER »die Welt verändert«. Aber hier erscheint diese Veränderung so unendlich klein. Globales Dorf … ja, ja, ja. Die Revolution in der Telekommunikation … ja, ja, ja. Hier aber (Kuala Lumpur, Bautätigkeit, wirtschaftlicher Aufbruch) sind URKRÄFTE am Werk.

Und die Welt, die mit enormer Geschwindigkeit in eine Schieflage treibt (zweite Ableitung, d. h. Beschleunigung) in Richtung A-S-I-E-N, wird N-I-E wieder so sein, wie sie war. NICHT EINMAL ANNÄHERND.

Was passiert da unterhalb meines Fensters auf der 27. Etage (meines relativ niedrigen Hotelbaus)? Nicht viel: Lediglich ein wirtschaftlicher, gesellschaftlicher und politischer Umbruch von einem Ausmaß und einer Geschwindigkeit, wie er in der Geschichte der Menschheit ohne Beispiel ist. Es pocht buchstäblich in meinen Schläfen.

**

Nachrichten: In den nächsten 20 Jahren werden … 1,7 Milliarden neue, gebildete Asiaten auf den Arbeitsmarkt drängen. (Jawohl … M-I-L-L-I-A-R-D-E-N.) Und … Asiens Anteil am Weltwirtschaftsoutput dürfte sich … im selben Zeitraum … auf gut 50 … Prozent verdoppeln.

Langweilig? Oder eher erschreckend …

**

2.30 Uhr, Sonntag, 1. Juni 1997. Ich kann nicht einschlafen, oder liegt es … ja (!) … am harten aber unverkennbaren Geräusch einer Pfahlramme. EIN NEUES FUNDAMENT WIRD GELEGT. Verkehr? Immer noch viel Verkehr. Nicht viel weniger als am Nachmittag. So geht es immer weiter … und weiter … UND WEITER.

TOO-WACK. TOO-WACK. TOO-WACK. … (alias Ramme-im-Hirn) … TOO-WACK … A-S-I-E-N … TOO-WACK … A-S-I-E-N … TOO-WACK …

Dies ist das Ende der Welt, wie wir sie kennen. Die Erfolgsfaktoren der Vergangenheit gelten in Zukunft nicht mehr.

Und die Antwort darauf ist …

I-N-N-O-V-A-T-I-O-N ..., W-A-S D-E-N-N S-O-N-S-T!

Dieses Buch entstand in fünf Jahren ... und rund 400 Seminaren.* Der Kreis als solcher (der Innovationskreis) befindet sich jetzt in der 70. Fassung. Ich bin damit zufrieden ... jedenfalls vorläufig. Daraus entstand ... schließlich ... dieses Buch. Es geht darin um eine G-R-O-S-S-E Idee: Innovation als Leidenschaft für die Spitzenleute.

Und es geht darin um 15 einzelne/g-r-o-ß-e Ideen ... Jede bildet eine Station auf dem Innovationskreis. Alle 15 Ideen stehen für sich ... Und alle 15 Ideen fügen sich logisch, zusammenhängend und von innen her zu DER EINEN G-R-O-S-S-E-N IDEE zusammen.

Ich verfolgte wie besessen (das ist das richtige Wort) den Gedanken der Innovation, ... weil meine Kunden mich darum baten. (Dies ist ein kundenorientiertes Buch!) Qualität ist (enorm) gestiegen. Die Geschwindigkeit ist (enorm) gestiegen. Die Produktentwicklungszeiten sind (enorm) gesunken. Wir haben selbst den Installateuren ein »Reengineering« verpaßt ... und der Spüle in der Küche ein »Empowerment«. Aber angesichts des globalen Wettbewerbs, der sich mit jeder Picosekunde weiter verschärft, sagt mir ein Unternehmen nach dem anderen – Banken, Versicherungen, Wirtschaftsprüfer, Maklerhäuser, Büromöbelhersteller, Verpackungsfirmen, Softwarehäuser, Pharmaunternehmen, technische Dienstleister: MEINE DIENSTLEISTUNG/MEIN PRODUKT WIRD ZUR MASSENWARE.

In Amerika braucht ein Student etwa sieben Jahre bis zur Promotion in Volks- oder Betriebswirtschaft an einer anerkannten Universität. Diese sieben Jahre kann man fairerweise in einem Satz zusammenfassen: WENN DIE ANDEREN JUNGS BESSER WERDEN, MUSST DU EBEN SCHNELLER ALS DIE ANDEREN BESSER WERDEN ... ODER DU SCHNEIDEST IM VERGLEICH SCHLECHTER AB.

Übersetzt heißt das: Innovation ... was denn sonst!

Und ... Hinweis: Dies gilt für meine berufliche Laufbahn (TP), für Ihre berufliche Laufbahn, für die aus sechs Personen bestehende Abteilung Aus- und Weiterbildung ... und für den 60.000 Köpfe zählenden Organisationskoloß.

***

Warum gibt es nur s-o-o-o wenige Bücher zum Thema ... INNOVATION ... und so viele über Teamarbeit/Delegation von Verantwortung (Empowerment)/Reengineering/ Qualitätsmanagement? (1.) Keine Ahnung! (2.) Thema zu schwierig?

***

Nun ... IN DIESEM BUCH GEHT ES UM ... I-N-N-O-V-A-T-I-O-N. PUNKT.

***

* (400 Seminare in 47 amerikanischen Bundesstaaten, in Brasilien, Argentinien, Chile, Ecuador, Malaysia, Hongkong, Singapur, Thailand, den Philippinen, Südkorea, Australien, Neuseeland, England, Schottland, Holland, Deutschland, Portugal, Indien, Saudi-Arabien, Vereinigte Arabische Emirate, Südafrika, Simbabwe.)

Zurück zu den 400 (meist Tages-)Seminaren der letzten fünf Jahre ... seit der Veröffentlichung von *Jenseits der Hierarchien – Liberation Management*. Ich habe einiges ausgeteilt (ich bin alt und deshalb ungeduldig). Und auch ich habe einige Male/viele Male Tiefschläge weggesteckt. Und ich habe mich ... verändert ... und verändert ... und verändert.

»Man« sagt, ich sei inkonsequent. Ich betrachte das als eine Auszeichnung. D. h.: Ich hoffe, ich habe mich weiterentwickelt ... und kann daher auch Ihnen (ein wenig) dabei helfen, sich (ein wenig) weiterzuentwickeln.

Wir leben in einer wundervoll beängstigenden Zeit (wundervoll = beängstigend). Reich an ... Chancen (wundervoll= beängstigend = Chance.) Reich an ... Risiken (wundervoll = beängstigend = Chance = Risiko.)

***

Ich habe keine Zeit zu verlieren. Sie haben keine Zeit zu verlieren. ALSO – OHNE WEITERE UMSCHWEIFE – RAN!

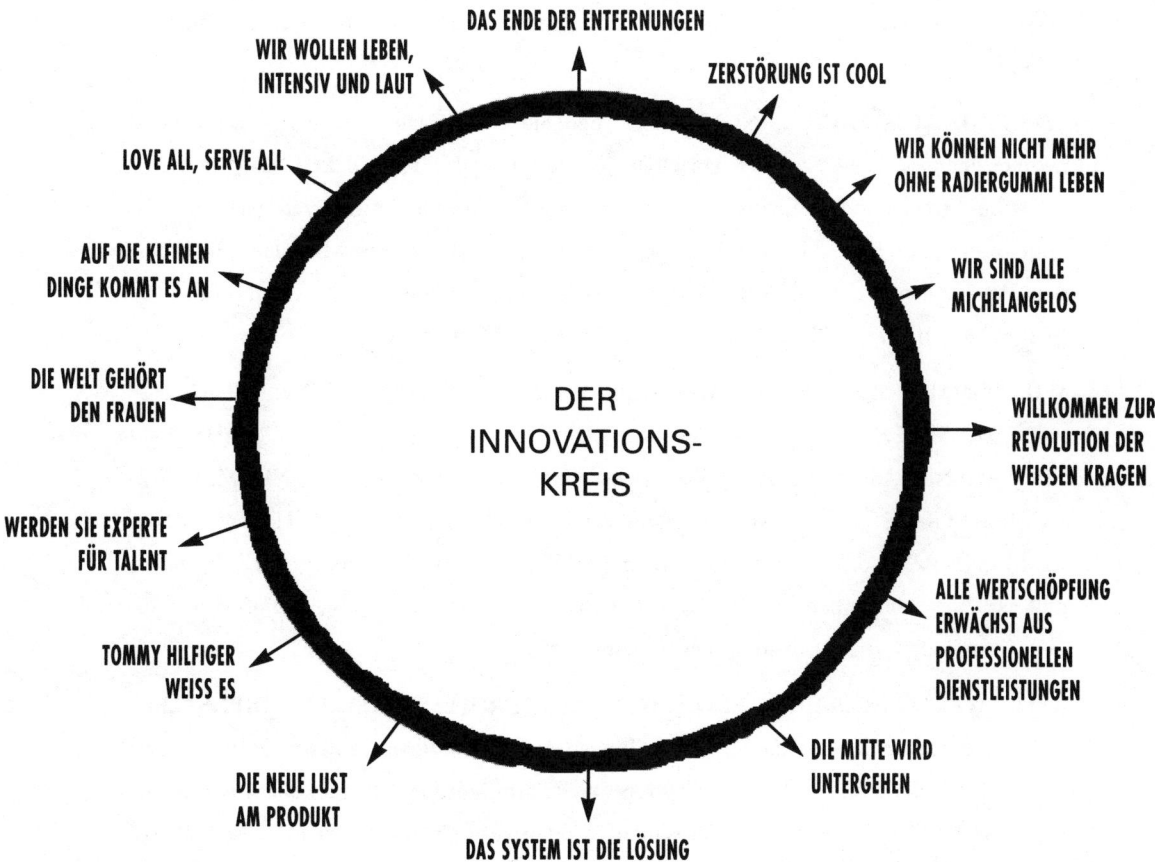

1 DIE G-R-O-S-S-E IDEE (X15)

Der Innovationskreis ist die dieses Buch umspannende Idee. Hier ist eine kurze Vorschau auf die 15 Stationen unserer Rundreise:

DAS ENDE DER ENTFERNUNGEN. Wir leben alle Tür an Tür. Schrittweise Veränderungen sind der schlimmste Feind der Innovation. Mittel- bis langfristig: In der Wirtschaft geht es um Spitzenleistungen ..., nicht um Kostenminimierung.

ZERSTÖRUNG IST COOL. CDO ... Chief Destruction Officer oder Oberster Zerstörer! So heißt die Devise. Es ist einfacher, eine Organisation zu zerschlagen – um sie dann neu aufzubauen –, als sie wesentlich zu verändern. Akzeptieren Sie dies: ZERSTÖRUNG IST AUFGABE NR. 1 (oder Vernichtung – ehe der Wettbewerb Sie vernichtet).

WIR KÖNNEN NICHT MEHR OHNE RADIERGUMMI LEBEN. Vergessen – nicht lernen – ist die höchste Kunst. Also: die VERGESSENDE ORGANISATION. STRATEGISCHE Vergeßlichkeit. Wie? MÜLL ... UNSINN ... VERSAGEN/FEHLER in Ehren halten. Das heißt: Fertig. FEUERN! Zielen.

WIR SIND ALLE MICHELANGELOS. Machen Sie alle zu Unternehmern und Unternehmerinnen. Machen Sie jeden einzelnen Job zu einem UNTERNEHMEN. »Unternehmerisches Denken und Handeln« ist etwas ganz anderes und bedeutet auch sehr viel mehr als »Empowerment«. Die Schlüsselbegriffe lauten: Vertrauen/Achtung/Die Michelangelos unter den Hausdamen/Die Michelangelos des Telemarketing. Vorgesetzte als ... UNERMÜDLICHE ARCHITEKTEN DES MENSCHLICHEN POTENTIALS.

WILLKOMMEN ZUR REVOLUTION DER »WEISSEN KRAGEN«. WENN SIE NICHT (GENAU) SAGEN KÖNNEN, WAS SIE ZUM ERFOLG IHRES UNTERNEHMENS BEITRAGEN ..., SIND SIE DRAUSSEN! Ab jetzt gilt: ICH & Co!/ÜBERNEHMEN SIE UNMITTELBARE VERANTWORTUNG FÜR DEN WANDEL/SIE UND ICH – WIR SIND MARKEN. (Stellen Sie fest, welches MARKENPOTENTIAL SIE HABEN ... JETZT!) Dabei gibt es keine Produkthaftung ... was sehr befreiend wirken kann (also Schluß mit dem Leibeigenschaftsverhältnis zum großen Arbeitgeber!).

ALLE WERTSCHÖPFUNG ERWÄCHST AUS PROFESSIONELLEN DIENSTLEISTUNGEN. Machen Sie jede Ihrer Abteilungen zum lebendigen Zentrum gesammelten Wissenskapitals ... und nicht zur primären Quelle bürokratischer Langeweile. Instrument dazu: Machen Sie den Einkauf in all seinen Facetten zum Unternehmen EINKAUF ... zu einem ausgewachsenen Dienstleistungsunternehmen … das sich mit all seiner Kraft auf PROJEKTE DES WANDELS/großartigen KUNDENSERVICE und WOW! stürzt.

DIE MITTE WIRD UNTERGEHEN. (Große) Organisationen ohne Mitarbeiter. JEDE von Ihrer Organisation zu erfüllende Aufgabe kann (irgendwo auf der Welt) von einem hyperschnellen Spezialisten bearbeitet werden, der die Aufgabe lebt/ißt/schläft/atmet und sie BESSER (mit höherer Qualität, schneller, kreativer) erledigt. FLACH ist ein zu bescheidener Begriff. (Viel zu bescheiden.) Wir entleiben die nach Hierarchieebenen organisierten Unternehmen. Wir nehmen ihnen ihren »Bauch«. DIE MITTE WIRD STERBEN/SIE IST SCHON TOT! Öffnen Sie sich den ihrer Eingeweide entledigten Netzwerk-»Organisationen« …, die ihren Kunden (wie auch allen übrigen Mitgliedern der Wertschöpfungskette) Transparenz bieten.

DAS SYSTEM IST DIE LÖSUNG. 1. Systeme sind der Klebstoff … in kurzlebigen/netzwerkartig ausgelegten »Organisationen« oder kurz »Orgs.«. 2. Bei Systemen – großen Systemen – geht es nicht nur um »Nägel und Nieten«. Vielmehr sind sie/können sie … SCHÖN sein. Abteilung Systemtechnik? NEIN! Abteilung Schönheit???? JA!!!! Das geht W-E-I-T über Reengineering hinaus.

DIE NEUE LUST AM PRODUKT: (Fast) alles funktioniert. Qualität allein ist nicht mehr der Vorteil, der er noch (bis vor kurzem) war. Also: »Nein!« schreien, wenn Ihr Produkt zur Massenware wird, ganz gleich, wie dies vor sich geht, ob es Me-too-Produkte sind oder ob dem Original zum Verwechseln ähnlich aussehende Produkte auf den Markt kommen. Schaffen Sie WOW!/begehrte Produkte und Dienstleistungen! Todsünde: »WENN WIR ES RICHTIG MACHEN, IST ES IMMER NOCH ZIEMLICH DURCHSCHNITTLICH.«

TOMMY HILFIGER WEISS ES. In einem Markt, in dem sich viele (sehr viele) Wettbewerber tummeln, sind … Marken wichtiger als je zuvor. Wir leben … im ZEITALTER DER MARKE!! (1.) Alles läßt sich zur Marke machen (z. B. Markenhähnchen, Markenmilch). Ein Produkt oder eine Dienstleistung als Marken zu etablieren, dies kann ein sehr kleines Unternehmen genauso wie die großen Player Levi's, Nike, Starbucks oder Intel (Intel Inside).

WERDEN SIE EXPERTE FÜR TALENT. SETZEN SIE AUF VIELFALT! ENGAGIEREN SIE VERRÜCKTE KREATIVE! Rufen Sie die REVOLUTIONÄRE ERNEUERUNG (BUCHSTÄBLICH) zu jedermanns Aufgabe Nr. 1 aus! Unsere »Halbwertszeit« ist extrem gesunken. Daher gilt: (kontinuierliche) Vitalität = (kontinuierliches) Engagement für (kühne/offiziell eingeführte) Erneuerungsprogramme … die für … ALLE gelten.

DIE WELT GEHÖRT DEN FRAUEN. Was Frauen im eigenen oder im Namen anderer einkaufen, macht gut die Hälfte des (amerikanischen) Bruttoinlandsproduktes aus (Handels- und Konsumware). So gut wie kein Großunternehmen hat's (begriffen). Das gilt für den Bereich Finanzdienstleistungen genauso wie für das Gesundheitswesen, die Automobil- industrie und sonstige Business-Services. »Es begriffen haben« bedeutet, sich um die Frauen als die wichtigste Zielgruppe unter den Käufern zu bemühen. WARUM??? Weil es zur Nutzung dieser seltsamerweise vernachlässigten CHANCE NR. 1 in der Wirtschaft nicht etwa einer »Fraueninitiative«, sondern eines TOTALEN UMDENKENS bedarf.

AUF DIE KLEINEN DINGE KOMMT ES AN. Da die Märkte zunehmend enger (und noch enger) werden, … ist DESIGN das beste »Instrument«, um nachhaltige Differenzierung zu erzielen. Traurige Tatsache: Die meisten Unternehmen tun, was sie nur können, aber ums Design kümmern sie sich nicht – nicht so Braun oder Sony. Die persönliche Sensibilisierung für das Design ist Schritt Nr. 1: Achten Sie auf Design. HALTEN SIE IHRE AUGEN WEIT OFFEN FÜR die zentrale Rolle, die Design heute verdammt noch mal in fast allen Lebens- bereichen spielt – Schildern, Formen, Schriften, Farben (toll!), usw., usw.

LOVE ALL, SERVE ALL. Selbst heute (WARUM BLOSS? WARUM BLOSS?? WARUM BLOSS???) bemüht sich nur eine lächerlich kleine Zahl von relevanten Großunternehmen um einen nachhaltigen Wettbewerbsvorsprung durch unglaublichen Service – im Stile von Disney oder Caterpillar. Um von hier (mäßig) bis dort (in den Olymp) aufzusteigen, braucht es das hundertprozentige Engagement für nichts geringeres als eine neue Wahrnehmung für das Marktgeschehen in Ihrer Branche.

WIR WOLLEN LEBEN, INTENSIV UND LAUT. Für Führungskräfte, die sich einer Umwandlung verschreiben, wird es den Ausdruck »Hände weg« nicht geben. Sie werden sich auf Exzentrisches konzentrieren … die Wahrheit sagen … und ein Leben im Grenzbereich zur Exzentrik führen. Ergo: Revolutionäre Zeiten erfordern revolutionären Eifer/revolutio- näre Anführer.

***

15 IDEEN = 1 IDEE = INNOVATION/LEIDENSCHAFT DER SPITZENLEUTE/WOW!!!

In meinen Seminaren zeige ich Dias während meiner Präsentation. Ich werde immer wieder um Kopien gebeten. HIER SIND SIE. In diesem Buch halte ich mich bewußt an Aufmachung und Feeling meiner Seminare. Zuerst ist jeweils das Dia abgebildet, danach folgt der erläuternde Text.

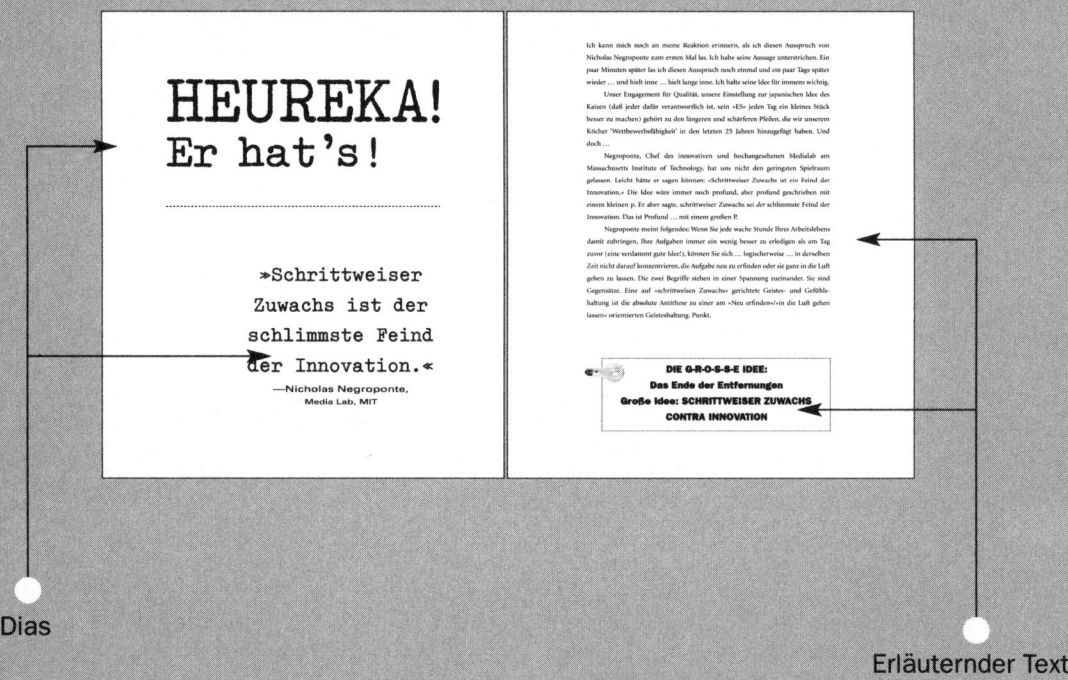

Dias

Erläuternder Text

Das ist jedoch noch nicht alles! Ich werde dieses Buch auf meiner Homepage im World Wide Web wöchentlich mit neuen Dias aktualisieren. Internet-Adresse: www.businessedge.net/tompeters. Nehmen Sie einen kontinuierlichen dynamischen Dialog mit uns auf. B-I-T-T-E.

AN DIE LESER

Credo/Leitlinien/Neigungen … oder … Um den Verteidigern der Langeweile zuvorzukommen

1. Ich liebe die Wirtschaftswelt. (Und Sie??)

2. Ich glaube, daß es im Wirtschaftsleben um Emotionen geht. Punkt. Coole Produkte. Geniale Dienstleistungsideen. Menschen, die etwas erreichen wollen. Führungskräfte, die sich leidenschaftlich um Menschen – ihre Kunden – und um Sachen – ihre Produkte – bemühen. Farbe in Technicolor! Dolby-Sound! (Tom Peters = Gegenteil von Robert McNamara.)

3. Ich liebe … GROSSBUCHSTABEN!!! Und!!! (Ausrufezeichen … bevorzugt mehr als nur eines.) Halbe Sachen sind für mich nicht akzeptabel. (D. h.: Das Leben ist zu kurz. Entweder kümmern Sie sich richtig um »Ihr Ding«, … oder Sie bleiben lieber gleich zu Hause.

4. Ich bin ein Design-Freak. Für mich ist Business nicht langweilig, und Betriebswirtschaft und Volkswirtschaft sind auch keine tristen Wissenschaften. … Ich glaube nicht, daß Managementfachbücher so aussehen müssen wie die Seite mit den Nachrufen in der *»Langeweiler Zeitung«*.

5. Hoch lebe die Inkonsequenz. Vieles, was ich hier sage, steht im Widerspruch zu dem, was ich vor 15 Jahren gesagt habe. Einiges, was ich hier sage, steht im Widerspruch zu einigem, an anderer Stelle in diesem Buch. Na und? Die Welt ist inkonsequent. Keine Wette gilt mehr … und keine hat jemals gegolten.

6. Wirtschaft ist ein Hit. Ich hoffe, daß dieses Buch Ihnen Spaß macht. (Und daß es Ihnen furchtbare Angst einjagt.)

7. Ich bin ein frustierter Akademiker. Ich mag!!! ›laute‹ Zitate und kleine Anekdoten. Aber … alles und jedes, was ich hier sage, fußt auf solider Recherche meinerseits und (in den meisten Fällen) auf der von anderen.

8. Den größten Teil meines Erwachsenenlebens habe ich in Silicon Valley verbracht. Silicon Valley ist die Heimat eines lächerlich kleinen Anteils irrsinniger Träumer. Silicon Valley ist nicht normal. Ich bin nicht normal. (Aber wir haben gewonnen. Und zwar haushoch! Richtig? Daraus folgt: Vielleicht sollten Sie meine/unsere Einstellungen zu den Ihren machen?)

9. Ich hoffe, daß Sie dieses Buch lieben … oder es hassen. Ich wäre am Boden zerstört, wenn Sie es nur »lauwarm« fänden! (Ich hasse »laue« Einstellungen.)

10. Ich gebe zu, daß ich oft (sehr) falsch gelegen habe. Und/aber … 98 Prozent meiner (gröbsten) Irrtümer waren Irrtümer/Sünden aus konservativem Denken heraus … nicht Irrtümer/Sünden aus dem Exzeß heraus. Dieses Buch liegt wahrscheinlich falsch …, ist viel zu sanftmütig und viel zu bescheiden in seinen Voraussagen und Rezepten/Empfehlungen. Sorry!

TP

15. September 1997

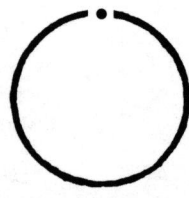

Das Ende der Entfernungen

Sie haben vom »globalen Dorf« gehört.

Ich sage, »Dorf« ist noch zu groß.

Wie wär's mit »globaler Straße«?

Noch besser wäre »globales Geschäftszentrum«.

Hilfe!
Entfernung ist ein Auslauf- modell!

»Die Übertragung eines Telefon-
gespräches von London nach New York
kostet praktisch genauso viel wie die
Übertragung von einem Haus zum
nächsten. Das Wegfallen von
Entfernungen ... wird voraussichtlich
als die einzig wichtige ökonomische
Kraft die Gesellschaft des nächsten
Jahrhunderts gestalten.«
—*The Economist*

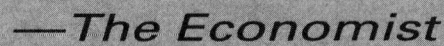

Das globale Dorf ist da … mit aller Macht! Kein Geschäftspartner ist buchstäblich mehr als sechs Zehntel einer Sekunde (gemessen in Lichtgeschwindigkeit) vom anderen entfernt. Wenn ich einen Partner brauche, kann ich genausogut in Bangalore, Indien, auf die Suche gehen wie in meiner direkten Nachbarschaft in Silicon Valley.

»Das Ende der Entfernungen bedeutet«, so *The Economist*, »daß alle Aktivitäten, bei denen ein Bildschirm oder ein Telefon eingesetzt wird, an jedem Ort der Welt ausgeführt werden können.«

Die Entfernung – möge sie in Frieden ruhen! Ihr Dahinscheiden bedeutet: Völlig unterschiedliche Dienstleistungen wie Karosseriedesign, Objektsicherung oder Gesundheitsfürsorge werden genauso exportierbar (und sind es schon!) wie Videorecorder oder Autos. Fluggesellschaften wie Swissair und British Airways wickeln schon jetzt ihre gesamten Verwaltungsarbeiten über Indien ab. »Und in Perth im Westen Australiens«, so berichtet *The Economist*, »steuert und überwacht das Unternehmen ›EMS Control Systems‹ die Klimaanlagen, Beleuchtung, Aufzüge und Sicherheitsmaßnahmen in Bürogebäuden in Singapur, Malaysia, Sri Lanka, Indonesien und Taiwan.«

Das Ende der Entfernungen bezeichnet gleichzeitig die Geburt des (wirklichen) Wettbewerbs. Angesichts dieser Tatsache müßten eigentlich sämtliche Schlipsträger in Panik geraten. Löhne und Gehälter in den Vereinigten Staaten, Japan, Deutschland sind … obszön hoch. Viel höher als in der restlichen Welt. Uns gefallen die relativ hohen Löhne. Den Amerikanern gefällt das relativ hohe Ranking in puncto Wettbewerbsfähigkeit (erster Platz zur Zeit). Und wenn wir weiterhin eine Spitzenposition behalten wollen, müssen wir, wie Ed Lawler, Professor und Experte für Hochleistungssysteme von der University of Southern California, es ausdrückt, dringend am nächsten Akt der Aufführung arbeiten.

Der Vorhang hebt sich schon.

Die übrige Welt holt auf. Mehr Freiheit! Höherer Lebensstandard! Hurra! Damit aber stehen wir zweifellos unter Beschuß.

Entfernung ist ein Auslaufmodell – das brachte eine Saite in mir zum Klingen. Nein, es durchfuhr mich wie ein Donnerhall. Alles verändert sich. Das ist keine

Übertreibung. Es ist eine Tatsache. Wir befinden uns mitten im tiefgreifendsten Wandel seit dem Beginn der industriellen Revolution vor über zwei Jahrhunderten … Vielleicht ist es der profundeste Wandel überhaupt, seit die Chinesen vor vielen tausend Jahren – mehr oder weniger – die Hierarchie erfanden.

Ich meine es ernst!

Das Thema Entfernung ist A-B-G-E-H-A-K-T. H-I-L-F-E!

DIE G-R-O-S-S-E IDEE:
Das Ende der Entfernungen
Große Idee: WIR SIND ALLE NACHBARN –
TÜR AN TÜR (BETT AN BETT?)

HILFE!

Die Nerds* haben

gewonnen!

Bill Gates, reichster Mann der Welt!

* Nerd, eigentlich der Archetyp des gesellschaftlichen Außenseiters, meist ein Computerfreak. Ein Prototyp des Nerd ist Murray Bozinski aus der TV-Serie »Trio mit vier Fäusten«. Besondere Kennzeichen des Nerd waren seine dicken Brillengläser (vom langen Sitzen am Computer) und der an der Außenseite der Brusttasche seines Hemdes befestigte Kugelschreiber. Heute sind die aktuellen Nerd-Kennzeichen eher das Dosen-Getränk »Dr. Pepper«, T-Shirts mit kryptischen Aufschriften sowie die unweigerliche Wechsel-Festplatte in der Jackentasche. (Anm. d. Red.)

Als ich 1974 als Unternehmensberater bei McKinsey & Co. anfing, wurden »wir« (die Wirtschaftsprüfer, Anwälte, Unternehmensberater und Werber) als PARASITEN betrachtet …, die auf dem Rücken der im Schweiße ihres Angesichts arbeitenden Bevölkerung lebten.

Die Zeiten haben sich geändert. Und wie!

Die Nerds haben gewonnen! Bill Gates ist der reichste Mann der Welt! Wir leben im Zeitalter der Brainware. Jetzt … sind die körperlich arbeitenden Menschen (eine … RAPIDE … abnehmende Gruppe) die neuen Parasiten. Sie sind es, die vom »Carpaltunnelsyndrom« der ständig von Sehnenscheidenentzündungen geplagten Tastaturhänden der Computerprogrammierer profitieren.

Finden Sie das übertrieben? Ich nicht … (oder höchstens ein bißchen).

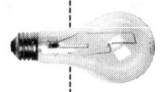

DIE G-R-O-S-S-E IDEE:

Das Ende der Entfernungen

Große Idee:

SETZEN SIE AUF BRAINWARE

Ausgepowert mit 21!

»Videospiele sind das perfekte Training für ein Leben am Fin-de-siècle. Täglich müssen wir mit über sechzehn Informationsmedien jonglieren: Telefon, Fernsehen, Fax, Piepser, Pager, Voice-Mail, Briefpost, E-Mail beruflich und privat, Internet usw. ... Wer schon mit dem Joystick in der Hand zur Welt gekommen ist, hat einen angeborenen Vorteil. Anders als nach den polemischen Aussagen von Neo-Luditten* leiden Computerspiel-Kids nicht an Konzentrationsschwierigkeiten. Sie sind nicht moralisch verkrüppelt. Sie sind keine kleinen Zombies, die nach zuviel >Mortal-Kombat<-Spielen Menschen en masse massakrieren. Sie haben sich einfach in einer Welt akklimatisiert, die immer mehr einer riesigen Einkaufspassage gleicht. Von

* Luditten – Maschinenstürmer, Anhänger des englischen Arbeiters Ned Lud, der 1811-1816 das Los der Arbeiter durch die Zerstörung der Maschinen in den Fabriken bessern wollte.

computergenerierten Wetterberichten bis zu den interaktiven Kiosken im örtlichen Großkaufhaus, von Hollywood bis zum Pentagon schwimmen wir in animierten Icons, Special effects und Computer-simulationen.«—J.C. Herz, *Joystick Nation*

»Jüngere Menschen fühlen sich in der Umgebung von Technik wohler als in der Umgebung von Menschen«, behauptet Jeffrey P. Luker von Andersen Consulting. Kann das stimmen? Gut möglich. Nein. Ändern Sie das in … ganz sicher!

Eine neue »mentale« Weltordnung wird erfunden – buchstäblich mit Lichtgeschwindigkeit. Wer sind die Technologieexperten von heute? So wie ich es sehe, ist unter ihnen keiner älter als 12. Kleiner Scherz am Rande … na beinahe. Als ich als Student der Ingenieurwissenschaften 1962 an der Cornell University mit dem Programmieren begann, geschah das mit Lochkarte und Bleistift (CORC … Die Programmiersprache an der Cornell University). Intellektuell habe ich's bis zu einem gewissen Grad »begriffen«. Wenn Sie aber jemanden suchen, der es wirklich begriffen hat …, brauchen Sie nur die 8-, 9-, 10- oder 12jährigen zu beobachten, wie sie ein neues Computerspiel attackieren (und ich meine buchstäblich *attackieren*). Diese Kids haben es in den Fingerspitzen, sie gehen intuitiv damit um.

Das legendäre Palo Alto Research Center (PARC) von Xerox lud vor nicht allzu langer Zeit sieben Computerfreaks, Gymnasiasten, zu einem sechswöchigen Brainstorming mit dem Namen *Workscapes der Zukunft* ein. Ich kann es gar nicht erwarten, mir das anzuschauen (und zu kaufen), was dabei herausgekommen ist!

Vergessen Sie sämtliche Kinder- und Jugendarbeitsschutzgesetze: Wenn Sie für Ihre Informationssysteme/Ihre Informationstechnologie keine Entscheidungsträger unter 15 … oder zumindest unter 25 … haben, sind Sie in echten Schwierigkeiten.

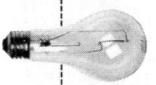

DIE G-R-O-S-S-E IDEE:
Das Ende der Entfernungen
Große Idee:
DIE JUNGEN ZEIGEN UNS DEN WEG!

Cray fur

US $199!

Es war nur eine kurze (winzige!) Notiz in *Management Review*. Nintendo, hieß es, werde uns (sprich: unseren Neunjährigen) in Kürze einen Game-Boy bescheren – für 199 US-Dollar, mit einer höheren Rechenleistung, als sie der schnellste Cray-Supercomputer vor gerade mal 25 Jahren hatte. (Sie wissen schon … der Supercomputer, den Vier-Sterne-Generäle zur Steuerung der Raketen für das strategische Oberkommando der amerikanischen Luftwaffe einsetzten.)

Na und?

Wir *alle* haben mit Computern zu tun. *Reisebüros* (sind nur so gut wie ihr Reservierungsservice), *kleine Restaurants* (sind nur so gut wie ihre Datenbank für besondere Kunden), *Finanzdienstleister* (sind nur so gut wie ihre Kommunikations- und Transaktionssysteme). Wie ich schon sagte, gilt dies für alle, für jede beliebige Branche. Die Computerrevolution ist jetzt über 50 Jahre alt … aber was auf uns *zukommt*, wird unsere Gegenwart wie die Steinzeit erscheinen lassen.

DIE G-R-O-S-S-E IDEE:

Das Ende der Entfernungen

Große Idee: R-E-V-O-L-U-T-I-O-N IN DER

INFORMATIONSVERARBEITUNG

Hilfe!

Die Kannibalen (alias Brainware-Spieler) kommen!

Börsenkapitalisierung von Microsoft + Intel > General Motors + Ford + Boeing + Kodak + Sears + J.P. Morgan + Caterpillar + Kellogg

A. Coca-Cola: 18/115
Merck: 17/78
Microsoft: 6/71
Intel: 16/62
Disney: 19/42
Oracle: 3/22

B. Ford: 137/43
GM: 169/42

C. Harley-Davidson: 1/4

DAS ZEITALTER DES
W-R-R-O-U-M-M-M!
(zum Patent angemeldet)

Sehen Sie sich die Zahlen aus der *Business Week* an, die Global-1000-Liste 1996, die eine Rangfolge der größten Unternehmen der Welt nach Börsenkapitalisierung erstellt. Coca-Cola hatte einen Umsatz von 18 Milliarden Dollar ..., die Börsenkapitalisierung betrug 115 Milliarden Dollar. Merck: 17 Millarden Dollar Umsatz, 78 Milliarden Dollar Börsenkapitalisierung. Microsoft: 6 Milliarden Dollar Umsatz, 71 Milliarden Dollar Börsenkapitalisierung. Intel: 16 Milliarden Dollar Umsatz, 62 Milliarden Dollar Börsenkapitalisierung. Disney: 19 Milliarden Dollar Umsatz, 42 Milliarden Dollar Börsenkapitalisierung. Und Oracle: 3 Milliarden Dollar Umsatz, 22 Milliarden Dollar Börsenkapitalisierung.

Außerdem erschienen auf dieser Liste einige Namen, die auch den Miles-and-More-Karteninhabern noch bekannt vorkommen könnten. Nämlich Ford: 137 Milliarden Dollar Umsatz, 43 Milliarden Dollar Börsenkapitalisierung. Und General Motors: 169 Milliarden Dollar Umsatz, 42 Milliarden Dollar Börsenkapitalisierung.

Man muß kein Astrophysiker sein, um den Unterschied zwischen der oberen und der unteren Hälfte der Liste zu erkennen. In der oberen Hälfte haben wir Coca-Cola, Microsoft, Disney usw. – reine Brainware-Player. In der unteren Hälfte erscheinen diejenigen, die noch »plumpe« Objekte anbieten, auch wenn Autos heutzutage viel »smarter« sind als früher.

Harley-Davidson, mit einem Umsatz von etwa einer Milliarde Dollar und einer Börsenkapitalisierung von 4 Milliarden Dollar, ist eine interessante und lehrreiche Ausnahme. Die Harley ist für viele das UPO (das ultimative plumpe Objekt) ... analog

zu Ford und General Motors. Harley hat jedoch mit Disney und Coca-Cola viel mehr gemeinsam als mit den großen Automobilherstellern. Harley verkauft an erster Stelle das Harley-Gefühl ... und erst an zweiter Stelle die »plumpe« Maschine. Damit gehört Harley eindeutig in die (fast) pure Brainware-Gruppe. Denken Sie darüber nach. Bewundernswert ... und noch bewundernswerter: Harley-Davidson versucht, das typische ... Geräusch der Harley-Davidson ... das W-R-R-O-U-M-M-M patentieren zu lassen. Warum? Den Japanern gelingt es um nichts in der Welt, solche voluminös-geräuschvollen, nach Power klingenden Bikes herzustellen (Gott sei Dank). Sie sind mit »umgekehrtem« Engineering an den Harley-Sound herangegangen – sie wollten einen Soundchip in ihre Motoren einbauen, um so das Power-Geräusch der Harley nachzuahmen. Als Harley davon Wind bekam, beschlossen sie, den Sound ihrer (außerordentlich lauten) Maschinen patentieren zu lassen (sprich: ihr ... geistiges Eigentum schützen zu lassen). Ich muß sagen ... Herzlich willkommen im Zeitalter des W-R-R-O-U-M-M-M! (Und die Japaner? Sie haben von den Amerikanern gelernt!! – was man über Anwälte erreichen kann. Sie fechten das Patent ... selbstverständlich ... an!)

DIE G-R-O-S-S-E IDEE:

Das Ende der Entfernungen

Große Idee: WERT = W-R-R-O-U-M-M-M!

Hilfe!
Abbau verhindert Ihren
Erfolg!

»Gewinne durch Downsizing zu
steigern, war einfach. Die
Führungskräfte mußten sich
lediglich die Beschimpfungen der
Entlassenen anhören.«

—G. William Dauphinais,
Price Waterhouse

»Wir können nicht
weiterhin Kosten senken
und gleichzeitig wachsen.«

—Paul Cook,
Gründer Raychem

»Abbau verhindert
den Erfolg eines
jeden Unter-
nehmens.«

—Bill Dahlberg,
Chairman,
The Southern
Company

»Höhere Gewinnmargen bei stagnierenden Umsätzen werden von der Wall Street nicht mehr honoriert. Entscheidend ist, welches Wachstum ein Unternehmen anstrebt.«

—Pankaj Ghemawat,
Harvard Business School

»In den letzten eineinhalb Jahrzehnten haben sich die Unternehmen
sämtlicher Branchen wie besessen der
Angebotsseite des Marktes gewidmet —
von der Produktion über den Vertrieb
bis zur Preispolitik.
... Wir haben enorme Verbesserungen
in der Produktivität erzielt. Aber
die Quellen für Chancen und Ideen,
die für schrittweisen Zuwachs sorgen,
versiegen langsam ... Mit dem Ende
der neunziger Jahre wird auch diese
Strategie ihre Gültigkeit verlieren.
Und die Unternehmen werden zunehmend
dazu gezwungen, sich an der Spitze zu
orientieren.«

—Peter Georgescu,
Chairman und CEO, Young & Rubicam

Natürlich, Downsizing war nicht gerade einfach. Und verdammt wenige Manager, die ich kenne, haben es auf die leichte Schulter genommen. (Keiner war davon begeistert.) Ich bin einer Meinung mit William Dauphinais – genauso wie Arthur Martinez, der hochangesehene Chairman und CEO von Sears, Paul Cook, der Begründer von Raychem und Bill Dahlberg, Chairman und CEO von The Southern Company.

Dahlberg revolutioniert dieses gigantische Elektrizitätsversorgungsunternehmen. Das Unternehmen hat zuviel Speck angesetzt, und er betätigt sich als Diätkoch. Er sieht aber ein, daß Rationalisierung ein Unternehmen nur bis zu einem bestimmten Punkt bringen kann. Und noch nicht einmal bis dahin.

Auch die öffentliche Meinung sieht die umfassende Lösung durch Downsizing mit immer skeptischeren Augen. Langfristig, so schätzt man, läuft es darauf hinaus, daß nur das Topmanagement übrigbleibt.

Umsatzsteigerungen (neue Produkte, Innovationen als Prinzip) sind die Devise. Natürlich müssen die variablen Kosten auch weiterhin unter Kontrolle gehalten werden, genauso wie der Speck auf ein Minimum reduziert bleiben muß. Aber auf lange Sicht werden diejenigen, die etwas aufbauen, ihre Anerkennung durch die Wall Street ernten. Arbeitsplätze abzubauen ist Schwerstarbeit. Arbeitsplätze zu schaffen erfordert Genies.

DIE G-R-O-S-S-E IDEE:
Das Ende der Entfernungen
Große Idee: SCHRUMPFEN (ABBAU)
CONTRA WACHSTUM (GRÖSSE).

Hilfe!

»Kontinuierliche Verbesserung« verhindert Ihren Erfolg!

Eine Schlucht
überquert man nicht
in zwei Sprüngen.
—Chinesisches Sprichwort

Die Schlucht des Wandels, mit der die Wirtschaftswelt – so wie Sie und ich – konfrontiert ist, entspricht etwa dem Grand Canyon. Zu viele Unternehmen (und Individuen) wollen diese Schlucht in 22, noch nicht einmal in zwei Sprüngen überqueren (wenn es mehr als ein Sprung ist, spielt es sowieso keine Rolle mehr). Bedenken Sie dies, bevor S-i-e springen. Und dann springen Sie.

Mit anderen Worten: Das ist mein Kaizen-Problem! Die kontinuierliche Verbesserung mit ihrem Endziel Perfektion ist bewundernswert … bis zu einem gewissen Grad. Aber irgendwann … und oft früher als gedacht … das gilt BESONDERS FÜR DIE SOGENANNTEN SECHS-SIGMA-ZEITEN … (Sie erinnern sich an Sechs-Sigma, die strengste Norm für Spitzenqualität – 3,4 fehlerhafte Teile auf eine Million – bekannt geworden durch Motorola) … kann die Zielvorgabe »Perfektion um der Perfektion willen« zu einem katastrophalen Fehler ausarten. Was übrigbleibt, ist nur die zwanghafte Besessenheit, ein gestriges Paradigma immer wieder aufzupolieren.

DIE G-R-O-S-S-E IDEE:
Das Ende der Entfernungen
Große Idee: SCHRITTWEISEN ZUWACHS
IN FRAGE STELLEN.

HEUREKA!
Er hat's!

>>Schrittweiser
Zuwachs ist der
schlimmste Feind
der Innovation.<<

—Nicholas Negroponte,
Media Lab, MIT

Ich kann mich noch an meine Reaktion erinnern, als ich diesen Ausspruch von Nicholas Negroponte zum ersten Mal las. Ich habe seine Aussage unterstrichen. Ein paar Minuten später las ich diesen Ausspruch noch einmal und ein paar Tage später wieder … und hielt inne … hielt lange inne. Ich halte seine Idee für immens wichtig.

Unser Engagement für Qualität, unsere Einstellung zur japanischen Idee des Kaizen (daß jeder dafür verantwortlich ist, sein »ES« jeden Tag ein kleines Stück besser zu machen) gehört zu den längeren und schärferen Pfeilen, die wir unserem Köcher 'Wettbewerbsfähigkeit' in den letzten 25 Jahren hinzugefügt haben. Und doch …

Negroponte, Chef des innovativen und hochangesehenen Medialab am Massachusetts Institute of Technology, hat uns nicht den geringsten Spielraum gelassen. Leicht hätte er sagen können: »Schrittweiser Zuwachs ist *ein* Feind der Innovation.« Die Idee wäre immer noch profund, aber profund geschrieben mit einem kleinen p. Er aber sagte, schrittweiser Zuwachs sei *der* schlimmste Feind der Innovation. Das ist Profund … mit einem großen P.

Negroponte meint folgendes: Wenn Sie jede wache Stunde Ihres Arbeitslebens damit zubringen, Ihre Aufgaben immer ein wenig besser zu erledigen als am Tag zuvor (eine verdammt gute Idee!), können Sie sich … logischerweise … in derselben Zeit nicht darauf konzentrieren, die Aufgabe neu zu erfinden oder sie ganz in die Luft gehen zu lassen. Die zwei Begriffe stehen in einer Spannung zueinander. Sie sind Gegensätze. Eine auf »schrittweisen Zuwachs« gerichtete Geistes- und Gefühlshaltung ist die absolute Antithese zu einer am »Neu erfinden«/»in die Luft gehen lassen« orientierten Geisteshaltung. Punkt.

DIE G-R-O-S-S-E IDEE:
Das Ende der Entfernungen
Große Idee: SCHRITTWEISER ZUWACHS
CONTRA INNOVATION

HEUREKA!

>>Der einzig nachhaltige Wettbewerbsvorteil liegt darin ..

auch sie haben's!

...... den Wettbewerb innovativ auszumanövrieren!«
—James Morse, Unternehmensberater

»In der neuen Ordnung
entspringt Reichtum direkt aus
Innovationen, nicht aus
Optimierung; d. h. Reichtümer
gewinnt man nicht durch die
Perfektionierung vorhandenen
Wissens, sondern durch das
nichtperfekte Ergreifen von
Möglichkeiten im Unbekannten.«

Kevin Kelly,
»New Rules for the New Economy«, Wired

Ich habe mehrere tausend (nun gut, genau sind es 30 000) Sprüche und Zitate für alle und jede Gelegenheit gesammelt. Es würde Tage dauern, sie alle auszudrucken. Es wird immer komplizierter, genau das Zitat auszuwählen, das am besten zu der Botschaft paßt, die ich vermitteln will, aber es ist mir doch gelungen. Diese beiden sind es: »Der einzig nachhaltige Wettbewerbsvorteil liegt darin …, den Wettbewerb innovativ auszumanövrieren!« Und: »In der neuen Ordnung entspringt Reichtum direkt aus Innovationen, nicht aus Optimierung; d. h. Reichtümer gewinnt man nicht durch die Perfektionierung vorhandenen Wissens, sondern durch das nicht-perfekte Ergreifen von Möglichkeiten im Unbekannten.«

Es ist doch wirklich seltsam. Gehen Sie in die Fachabteilung Wirtschaft einer größeren Buchhandlung, und Sie werden Hunderte von Büchern finden: Dutzende zu TQM. Weitere Dutzende über den Aufbau von Teams. Weitere Dutzende zum Reengineering. Wie steht es mit dem Thema Innovation? Zu diesem Thema sind die Regale faktisch leer. Warum bloß?

Ich kann es wirklich nicht sagen.

Dieses Buch (und der Innovationskreis, der es animiert) ist mein Versuch, hier etwas zu verändern. Streben nach WETTBEWERBSVORSPRUNG = I-N-N-O-V-A-T-I-O-N. ICH GLAUBE DARAN. Ich hoffe (inständig), Sie davon zu überzeugen. (P.S. Und es betrifft Ihre eigene Karriere genausosehr wie die Lebendigkeit in der Abteilung Controlling und Finanzen.)

DIE G-R-O-S-S-E IDEE:

Das Ende der Entfernungen

Große Idee: I-N-N-O-V-A-T-I-O-N ODER TOD!

HEUREKA!
Auch er hat's!
(Auch Sie sollten's haben!)

»Denken Sie Revolution, nicht Evolution!«

—Richard Sullivan,
Senior Vice President, Werbung, Home Depot

Richard Sullivan ist der Wladimir Lenin, der Mao Tse Tung und der Ernesto »Che« Guevara der Wirtschaft! Und Sie?

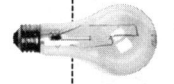

DIE G-R-O-S-S-E IDEE:

Das Ende der Entfernungen

Große Idee: DENKEN SIE R-E-V-O-L-U-T-I-O-N!

P-U-N-K-T.

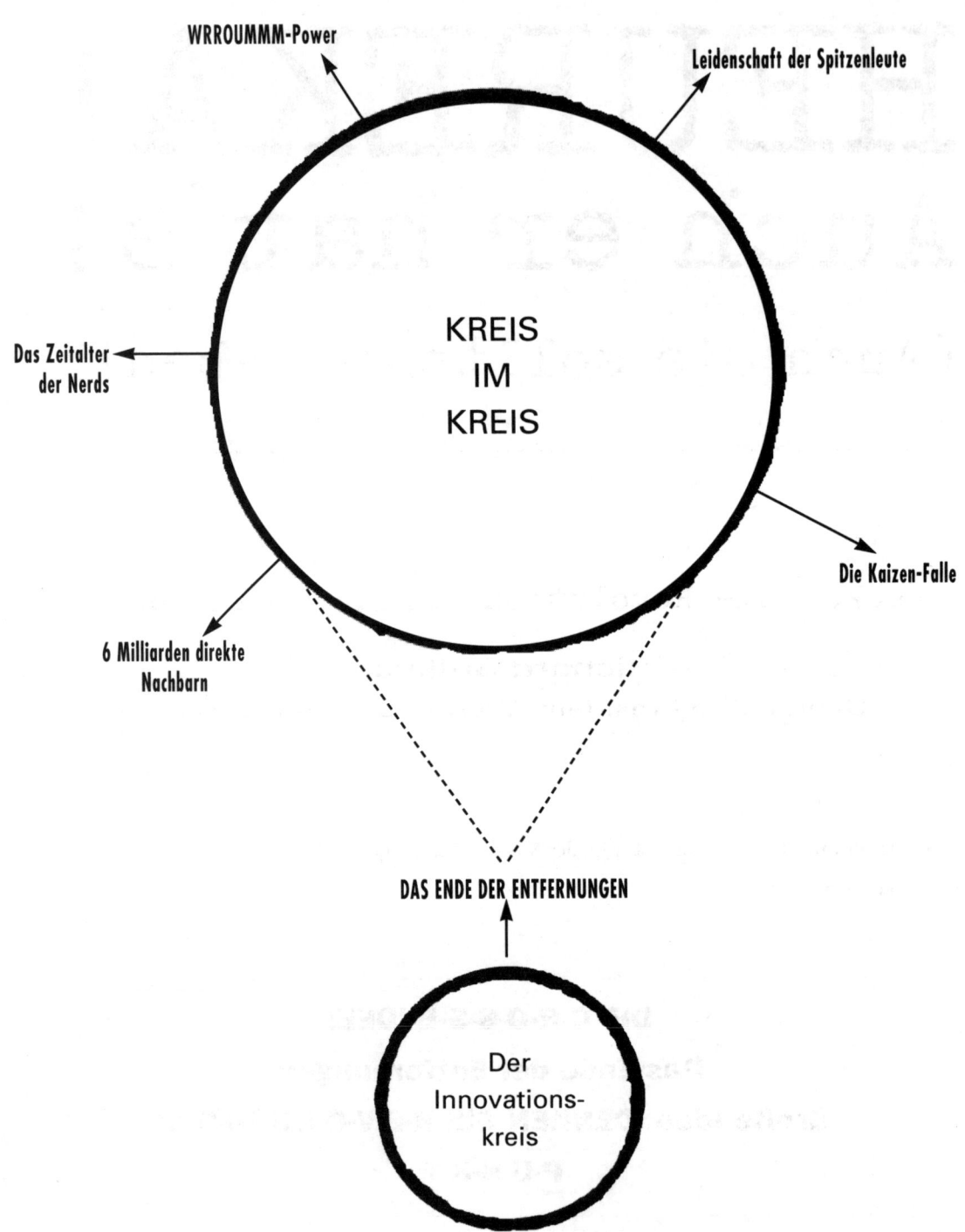

WRROUMMM-Power

Leidenschaft der Spitzenleute

KREIS
IM
KREIS

Das Zeitalter
der Nerds

Die Kaizen-Falle

6 Milliarden direkte
Nachbarn

DAS ENDE DER ENTFERNUNGEN

Der
Innovations-
kreis

WORTALARM NR. 1

Worte sind wichtig.

Neben allem anderen

möchte ich Ihnen auch völlig neue Worte mitgeben.

Aus diesem Kapitel:

Das Ende der Entfernungen

Das Informationszeitalter liegt (noch) in den Windeln

W-R-R-O-U-M-M-M = W-E-R-T

Das Nerds-Nirwana

Leidenschaft für die Spitzenleute

Abbau contra Aufbau

Zuwachs contra Innovation

Evolution contra Revolution

Das Ende der Entfernungen. Die Nerds haben gewonnen. Innovation ..., was denn sonst!

Vorhang auf zum nächsten Akt: Die folgenden vierzehn Kapitel sind ein praxisnaher Versuch, die hier heraufbeschworenen (enormen) Herausforderungen zu bewältigen.

Zerstörung ist cool!

Wie werden Sie innovativ?

GANZ EINFACH: DEZENTRALISIEREN SIE!

Welches Problem tritt beim Dezentralisieren auf?

Es funktioniert fast nie.

Die Lösung des Problems?

Zerstörung statt Dezentralisierung!

Dezentralisierung ist alles andere als einfach.

(Fragen Sie Bob Waterman.)

Fünfzehn Jahre nach der Veröffentlichung von *Auf der Suche nach Spitzenleistungen* bat *Nikkei Business* meinen Co-Autor Bob Waterman und mich um unsere Liste der größten Herausforderungen für die heutige Wirtschaftswelt. Bob und ich sind langjährige Freunde, und die Zusammenarbeit an unserem Buch verlief völlig problemlos. Aber unsere Listen wiesen keinerlei Gemeinsamkeiten auf – bis auf den ersten Punkt.

Ganz oben auf unsere Listen setzten wir beide die echte – und wir meinten beide *echte* – Dezentralisierung. Wie wir dazu kamen? Nachdem wir nun seit (zusammengerechnet) 50 Jahren Unternehmen kommen und gehen sehen, teilen wir eine ... eine einzige ... grundlegende Überzeugung: In gefährlichen, wechselhaften Zeiten gibt es nur eine Methode, Unternehmen am Leben zu halten: die Zügel zu lockern, tausend Blumen blühen und hundert Denkschulen miteinander konkurrieren zu lassen.

DIE G-R-O-S-S-E IDEE:
Es ist einfacher, eine Organisation zu liquidieren, als sie zu verändern.
Große Idee: (Echte) Dezentralisierung ist meistens gar keine.

Dezentralisierung

ist alles ander
als einfach.
(Fragen Sie Alfred Sloan

Die Idee ist zwar alt, aber nach wie vor neu – überwiegend deshalb, weil wir bis heute nicht wissen, wie wir sie wirksam umsetzen können.

Die Anfänge der Dezentralisierung im großen Stil gehen bis in die zwanziger Jahre zurück. Henry Fords kleine Firma verabreichte eben Alfred Sloans kleiner Firma eine Tracht Prügel. Ford hatte eben die erste effektive, moderne Massenproduktion erfunden und bot nun jedem Mann (und hier meine ich wirklich ausschließlich »Mann«) die Gelegenheit, für einige hundert Dollar sein eigenes Auto zu besitzen, das T-Modell – und zwar, wie Ford tönte, »in jeder von Ihnen gewünschten Farbe … solange es schwarz ist«.

Sloan verfiel damals auf eine umwälzende – und durch und durch einfache Idee: die Umstrukturierung seines Unternehmens General Motors in verschiedene Bereiche: … den Bereich Chevrolet, … den Bereich Buick, … den Bereich Pontiac … und so weiter. Jeder Bereich war ein eigenständiges Unternehmen innerhalb des Gesamtunternehmens und verfügte über seine eigene, unverkennbare Persönlichkeit und seinen eigenen Charakter. Jeder Bereich sollte seine eigene Marke schaffen und managen (ein zu jener Zeit völlig neues Konzept). So wollte man unterschiedliche Käuferschichten anlocken und unterschiedliche Marktanteile erobern. Sloans Taktik war so erfolgreich, daß er kurz vor Ausbruch des Zweiten Weltkriegs Ford sogar überholt hatte.

Die Situation heute … und die Moral von der Geschichte: In den achtziger Jahren stand GM erneut fast vor dem Aus. »Unabhängig« waren die Bereiche nur noch dem Namen nach. Verbraucher (wie ich selbst!) konnten einen GMC Jimmy nicht von einem Chevrolet Blazer unterscheiden. Beim Konkurrenten Ford hingegen florierte der Umsatz mit dem Taurus, dem Explorer und anderen unverwechselbaren Produkten.

GM geht jetzt wieder in die Startlöcher, um dem putzmunteren Konkurrenten Ford erneut die Stirn zu bieten, und zwar durch, Sie ahnen es bereits, echte Dezentralisierung. General Motors fördert Markenmanagement in all seinen Unternehmensbereichen … und stellt fest, daß es ungeheuer schwierig ist, *echte* Dezentralisierung umzusetzen und Produktfamilien zu entwickeln, die … in Persönlichkeit und Charakter unverwechselbar sind.

Dezentralisierung ist alles andere als einfach.

(Fragen Sie die Statistiker.)

Statistiker erklären die Problematik der Dezentralisierung auf ihre Weise: Stellen Sie sich ein Unternehmen mit fünf Sparten vor, von denen jede in diesem Jahr ein neues Produkt herausbringt. Für die Statistiker zählt jedes dieser neu auf den Markt gebrachten Produkte nach den Grundsätzen der *echten* Dezentralisierung als »statistischer Einzelversuch«. Also würde angenommen, daß Produkte sowie Produkteinführungen jeweils deutliche Unterschiede aufweisen. Die Chancen, daß es gut- oder schiefgeht, stehen also dann fifty-fifty.

Statistiken sind gut und schön, aber die Wirklichkeit sieht anders aus. Die Produkte und Dienstleistungen der meisten Unternehmungen gleichen sich wie ein Ei dem anderen, ganz unabhängig davon, ob sie auf dem Papier dezentralisiert sind oder nicht.

Fazit: Ein wirklich dezentralisiertes Unternehmen ist so schwer zu finden wie … nun, wie ein Original-Tamagotchi im Sommer 1997.

DIE G-R-O-S-S-E IDEE:
Es ist einfacher, eine Organisation
zu liquidieren, als sie zu verändern.
Große Idee: DEZENTRALISIERTE BETRIEBSEINHEIT
= UNVERWECHSELBARER CHARAKTER

Dezentralisierung ist alles andere als einfach.

(Fragen Sie die Typen in den Bundfaltenhosen.)

Drei- bis viermal im Jahr erringt meine Brieftasche einen Sieg über meine Seele, und ich sage zu, an einem der großen traditionellen Unternehmensmeetings teilzunehmen … Es handelt sich um die mitten im Winter stattfindende, ultra-strategische, mit großen Worten angekündigte »Klausurtagung« des Topmanagements. Der Geschäftsführer schickt mir kistenweise Daten über die Probleme des Unternehmens. Und es läuft immer auf dasselbe hinaus: »Die Konkurrenz nimmt explosionsartig zu; neue High-Quality-Produkte überschwemmen den Markt. Die Kunden werden immer anspruchsvoller, die Vertriebsfirmen lassen immer häufiger ihre Muskeln spielen, die Margen schrumpfen, und unser Produkt bzw. unsere Dienstleistung verkommt zur bloßen Massenware.« Und dann fragt mich der Geschäftsführer unweigerlich: »Was können wir bloß tun, um *innovativer* zu werden?«

Ich muß zugeben, daß es mir meistens erst einmal die Sprache verschlägt. Ich betrete an einem Tag Mitte Februar um 7 Uhr 50 den Konferenzraum in Palm Springs oder Palm Beach (irgend etwas mit »Palm« ist es jedenfalls fast immer). Vor mir sitzen 150 Manager, Repräsentanten der Spitzenteams der 15 »autonomen« Abteilungen einer »dezentralisierten« 3-Milliarden-Dollar-Organisation. Nach einer Sekunde bereits kann ich seine Frage beantworten: Von den 150 Spitzenmanagern sind 144 zwischen 48 und 59 Jahre alt. (Oder sollte ich lieber 49 und 49 1/4 schreiben?). Von den 144 sind 137 »AWM«, Alte Weiße Männer. Und 133 der 137 AWMs tragen die traditionelle Kleidung des US-Managers fernab der Unternehmenszentrale: limonengrüne Bundfalten-Golfhosen.

Ich übertreibe natürlich ... ein bißchen.

Worum es mir geht: Die Mitglieder dieser Gruppe sehen alle gleich aus ... erzählen das gleiche ... riechen gleich ... essen das gleiche ... denken gleich ... und haben wahrscheinlich die gleichen Probleme beim Golfspielen, sofern sie dazu überhaupt kommen. Es kann daher kaum überraschen, daß ihre Produkte und Dienstleistungen alles andere als IN PERSÖNLICHKEIT UND CHARAKTER U-N-V-E-R-W-E-C-H-S-E-L-B-A-R sind.

Ist das Unternehmen auf dem Papier dezentralisiert? Aber ja doch. Ist es das aber auch in der Praxis? Verdammte Inz----!

DIE G-R-O-S-S-E IDEE:
Es ist einfacher, ein Unternehmen
zu liquidieren, als es zu verändern.
Große Idee: ALLE TRAGEN BUNDFALTENHOSEN ≠
DEZENTRALISIERUNG.

Dezentralisierung ist alles andere als einfach.

(Fragen Sie Arie de Geus.)

»Wer Vielfalt nicht toleriert, arbeitet effizient. Um jedoch den Einsatz von Ressourcen minimieren zu können, sind strikte hierarchische Kontrollen erforderlich. Außerdem muß das Umfeld stimmen. Es ist ein wenig wie der Rosenschnitt. Entweder schneiden Sie Rosen kurz oder lang ab. Wenn Sie sie lang lassen, also tolerant sind, werden Sie mit Sicherheit nicht die besten Leistungen und die höchsten Erträge in Ihrer Branche erzielen. Sie werden auch nicht die höchsten Rosen des Jahres züchten. Allerdings steigen auf diese Art

Ihre Chancen ganz erheblich, jedes Jahr Rosen zu haben. Beim toleranten Schnitt ... erneuert sich im Lauf der Zeit die gesamte Pflanze, was in einer Welt, die sich Ihrer Kontrolle entzieht, sicher effektiver ist. Vielleicht habe ich nicht die höchsten Rosen, aber dafür habe ich immer welche.«

—Arie de Geus, ehemaliger strategischer Planer, Royal Dutch Shell

----

Vielleicht ist die Antwort auf das Dilemma der Dezentralisierung tatsächlich im Rosengarten zu finden. Das meint jedenfalls der legendäre frühere Kopf der Strategieplanung bei Royal Dutch Shell, der mit seinem Scharfsinn fast im Alleingang … Milliarden für Shell verdiente.

De Geus untersuchte eine Handvoll Unternehmen, denen der Erfolg über lange Zeit treu blieb: DuPont, Hudson Bay Company, Mitsui, Sumitomo. Er kommt zu dem Ergebnis, daß der Schlüssel für diesen kontinuierlichen Erfolg in der relativ lockeren Zügelführung liegt. Diese l-a-n-g-fristig erfolgreichen Unternehmen mögen in einem bestimmten Jahr oder Jahrzehnt nicht unbedingt ganz vorne liegen, aber sie schaffen es über Jahrzehnte hinweg, die Konkurrenz alt aussehen zu lassen. Nennen wir es … wahre Dezentralisierung oder … lassen Sie 1000 Rosen blühen.

DIE G-R-O-S-S-E IDEE:
Es ist einfacher, eine Organisation zu liquidieren, als sie zu verändern.
Große Idee: LANGLEBIGKEIT = TOLERANZ = ECHTE DEZENTRALISIERUNG

Dezentralisierung ist alles andere als einfach.

(Fragen Sie Mike Hannan und John Freeman.)

>>Auswahl ist nur auf der Basis einer bereits vorhandenen Vielfalt möglich.<<

—Mike Hannan und John Freeman,
Autoren, *Organizational Ecology*

Vor einigen Jahren verfaßten die Professoren Michael Hannan und John Freeman ein sorgfältig recherchiertes und äußerst originelles Buch, *Organizational Ecology*. Sie untersuchten darin das Leben und Sterben ganzer Industriezweige und das Leben und Sterben einzelner Unternehmen in verschiedenen Branchen. Sie verwendeten dazu mathematische Modelltechniken, die sie aus Biologie und Ökologie entlehnten.

Das Buch ist nicht gerade einfach zu lesen – (und das ist noch sehr untertrieben) ... Ihre unmittelbar aus der Ökologie entnommene Schlußfolgerung ist aber sehr leicht verständlich: »Auswahl ist nur auf der Basis einer bereits vorhandenen Vielfalt möglich.« Jeglicher Erfolg ist letztlich also nur auf eine Zufallsauswahl zurückzuführen (neue »Versuche« oder »vorhandene Vielfalt«).

Was bedeutet dies für die Praxis? Bevor Sie etwas nicht ausprobiert haben, können Sie nicht wissen, ob es funktioniert. Eine äußerst simple Darstellung! Genaugenommen eine äußerst tiefgründige Aussage!

Die meisten Unternehmer denken und denken und denken, planen und planen und planen. Zum »Just do it!« kommen sie viel zu selten. Wenn wir aber nicht ständig Neues probieren und ununterbrochen »Vielfalt« schaffen, werden wir nur eine sehr begrenzte Auswahl haben, um uns an diese sich rapide wandelnde Welt schnell genug anpassen zu können.

DIE G-R-O-S-S-E IDEE:
Es ist einfacher, eine Organisation
zu liquidieren, als sie zu verändern.
Große Idee:
ERHÖHEN SIE DIE ZAHL DER VERSUCHE!

Synergie
ist eine
Illusion
und eine
Falle.

(Fragen Sie Bob Allen und Roger Enrico.)

»Die Komplexität des Versuchs, diese unterschiedlichen Unternehmen des Konzerns zu managen, nahm solch überwältigende Ausmaße an, daß die Vorteile der Integration dagegen in den Hintergrund traten.«

—Robert E. Allen, Chairman und CEO, AT&T

»Das Rätsel, das Roger Enrico lösen muß:
Wie kann er sich auf den Wettbewerb mit Coca-Cola,
einem sehr zielstrebigen und kämpferischen
Unternehmen, konzentrieren, wenn er alle Hände
voll damit zu tun hat, seinen Mischkonzern wieder
auf Vordermann zu bringen?«——*Fortune*

Am 20. September 1995 kündigte der Chairman und CEO von AT&T, Robert E. Allen, ganz ohne Druck von seiten des amerikanischen Justizministeriums die freiwillige Aufsplittung seines Unternehmens an. Warum? **Klein ist zwar** (trotz allem, was E. F. Schumacher sagt) **nicht unbedingt schön, aber SEHR groß ist oft gleichzusetzen mit SEHR häßlich, … und das in einer Zeit, in der der Vorteil auf seiten der Schnellen und Spritzigen liegt.**

Diese Lektion machte sich auch der PepsiCo-Vorsitzende und CEO Roger Enrico zu eigen. PepsiCo ist eines meiner Lieblingsunternehmen (schon seit ich mit Bob Waterman *Auf der Suche nach Spitzenleistungen* schrieb) und ist eine der am stärksten dezentralisierten Organisationen, die ich kenne. Für mich gehört Enrico zu den brillantesten Marketern unserer Zeit; er ist einer der ganz großen Unternehmer. 1996 hatte PepsiCo allerdings einen gewaltigen Schluckauf. Sein riesiges Restaurant-Geschäft (Kentucky Fried Chicken, Taco Bell, Pizza Hut) steckte in großen Schwierigkeiten. Coca-Cola bekam natürlich Wind von dieser Schwachstelle Enricos und brachte den »Krieg der Softdrinks« nun erst recht zum Sprudeln. Trotz all seiner Energie konnte auch Enrico dem Tag nur 24 Stunden abringen, und den Großteil seiner Zeit verwendete er auf die Rettung seiner Restaurants. Für den Kampf gegen Coca-Cola blieb ihm einfach zuwenig Zeit und Kraft.

Fazit: Synergie ist eine Illusion und eine Falle. Es ist schwierig genug, ein Unternehmen gut zu führen, … geschweige denn zwei oder drei!

> ### DIE G-R-O-S-S-E IDEE:
> ### Es ist einfacher, eine Organisation
> ### zu liquidieren, als sie zu verändern.
> ### Große Idee: Synergie – kleine Synergie

Synergie
ist eine
Illusion
und eine
Falle.

(Fragen Sie Sumner Redstone
und Nobuyuki Idei.)

»Warum der Deal zwischen Viacom und
der Blockbuster-Kette so schnell
schiefging: Synergien erwiesen sich
als illusionär, die Unternehmens-
kulturen als unvereinbar.«

—Schlagzeile, *The Wall Street Journal,*

Februar 1997

»Ich verstehe den Begriff
>Synergie< bis heute nicht.«

—Nobuyuki Idei,
Sony

Beim Zukauf von Blockbuster für den Viacom-Stall von Sumner Redstone konnte
nach menschlichem Ermessen nichts schiefgehen. Und was geschah? Die Sache ging
schief … und zwar gründlich. Sony verbrannte sich in Hollywood die Finger. Sony-
Boß Nobuyuki Idei erklärt es so: Zum einen wurde die Rolle des Partners, der einen
an den Verhandlungstisch brachte, weit unterschätzt … und zum anderen gab es
eben dieses gedankenlose (und teure!) Streben nach Synergie. Der Mann hat recht –
und wie!

Synergie
ist eine
Illusion
und eine
Falle.

(Fragen Sie UAL, Sears und Baxter.)

In den letzten Jahren wurde uns ein Begriff (und seine nahen Verwandten) systematisch in den Kopf gehämmert: »*One Stop Shopping*«, ›alles aus einer Hand‹ ... Vor etwa zehn Jahren kaufte sich United Airlines in einen Autoverleih (Hertz) ... und eine Hotelkette (Westin) ein, mit dem Ziel, diesen gesamten Bereich unseres Lebens, also An- und Abreise, Unterbringung und Urlaub, bei UAL »aus einer Hand« liefern zu können – so sah es zumindest damals aus. Nur ... die Sache lief nicht. Das UAL-Management stieß Westin wieder ab. Und Hertz. Und ... wie sieht es heute aus? UAL ist eine verflixt gute Airline. UND: Das Unternehmen verfügt über etliche synergetische *Partnerschaften* mit ... Autoverleihfirmen ... Hotels usw. Es *besitzt* sie aber nicht. Die Besitzvariante S-y-n-e-r-g-i-e war eine Falle ... und eine gefährliche, teure und egozentrische Illusion.

Ein weiteres gutes Beispiel: (die Warenhauskette) Sears. *One Stop Shopping* – Alles unter einem Dach – kaufen Sie Ihre neue Waschmaschine, ein paar neue Unterhosen, und gleich daneben erhalten Sie: ein Baudarlehen, ein paar Aktien, was immer Sie wollen. Die fehlende Logik hinter dieser Idee von Kauf und Finanzgeschäften »unter einem Dach« kostete Sears Milliarden und lenkte das Unternehmen von seinem Kerngeschäft ab.

Baxter International versuchte sich mit diesem Spiel im Gesundheitswesen. Zahlreiche Abteilungen stellten die besten Produkte der Welt her. Dann übernahm Baxter American Hospital Supply ..., um die eigenen Produkte ... und die anderer Firmen ... reibungslos an Krankenhäuser ausliefern zu können. Und wirklich: American Hospital Supply verfügte über ein ausgezeichnetes Vertriebssystem. Baxter verfügte über gute Produkte. Und doch: Alles was bei der Synergie herauskam ... war reine Energieverschwendung. Letztes Jahr legte die Unternehmensleitung das Experiment endgültig zu den Akten.

Ein letztes Wort: Selbstverständlich bin ich für Synergie ... das heißt, ich bin für Beziehungen, die die Marktposition bestimmter Produkte und Dienstleistungen durch die Nutzung dieser oder jener Kanäle verbessern. Aber muß man das Unternehmen deswegen gleich besitzen?

Aber wir sind nicht zu bremsen: Man braucht sich nur die heutigen Entertainment-»Konglomerate« anzusehen ..., wie sie »Inhalt« und »Vertrieb« kombinieren. Wieviel wetten Sie darauf, daß eine Trennung dieser Unternehmen erstaunlich einfach sein wird? Und zwar BALD? Wie wär's mit fünf Jahren? So lautet die Voraussage des Finanzprofessors J. Randall Woolridge von der Penn State University ... über den Zeitpunkt der Trennung von Disney und ABC. Ich für meinen Teil schätze vier Jahre.

Synergie ist eine Illusion und eine Falle.

(Fragen Sie Peter Job.)

»Bei Aufkäufen geht es darum, Marktanteile zu erwerben. Unsere Aufgabe ist aber, neue Märkte zu schaffen. Das ist etwas ganz anderes ...«

—Peter Job, CEO, Reuters

Das ist einleuchtend. Mit großen Unternehmensübernahmen erwirbt man eine bekannte Größe. Das sieht Peter Job, Chef von Reuters, ganz klar. ... Kaufen Sie ein großes Unternehmen und Sie erhalten ... MARKTANTEILE. Reuters legte in den letzten Jahren ... geradezu VERRÜCKT zu ... und zwar durch organisches Wachstum und die Schaffung neuer Märkte. Das ist aber nur dann möglich, wenn man bereit ist, einen Garten anzulegen, in dem auch ganz neue Arten gedeihen können.

Ein Kunde stimmt dem zu, er lobt Reuters als »eines der Unternehmen mit dem geringsten Managementaufwand ... mit einer hohen Konzentration an hochintelligenten Mitarbeitern, (die) ein kreatives Chaos (schaffen)«. Hurra! Job bestätigt sogar, daß er über »(keine) großartige Strategie in dem Sinne« verfügt.

Also, was funktioniert?
»Spin-offs«!

»Als Leon Cooperman, der früher als Co-Chairman im Investitionsplanungsausschuß von Goldman Sachs saß, kürzlich gebeten wurde, wenigstens eine erfolgreiche Fusion großen Stils zu nennen, meinte er:

>Ich bin sicher, daß es irgendwo da draußen Erfolgsstories gibt – im Augenblick will mir aber keine einzige einfallen.<«

—Mark L. Sirower,
Autor, *The Synergy Trap*

>Die Fusionen von heute sind die Spin-offs von morgen.«

—- J. Randall Woolridge, Finanzprofessor, Penn State University

----

>Firmen, die fusionieren, zerstören den Shareholder Value. Das ist eine simple Tatsache.«

—Mark L. Sirower, Autor, *The Synergy Trap*

Ausgliederungen bei
(neuerer Stand)

3M

AT&T

Baxter International

D & B

Daimler-Benz

General Instrument

GM

ICI

ITT

Kodak

Marriott

Monsanto

PepsiCo

Rockwell

Sears

Westinghouse

Xerox

Ausgliederungen mit Eigenkapitalausstattung

Muttergesellschaft (zum Beispiel Thermo-Electron, Enron, Genzyme, Safeguard Scientific, The Limited usw.): Die Betriebsgesellschaft behält einen Anteil von über 50 Prozent; wiederholte Ausgliederungen = »Strategie«.

Zusammensetzung der Rendite für die Anteilseigner über einen Zeitraum von drei Jahren: Ausgliederungen 37 Prozent; Muttergesellschaft 31 Prozent; Russell-2000-Index 10 Prozent.

Hintergrund: Maßgebliche Wertsteigerung durch die Holding: genaue Prüfung durch die Anteilseigner; Halten und Motivieren der Talente; ein flexibler Investitionsspielraum für die Holding.

—The McKinsey Quarterly

Amerikaner haben's gerne groß … sie lieben Großes, um nicht zu sagen, sie sind verrückt nach G-R-O-S-S. Daher macht jede dieser verdammten Fusionen Schlagzeilen. Legen Sie NYNEX und Bell Atlantic zusammen … oder Chase Manhattan und Chemical. Zwei Dinosaurier tun sich zusammen, um eine Herde Gazellen hervorzubringen. Dabei sind die wirklich wichtigen Nachrichten die *Aufsplittungen*, also die Zerschlagung großer Konglomerate, die zunehmend einfacher zu bewerkstelligen ist.

Aufsplittungen sind wichtiger, als sie auf den ersten Blick zu sein scheinen. Außer seltenen Ausnahmen, wie etwa bei Lucents Trennung von AT&T, gilt die ausgegliederte Unternehmenseinheit für gewöhnlich als lästiger »Köter«, den es loszuwerden gilt. Ist der Hund aber erst einmal los gelassen, das heißt, erfährt er keine Einmischung mehr durch die Muttergesellschaft, wird er rasch zum schnellen Windhund. Beispiele: IBMs Lexmark, Kodaks Eastman Chemical usw.

Business Week nannte neulich Barbara Goodstein vom Investitionsbankhaus Rothschild Inc. die »Spin-off-Prinzessin« der Wall Street. Ihr täglich Brot sind Spin-offs (Ausgliederungen mit Aktienübernahme durch Aktionäre der Muttergesellschaft), Split-offs (Abspaltungen mit Aktienaustausch) und Ausgliederungen … – und sie untermauert ihre Präferenz problemlos mit Zahlen. Die von den Großunternehmen ausgegliederten, abgespaltenen und abgestoßenen Einheiten, die sich selbst auf dem Markt behaupten müssen, übertreffen die Leistungen der doch ebenfalls schnell wachsenden »Standard & Poors 500« um etwa 30 Prozent pro Jahr … und das seit Jahren. Ihre logische Erklärung dafür: Ausgegliederte Einheiten konzentrieren sich auf ihre eigentliche Arbeit. Sie sind straff organisiert und verfügen über hochmotivierte, unternehmerisch erfinderische Manager/Führungspersönlichkeiten.

Barbara Goodstein steht mit ihrer Auffassung nicht allein. McKinsey & Co. veröffentlichte kürzlich eine sehr aufschlußreiche Studie über Ausgliederungen mit Eigenkapital. Thermo-Electron spielt schon seit Jahren bei diesem Spiel mit und gliederte in allen Unternehmensbereichen Abteilungen aus, wobei weniger als 50 Prozent der Öffentlichkeit (in Form von Aktien) angeboten wurde. Einige dieser ausgegliederten Abteilungen bildeten neue Teilbereiche … diese führten zur Entstehung weiterer … usw. … Das Unternehmensziel ist offen und knallhart: Der unternehmerische Geist muß lebendig gehalten werden … gleichzeitig aber eine gewisse übergreifende Geschlossenheit des Unternehmens gewährleistet bleibt. (Thermo ist das genaue Gegenteil des Konglomerats vom Typ ITT.)

Die neue Studie von McKinsey stellt Unternehmen wie Thermo ... Enron ... Genzyme ... Safeguard Scientific und ... The Limited in den Mittelpunkt.

Es handelt sich dabei ausnahmslos um Unternehmen, deren Strategie darin besteht, beträchtliche Teile auszugliedern und weniger als 50 Prozent der Öffentlichkeit (in Form von Aktien) anzubieten. Die McKinsey-Studie befürwortet aber, um es noch einmal zu sagen, weiß Gott keine althergebrachten, für sich allein stehenden Konglomerate: In jedem dieser Fälle strebt die Holding eine konkrete Wertsteigerung an, indem sie dem Gesamtunternehmen zumindest eine strategische Richtung weist. Dieser Mittelweg rechnet sich. Während der drei von McKinsey erfaßten Jahren steigerte sich der jährliche Shareholder Return des Konglomerats nach dem Russell-2000-Index um 10 Prozent. (Der umfassendere »Russell 2000« ist wesentlich verläßlicher als der auf kleinen Stichproben beruhende Dow.) Die kleinen, ausgegliederten Betriebseinheiten von Thermo usw. erzielten hingegen einen jährlichen Shareholder-Gewinn von 37 Prozent ... und die Mutterunternehmen, also Thermo, Genzyme, Safeguard Scientific, kamen auf glanzvolle 31 Prozent. Die McKinsey-Analytiker führen dieses überragende Ergebnis auf die Ausgliederungsstrategie ganz allgemein zurück. Unter anderem ermöglicht diese Strategie es den Muttergesellschaften, Spitzentalente an sich zu binden, die sich ohne die Möglichkeit, ein »echtes« Unternehmen zu führen, möglicherweise anderweitig orientieren würden. Sie gestattet der Zentrale darüber hinaus eine einzigartige finanzielle Flexibilität (zum Beispiel für eine zentralisierte F&E-Abteilung), da die ausgegliederten Einheiten selbst die Geldmittel dafür erbringen. Die Leiter dieser neuen Einheiten (damit gleichzeitig CEOs von an der Börse gehandelten Unternehmen) arbeiten unmittelbar unter dem wachsamen Auge der Aktionäre ... dies wirkt meist ungleich motivierender als die Beaufsichtigung durch ein zentrales Strategieplanungsteam. Das ist natürlich noch nicht die ganze Geschichte, aber in der Grundidee liegt ungeheures Potential ... das sich allerdings zum gegenwärtigen Zeitpunkt viel zu wenige zunutze machen. Dabei stecken in dieser Idee große Chancen ... und das in einer Zeit, die nichts nötiger hat als einen guten Schuß unternehmerischen Mut in unseren größten Organisationen.

Also, was funktioniert?

EINKAUF VON TALENT!

Während eines Seminars in London kam ein Citicorp-Manager, der erfolgreich einen Teil der Asiengeschäfte der Bank leitet, auf mich zu und stellte sich mir vor. »Wissen Sie, wie ich mich selbst bezeichne?« fragte er mich grinsend. »Nein«, meinte ich. »Als Spielplatz-Direktor«, sagte er.

»Wie bitte?« murmelte ich leicht verwirrt.

»Ich hole mir die besten, oft unkonventionellsten Talente, die ich nur finden kann. Ich stelle ihnen das beste technologische Handwerkszeug zur Verfügung, das der Markt zu bieten hat. Dann sage ich ihnen, geht raus, schlagt Krach, spielt auf den Finanzmärkten der Welt. Was soll ich denn sonst machen?«

Das gefällt mir. Genau das ist es!

Spielplatz-Direktor! Wie sonst wollen Sie das Überleben am Ende der neunziger Jahre und zu Beginn des neuen Jahrhunderts sichern?

Microsoft hat das schon begriffen. Zwar wuchs das Unternehmen ganz klassisch von innen heraus; in jüngster Zeit erwarb es jedoch Dutzende (!) anderer Unternehmen ... und gab dafür anderthalb Milliarden Dollar aus. Microsoft erwirbt auf diese Weise Talent (und neue Ideen). Das ist großartig! Sicherlich wird das Unternehmen einige/etliche (verkraftbare!) Verluste und einige/etliche Pannen wegstecken müssen, aber ... vielleicht ... zieht es ja doch ein- oder sogar mehrmals das ganz große Los, mit denen es die anderthalb Milliarden oder noch viel mehr wieder einspielt.

Der »Meistertitel für Talentakquisition« (»MTA«) müßte wohl an Cisco Systems verliehen werden, den Erfindern eines Großteils der »Klempnerarbeiten« für das Internet. Das Unternehmen wächst mit Riesenschritten, … und zwar überwiegend durch Aufkäufe … allerdings nicht im Sinne der Aufkäufe von Time Warner/Turner Broadcasting. Cisco kauft völlig ungeniert heißes Talent ein … und nutzt es als »Zündfunken« für neue, innovative Geschäftsbereiche. Laut *Fortune* systematisierte das Unternehmen »die Kunst des Aufkaufs so weit, daß sie zur gewöhnlichen Geschäftstätigkeit wurde«. So wird zum Beispiel ein Cisco-Team speziell dazu abgestellt, jeder vom Unternehmen erworbenen Neugründung eine Energiespritze zu verleihen. Ein weiterer Bestandteil der Strategie: Cisco kauft nur Jungunternehmen, die nahe an der Zentrale liegen. Überraschenderweise lassen sich Spitzentalente anscheinend besser halten, wenn man sie nicht zu einem Umzug zwingt.

Genaugenommen kauft Cisco also bei besonders verheißungsvollen Jungunternehmen seine Erstligatalente ein. Cisco ist ein »talentgestütztes« Unternehmen – genau wie die Chicago Bulls oder die Baltimore Orioles. In dieser Neuen Welt-(Wirtschafts-)Ordnung werden sich die »ernste« Wirtschaftswelt … und die Welt von Baseball, Basketball und Hollywood … immer ähnlicher. Der Bereich »Talent« gewinnt immer stärkere Konturen.

Und es ist höchste Zeit!

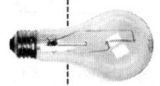

DIE G-R-O-S-S-E IDEE:
Es ist einfacher, eine Organisation
zu liquidieren, als sie zu ändern.
Große Idee:
KAUFEN SIE (HEISSES) TALENT EIN!

Also, was funktioniert?
Einkauf von Talent!

Talent hat seinen Preis:

B.S. (Bachelor of Science): 35 000 Dollar

MBA (Master of Business Administration,

von einer Eliteschule): 100 000 Dollar

Nach drei Jahren bei McKinsey/PepsiCo:

150 000 – 200 000 Dollar

Nach eigener Unternehmensgründung:

500 000 – drei Millionen Dollar

Nach dem Gang an die Börse:

100 Millionen (oder darüber)

Wir befinden uns … um es noch einmal zu sagen … im »Zeitalter des talentgestützten Unternehmens«. Das bedeutet: DENKEN SIE: »T-A-L-E-N-T«. Und wie sehen die Preise auf dem Talentmarkt aus?

Ich gehe von etwa 35 000 Dollar (plus oder minus 10 000) pro Jahr für die Einstellung eines Mitarbeiters mit einem »Bachelor of Science« aus. Hat der/die Bewerber/in an einer führenden Universität mit einem MBA abgeschlossen, … zieht der Preis sofort rapide an: auf um die 100 000 Dollar.

Nehmen wir nun einmal an, er oder sie arbeitet nun in einer Art Lehrlingsverhältnis drei Jahre bei McKinsey oder bei PepsiCo, … dann zahlen Sie für die gleiche, nun allerdings erfahrenere Kraft wohl 150 000 bis 200 000 Dollar.

Weiter: Sie/er gründet nun ihr/sein eigenes Unternehmen … mit den besten Aussichten auf Erfolg. Damit sind wir auf 500 000 bis drei Millionen Dollar pro Kopf. (Cisco Systems rechnet mit zwei Millionen pro Person.) Nehmen wir nun weiter an, diese Neugründung geht an die Börse … und Sie erwerben es als kleines, aber vielversprechendes Unternehmen? Nun … der Preis kann für jeden dieser »Superstars« auf 10 bis 100 Millionen springen. (Michael Jordan würde vor Neid erblassen …)

Warum ist das solch ein G-R-O-S-S-E-R Deal? Ganz einfach. Talent ist ein G-R-O-S-S-E-S Wort. Ein Wort, das sich grundsätzlich von Begriffen wie »Arbeitskraft« oder »Mitarbeiter« unterscheidet. Hollywood weiß, was »Talent« ist. Theaterensembles verstehen den Begriff ebenso wie Sportteams oder Beratungsunternehmen wie McKinsey. Die meisten traditionellen Unternehmen dagegen denken nicht in der Kategorie »Talent« … sie essen, schlafen, atmen nicht mit dem Konzept … »TALENT«. Die »Talentorientierung« … à la Cisco Systems … ist vielleicht eine der strategisch wichtigsten Kernkompetenzen in diesem Zeitalter der »talentgestützten Unternehmen«.

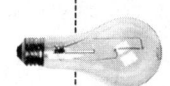

DIE G-R-O-S-S-E IDEE:
Es ist einfacher, ein Unternehmen zu liquidieren, als es zu verändern.
Große Idee:
DENKEN SIE: … TALENTGESTÜTZTE UNTERNEHMEN!

Also, was funktioniert?

Die kompromißlose Suche nach Ineffizienz!

»Ich glaube an Ver-
schwendung. Verschwendung
ist unerläßlich für
jegliche Kreativität.«
—Alexander Liberman,
ehemaliger (legendärer!) Chefredakteur
von Condé Nast

Das Chaos ist der Clou! Das (wirtschaftliche) Chaos ist durch und durch amerikanisch. Silicon Valley ist das Mekka des Chaos – und gleichzeitig das Mekka überwältigender Erfolgsstories. Der Erfolg ist das Abfallprodukt des Scheiterns … der zahllosen Versuche, die im Nichts enden und keinem anderen Zweck dienen … als das Faß immer weiter überlaufen zu lassen. Chaos ist nicht mit mangelnder Effizienz gleichzusetzen. Wie der Kolumnist George Wills sagt, ist das Chaos »hefeförmig – es gleicht einem kreativen Gärungsprozeß«. Gott segne Amerika! Gott segne die Unordnung! Gott segne die mangelnde Effizienz!

Silicon Valley ist vielleicht die fruchtbarste Wirtschafts(story) aller Zeiten. Worin liegt das Geheimnis der Region? Wie wäre es mit … Verschwendung und mangelnder Effizienz? Dick Cavanaugh und Don Clifford, meine früheren Partner bei McKinsey & Company, sind heute Gurus für Unternehmen mit mittlerem Wachstum. Diese Unternehmen, so verkündeten sie, richten ihre gesamte Energie darauf, den über Jahrzehnte hinweg mühevoll entwickelten Weg des Gegners hin zur Effizienz zu vernichten … indem sie etwas Neues auf den Markt bringen, das schlicht außerhalb der Reichweite ihres Konkurrenten liegt. Die einfache Zielsetzung: Zerstörung des Gegners. Weg mit seiner Fabrik. (Den Laden dichtmachen!) Das gilt genauso für Silicon Valley. Ein neues Produkt kommt daher, überspringt alles bisher Dagewesene – Ergebnis: Die Pleite von einem Dutzend Unternehmen, Tausende von Arbeitslosen.

Welch unsinniger Ratschlag ist es doch, jemandem zu sagen, »das muß gleich beim ersten Mal klappen«. Etwas wirklich … INTERESSANTES schafft doch niemand beim … ersten … einundzwanzigsten oder selbst … einundvierzigsten Anlauf. Etwas wirklich Neues versuchen, bedeutet doch eben herumzuspielen, Sachen auszuprobieren und auch Mißerfolge einzustecken … immer und immer wieder. Das ist eben … VERSCHWENDUNG.

Wie hoch ist Ihr VQ? Ihr Verschwendungsquotient? (Im Ernst!)

DIE G-R-O-S-S-E IDEE:
Es ist einfacher, ein Unternehmen
zu liquidieren, als es zu verändern.
Große Idee: ES LEBE DIE VERSCHWENDUNG!
Große Idee: ES LEBE DIE INEFFIZIENZ!

Was funktioniert am
<u>aller</u>besten?
Zerstörung!

»Ganz allgemein gesagt ist es wesentlich einfacher, eine Organisation zu liquidieren, als sie von Grund auf zu verändern. Organismen per se sind über einen bestimmten Punkt hinaus nicht besonders anpassungsfähig. Ist dieser Punkt einmal überschritten, ist es wesentlich einfacher, <u>sie zu liquidieren</u> und bei Null anzufangen, als <u>sie zu verändern</u>.«

—Kevin Kelly,
Autor, *Das Ende der Kontrolle*

Kevin Kelly spricht von »liquidieren«!

Ich nenne es: »zerstören!«

Kelly, der Herausgeber des Magazins *Wired*, befaßt sich mit der neuen »Biologie« von Maschinen, Organisationen und Gemeinschaften. Sein Buch *Out of Control,* dt. *Das Ende der Kontrolle,* gehört zu meinen Lieblingsbüchern. Ich bin überzeugt davon, daß er uns allen etwas mitzuteilen hat.

Warum ich so sicher bin?

Jedes Publikum, vor dem ich spreche, besteht aus Agenten des Wandels, ob die Teilnehmer nun 23 … 43 … oder 63 Jahre alt sind, ob sie junge Personalberater sind … Einkaufschefinnen … Aufsichtsratsvorsitzende oder CEOs. Sie sind alle *agents of change.* (Und ich übertreibe nicht.)

Was sie alle begreifen müssen: Es geht nicht um Wandel. Es geht um Z-E-R-S-T-Ö-R-U-N-G!

DIE G-R-O-S-S-E IDEE:
Es ist einfacher, eine Organisation
zu liquidieren, als sie zu verändern.
Große Idee: TOD!

Wer leistet am meisten?

meisten?

CDO!

Das Verwaltungsproblem

Althergebrachte Vorstellung:

Verwalter = Bewahrer

Meine Vorstellung:

Verwalter = Zerstörer

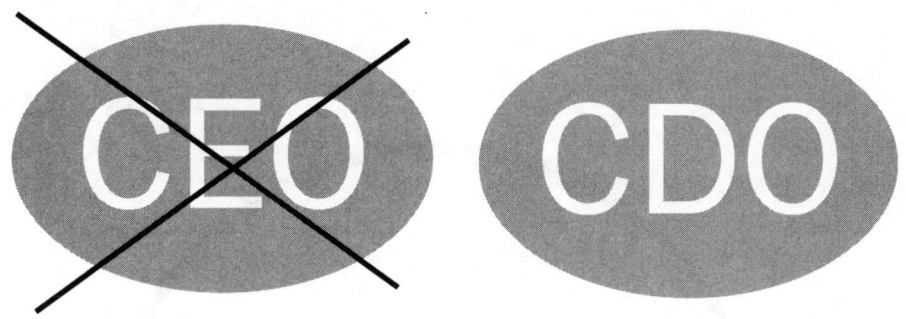

Neulich traf ich mit einer Gruppe hochkarätiger argentinischer Unternehmensführer zusammen. Der Wahrheit entsprechend ... sagte ich ihnen, daß ich mit ihnen allen mitfühlte. Eine enorme Last liegt auf ihren Schultern. Sie entscheiden über das Arbeitsleben von Tausenden ... ja von Millionen Menschen. Diese Vorstellung ist beängstigend. An der Spitze von Unternehmungen stehende Menschen gelten seit jeher als Verwaltungskräfte. Das ist eine großartige und moralisch in keiner Weise zu beanstandende Vorstellung, die natürlich gleichzeitig konservativ ist oder zumindest seit jeher als konservativ aufgefaßt und eingeordnet wurde. Die althergebrachte Vorstellung: Verwalter = Bewahrer.

Die Idee der bewahrenden Ordnung behagt mir nach wie vor – ich halte sie sogar für wichtiger als je zuvor. Aber ... ich bin nicht mehr der Überzeugung, daß der »Verwalter als Bewahrer« weiterhin seine (oder ihre) traditionelle Rolle spielen können wird. Sie oder er hat heute die Aufgabe, eine ganz neue Botschaft zu vertreten ... »WENN ES NOCH NICHT KAPUTT IST, ZERSCHLAGEN SIE ES! (SONST ERLEDIGT DAS JEMAND ANDERES FÜR SIE!)«. Die neue Definition lautet also:

VERWALTER = ZERSTÖRER!

Denken Sie darüber nach. Und dann ändern Sie den Titel Ihres Chefs von CEO (Chief Executive Officer) um in CDO (Chief DESTRUCTION Officer), den »Chef-Zerstörer«. Kleiner Hinweis: Das gilt für den »CEO« (jetzt »CDO«) einer Sechs-Personen-Abteilung ebenso wie für die großen Oberhäuptlinge.

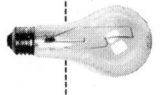

**DIE G-R-O-S-S-E IDEE:
Es ist einfacher, eine Organisation
zu liquidieren, als sie zu verändern.
Große Idee: CDO.**

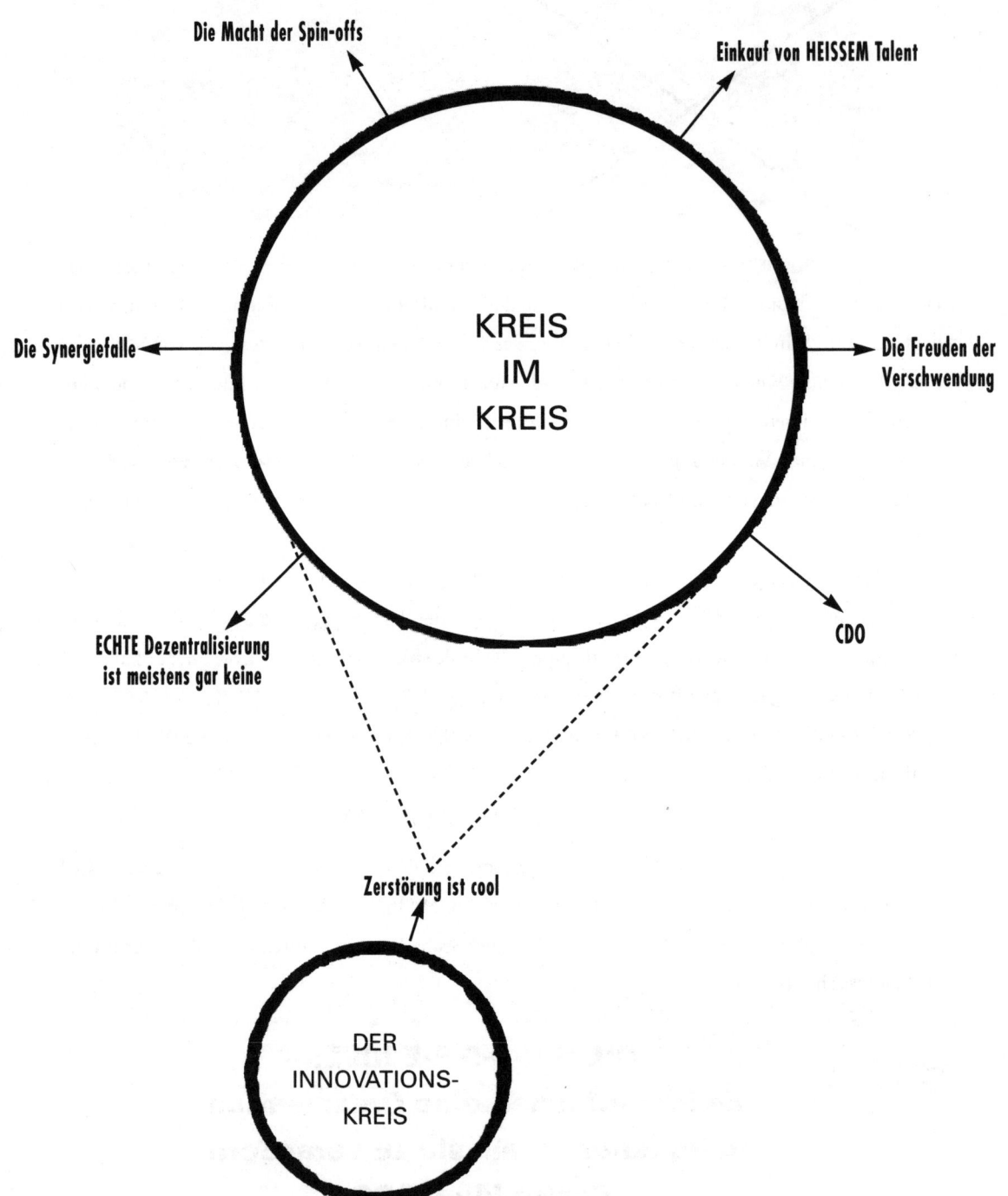

Die Macht der Spin-offs

Einkauf von HEISSEM Talent

Die Synergiefalle

KREIS
IM
KREIS

Die Freuden der
Verschwendung

ECHTE Dezentralisierung
ist meistens gar keine

CDO

Zerstörung ist cool

DER
INNOVATIONS-
KREIS

WORT-ALARM NR. 2

Bundfaltenhosen ≠ Divisionalisierung ≠ Dezentralisierung

Synergie – kleine Synergie

Ausgliederungen mit Eigenkapitalausstattung

Spielplatz-Direktor

Talent (als H-E-I-S-S-E-N Einkauf)

Talentgestütztes Unternehmen (Zeitalter des …)

Freuden der Verschwendung + Ineffizienz

Chaos = Erfolg

L-I-Q-U-I-D-I-E-R-E-N!

Zerstörung/CDO

In diesem ersten »operativen« Kapitel haben wir unsere Kamera mit einem Weitwinkelobjektiv versehen: Wir betrachten das Problem »Innovation« zunächst unter einem weiten Blickwinkel.

Die Dezentralisierung ist das schwerste Geschütz im Arsenal des Innovators … und sie richtig umzusetzen, ist fast ausgeschlossen (zumindest, wenn es eine echte … Dezentralisierung sein soll und nicht eine, … die nur auf dem Papier existiert). Wir erhöhen also den Einsatz und werden zum Anwalt des Todes und der Zerstörung. Nur die (ganz) Paranoiden überleben. Eine grausame Sprache … aber ebenso grausam sind die Herausforderungen, die wir meistern müssen. Die Probleme auf dem Weg hin zu einer echten unternehmerischen Dezentralisierung liegen tief und können daher nicht mit halbherzigen Lösungen kuriert werden.

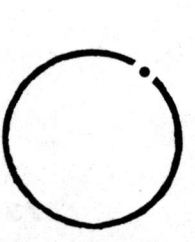

Wir können nicht mehr ohne Radiergummi leben.

(Top)aktuelles Managementthema von 1994 bis 1997:
Die lernende Organisation. Großartige Idee … na,
wenigstens ansatzweise. Welcher Begriff ist denn –
1998 – wichtiger als »Lernen«? Ganz einfach:
DIE VERGESSENDE ORGANISATION! Was ist viel
schwieriger als … lernen? Ganz einfach: VERGESSEN!

VERGESSEN

»Das Problem
besteht nie
darin, neue,
innovative
Gedanken in Ihren
Kopf
hineinzubekommen,
sondern darin,
die alten wieder
loszuwerden.«

—Dee Hock,
**Visionär der
Wirtschaftswelt und
Gründer von Visa**

SIE'S!

Dee Hock gründete das Visa-Netzwerk, wahrscheinlich das erste Unternehmen, dessen weltweiter Umsatz die Billiarden-Dollar-Grenze überschritt. In einer der letzten Ausgaben von *Fast Company* erläutert er gemeinsam mit einigen anderen ausgewählten Autoren, daß das Problem der Unternehmen heute nicht mehr im Lernen liegt, sondern im Vergessen.

Die lernende Organisation ist eines der heißen Managementthemen der neunziger Jahre (einige meinen, sogar darüber hinaus). Ich dagegen halte das Vergessen für weitaus wichtiger. Vergessen ist heutzutage die zentrale Aktivität ... das zukünftige Schlüsselwort. Der Kybernetikpionier Gregory Bateson brachte es auf die knappe Formel: »Wir können nicht mehr ohne Radiergummi leben.« Sehr geehrte Damen und Herren ... sind Ihre Radiergummis einsatzbereit? Ich hoffe doch sehr!

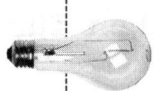

DIE G-R-O-S-S-E IDEE:

Innovation = Radiermanie

Große Idee: VERGESSEN SIE'S!

>Die größte Schwierigkeit der Welt besteht nicht darin, Leute dazu zu bewegen, neue Ideen anzunehmen, sondern alte zu vergessen.«

—John Maynard Keynes, Ökonom

EINE BORNIERTE REAKTION

>Die in dieser Untersuchung vorgestellten Fälle weisen deutlich ein bestimmtes Muster auf: Mächtige Konkurrenten fühlen sich von innovativen Ideen nicht nur bedroht, sondern blocken von vornherein jeden Versuch ab, diese Ideen überhaupt zu verstehen. Sie halten immer starrer an ihren alten Positionen und ihren alten Produkten fest.

Das führt zu einem steilen Anstieg der Produktivität und der Leistung; alte Technologien können sich unter Umständen zu ungeahnten Höhen aufschwingen. In den meisten Fällen ist dieses letzte Aufbäumen allerdings ein Zeichen für den bevorstehenden Tod.«

—Jim Utterback,
Autor, *Mastering the Dynamics of Innovation*

Jim Utterback lehrt am Massachusetts Institute of Technology (MIT), und niemand in den USA (wenn nicht in der ganzen Welt) verfolgt die Geschichte der Innovation so genau wie er. In seinem Hauptwerk *Mastering the Dynamics of Innovation* legt er eine außergewöhnliche Sammlung von Fallstudien vor: integrierte Schaltkreise, PCs, Eis (ja: Eis), elektrische Beleuchtung, Glas, Schreibmaschinen, kommerzieller Flugverkehr und so weiter. Die Sammlung ist geradezu deprimierend. Immer wieder reagiert das führende Unternehmen einer Branche auf die Bedrohung durch Innovation, … indem es Produkte von vorgestern herauskramt und auf Hochglanz poliert.

Immer wieder? In ausnahmslos JEDEM Fall!

Nehmen Sie nur das Beispiel der elektrischen Straßenbeleuchtung. Als die ersten Elektrizitätsanbieter um 1880 auftraten, hatten sie ganz offensichtlich die (weit) bessere Idee. Die Gasversorger erwachten aus ihrem behäbigen monopolisierten Tiefschlaf und machten sich an die Arbeit. Indem sie auf Strom umstellten? Weit gefehlt! Sie verbesserten die Gasbeleuchtung.

Ihre Strategie funktionierte sogar relativ lange; viele der frühen Elektrizitätsanbieter mußten unweigerlich ins Gras beißen. Doch es kam, was kommen mußte. Die Jungs von der Elektrizität steigerten ihre Effektivität, und das große »Comeback« der Gasversorger war, wie Utterback sagt, nichts als ein leises Echo, ein letztes Flackern der Lichter.

DIE G-R-O-S-S-E IDEE:
Innovation = Radiermanie
Große Idee: ALTES AUF HOCHGLANZ ZU
POLIEREN IST GEFÄHRLICH

MCI hat's ... vergessen!

»Wir rennen wie der Teufel – und
wechseln dann die Richtung.«

—Bert Roberts, Chairman und CEO, MCI

»Die sind verdammt schnell.«

—Peter Bonfield, CEO, British Telecom

»Das große, bewegliche Unternehmen« – ist heute (fast) ein Widerspruch in sich. Es gibt natürlich Ausnahmen. Hewlett-Packard? Vielleicht. 3M? Vielleicht. Johnson & Johnson? Vielleicht. Ganz sicher aber … MCI. Dieses Unternehmen beobachte ich nun schon seit fast einem Jahrzehnt.

»Wir stoßen rasch vor und ziehen uns ebenso rasch wieder zurück«, erläutert der MCI-Chairman Bert Roberts die bestimmende Strategie seines Unternehmens. So ist es. Wenn MCI eine Idee hat, schnappt sich der Verfechter dieser Idee 30 oder 40 Leute, sucht sich einen Bündnispartner … und zieht sich mit der ganzen Gruppe, und das ist fast wörtlich zu nehmen, für etwa 60 Tage … oder noch weniger … ins stille Kämmerlein zurück. Und – tara! – haben sie ein neues Produkt auf dem Markt.

Zehn Monate später brütet die Konkurrenz von MCI größtenteils immer noch vor sich hin und ernennt Ausschüsse, die das Potential des neuen Konzepts über-prüfen sollen. Inzwischen hat MCI dieses Experiment längst aufgegeben … oder ist bereits bei Version 11 angelangt … und ist gerade dabei … das Ganze richtig zum Laufen zu bringen … In manchen, nein, in den meisten Fällen, läuft es sogar aus-gezeichnet.

Genau das ist es, was MCI ausmacht. Peter Bonfield, CEO von British Telecom, der neuen Muttergesellschaft des Unternehmens, findet nichts Ungewöhnliches daran, daß MCI innerhalb … von vier Wochen ein Produkt konzipiert und auf den

Markt wirft. Mit dieser Geschwindig-keit übertrifft MCI die der wichtigsten Konkurrenten um das vier- bis fünf-fache oder gar neun- bis zehnfache.
Rennen wie der Teufel … und dann die Richtung wechseln. Vielleicht müssen Sie nicht mehr als diese neuen Worte kennen, um alles über die Unterneh-mensstrategie der Jahrtausendwende zu wissen. (Ehrlich!)

Microsoft hat's ... vergessen.

»Ich kenne kein anderes Unternehmen, das ähnlich erfolgreich war und dann nach 20 Jahren einfach innehielt und beschloß, sich von Grund auf zu erneuern. Was diese Leute schaffen, zeugt von Entschlossenheit, Schnelligkeit und ist geradezu atemberaubend.«

—Jeffrey Katzenberg,
DreamWorks SKG, über Microsoft

Für ein erfolgreiches Unternehmen ist das Vergessen äußerst schwierig, ganz besonders dann, ... wenn alle Welt wie gebannt auf dieses Unternehmen starrt. Daher ziehe ich (ganz tief) den Hut vor Bill Gates und Microsoft. 1995 mokierte er sich über das Internet und nannte es eine ziemlich bedeutungslose, vorübergehende Modeerscheinung. Als klar wurde, welch unglaubliches Potential im Internet steckt, ließ Gates (mit mehreren tausend seiner engsten Freunde und Mitarbeiter) alles stehen und liegen und erfand im wahrsten Sinne des Wortes Microsoft neu, um d-e-r Weltmeister des Internets zu werden!

Den Mut aufzubringen, alles zu vergessen – das ist die Eintrittskarte in diese Achterbahn-Welt. Den Mut zu haben, (große) Fehler einzugestehen – gerade wenn man (sonst eigentlich) der größte Krachmacher der Welt ist, ist keine anerkannte Heldentat. Die Sieger von morgen werden diese Kunst erlernen müssen.

Banana Republic hat's ... vergessen!

Banana Republic fiel fast auf die Nase. Das Unternehmen hatte versucht, den Konkurrenten Gap (»die Lücke«) zu überspringen, wie ein Manager es beschrieb.

Vor einigen Jahren beschloß die Unternehmensleitung dann, dem ein Ende zu setzen ... man wurde zur NEUEN Banana Republic. Das Unternehmen orientierte sich an den höheren Preisklassen ... und bemühte sich darum, sich wieder eine einzigartige Identität zu erarbeiten ... mit dem Ergebnis: 1996 verkaufte das Unternehmen 18 Prozent mehr an seine Stammabnehmer. Banana Republic schüttete buchstäblich das halbe/nahezu das ganze »Kind mit dem Bade aus« und erfand sich von Grund auf neu.

HURRA!

DIE G-R-O-S-S-E IDEE:

Innovation = Radiermanie

Große Idee: TRENNEN AUCH SIE SICH VOM »HALBEN KIND«

Lew Platt hat's ... vergessen!

>>Nur durch das Ausschlachten bereits vorhandener Produkte kann man sich an der Spitze behaupten.<<

—Lew Platt, Chairman und CEO, Hewlett-Packard

IRGEND JEMAND ... wird ... Sie vernichten. Bleibt die Frage: Wird es Ihr Konkurrent sein – oder Sie selbst?

Die meisten Unternehmen scheitern, weil sie sich an die Produktlizenzen der Vergangenheit klammern, nicht weil sie ihre Kunden mit einer wahren Explosion neuer Produkte und Dienstleistungen »verwirren«. Ich habe das alles schon tausendmal gehört: »Wir wollen die jetzige Franchise nicht beeinträchtigen.« »Modell 9999X bringt doch immer noch fabelhafte Umsätze.«

»Wissen Sie, was wir mit unserer Verweigerungshaltung beabsichtigen?« informierte mich ein (für neue Unternehmungen zuständiger) Schleifmittelhersteller gereizt. »Wir nehmen eine 35 Jahre alte Technik in Schutz.«

Wie ekelhaft!

SCHLACHTEN ... SIE ... IHRE ... EIGENEN ... PRODUKTE ... AUS ... SO SCHNELL SIE KÖNNEN, D.H. S-O-F-O-R-T!

***

Wir stellen ein: Einen CEO in der Rolle des Hannibal Lecter.

Silicon Valley hat's ... vergessen

DIE ERFOLGSGEHEIMNISSE DES SILICON VALLEY -

Mißerfolge tolerieren
(Sie gelten geradezu als Auszeichnung.)

Verrat tolerieren
(Es gibt so etwas wie Loyalität nicht.)

Risikofreude
(Von 20 mit Starthilfekapital neugegründeten Unternehmen gehen vier
pleite, schreiben sechs rote Zahlen, kommen sechs gerade so durch,
entwickeln sich drei anständig – und eins zieht das große Los.)

Bereitschaft zur Reinvestition
(Cash fließt ins Silicon Valley ... und bleibt dort.)

Begeisterung für jeden Wandel
(»Wir müssen selbst dafür sorgen, daß unsere Produkte veralten,
sonst erledigt das die Konkurrenz für uns.«)

Beförderung auf Leistungsbasis
(Beziehungen nutzen wenig. Nur Leistung zählt.)

Produktbesessenheit
(Die »coole« Idee finden.)

Offenheit für Zusammenarbeit
(»Generationen wechseln im Monatsrhythmus ...
nimm einen Kredit auf und leg los.«)

Vielfalt, Vielfalt, Vielfalt
(Das Vergängliche mit dem Bleibenden mischen.)

Jeder kann mitspielen.
(Jeder kann reich werden.)

John Mickelthwaite, Redakteur der Rubrik »Management« bei *The Economist*, veröffentlichte kürzlich eine meisterhafte Zusammenfassung der Erfolgsgeheimnisse des Silicon Valley. (In meinen Augen die beste seit 30 Jahren.) Und zwar:

■ Mißerfolge werden toleriert. »Ein Konkurs im Silicon Valley«, schreibt Mickelthwaite, »hat einen ähnlichen Stellenwert wie eine Duellnarbe in einer preußischen Offiziersmesse.« Ein Mißerfolg ist keine Schande, sondern beinahe eine Notwendigkeit. Nach dreißig Jahren hier im Valley halte ich diese Aussage für durchaus zutreffend … und vielleicht für die wichtigste in Mickelthwaites Ausführungen. Ein anderer Kommentator, Michael Malone, faßt es so zusammen: »Mißerfolg ist die größte Stärke des Silicon Valley.«

Amen!

■ Verrat wird toleriert. Sei es der Wechsel von einem Unternehmen zum nächsten … oder der Austausch von Geheimnissen bei einem frisch gebrauten Bier, dem jüngsten Chardonnay … oder an einem Nautilus-Fitneßgerät … Silicon Valley ist nicht der richtige Ort für traditionelle Loyalität. Die Ideen können frei fließen … und werden weitergetragen. Diese Brownschen Molekularbewegungen sind der Schlüssel zum Erfolg des Silicon Valley.

■ Risikobereitschaft. Nach Schätzungen eines risikofreudigen Geschäftsmannes aus dem Valley sieht die Realität so aus: Von 20 neugegründeten Unternehmen gehen vier pleite, sechs machen minus, sechs kommen gerade so durch, drei laufen gut … und eins zieht das große Los. Mit einer Trefferquote von 1000 ist wohl kaum zu rechnen. Ganz im Gegenteil!

■ Reinvestieren. Die enormen Nettosummen, die im Valley frei werden, werden … zu einem großen Teil … wieder in neue Firmenprojekte investiert.

■ Jeder Wandel wird enthusiastisch aufgenommen. »Nur die Paranoiden überleben hier«, so die berühmte Tradition, die direkt mit den Worten des legendären Intel-Bosses Andy Grove verbunden ist. Ausschlachten ist das A und O … erinnern Sie sich an die Worte des Chairman von Hewlett Packard, Lew Platt. Oder, wie Mickelthwaite es ausdrückt: »Wir müssen selbst dafür sorgen, daß unsere Produkte veralten, sonst erledigt das die Konkurrenz für uns.«

■ Leistungsbezogene Beförderung. Grundsätzlich ist man »offen für die Einstellung von Immigranten und Frauen«, schreibt Mickelthwaite. Das ist stark untertrieben! Wenn die Immigranten von heute auf morgen verschwänden, könnte das Valley gleich das Schild »Wegen Geschäftsaufgabe geschlossen« an die Tür hängen. In der Regel läuft hier alles in einem derart rasanten Tempo ab, daß Beziehungen wenig zählen … Leistung hingegen alles. Das ist nicht zu unterschätzen!!

■ Produktbesessenheit. Das Valley, schreibt Mickelthwaite, ist süchtig nach der »coolen« Idee. (Natürlich nur nach der allerneuesten.) Langfristig erfolgreiche Innovatoren zeichnen sich, nach einer umfassenden Studie, vor allem dadurch aus, daß sie »in ihre Produkte verliebt« sind. Im Silicon Valley steht das »es«, das Produkt, absolut im Mittelpunkt.

■ Zusammenarbeit. Generationen folgen im Monatsrhythmus aufeinander, manchmal (in der Welt des Internets) im Wochenrhythmus. Die Lösung des Problems: Versuchen Sie nicht, das Rad neu zu erfinden. Nehmen Sie einfach Ihre neue (hoffentlich vielversprechende) Zutat und mischen Sie diese schnell mit bewährten Teilen aus allen möglichen Quellen.

■ Vielfalt. Silicon Valley besteht aus Dutzenden von zwielichtigen Unternehmungen, die an ein und demselben Tag entstehen und wieder verschwinden. Natürlich gibt es außerdem ein paar Hewlett-Packards und Intels. Es ist gerade diese Mischung aus einerseits angesehenen, mit weitem Blick in die Zukunft operierenden Unternehmen und andererseits kometenhaft aufsteigenden Sternen, die oft ebenso schnell verschwinden, wie sie aufgetaucht sind … durch die die ENTSCHEIDENDE BROWNSCHE MOLEKULARBEWEGUNG in Gang gehalten wird.

■ Jeder kann mitspielen. Hier erwacht der alte amerikanische Traum zum Leben. »Ich kann hier reich werden.« Mickelthwaite sagt, daß ausnahmslos jeder Bewohner des Valleys daran glaubt. Vielleicht übertreibt er da ein bißchen. Aber nicht allzusehr.

Ich finde diese Liste ganz ausgezeichnet. Und ich bin fest davon überzeugt, daß diese zehn Verhaltensmuster den einzigartigen Erfolg von Silicon Valley weitgehend erklären. Was für unsere Diskussion aber noch wichtiger ist: Ich glaube, daß sie Wort für Wort auf jedes *einzelne Unternehmen* übertragbar sind. Denken Sie einmal darüber nach! Wie schneidet Ihr Unternehmen, Ihre Abteilung bei jedem dieser 10 Punkte ab? (Falls Sie sich trauen … machen Sie doch einfach den folgenden Test.)

Meine Abteilung	Ja!	Manchmal	Nie!
1. Mißerfolge werden hier geduldet und sogar positiv bewertet.			
2. Ideen fließen ungehindert; nichts wird von dieser oder jener Person (oder Abteilung) zurückgehalten.			
3. Wir sind bereit, aufs Ganze zu gehen und akzeptieren eine relativ geringe Trefferquote.			
4. Wir investieren viel (Zeit und Geld) in die Erneuerung jeder Einheit und jedes Mitarbeiters.			
5. Wandel ist unser Lebenselixier.			
6. Wir fördern die Vielfalt; Beziehungen sind bei uns so gut wie nie die Grundlage von Auszeichnungen oder Beförderungen.			
7. Wir finden unsere Dienstleistung/unser Produkt einfach klasse, und unser einziges Interesse ist es, es so cool wie irgend möglich zu machen.			
8. Wir versuchen nicht, das Rad neu zu erfinden, sondern nehmen eine neue Idee und testen sie … schnellstmöglich.			
9. Bei neuen Projekten, ob groß oder klein, arbeiten wir immer mit anderen/Außenstehenden zusammen.			
10. Wir sind fest davon überzeugt, daß jeder großen Erfolg haben kann.			

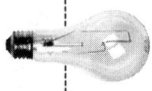

DIE G-R-O-S-S-E IDEE:

Innovation = Radiermanie

Große Idee: SILICON-VALLEY-TEST

Eine kurze Einführung in die Kunst des Vergessens

Innovation = Organisiertes Vergessen

Innovation = Strategische Vergeßlichkeit

Es ist ein Fehler, dem Vergessen keine Priorität einzuräumen … vielleicht der Fehler Nr. 1, den Ihre Abteilung, Ihre Einheit … und Sie selbst machen können.

Es sagt sich natürlich leicht, daß das Erlernen von etwas Neuem altes Wissen verdrängt. Stimmt aber nicht!

IBM stieg von Großrechnern auf Minicomputer und dann auf PCs um. Die »Großrechner«-Mentalität bestand aber fort, und »Big Blue« stand kurz vor der Pleite, als Lou Gerstner, Mr. »Vergiß-einfach-alles«, die Bühne betrat. Ähnlich sieht es bei den amerikanischen Automobilherstellern aus: Sie haben ihre alte Vorliebe für große Wagen immer noch nicht »vergessen«. Im Falle von General Motors war eine Schocktherapie in Form von Saturn notwendig, der ersten separaten GM-Tochter seit 60 Jahren, um das Unternehmen wenigstens wieder halbwegs in die richtige Richtung zu lenken.

Wenn Sie Innovation ernst nehmen, muß es Ihnen mit dem Vergessen ebenso ernst sein … und Sie müssen systematisch an die Sache herangehen. Punkt.

Wie das gehen soll?

Wie wäre es mit diesem Einstieg?

1. Fangen Sie gleich heute an: Setzen Sie das Wort »Vergessen« (VERWENDEN SIE ES UNBEDINGT!) ganz oben auf Ihre Tagesordnung ... und die Ihrer Betriebseinheit.

2. Listen Sie Ihre 10 wichtigsten Überzeugungen auf (beziehungsweise die Ihrer Einheit, Ihrer Abteilung, Ihres Unternehmens). Stellen Sie ein Projektteam (aus Ihren fähigsten Mitarbeitern) zusammen, das jede einzelne dieser Überzeugungen formell und systematisch in Frage stellt. Das ist weit mehr als ein Advocatus-Diaboli-Trick: Es geht darum, Sie mit all dem (und zwar unerbittlich) zu konfrontieren, was Sie dahin gebracht hat, wo Sie heute stehen.

3. Schaffen Sie einen strategischen Plan für das Vergessen ... Nennen Sie ihn auch so ... und feilen Sie ihn genauso sorgfältig aus wie Ihre übliche Strategieplanung.

So weit, so gut.

Wir sind dieser Idee aber noch nicht wirklich auf den Grund gegangen ... sie ist weit mehr wert. Lesen Sie weiter ... bitte. Tatsächlich ist der Rest des Kapitels für mich nicht mehr (und nicht weniger) als eine ... KURZE EINFÜHRUNG IN DIE KUNST DES VERGESSENS.

DIE G-R-O-S-S-E IDEE:

Innovation = Radiermanie

Große Idee: STRATEGISCHER PLAN FÜR DAS VERGESSEN!

Vergessen Sie Ihr Zögern!

»Man vergibt 100 Prozent der Schüsse, die man nicht abfeuert.«

—Wayne Gretzky, legendärer Hockeyspieler

Fertig. Feuern! Zielen. … Laut Ross Perot, dem scharfen Texaner, war dies sein Geheimnis für den Weg seines Unternehmens EDS an die Spitze.

Irgendwelche Grenzen muß es aber doch geben?

Ich bin mir da nicht so sicher.

»Wie sieht es denn mit der Chirurgie aus?« Diese (oder ähnliche) Fragen bekomme ich während meiner Seminare oft gestellt. Meine Antwort: »Gute Frage!«

Die Chirurgie … ist nämlich das … BESTE … Beispiel für meine These. Chirurgie beruht ausschließlich auf »Trial and Error«. Das behaupten zumindest die Chirurgen unter meinen Freunden. Sechs Milliarden Menschen leben auf unserem Planeten. Das sind sechs Milliarden *unterschiedliche* Körper. Natürlich sind alle Menschen gleich, aber jede Operation ist anders. Die Chirurgie setzt ein großartiges Gedächtnis voraus (das Schienbein ist verbunden mit dem …). Letztendlich ist sie aber ein Improvisationsspiel.

Boris Jelzin brauchte eine Bypass-Operation. Die besten Ärzte Rußlands, deren I.Q. zweifellos dem ihrer amerikanischen Kollegen ebenbürtig ist, sollten ihn operieren. Doch es gab ein Problem, wie man den Presseberichten entnehmen konnte: Die *besten* Herzchirurgen Rußlands arbeiten in der Abgeschiedenheit der *besten* Institute und sind nur dafür vorgesehen, die V-I-Ps zu operieren. Das Resultat: Sie operieren sehr wenig.

Worin liegt im Vergleich dazu das Besondere des Herzchirurgie-Cowboys Michael DeBakey?

IN DEN ZAHLEN! DeBakey hat einfach etliche Brustkörbe mehr aufgeknackt als seine russischen Kollegen. Natürlich ist er höllisch begabt. Aber er verzeichnet auch eine hohe Erfolgsquote bei seinen zahlreichen Operationen. Die Forschung belegt eindeutig, daß die Ergebnisse in der Chirurgie mit Abstand dann am günstigsten sind, wenn der Chirurg/die Chirurgin oder sein/ihr Krankenhaus möglichst viele Operationen durchführen. Dafür spricht noch mehr: Von Chirurgen höre ich, daß die größten Fortschritte in der Chirurgie in … Kriegszeiten erzielt werden. Das ist tragisch, sicher, aber die Chirurgen haben weniger zu verlieren: Ihre Handlungsanweisung ist, alles zu versuchen und dabei mit größter Geschwindigkeit vorzugehen.

Das zeichnet die Chirurgie aus: »Trial and Error«, möglichst viele Versuche, Improvisation! Klar? Das ist, anders ausgedrückt, genau das, was Perot und der frühere PepsiCo-Vorsitzende Wayne Calloway in die Tat umsetzen: Die Strategie des Siegers: Fertig. Feuern! Zielen.

Vergessen Sie die absoluten Renner!

Vorsicht vor der Coca-Cola-Falle!

Ein führender Manager aus der Pharmaindustrie erzählte mir, daß sein Unternehmen (dessen Namen ich nicht nennen kann ... das Gespräch war vertraulich) vor einem großen Problem stehe. Es mußte Ersatz für ein enorm erfolgreiches Medikament suchen, dessen Patentschutz bald auslief. Die Strategie des Unternehmens bestand de facto darin, den »Home Run« aller »Home Runs« zu schaffen, den nächsten großen STEADYSELLER zu produzieren ... die nächste Coca-Cola auf den Markt zu bringen.

Die meisten Medikamente, die sich zu Selbstläufern entwickeln, werden, wie er mir erklärte, nicht als solche »geboren«. Sie werden einfach in unerwartet hoher Zahl gekauft, nachdem sie einmal auf dem Markt sind, was wiederum zu unerwartet hohen Ergebnissen führt. Will man bewußt einen solchen Renner entwickeln, jagt man ironischerweise meist dem altbekannten hinterher. Der Erfolg wird nur wenig größer sein als bisher.

(Logik: Wenn Sie glauben, daß ein Produkt ein absoluter Renner wird, dann darum, weil Sie »es« – das Konzept – schon kennen und verstehen. Nur: Das tut auch die Konkurrenz. Produkte, die neue Nischen für sich entdecken oder ganze Branchen begründen wie etwa FedEx, CNN, Post-its oder Ziplocs finden meist in Bereichen Anwendung, die bei ihrer Markteinführung unvorstellbar waren. Und das ist schon alles.)

Das gilt natürlich nicht nur für die pharmazeutische Industrie. Jeder will schließlich eine neue Coca-Cola entwickeln. Doch selbst das Coca-Cola-Phänomen entstand erst lange nach der Entwicklung des Produkts. Erfolg = ein Produkt der Vielfalt. Und dann ... ganz selten einmal ... schlägt irgendeine eher sonderliche Variante aus unerklärlichen Gründen ein ... und Sie haben es geschafft ... mit der nächsten Coca-Cola, Zantac, Tide, »*Vier Hochzeiten und ein Todesfall*«, Big Mac, Kleenex ...

Vergessen Sie die absoluten Renner!

>>Ich schlage vor, radikale Ansätze, die für den grundlegenden Wandel von Unternehmen geeignet erscheinen, in allen denkbaren Formen zu unterstützen. Experimentieren Sie!<<

—Gordon Bell,
Microsoft Telepresence Research Group (und Entwickler
des Betriebssystems VAX von Digital Equipment)

>Es ist heute noch nicht abzusehen, welche Produkte sich verkaufen werden. Genau aus diesem Grund ist es so wichtig, eine solide Informations- architektur aufzubauen, die eine große Vielfalt fördert und organisiert, statt ihr Grenzen aufzuerlegen.«

—Steven Telleen,
Intranet Partners

Und wenn »Vergessen Sie's« irgendwo gilt (mit Ausnahme der Chirurgie) ... dann auf jeden Fall im Web.

Das Web (1) wird alles verändern; (2) wir wissen nicht, wie/wann das passieren wird; (3) und wie die Branchengurus Gordon Bell und Steven Telleen sagen, gibt es nur eins: EXPERIMENTIEREN SIE!

Vergessen Sie die Details!

»Die Entwicklung effektiver Prototypen ist vielleicht die wertvollste ›Kernkompetenz‹ einer innovativen Organisation.«

—Michael Schrage,
Autor und Technologieexperte

Es ist eine Sache, jemanden aufzufordern: »Rennen Sie wie der Teufel, und wechseln Sie dann die Richtung.« Oder: »Fertig. Feuern! Zielen.« Oder: »Just Do It.« Nur: Wie *macht* man es denn? Eine Technik übertrifft alle anderen haushoch: die schnelle Entwicklung von Prototypen.

Michael Schrage, der Altmeister der Innovation, übertreibt nicht, wenn er behauptet, daß dies *die* Kernkompetenz für Innovationssieger ist. Er ist auf der richtigen Spur. Immer mehr Studien kommen zu dem Ergebnis, daß der iterative/Prototyp-Ansatz dem sorgfältigeren, überlegteren (Fertig. Zielen. Zielen. Noch einmal zielen …) Ansatz weit überlegen ist. Schrage nennt als Beleg eine Reihe von Unternehmen, die hier ganz vorne liegen: Hewlett-Packard, 3M, Microsoft und Sony. Sony braucht für die Entwicklung eines Prototyps im Schnitt erstaunliche fünf Tage. (Ganz recht: T-A-G-E.) Die Konkurrenz braucht dafür im günstigsten Fall einige Monate.

Nun läßt sich aber die schnelle Entwicklung von Prototypen leider nicht durch ein Programm nach dem Motto: »10-Schritte-und-Sie-können-morgen-anfangen« regeln. Sie hängt mit der Unternehmenskultur zusammen. Schrage stellt fest, daß in »konventionellen« Unternehmen erst alle i-Pünktchen gesetzt und t-Striche gezogen sein müssen, bevor ein Projekt der nächsten Führungsebene vorgelegt werden kann. Ganz anders ist es bei Prototyp-orientierten Unternehmen: Sie lieben es zu … SPIELEN. Sie sind offen für neue Ideen. Schnelle und sogar schludrige Tests und Experimente sind beliebt. Ein freier Gedankenaustausch schon über erste Rohentwürfe ist die Norm. Es versteht sich von selbst, daß schlampige Arbeit nicht gefördert oder toleriert wird; es ist einfach so, daß die hastig durchgeführten Experimente, um schnell echte Fakten auf dem Tisch zu haben, die Art und Weise kennzeichnen, »wie hier gearbeitet wird«. Die Einführung einer solchen Kultur ist daher ein subtiler Vorgang. Viele (die meisten!) werden überrascht sein, daß dieses eine, so unscheinbare Werkzeug alles andere als unscheinbar … und alles andere als ein Werkzeug ist. Es steht für eine ganze Denkweise, die das Innovationspotential eines Unternehmens vielleicht stärker beeinflußt als irgendeine andere einzelne Idee oder Strategie. Man mag die schnelle Prototyp-Entwicklung … eine Kultur nennen … eine Strategie oder … eine Kernkompetenz. Zumindest sollten Sie … JETZT ernsthaft über dieses Konzept nachdenken – und … schon JETZT beginnen, danach zu handeln. Die folgenden »Gesetze der Prototypentwicklung« sollen Ihnen dabei helfen.

GESETZE DER PROTOTYP-ENTWICKLUNG

1. Beschreiben Sie auf weniger als einer Seite einen kleinen, praktischen Test. Jetzt sofort.

2. Sammeln Sie auf dem günstigsten Weg »zur Verfügung stehende« Materialien.

3. Finden Sie einen Partner/Kunden, der ein Versuchsterrain zur Verfügung stellen und als kritische Stimme fungieren kann.

4. Setzen Sie sich einen (extrem knappen) Termin von fünf Arbeitstagen … oder weniger … oder etwas mehr … um den nächsten praktischen Schritt umzusetzen.

5. Führen Sie den Test durch … so schnell wie möglich.

6. Sammeln Sie die Ergebnisse und halten Sie sie in einem (elektronischen oder herkömmlichen) Notizbuch fest.

7. Setzen Sie das nächste Testdatum fest … sobald wie möglich (also innerhalb von plus oder minus 5 Tagen).

Kleiner Hinweis: Dies hat man Ihnen (oder mir zumindest) in der zehnten Klasse im Chemieunterricht beigebracht … Sie/ich/wir vergaßen dies anscheinend auf dem Weg zum zugeknöpften Geschäftsmenschen.

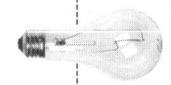

DIE G-R-O-S-S-E IDEE:

Innovation = Radiermanie

Große Idee: PROTOTYPENTWICKLUNG

(SCHNELL/BILLIG)

Vergessen Sie die
$$$$!

Unter	10 000	Dollar	34 Prozent
Unter	50 000	Dollar	59 Prozent
Unter	100 000	Dollar	75 Prozent

Eines der *größten* Probleme der *großen* Unternehmen (auf meiner Probleme-Top-Five-Liste) ist die Vorstellung, nichts in Angriff nehmen zu können, »bevor das *große* Geld da ist«. Das gilt im kleinen auch für Kleinbetriebe und Abteilungen mit 16 Mitarbeitern.

Das Magazin *Inc.* veröffentlicht jedes Jahr eine Liste der 500 Unternehmen in den USA, die das größte Wachstum verzeichneten. Diese Liste ist nicht zugunsten von Biotechnologie, Software oder anderen Exotika verzerrt, sondern spiegelt die Wirtschaft der USA als Ganzes. Metallverarbeitende Unternehmen sind darin ebenso vertreten wie Fast-Food-Ketten, Abfallentsorgungsunternehmen, Overnight-Postdienste und so weiter. Anhand einer der Listen untersuchte *Inc.*, wieviel Startkapital die einzelnen Unternehmensgründungen benötigt hatten. Die Zahlen waren verblüffend: Ein gutes Drittel hatte mit weniger als 10 000 US-Dollar angefangen. Über die Hälfte benötigte weniger als 50 000 US-Dollar. Drei Viertel lagen bei unter 100 000 US-Dollar. Bitte verstehen Sie mich nicht falsch: Ein Produkt oder eine Dienstleistung weltweit erfolgreich zu vermarkten, benötigt Millionen sowie die Hilfe von Investoren und freundlich gesinnten Banken. Für den eigentlichen Unternehmensstart aber, den Weg, den die Produkte in die Hände von »richtigen« Kunden nahmen … waren im Grunde nur Peanut-Beträge nötig.

Das bedeutet also: Nahezu alles … ob bei Boeing … im Café nebenan … oder in der Ausbildungsabteilung … kann für einen überraschend niedrigen Geldbetrag getestet werden. Ich bin fest davon überzeugt, daß wir einen ersten, zutreffenden Eindruck von einem Produkt oder einer Dienstleistung für 10 000 Dollar oder (weit) weniger erhalten können … und daß dies ohne weiteres in sechs Wochen oder in (weit) kürzerer Zeit abgewickelt werden kann. Für Kleinbetriebe oder in kleinen Abteilungen können die Zahlen noch niedriger angesetzt werden: Es sollte nicht mehr als 500 Dollar und zwei Wochen kosten, ein neues Produkt in der Praxis auszuprobieren. Es geht nicht darum, sich auf einen »kleinen Rahmen« zu beschränken. Planen Sie im großen Maßstab … dann denken Sie »T-E-S-T« … und dann: S-O-F-O-R-T.

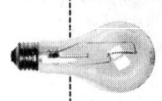

DIE G-R-O-S-S-E IDEE:
Innovation = Radiermanie
Große Idee: TESTEN SIE »ES«, GANZ
BILLIG/SOFORT

Vergessen Sie Ihre Ressourcen!

»Ich betreibe nur ein kleines Rechnungsprüfungsbüro mit elf Mitarbeitern«, klagt der Seminarteilnehmer. »Wie kann ich diese Ideen umsetzen?«

Meine Antwort: Auf wen kann die Betriebseinheit am W-E-N-I-G-S-T-E-N verzichten? Barbara, sagen Sie. Gut ... dann beurlauben Sie sie: Schicken Sie sie auf eine vage definierte »Reise« oder ein »Sabbatical« von zwei Monaten. Zu einem Lieferanten, zu einem Kunden, an eine Universität. Oder auf eine Reise durch Südostasien.

Schicken Sie sie als Eine-Frau-Team zum Rumschnüffeln los, mit dem Auftrag, etwas »Tolles/Seltsames« aufzutreiben. »Ich wette mit Ihnen um die 500 US-Dollar, die Sie für dieses Seminar bezahlt haben: Sie wird interessante Dinge entdeckt haben, wenn sie zurückkommt«, bemerkte ich zum Abschluß. Meinen Sie nicht auch? (Falls ja ... sprechen Sie mit Barbara ... noch heute!)

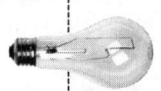

DIE G-R-O-S-S-E IDEE:

Innovation = Radiermanie

Große Idee:

SCHICKEN SIE BARBARA IN DIE WÜSTE

Vergessen Sie die Fehlschläge!

Das SNS-System:

Scheitern

Neustart

Schnell

>In diesem Unternehmen werden Sie entlassen, wenn Sie <u>keine</u> Fehler machen.«

—Steve Ross,
der verstorbene CEO von Time Warner Enterprises

>Wenn Sie sich in der heutigen, von unglaublicher Geschwindigkeit geprägten Wirtschaft keine blutige Nase holen, können Sie eigentlich nur noch eins sein: tot.«

—Forbes ASAP

Vor Jahren hatte ich das Vergnügen, den inzwischen verstorbenen Sam Walton bei einer zu seinen Ehren gegebenen Veranstaltung einzuführen. Ich sollte nur ein bis zwei Minuten sprechen. Was sollte ich sagen?

Ich rief den Wal-Mart-CEO David Glass an, der Walton seit 30 Jahren kannte.

»Was würden Sie über ihn sagen, wenn Sie nur wenige Sekunden Zeit hätten?«

»Sam zeichnet ganz besonders aus, daß er keine Angst hat, Fehler zu machen oder etwas in den Sand zu setzen. Am nächsten Morgen hat er schon wieder etwas Neues parat. Er verschwendet keine Zeit damit zurückzublicken.«

Steve Ross, der einen Parkplatz und ein Beerdigungsinstitut in den – zum Zeitpunkt seines Todes – größten Medienkonzern der Welt (Time Warner) verwandelt hatte, sah es ganz genauso. Es ist zu schade, daß die meisten von uns nicht so denken.

Das Komische ist ja, daß wir das im Alter von fünf Jahren prima verstehen. Mama und Papa schenken uns zu Weihnachten ein Fahrrad. Eine Stunde später sind wir mit unseren drei besten Freunden draußen in der Einfahrt und üben radfahren. Wir fallen runter, schlagen uns das Knie auf, machen uns vor unseren Altersgenossen lächerlich. Aber mit Fünf verstehen wir, worum es geht … aufstehen …, los, wieder aufs Rad … und zwar SOFORT!

Dann wurden wir zu »Geschäftsmännern« und »Geschäftsfrauen« und lernten, daß Fehler um jeden Preis zu vermeiden sind. »Beim ersten Mal gleich alles richtig machen!« diese Botschaft haben wir nun verinnerlicht.

Warren Bennis, vielleicht unser größter Experte für Führungsfragen, interviewte für sein Buch *Leaders* Führungskräfte aus dem öffentlichen, dem privaten und dem gemeinnützigen Sektor. Diese Männer und Frauen hatten nur dreier- oder viererlei gemeinsam. Eines davon war: Alle hatten schwere Fehler gemacht, hatten sich aber nicht unterkriegen lassen sondern sich wieder erholt.

Fazit: Fehler sind nicht das »Salz« in der Suppe des Lebens. Sie *sind* das Leben. Fehler sollten nicht nur toleriert, sondern *gefördert* werden. (Und insgesamt gilt: Je größer der Fehler, desto besser!)

> Fazit: Fehler sind nicht das »Salz« in der Suppe des Lebens. Sie *sind* das Leben. Fehler sollten nicht nur toleriert, sondern *gefördert* werden. (Und insgesamt gilt: Je größer der Fehler, desto besser!)

Scheitern ist das *einzige* Vorzeichen des Erfolgs. (Wirklich: das E-I-N-Z-I-G-E.) GROSSE Mißerfolge ... sind also die *einzigen* Vorzeichen der ganz GROSSEN Erfolge. (die E-I-N-Z-I-G-E-N). Vermasseln Sie doch was. Stehen Sie wieder auf. Starten Sie einen neuen Versuch. Schnell. Oder, um die brillante Formulierung eines High-Tech-Managers zu übernehmen: »Unsere Strategie lautet: ›Scheitern ... Neustart ... Schnell!‹« (SNS)

Ich mag das. Ich LIEBE ES!

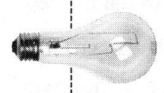

DIE G-R-O-S-S-E IDEE:

Innovation = Radiermanie

Große Idee:

SCHEITERN. NEUSTART. SCHNELL.

Vergessen Sie alle Regeln!

»Wenn Sie sich an die Regeln halten, haben Sie nicht den Hauch einer Chance, Ihren Namen eines Tages neben dem von Stanley Marcus, Richard Branson, Wayne Huizenga oder Donna Karan stehen zu sehen.«

—Einzelhandelsmanager, AmericasMart

Ich hielt in einem Ausstellungsraum des AmericasMart in Atlanta …vor einer Gruppe meist jüngerer Einzelhandelskaufleute eine Rede. Ein alter Profi (sprich … müde und erschöpft) fragte mich: »Wie soll ich denn als Einkäufer mit dem konservativen Incentive-System umgehen, das ausschließlich darauf ausgerichtet ist, Mißerfolge zu bestrafen … und das Erfolge nur in den seltensten Fällen belohnt?«

Ich fühlte geradezu, wie ich richtig wütend wurde. Ich wollte ihm sagen, daß wirklich kluge Leute … KOMMENDE VISIONÄRE … das dumme Incentive-System einfach ignorieren. Da ergriff jemand anderes das Wort und sprach mir aus der Seele: »Wenn Sie sich an die Regeln halten, haben Sie nicht den Hauch einer Chance, Ihren Namen jemals neben dem von Stanley Marcus, Richard Branson, Wayne Huizenga oder Donna Karan stehen zu sehen.« Ich hätte den Mann umarmen, ja küssen mögen!

GENAU DAS IST'S! Sich vorzuwagen ist … natürlich keine Erfolgsgarantie (untertrieben gesagt). Wenn Sie ABER DEN FEHLER MACHEN, SICH NICHT VORZUWAGEN, … haben Sie die in Stein gemeißelte Garantie, … daß Sie nie in einem Atemzug mit Stanley Marcus oder Donna Karan genannt werden. Verrückte scheitern (für gewöhnlich!) oft.

Und doch gehen ALLE großen Erfolgsstories auf ihr Konto.

Denken Sie darüber nach … und schlagen Sie sich auf die richtige Seite.

Bei AmericasMart brachte ich außerdem meine üblichen Themen: »Alles wird zur ewiggleichen Massenware« und »Es gibt zu viele Me-too-Produkte«. Dann kam ich knallhart zur Sache.

»Wenn Sie aus diesem Laden hinausgehen«, sagte ich kompromißlos, »ohne daß Sie irgendwas Ausgefallenes mitnehmen, ohne Ihrem Riecher auch nur einmal nachzugeben, und ohne daß Sie große Befürchtungen über die Verkäuflichkeit einiger gerade von Ihnen erworbenen Produkte haben, zahlen sich die Blasen an Ihren Füßen nicht aus. Sie haben eine einzigartige Gelegenheit ungenutzt verstreichen lassen.« Ich meinte es ernst. Der Einzelhandel steht kurz vor dem Aus, und das hat nichts damit zu tun, daß möglicherweise die Einkommen zu niedrig sind (sie sind es nicht) oder die Wirtschaft am Stock geht (genausowenig). Der Grund liegt einzig und allein in der weiten Verbreitung der Doppelgängerprodukte.

Woher ich das weiß? Ich besuchte AmericasMart ebenso in meiner Eigenschaft als Mitglied einer neugegründeten Firma. Ich wanderte durch die Hallen und holte mir meine Blasen an den Füßen. Das meiste, was ich sah, war einfach fade. Bei manchen Dingen gruselte mich. (Na wunderbar – die wahre Definition von »spannend, aufregend«: ES GRUSELTE MICH.) Und ich kaufte einige »total abgefahrene« Sachen. Diese wollte ich … bald … in der einzigen Einzelhandelsniederlassung meines neugegründeten Unternehmens anbieten. Warum? Eben <u>weil</u> sie mich gruseln machten. Sie waren interessant. Sie regten mich an. Es waren keine Dinge, die »die Leute kaufen« … jedenfalls jetzt noch nicht.

Wahrscheinlich werden sie sich nie gut verkaufen. DAS GEHT SCHON KLAR. Wenn ich aber die Sachen, die mir dieses seltsame Gefühl vermittelten, nicht gekauft hätte … dann hätte ich ja noch nicht einmal einen Versuch unternommen. (Und hätte mir ganz umsonst die verdammten Blasen an den Füßen geholt.)

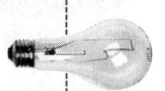

DIE G-R-O-S-S-E IDEE:
Innovation = Radiermanie
Große Idee:
NUR DUMMKÖPFE HALTEN SICH AN REGELN

Vergessen Sie Sitte und Anstand!

»Alle großen Wahrheiten sind ursprünglich Blasphemie.«
—George Bernard Shaw

»Wenn die Menschen nicht manchmal unsinnige Dinge täten, würde nichts Kluges getan werden.«
—Ludwig Wittgenstein

Denken Sie einmal gründlich darüber nach. Wir *brauchen* keine Innovationen. Innovationen sind per definitionem *überflüssig.*

Nehmen Sie einmal das Rad als Beispiel. Brauchten wir es denn? Selbstverständlich nicht. Die Gesellschaft vor der Erfindung des Rades war – per definitionem – für die »Radlosigkeit« konzipiert. Und Sie und ich können uns nur allzugut vorstellen, wie es dem Erfinder des Rades erging: Andere Typen in der Höhle zogen über ihn her: »Guckt euch bloß George an. Der benutzt das Rad. Echte Männer tragen die Felssteine auf dem Rücken.« Oder ähnliche Killerphrasen.

Alle Innovationen sind unsinnig. Wir wollen alle Innovatoren sein. Also … lassen Sie uns unsinnig sein! *Ich meine es ernst!* Dies ist nicht für Ihr Amüsement gedacht … und ist ebensowenig ein trivialer Gedanke. Es hat mit dem Wesen der Innovation zu tun.

Ganz einfach … Wenn Sie als Mitarbeiter der Einkaufsabteilung mit 7 Personen, der Finanzabteilung mit 11 Personen, der Marketingabteilung mit 4 Personen, der Personalabteilung mit 8 Personen in den letzten 24, 48, 96 oder 120 Stunden nichts Unsinniges unternommen haben … haben Sie … buchstäblich Ihre Zeit verschwendet.

Klingt das zu heftig? Ich glaube nicht. Post-it Notes war ein unsinniger, alberner Einfall. (Sehr albern sogar). Das Faxgerät war unsinnig. (Sehr sogar.) FedEx war unsinnig. (Sehr sogar.) CNN war unsinnig. (Sehr sogar.) Das World Wide Web war unsinnig vor … Urzeiten … 1995. Und genau das gleiche gilt für die komische kleine Idee, die Ihnen im Hinterkopf vorschwebt …

Lassen Sie sie raus! Denken Sie ans Überleben! Seien Sie unsinnig! Albern! Oder, wie George Bernard Shaw meinte … »blasphemisch«.

DIE G-R-O-S-S-E IDEE:
Innovation = Radiermanie
Große Idee: ES IST UNSINNIG, WAS SONST!

Vergessen Sie Ihre Professionalität!

»Schimpfwort Nummer 1«:
Durch und durch professionell
... aber ohne zu provozieren.

Es stimmt schon: Wir alle arbeiten im professionellen Dienstleistungssektor. (Neunzig Prozent von uns arbeiten, selbst in der Produktion, als Dienstleister-IS (Informationssysteme), Personal, Finanzen, Marketing, Logistik, Technik usw.)

Frage: Was macht ... 1998 ... den Kern der professionellen Dienstleistung aus?

Während meiner Seminare lobe ich die Tugend der spannenden, fruchtbaren Mißerfolge in den Himmel (den geplanten »Unsinn«). Dafür werde ich oft angegriffen. In einem meiner Seminare wurde die erste Frage von einem Wirtschaftsprüfer der »Big Six« gestellt: »Aber, Tom, meine Kunden akzeptieren keine Mißerfolge. Was soll ich denn machen?«

Ich gebe es zu ... Ich verlor die Fassung.

Akzeptieren keine Mißerfolge? Wenn ich auf meine Erfahrungen aus meiner Zeit bei McKinsey zurückblicke, erinnere ich mich an etwa ein Dutzend großer

Projekte, die wir betreuten. Ich meine, daß wir uns unser Honorar in jedem einzelnen Fall verdient haben. (Wir lagen überall zu 1000 Prozent richtig.) Aber – hinterher ist man ja immer klüger – ich glaube heute, daß wir in höchstens zwei oder drei dieser zwölf Fälle tatsächlich als Katalysator für einen grundlegenden Wandel fungierten. Dabei halte ich für mich selbst und angesehene Unternehmen wie McKinsey die Definition »Katalysator für einen grundlegenden Wandel« für den einzig gültigen Erfolgsmaßstab … und eine Trefferquote von 2 auf 12 (0,167) ist für die erste Liga (sprich mich, McKinsey) ein miserabler Schnitt.

Daher lege ich jedem nahe, der professionelle Dienstleistungen anbietet (und diese, das darf man nicht vergessen, machen 90 Prozent meiner Zuhörerschaft bei Seminaren aus): »1997 ist mein Schimpfwort Nummer 1: ›Durch und durch professionell – aber ohne zu provozieren.‹« Meine Theorie steht felsenfest, da können Sie rütteln, soviel Sie wollen: Anbieter von Dienstleistungen (und das gilt auch für den 26jährigen Ausbilder in einer Ausbildungsabteilung mit neun Angestellten) werden dafür bezahlt, zu provozieren. *Punkt.*

Setzen Sie alle i-Pünktchen und ziehen Sie alle t-Striche, überprüfen Sie die Tatsachen … sicher ist das wichtig. Ich muß genauso zu meinen Seminaren erscheinen, ob es regnet, schneit oder ob ich eine Grippe erwischt habe. Wenn ich nicht da bin, werde ich auch nicht bezahlt … *aber ich werde nicht fürs bloße Kommen bezahlt,* sondern dafür, daß ich Leuten einen Anstoß gebe, sie boxe … auf sie einrede – kurzum, sie provoziere.

Und ich glaube ganz fest, daß dasjenige, was … 1998 … für mich wahr ist, auch für Sie stimmt. Wie ich schon sagte: *Punkt.*

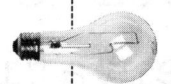

DIE G-R-O-S-S-E IDEE:
Innovation = Radiermanie
Große Idee: FÜR DAS PROVOZIEREN
BEZAHLT WERDEN

Vergessen Sie die Ausgewogenheit!

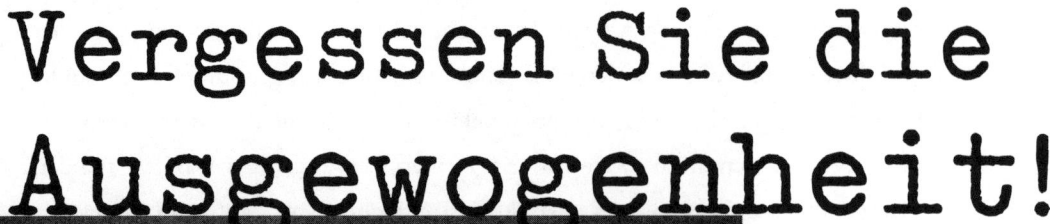

CEO (Unternehmens-
leiterin, mit einem
IQ von 180):
»Die spinnt, die
Frau!«

CFO (Finanzchef, mit
einem IQ von 180):
»Mr. Konservativ!«

Leben ist mehr als Innovation. (Das gebe sogar ich zu!) Schließlich habe ich ein eigenes kleines Unternehmen … und es ist *sehr* schwer, das Geld für die Löhne und Gehälter zu verdienen. Das gesamte System, die Infrastruktur und die Finanzen jedes Unternehmens müssen eine klare Ordnung aufweisen – wir streben also … eine Ausgewogenheit zwischen Innovation auf der einen Seite und Infrastruktur/System/Finanzen auf der anderen Seite an.

Oder? In Wirklichkeit glaube ich nicht mehr an eine solche Ausgewogenheit. Vergessen Sie … die Ausgewogenheit. Die Alternative: SPANNUNG.

Auf das Wort »Spannung« stieß ich in einem Seminar, in dem ich als Erzfeind jeglicher Ordnung beschimpft wurde. Ich erwiderte auf diesen Vorwurf: »Ich verstehe, daß wir beides brauchen … Innovation, aber auch Infrastruktur und Finanzen. Um beides unter Dach und Fach zu bringen, müssen wir aber, glaube ich, so vorgehen: Ich stelle mir einen brillanten CEO vor, der mit 1000 Meilen pro Stunde nach Westen düst … auf der Suche nach dem Außergewöhnlichen, dem Mutigen, dem Innovativen. Gleichzeitig wünsche ich mir einen ähnlich intelligenten Finanzleiter, der … ebenfalls mit 1000 Meilen pro Stunde durch die Lüfte braust … aber in Richtung Osten. Ich wünsche mir, daß es Auseinandersetzungen zwischen den beiden gibt. Ich möchte, daß sie sich anbrüllen. Ich will, daß zwischen ihnen eine dauernde … SPANNUNG besteht.«

Während einer Seminarpause bat mich ein ranghoher Polizeibeamter aus Michigan darum, in seinem Notizbuch eine Seite zu signieren. Auf der Seite stand zu meiner großen Freude in großen Druckbuchstaben … »AUSGEWOGENHEIT IST DOOF!«

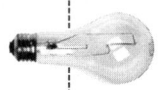

DIE G-R-O-S-S-E IDEE:
Innovation = Radiermanie
Große Idee: SPANNUNG!

Vergessen Sie den
Konsens!

>Wenn Sie zwei Leute haben, die das gleiche denken, <u>feuern</u> Sie einen der beiden. Wozu brauchen Sie unnötige Wiederholungen!«

—Jerry Krause,
Generaldirektor, Chicago Bulls

Wie oft habe ich das schon gesagt … zu 26jährigen Beratern in ihrem ersten Job … zu 36jährigen Unternehmern … zu 56jährigen Abteilungsleitern: »Ihre wichtigsten Mitarbeiter sind diejenigen, die Ihnen ganz offen widersprechen, die also den Mut haben, sich mit Ihnen anzulegen.«

Ganz konkret heißt das, um mit Jerry Krause, dem überaus erfolgreichen Generaldirektor der Chicago Bulls zu sprechen: »Wenn Sie zwei Leute haben, die das gleiche denken, feuern Sie einen von ihnen. Wozu brauchen Sie unnötige Wiederholungen!« Krause erzählte von sich selbst und dem genialen Trainer der Bulls, Phil Jackson. Die Auffassungen der beiden sind grundlegend verschieden. (Völlig untertrieben.) Aber dieser Gegensatz ist entscheidend! »Entscheidend« ist natürlich nicht mit »einfach« gleichzusetzen – und schon gar nicht mit Ruhe und Gelassenheit.

DIE G-R-O-S-S-E IDEE:
Innovation = Radiermanie
Große Idee: EIN 3FACH HOCH AUF DIE, DIE
ANDERER MEINUNG SIND ALS SIE.

Vergessen Sie den Konsens!

Bewahrer der Flamme der Schöpfung
(Brahma = Schöpfer)

Bewahrer der Flamme der Erhaltung
(Wischnu = Erhalter)

Bewahrer der Flamme der Zerstörung
(Schiwa = Zerstörer)

Schöpfer

Erhalter

Zerstörer

Ich verbringe viel Zeit in Indien. Um mich dort besser zurechtzufinden, las ich mich ein wenig in den Hinduismus ein. Die drei wichtigsten Gottheiten sind Brahma (der Schöpfer), Wischnu (der Erhalter) und Schiwa (der Zerstörer). Diese Troika beschreibt einfach das, was Sie schon immer über das Wirtschaftsleben wissen wollten (oder, wie die Hindus glauben ... alles andere auch).

In jedem öffentlichen oder privaten Unternehmen geht es darum, die Balance zu erhalten zwischen System/Infrastruktur/Zuverlässigkeit ... also der Bewahrung und der Erinnerung ... der Entdeckung des Neuen, also dem Schöpferischen ... und dem Vergessen des Althergebrachten ... mithin: der Zerstörung.

Sollte nun jedes Unternehmen drei gleichberechtigte Geschäftsführer haben: ein Geschäftsführer für Schöpfung, ein Geschäftsführer für Erhaltung, ein Geschäftsführer für Zerstörung? Eine Einheit mit 10 Mitarbeitern sollte vielleicht tatsächlich drei so umrissene Positionen mehr oder weniger formell einrichten: Bewahrer der Flamme der Schöpfung, Bewahrer der Flamme der Erhaltung und Bewahrer der Flamme der Zerstörung.

Hinweis: Es ist mir *sehr* ernst damit, und das Feedback, das ich von den Unternehmen bekam, die dieses Konzept ausprobierten, war sehr positiv. Dieses Konzept soll zwei Probleme lösen: Erstens kann kein einzelner Mensch diese drei Denkweisen gleichzeitig verkörpern. Der Erhalter zum Beispiel ist emotional ganz anders angelegt als der Zerstörer, ist die Antithese zu diesem. Zweitens hat in den meisten Organisationen die Erhaltung oberste Priorität, die Schöpfung steht (mit einigem Abstand) an zweiter Stelle, und die Zerstörung (unter ferner liefen) an dritter Stelle.

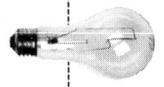

DIE G-R-O-S-S-E IDEE:

Innovation = Radiermanie

Große Idee: DENKEN SIE ...

BRAHMA/WISCHNU/SCHIWA

Vergessen Sie richtig und falsch!

»Es besteht immer die Gefahr, daß große, erfolgreiche Unternehmen arrogant werden ... Sie glauben, alle richtigen Antworten zu kennen, was gar nicht sein kann, weil es keine richtigen Antworten gibt. Wenn Sie sich beispielsweise mit moderner Kunst beschäftigen, werden Sie sehr schnell lernen, daß es beliebig viele Antworten gibt, und manche davon sind sogar gleichzeitig richtig und falsch.«

— Peter Littmann,
ehemaliger CEO von Hugo Boss

Gut gesagt! Genug gesagt!

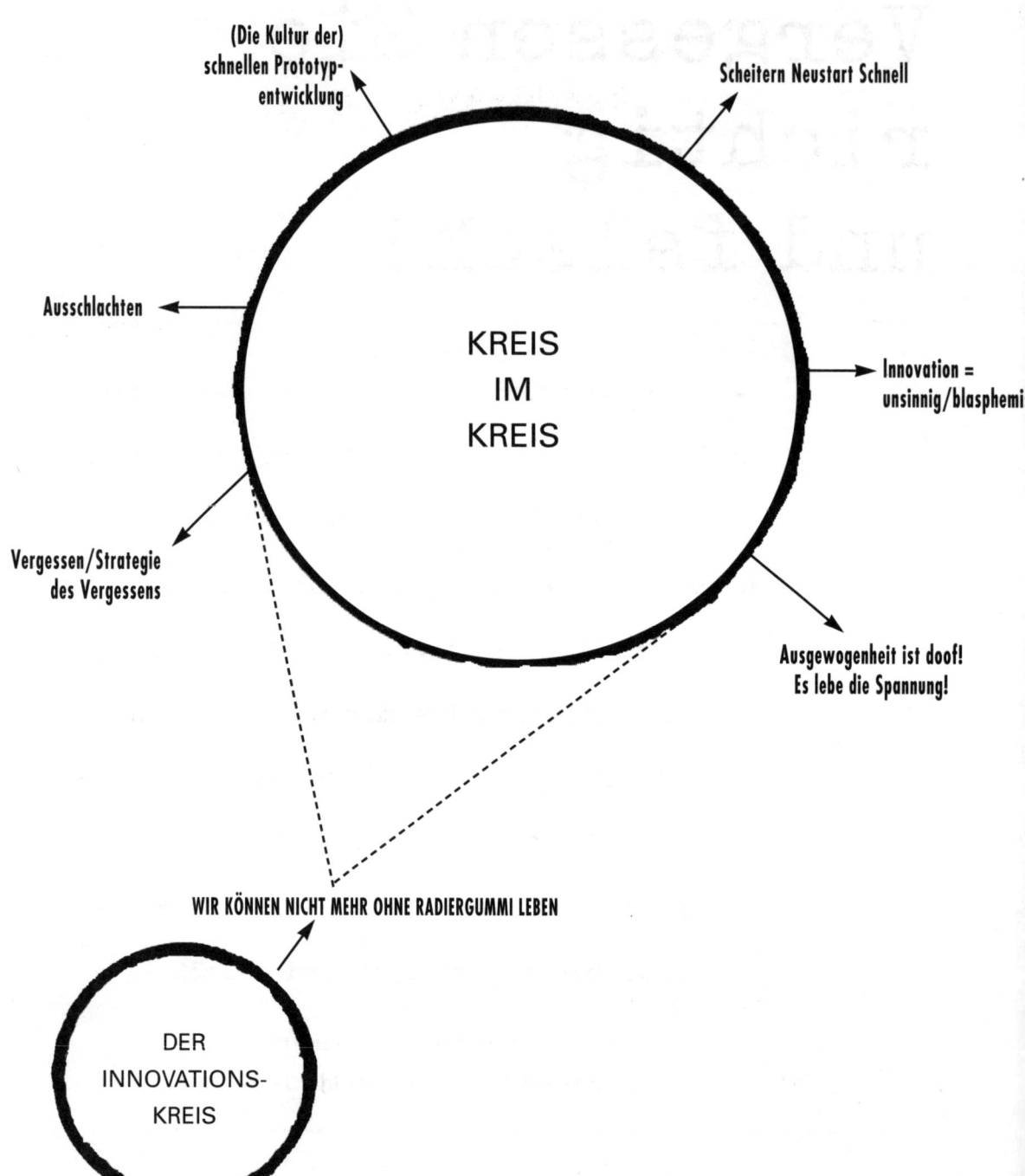

(Die Kultur der) schnellen Prototyp-entwicklung

Scheitern Neustart Schnell

Ausschlachten

KREIS
IM
KREIS

Innovation = unsinnig/blasphemis

Vergessen/Strategie des Vergessens

Ausgewogenheit ist doof!
Es lebe die Spannung!

WIR KÖNNEN NICHT MEHR OHNE RADIERGUMMI LEBEN

DER
INNOVATIONS-
KREIS

WORTALARM NR. 3

Vergessen/Vergeßlichkeit
Rennen wie der Teufel … und dann die Richtung wechseln
Ausschlachten!
Silicon-Valley-Test
Strategischer Plan für das Vergessen
Fertig. Feuer! Zielen.
Knacken Sie mehr Brustkörbe
Nein zu … absoluten Rennern
KULTUR der Prototypentwicklung/Prototypentwicklung als
Kernkompetenz/STRATEGIE der Prototypentwicklung
Vergessen Sie die $$$$
Schicken-Sie-Barbara-in-die-Wüste
Scheitern. Neustart. Schnell.
Fehler = Leben
Große Erfolge nicht ohne große Fehlschläge
Nur Dummköpfe halten sich an Regeln
Innovation = UNSINNIG (!!)
Innovation = Blasphemisch (!!)
Ausgewogenheit ist doof!
Denken Sie: Brahma/Wischnu/Schiwa

Das Weitwinkelobjektiv ersetzen wir nun durch ein Teleobjektiv. Wir beschäftigen uns nach wie vor mit Innovation als »echter« Dezentralisierung … und untersuchten Strategien, die für kleine Betriebseinheiten und auf individueller Ebene anzuwenden sind, zum Beispiel Programme wie die schnelle Entwicklung von Prototypen, mit dem Ziel: »Organisiertes Vergessen«.

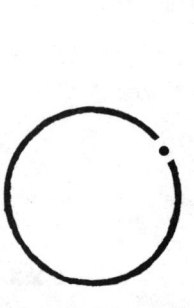

KAPITEL 4

Wir sind alle Michelangelos.

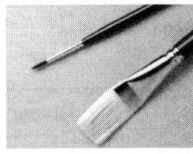

Wirtschaft, genau wie ihre Spitzenleistungen, kreist um Dienstleistung, Wachstum und (ja, ich sage es immer wieder) I-n-n-o-v-a-t-i-o-n. Warum können wir, so meine Frage, dann nicht das Optimum der echten Dezentralisierung erreichen, warum kann nicht jeder ein Unternehmer werden? Warum kann nicht jeder von uns als eigenständige Einheit arbeiten? Meine Antwort: Wir können es!

Nieder mit dem Empowerment!
Es lebe
der G-e-s-c-h-ä-f-t-s-m-a-n-n/
die G-e-s-c-h-ä-f-t-s-f-r-a-u!!

Es lebe die Ein-Personen-Einheit!

»Unsere Strategie besteht letztlich darin, eine Organisation von 15 000 effektiv arbeitenden Geschäftsleuten zu schaffen, in der jeder die Zukunft mitplant, jeder eine positive Überraschung für den Kunden parat hat und jeder seine Ergebnisse selbst plant. Das ist die optimale Strategie für Verantwortung.«

—Chris Turner,
»Learning Person«, Xerox Business Services

Geschäftsleute! Geschäftsfrauen! Geschäftsmänner!

Chris Turner, Unternehmerin (»Learning Person« – Lernende – ... so der offizielle Titel auf ihrer Visitenkarte), arbeitet bei Xerox Business Services (XBS), einem Unternehmen mit Milliardenumsatz, und hat es begriffen. Jeder im Mitarbeiterstab (bald, so wünscht sie sich, sollen es 40 000 sein) soll wie ein Geschäftsmann oder eine Geschäftsfrau arbeiten.

Warum? XBS ist das EDS und das Andersen Consulting der Fotokopie- und Dokumentenbearbeitung. Vor einigen Jahren ging Xerox, wie andere Unternehmen auch, verstärkt dazu über, ihre Produkte mit G-R-O-S-S-A-R-T-I-G-E-N Dienstleistungen zu koppeln. Dies überzeugte viele Kunden, die daraufhin Xerox Business Services ihre gesamte Fotokopie- und Dokumentenverwaltung übertrugen.

Daher halten sich die meisten XBS-Mitarbeiter (sehr) fern von der Heimat auf ... bei Kunden, ... denen sie eine innovative, effektive und komplexe Dienstleistung liefern wollen (die Dokumentenverwaltung, die die Modernisierung und Straffung der Geschäftsprozesse einschließt, in denen Papier beschrieben wird, d. h. alle Geschäftsprozesse müssen berücksichtigt werden. Deshalb sieht XBS jeden Mitarbeiter als *Verkäufer* ... als *Reengineering-Guru* (denn darum geht es eigentlich bei der Dokumentenverwaltung) ... als *Effizienzfanatiker* ... kurz gesagt, als eigenständigen Unternehmer, der zufällig auch für XBS arbeitet.

Die Idee von

Angestellten als Unternehmern –

oder den Angestellten als

Entscheidungsträgern –

kennt KEINE Grenzen.

Wie man sieht ...

Superstar-Geschäftsfrau: Virginia Azuela

1994 mißachtete ich alle Regeln, die es für das Verfassen von Management-Fachbüchern gibt ... und veröffentlichte ganzseitige Fotos *meiner* Superstars. Keiner von ihnen war CEO auf der Fortune 1000-Liste ... und keiner war mir wichtiger als Virginia Azuela, Hausdame im Ritz-Carlton-Hotel in San Francisco.

Frau Azuela ... und der Page, der Ihnen das Gepäck trägt ... und der Portier, der Ihnen das Taxi ruft ... sind befugt ... ohne jede weitere Genehmigung oder Unterschrift von oben ... auf eigene Verantwortung bis zu 2000 US-Dollar aufzuwenden, um eventuelle Probleme der Kunden zu lösen. Sie hören richtig ... 2000 US-Dollar! Ich kenne viele Leute mit hochgestochenen Titeln (wie etwa Vice President), die mindestens sechs Unterschriften benötigen, bevor sie 2000 US-Dollar ausgeben dürfen!

Was ich damit sagen will: Mit dieser hochkarätigen Befugnis zum Geldausgeben ernannte das Ritz-Carlton Frau Azuela de facto zur Betriebsleiterin, zum COO (Chief Operating Officer) für ihre Hoteletage. Es ist »ihre« Etage. (Azuela & Co. ... eine 100prozentige Tochtergesellschaft des Ritz San Francisco.) Sie ist keine H-a-u-s-d-a-m-e, sondern eine echte Unternehmerin, ein echter Eine-Frau-Betrieb!

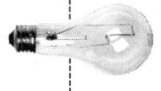

**DIE G-R-O-S-S-E IDEE: Innovation =
Alle sind Michelangelos.
Große Idee: AZUELA & Co.**

Superstar-
Geschäftsleute:
Pflegepaare in Lakeland

Andere Superstars vom Typ Azuela arbeiten im Lakeland Regional Medical Center (RMC) in Lakeland, Florida, einem Krankenhaus mit 897 Betten. Dort leistet man Pionierarbeit für die »patientenorientierte Pflege«, eines der vielversprechendsten Konzepte für die stationäre medizinische Versorgung.

Lakeland gliedert sich in patientenorientiert aufgebaute Mini-Krankenhäuser von jeweils 40 Betten auf. Die einzelnen Einheiten arbeiten unabhängig voneinander (haben also ihr eigenes Labor, Patientenaufnahme usw.) und teilen sich mit allen anderen Einheiten nur die sehr teure große Ausstattung. Noch interessanter: Diese *Mini*-Krankenhäuser bestehen wiederum aus *Mikro*-Krankenhäusern. Das Herzstück dieser Mikro-Krankenhäuser sind Unternehmerteams – *Betriebseinheiten aus zwei Personen* – die man »Pflegepaare« nennt. Ein solches Pflegepaar besteht aus einer staatlich geprüften Krankenschwester und einem Techniker. Nach nur wenigen Wochen berufsübergreifender Weiterbildung können diese Pflegepaare 90 Prozent der medizinischen Betreuung vor und nach einer Operation für fünf bis sieben Patienten übernehmen.

(Das ist eine G-A-N-Z große Sache: In jedem durchschnittlichen größeren Krankenhaus findet man im allgemeinen 500 oder noch mehr Arbeitsplatzbeschreibungen im nichtmedizinischen Bereich. Lakeland RMC sparte sich diesen Aufwand und hat statt 500 nur noch … EINE … einzige: Mitglied des Pflegepaares.)

Mehr noch: Der Einsatz einer speziell entwickelten Software, »Care Link«, ermöglicht es den Pflegepaaren, die 10 Prozent der Patientenaktivitäten, die sie selbst nicht leisten können, unterstützend zu begleiten (SIE SIND ALSO ECHTE BETRIEBSEINHEITEN).

Wie laufen die Ein- (oder Zwei-) Personen-Einheiten?

ERGEBNISSE: DAS RITZ-CARLTON erhielt eine Qualitäts-auszeichnung, den Malcolm Baldridge National Quality Award.

ERGEBNISSE: LAKELAND

Die durchschnittliche Bearbeitungszeit für Routinetests sank von 157 auf 48 Minuten.

Sehr niedrige Quote von Patienten-unfällen, ganz geringe Fehlerquote bei der Medikamentenzuteilung.

Mehr Zufriedenheit bei den Ärzten, mehr Zufriedenheit bei den Patienten.

Erhebliche Kostensenkungen.

Die Zeit, die ein Pflegepaar unmittelbar mit einem Patienten verbringen, hat sich verdoppelt!

Die Anzahl der Mitarbeiter, mit denen ein Patient während eines mehrtägigen Krankenhausaufenthaltes in Kontakt kommt: 13 im Vergleich zu 53 in anderen Krankenhäusern.

Beim Ritz-Carlton funktioniert also der aus nur einer Person bestehende Betrieb ganz entschieden. Das Unternehmen ist einer der wenigen Dienstleister, die mit dem Malcolm Baldridge National Quality Award ausgezeichnet wurden.

Im Falle Lakeland kann die Frage ebenfalls laut und deutlich mit »ja« beantwortet werden. In den ersten Mini-Krankenhäusern sank die durchschnittliche Bearbeitungszeit für Routinetests von 157 auf 48 Minuten. Es wurde von weniger Patientenunfällen berichtet. Die Fehlerquote bei der Ausgabe der verordneten Medikamente sank. Die Zufriedenheit von Ärzten wie Patienten nahm schlagartig zu.

Die beiden wichtigsten Indikatoren waren aber folgende: Die Pflegepaare verdoppelten die unmittelbar mit dem Patienten verbrachte Zeit. Und während eines Aufenthaltes von mehreren Tagen begegnete der Durchschnittspatient 13 Lakeland-Mitarbeitern, während es vor gar nicht allzu langer Zeit noch 53 waren.

Beeindruckende Zahlen!

DIE G-R-O-S-S-E IDEE:

Innovation = Alle sind Michelangelos.

Große Idee: ERSETZEN SIE 500

ARBEITSPLATZBESCHREIBUNGEN ... DURCH EINE.

F: Kann jeder Arbeitsplatz »unternehmerisiert« werden?

A: Ja! (Mit Mut und Phantasie.)

UNTERNEHMER-ISIEREN = Der Vorgang,
jeden Arbeitsplatz in einen Geschäftszweig und jeden Mitarbeiter in einen Unternehmer, in eine Ein-Personen-Geschäftseinheit zu verwandeln.

Was braucht man zum »unternehmerisieren«?

Phantasie!

Haben Sie genügend? Bill Charland, ein Karriereberater aus Denver, ist der Auffassung, daß jeder genug Phantasie hat. Er liefert ein einfaches und doch faszinierendes und, wie ich meine, auch sehr überzeugendes Organisationsmodell. Er nennt es den »wachsenden Diamanten« oder den »auf der Spitze stehenden Diamanten«.

Das obere Ende des Diamanten besteht aus einer verschwindend kleinen Menge von Managern, die gleichzeitig funktionale Experten der ersten Ebene sind. Die untere Spitze des Diamanten besteht aus einer ebenso winzigen Zahl von Büropersonal. (Manche Organisationen mit einigen tausend Mitarbeitern schafften Büroarbeiten *ganz* ab, beispielsweise VeriFone, Produzent von Hard- und Software für den Zahlungsverkehr mit 4000 Mitarbeitern).

Charlands Hauptargument: 98, 99 oder sogar 99,8 Prozent der Mitarbeiter haben das Potential zum autonomen Unternehmer. Die besten Beispiele: Azuela, Inc. (und Partner) beim Ritz-Carlton ... die Pflegepaare (Care Pairs Inc.) bei Lakeland RMC ... und Chris Turner und ihre Bande von 15 000 Geschäftsleuten bei XBS.

Der eifrigste Prediger dieser Idee des »Unternehmerns« ist Jack Stack ... der charismatische (und pragmatische!) Boß des von »Drecksarbeit« lebenden Betriebs Springfield Manufacturing in Springfield, Missouri. Springfield montiert alte

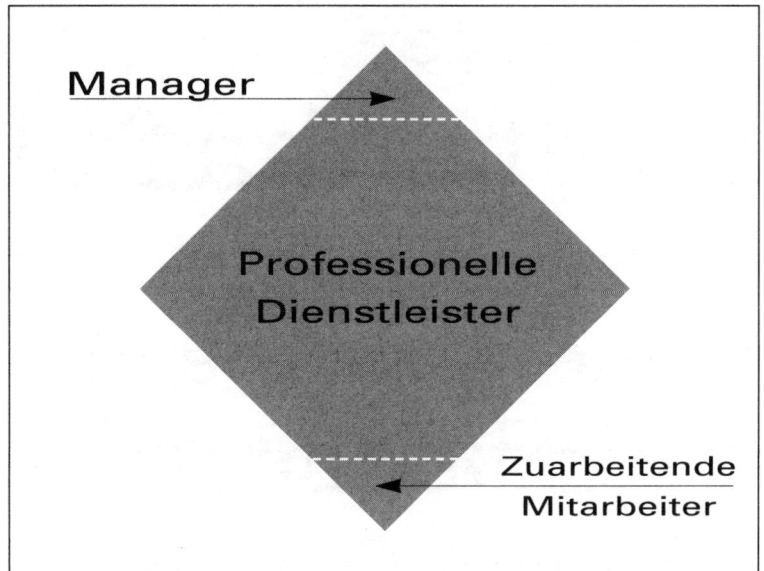

Motoren aus Autos, Lastwagen, Bulldozern und anderen großen Maschinen heraus und baut sie um, verwendet alle noch benutzbaren Teile weiter und tauscht die kaputten Teile aus. Jack hatte es einfach gründlich satt, immer nur von demoralisierten, alten Industrieunternehmen zu hören. Bei ihm sollten sich alle an der »Action« beteiligen können. Seine geniale Idee: ALLE SOLLEN LERNEN, »IM GROSSEN SPIEL DES BUSINESS MITZUSPIELEN«. Wie er das macht? Er ermöglicht allen Mitarbeitern uneingeschränkt Einsicht in die Firmenbilanz; jeder Mitarbeiter sieht unmittelbar, wie seine/ihre Arbeit sich auf die Gewinn-Verlust-Rechnung und die Bilanzen auswirkt.

Stack führt unbeirrt seinen Kreuzzug für diese Offenlegung, für das Open-Book-Management. Seit sein Unternehmen 1983 diese Spielregeln einführte, schoß der Umsatz wie eine Rakete um 20 000 Prozent in die Höhe!

Weiter so, Jack!

D. h.: Wir können … UND MÜSSEN … alle lernen, Unternehmer zu sein, nicht nur mehr oder weniger »selbstbestimmte« Arbeitnehmer.

**DIE G-R-O-S-S-E IDEE: Innovation =
Alle sind Michelangelos.
Große Idee: LERNEN SIE, IM GROSSEN SPIEL DES
BUSINESS MITZUSPIELEN.**

Unternehmer der Hauswirtschaft!

Michelangelos der Hauswirtschaft – und des Friseurhandwerks!

»Unsere Branche ist die außergewöhnlichste Branche, in der man Karriere machen kann. Wir berühren Leute im körperlichen wie im emotionalen Sinne – und ändern ihr Leben, indem wir ihnen helfen, ihr Image zu verbessern. Wir vermitteln ihnen eine ganz neue Lebenseinstellung.« —Michael C. Hemphill, North American Hairstylist of the Year, *BeautyInc.*

»Können Sie sich das vorstellen?« fragte mich einmal ein Hotelmanager, »Michelangelos der Hauswirtschaft?« Dann fügte er hinzu: »Wenn nicht, dann haben Sie in der Gastronomie nichts verloren.«

   MICHELANGELOS DER HAUSWIRTSCHAFT. JA! PRIMA! Wie wär's denn mit Michelangelos des … *Parkens?* Michelangelos der *Außenstände?* Michelangelos des *Klempnerhandwerks?* Michelangelos des *Verkaufs?* Michelangelos des *Friseurhandwerks?* Michelangelos des_ _ _ _ _ _ _? (Lassen Sie Ihrer Phantasie freien Lauf.)

Unternehmer im
Telemarketing!

Michelangelos des
Telemarketings!

Bei einem Seminar, bei dem ich mich wie üblich (ausführlich) darüber verbreitete, wie »jeder Arbeitsplatz in ein einzelnes Unternehmen verwandelt« und »jeder Mitarbeiter zum Unternehmer« wird, fragte ein Teilnehmer, wie sich dies auf das Telemarketing übertragen ließe, wo eine hohe Fluktuation herrscht und Mitarbeiter nur verheizt werden? »ES GIBT KEINEN UNTERSCHIED« … sagte ich laut und meinte es auch so. Der Telemarketer hat tagaus, tagein mit Dutzenden von Menschen zu tun, genau wie ein Kellner oder eine Kellnerin. Jeder der Kunden ist einzigartig. Jeder ruft an einem guten, schlechten oder ganz normalen Tag an. Der Telemarketer hat die Möglichkeit, seine 45 Sekunden (oder vier oder fünf Minuten) mit diesem Menschen zu einem erfreulichen Ereignis zu machen, an das der Kunde sich gern erinnert. (Oder eben nicht.)

Fazit: Ein Telemarketer ist kein Telemarketer ist kein Telemarketer. Noch einmal: Telemarketer als Unternehmer … Michelangelos des Telemarketings … GAR KEINE DUMME IDEE!

Unternehmer für alles Denkbare!

Michelangelos des Denkbaren!

Es gibt keine Entschuldigung dafür, nicht großartig zu sein.

DIE G-R-O-S-S-E IDEE:

Innovation = Alle sind Michelangelos.

Große Idee:

STARS/HELDEN DES TELEMARKETINGS.

Worum geht es bei diesem Ansatz:

»Jeder ist ein Unternehmer,

jeder ist ein Michelangelo?«

Um hervorragenden Kundenservice!

Warum Kunden zur Konkurrenz überlaufen: Mangelhafte Kundenbetreuung durch den bisherigen Anbieter – 49 Prozent.

—Forum Corporation

Warum das Konzept »Jeder ist ein Unternehmer« so wichtig ist, erklärt uns der erfolgsverwöhnte Unternehmenssanierer Barry Gibbons, der mehrere Jahre lang CEO von Burger King war und dort das bemerkenswerte Comeback seines Unternehmens bewerkstelligte – gegen dessen härtesten Konkurrenten, gegen … McDonalds.

In seinem Buch *This Indecision is Final* schreibt Gibbons, »70 bis 90 Prozent der Entscheidungen, ein bestimmtes Produkt nicht mehr zu erwerben, sind nicht auf das Produkt oder dessen Preis zurückzuführen. Sie hängen in irgendeiner Weise mit dem Service zusammen.« Die Marktforschung der Forum Corporation in Cambridge, Massachusetts, bestätigt diese Aussage.

Forum untersuchte die Motivation und die Gründe von Kunden, die bei 14 großen Dienstleistungs- und Produktionsunternehmen abgewandert waren.

> 70 Prozent der Kunden suchen das Weite, weil Ihnen das Auftreten des Pharmaunternehmens nicht schmeckt.

Fünfzehn Prozent störten sich an niedriger technischer Qualität (die sich z. B. in erhöhter Fehleranfälligkeit manifestierte). Weitere 15 Prozent entschieden sich für den preiswerteren Anbieter. Zwanzig Prozent wechselten zu einem neuen Produkt, weil der vorherige Anbieter »zuwenig Kontaktpflege und individuelle Betreuung« bot; fast die Hälfte, 49 Prozent, wurden untreu, weil die Kundenbetreuung des alten Unternehmens »an Qualität zu wünschen übrig ließ.«

Soweit die Resultate der Forum-Forscher. Wenn wir die dritte und vierte Kategorie zusammenfassen, kommen wir zu folgendem Schluß:

- 15 Prozent der Kunden wechseln den Anbieter aus Gründen der technischen Qualität.
- 15 Prozent schreckt der Preis ab.
- 70 Prozent der Kunden wandern ab, weil Ihnen das Auftreten ihrer Geschäftspartner nicht gefällt.

Na und?? Trommelwirbel: Die Bühne betritt … Bill Charlands auf der Spitze stehender Diamant … mit seinen nahezu 99 Prozent an Mitarbeitern, die de facto eigenständige Dienstleister geworden sind. Virginia Azuela … die zur Betriebs- leiterin ihrer Ritz-Etage ernannt wurde; die Pflegepaare und Mikro-Krankenhäuser in Lakeland; und Chris Turners XBS-Geschäftsleute. Das bedeutet: Die Idee »Jeder ist ein Unternehmer, jeder Job ein Unternehmen« paßt IDEAL zu den von Forum vorgelegten Ergebnissen. Die ganze verflixte Idee läuft darauf hinaus … den Eifer und die Kundennähe, die man vom Tante-Emma-Laden an der Ecke erwartet, vom kleinen Café oder vom Kopierladen gegenüber, auf alle 15 000 XBS-Mitarbeiter zu übertragen. Dem Pflegepaar »gehören« seine 5 bis 7 Patienten … genauso wie der Tante-Emma-Laden sein Absatzgebiet im Stadtviertel abdeckt … vorausgesetzt, niemand macht ihnen einen Strich durch die Rechnung.

Etwas, das wirklich zählt!

»Der Grund, warum die Menschen ihre Dienste [der Kirche] zum Geschenk machen, ist der Wunsch, etwas zu tun, was – vielleicht im Gegensatz zu ihrer täglichen Arbeit ... wirklich zählt.«
—Charles Trueheart

In einem Artikel in *The Atlantic Monthly* äußert sich Charles Trueheart über die Zunahme der Kirchenbesuche in den USA und ... was er noch höher wertet ... über die zunehmende Zahl ehrenamtlicher Helfer in den Gemeinden. Hurra! Na – sagen wir, zu 98 Prozent Hurra.

Truehearts Äußerung: »etwas, das vielleicht im Gegensatz zu ihrer täglichen Arbeit wirklich zählt«, stieß bei mir auf Widerstand. Verstehen Sie mich nicht falsch. Ich freue mich ebenso wie z. B. Colin Powell über die steigende Bedeutung gemeinnütziger Arbeit. Aber ... Truehearts Äußerung erscheint mir wie eine Pauschalverurteilung der Menschen, die andere managen – *und* diejenigen von uns, die darüber schreiben!

Im Geschäftsleben (und bei der Dienstleistung im öffentlichen Bereich) sollte es um nichts anderes gehen als um ... Dienstleistung ... Wachstum ... und Innovation. DIE TÄGLICHE ARBEIT SOLLTE WICHTIG SEIN! AUCH DORT SOLLTE NICHTS WICHTIGER SEIN ALS FÜRSORGE, AUFMERKSAMKEIT UND DIE ENTWICKLUNG VON POTENTIAL (Ihres, meines, das unserer Kollegen und unserer Kunden). Ich bin 54 Jahre alt, und kein verträumter Jüngling mehr. Ich meine dennoch, daß es die oberste Pflicht A-L-L-E-R Vorgesetzten ist, dafür zu sorgen, daß A-L-L-E Mitarbeiter STOLZ ihren Kindern, Ehepartnern oder anderen ihnen wichtigen Menschen von ihrer täglichen Arbeit erzählen können.

Einverstanden??? (Falls nicht, schreiben Sie mir ... und ich werde Ihnen den Kaufpreis zurückerstatten.)

1. Wie leitet man ein Unternehmen, das aus einzelnen Geschäftsleuten besteht?

>>Vertrauen entsteht letztlich dann, wenn Führungskräfte ihren Mitarbeitern Respekt erweisen.<<

—Jim O'Toole,
Autor, *Leading Change*

Große Worte! G-E-W-A-L-T-I-G-E Worte!

Jim O'Toole ist eine der Koryphäen für Führungsqualität. Meine erste Erfahrung mit seiner Auffassung von Respekt machte ich vor 30 Jahren, und zwar nicht in der Wirtschaft, sondern im Krieg. Als (sehr junger) Offizier in Vietnam stellte ich, zumindest unbewußt, fest, daß sich die Offiziere offenbar in zwei unterschiedliche Gruppen aufgliederten: diejenigen, die im Offiziersklub herumhingen, die ranghöheren Offiziere grundsätzlich hofierten und ihrerseits dauernd ihren höheren Rang betonten; und diejenigen, die mit ihren Soldaten, Matrosen, Fliegern und Marineinfanteristen zusammensaßen. Bei dieser zweiten Gruppe spreche ich nicht von Kumpanei. Ich spreche von Respekt … Bewunderung … Anerkennung … ganz in der ursprünglichen Bedeutung dieser wunderbaren Wörter. Wie damals bin ich auch heute noch der Auffassung, daß die erste Kategorie (die der Schleimer) buchstäblich nicht das Pulver wert ist, sie in die Hölle zu jagen.

Aber zurück zu meinem Freund O'Toole: Zeigen Sie, sei es im kleinen oder im großen, stets »offenkundigen Respekt für Ihre Mitarbeiter«? Treffen Sie regelmäßig Michelangelos der Hauswirtschaft oder des Telemarketings ? Zählt »deren« tägliche Arbeit? Schauen Sie in den Spiegel. Jetzt. Und *lange*. Und *gründlich*. Zu welcher Kategorie der Führungskräfte gehören Sie?

D-E-N-K-E-N S-I-E D-A-R-Ü-B-E-R N-A-C-H. B-I-T-T-E !

2. Wie leitet man ein Unternehmen, das aus einzelnen Geschäftsleuten besteht?

»Die Herausforderung für Führungskräfte besteht darin, den ›Klebstoff‹ zu liefern, der unabhängige Einheiten in einer von den Kräften der Entropie und Fragmentierung geprägten Welt zusammenhält. Es gibt nur ein Element, das den Widrigkeiten dieser zentrifugalen Kräfte erwiesenermaßen standhält:

das Vertrauen.«

—Jim O'Toole, Autor, *Leading Change*

In meinen Seminaren halte ich inne, wenn ich bei diesem Zitat angelangt bin. Ich erläutere es kurz und sage dann: »Alles, was ich bisher sagte, und alles, was ich im folgenden sagen werde, hängt mit diesem einen Zitat zusammen.«

Warum? Weil ich davon überzeugt bin, daß O'Toole es auf den Punkt bringt. Er nennt *das* Paradoxon unserer Zeit beim Namen. Der Zukunftsforscher John Naisbitt spricht in seinem richtungweisenden Buch *Megatrends* ebenfalls über dieses Paradoxon. Er spricht von »high tech, high touch« – was ... paradoxerweise ... bedeutet, daß mit der fortschreitenden technischen Entwicklung und der wachsenden Vernetzung die Qualität der menschlichen Nähe, oder ... wie O'Toole es ausdrücken würde ... das Vertrauen, immer mehr an Bedeutung gewinnt. Wie wäre es also damit: *high tech, high trust?*

Und jetzt? Welche Rolle soll das Vertrauen auf der *operativen* Ebene spielen? Wie fangen wir an? Nun, zumindest können wir es ernst nehmen, auf die Tagesordnung setzen, sogar g-a-n-z oben auf die Tagesordnung, es dort belassen, und als hartes Managementthema behandeln, nicht als weiches.

VERTRAUEN = S-E-H-R HART.

DIE G-R-O-S-S-E Idee:

Innovation = Alle sind Michelangelos.

Große Idee:

V-E-R-T-R-A-U-E-N = EIN H-A-R-T-E-S THEMA.

---

3. Wie leitet man ein Unternehmen, das aus einzelnen Geschäftsleuten besteht?

>>Mein Ziel ist, die Kapazitäten vollständig auszuschöpfen, die die Menschen haben. Mit weniger gebe ich mich nicht zufrieden. Ich mache mich zum unermüdlichen Architekten des menschlichen Potentials.<<

—Benjamin Zander, Dirigent,
Boston Philharmonic

»Ein unermüdlicher Architekt des menschlichen Potentials.« Wunderschön. Und ich bin mir gar nicht sicher, wie *ich selbst* an diesem Standard zu messen wäre. Er ist sehr hoch (vielleicht der höchste überhaupt).

Wie sieht der praktische Nutzen eines solchen Zitats aus, das, was Sie mit nach Hause nehmen? (Der praktische Nutzen, das, was Sie mit nach Hause nehmen = das Ziel jedes Buchs oder Seminars.) Das ist eine (SEHR) pragmatische Frage … die Sie beantworten sollten. JETZT GLEICH. Ob Sie Chef sind oder Nicht-Chef, die Frage bleibt dieselbe: Wo stehen Sie auf der UAMP-Skala (Skala des unermüdlichen Architekten des menschlichen Potentials)?

DENKEN SIE DARÜBER NACH! Worum sonst geht es denn bei Führung ? Worte sind wichtig: »UNERMÜDLICHER ARCHITEKT DES MENSCHLICHEN POTENTIALS.« Was für ein großartiges Ziel!! Atemberaubend … IM WAHRSTEN SINNE DES WORTES. (Zumindest *mir* hat es wirklich den Atem verschlagen.)

4. Wie leitet man ein Unternehmen, das aus einzelnen Geschäftsleuten besteht?

»Das beste, was eine Führungskraft für ein ›Großartiges Team‹ tun kann, ist, die Teammitglieder ihre eigene Größe entdecken zu lassen.«
—Warren Bennis, Führungsexperte,
Geniale Teams

»Sollten wir einer Gruppe oder den einzelnen Mitarbeitern Incentives anbieten?« fragt der Seminarteilnehmer. Er ist einer der vielen, die in den letzten Jahren auf Teams »voll abfahren«, wie ich es nenne.

Ich nehme mir meinen Freund und Führungsguru Warren Bennis zum Vorbild und sage: »Genau die falsche Frage.«

Und das bedeutet ... daß es hier nicht um Entweder-Oder geht ... verdammt noch mal. Nehmen Sie einmal den Sport oder das Theater als Beispiel. Präzision ist unerläßlich ... und doch geht es einem hervorragenden Coach/Regisseur darum, selbst den unwichtigsten Nebendarsteller und den kleinsten Spieler in die Lage zu versetzen, auf einem Niveau zu spielen, das sie sich nie hätten träumen lassen. Teamarbeit + exzentrische (großartige) Einzelleistung = Großartiges Team. Das Team *gegen* einen einzelnen? Nein ... nein ... N-I-E-M-A-L-S!

5. Wie leitet man ein Unternehmen, das aus einzelnen Geschäftsleuten besteht?

»Im digitalen Zeitalter, in dem Informationen immer schneller fließen ... und wir die Arbeitswelt ständig neu erfinden, werden unsere Organisationen und unsere berufliche Laufbahn sich immer stärker an dem Jazz-Ensemble orientieren ... Wir werden improvisieren, mit immer größerem Selbstvertrauen, und die Angst vor der Kraft der Phantasie des einzelnen, die der Bereicherung des Ganzen dient, immer mehr verlieren.«

—Stanley Crouch, *Forbes ASAP*

Ich bin ein Liebhaber von bildlichen Darstellungen, ich sammle Bilder und Metaphern. In diesen Zeiten (sprich: *in diesen traumatischen Zeiten*) sind Bilder unser praktischster Führer, unsere wahren Strategiepläne. Daher zitiere ich gern aus dem *Forbes-ASAP*-Beitrag des Gesellschaftskritikers Stanley Crouch. Die Jazz-Band ist ein wunderbares Modell. Schließlich zeichnet sich ein Jazz-Ensemble durch gekonntes Improvisieren aus.

Oder nehmen Sie einmal diese Formulierung von Crouch: »die Angst vor der Kraft der

Phantasie des einzelnen immer mehr verlieren«. Das begreift jeder Konzertmeister. Und das begreift … vor allem … auch der Kopf (und es gibt ihn!) des Jazz-Ensembles: Die Achtung vor der Kraft/ Stärke der Individualität ist vielleicht die allergrößte Herausforderung der kommenden Jahre … und das im Zeitalter der Brainware, dem Zeitalter der Kreativität.

6. Wie leitet man ein Unternehmen, das aus einzelnen Geschäftsleuten besteht?

Coach/Dirigent

Kann die »Arbeit« nicht tun.

Vorlage (keine Abweichung: Ibsen = Ibsen).

Seien Sie alles, was Sie sein können/Seien Sie MEHR, als Sie sich je vorstellen konnten.

Mozarts 41ste: zum 62.423sten Mal ...
und neu/originell/frisch.

(Sehr) locker – (Sehr) straff

Sport

Sinfonie

Theater

Chirurgie

Krieg

Business

Leben

»chaordentlich«
(Dee Hock)

Der Football-Trainer: Spielplan! Präzision! Mannschaftsaufstellung. Der Dirigent des Sinfonieorchesters: Eine Partitur ... seit 200 Jahren unverändert. Präzision ... auch hier.

Was können wir vom Beispiel des Trainers oder Dirigenten für das Business lernen? Zunächst einmal: Sie können die Arbeit nicht selbst tun! Eines der größten Probleme des »typischen Vorgesetzten« ist es doch, daß er bei der ersten sich bietenden Gelegenheit einspringt (schließlich war er zum Zeitpunkt der Beförderung ja der beste Wirtschaftsprüfer), die Arbeit eines Mitarbeiters übernimmt und damit oft ungewollt das Gefühl der Selbstbestimmung und Kontrolle eines Mitarbeiters zerstört. Die Ergebnisse sind ausnahmslos ... verheerend.

Gute Nachrichten für den Football-Trainer: Er kann den Ball nicht so gut werfen wie sein Quarterback. Er blockiert nicht so gut wie sein linker Angriffsspieler. Und der Dirigent? Spielt die Geige bei weitem nicht so gut wie sein erster Geiger. Daher bleibt dem Trainer wie dem Dirigenten ü-b-e-r-h-a-u-p-t keine andere Wahl, als das Potential anderer zu entwickeln. Entweder das ... oder ...!

Das ist aber noch nicht alles. Der Regisseur oder Dirigent folgt einer bestimmten Vorlage, sollte man meinen. Ibsen ist Ibsen. Mozart ist Mozart. Das stimmt natürlich bis zu einem gewissen Grad. Mit Ibsens Worten ... oder Mozarts Noten darf man nicht allzu lässig umgehen.

Andererseits ist die Welt des Theaterregisseurs oder des Football-Trainers der klassische Ort dafür, wie die U.S. Army sagt ... »alles zu sein, was man sein kann.« Und mehr noch: *mehr* zu sein, als man sich je vorstellen konnte. Die magische Kraft eines herausragenden Coachings (vorgeführt am Beispiel des Quarterbacks Joe Montana, der bald in die »Hall of Fame« kommt, und seines Mentors, des »Hall-of-Fame«-Coachs Bill Walsh aus San Francisco) besteht darin, daß Walsh die einzigartigen Stärken Montanas voll ausschöpfte und auf diese Weise etwas ganz Neues schuf. Natürlich war Walshs Ruf als »Quarterback-Trainer« wohlverdient. Aber er und Montana stritten sich ununterbrochen ... und sie brachten sich so gegenseitig viel weiter, als jeder für sich allein hätte kommen können. So funktioniert wirklich überragendes Coaching/Spielen und Regieführen/Schauspielern (Martin Scorcese und Robert DeNiro in »Raging Bull«). Es geht IMMER darum ... über das Vorstellbare hinauszuwachsen. Mit anderen Worten ... es geht immer um Innovation.

Anders ausgedrückt: Die nächste Aufführung von Mozarts fabelhafter 41ster (»Jupiter«) … irgendwo auf der Welt … wird wahrscheinlich deren 62 423ste Aufführung sein. Was sie aber in den Händen eines Leonard Bernstein von heute so besonders wirken läßt, ist, daß auch die 62 423ste Interpretation neu/originell/frisch ist … auch wenn sie sich, wenigstens im engeren Sinne, an die Originalpartitur hält.

Beim Coaching, beim Regieführen wie beim Dirigieren geht es um … Innovation … um Originalität … Frische … oder, wie ich es nenne, um »locker« und »straff«.

Spitzenleistungen … und ich wäre der letzte, der dies abstreitet … entstehen wirklich nur durch »locker« und »straff«. Die kreativsten Tätigkeiten (Sinfonie, Theater, Sport, Chirurgie) *erfordern* »locker« und »straff«. Das gilt auch für den Krieg: Sie nehmen an einer Grundausbildung teil. Sie lernen, sich beim Klang eines Schusses zu ducken … ohne vorher eine Ausschußsitzung abzuhalten. Sie machen Pläne – aber das Wesen des Krieges ist … das Chaos. Und das Wesen des Erfolgs … im Krieg und inmitten des Chaos … ist der Opportunismus und die Improvisation.

Das gilt auch im Business. Jedes große Hotel hat einen genauen Haushaltsplan. Wunderbar, ich bin voll und ganz dafür (schließlich bin ich selbst Besitzer eines kleinen Unternehmens)! Ein »ausgezeichnetes Hotel« ist aber nicht identisch mit einem ausgezeichneten Haushaltsplan. Ein ausgezeichnetes Hotel = überrascht/verblüfft/erstaunt/muntert Sie (mich!) nach einer (sehr) langen Flugreise auf.

Der Visa-Gründer Dee Hock spricht von einem System, das Chaos und Ordnung vereint. Bei der Visa-Familie müssen die grundlegenden Dinge mit absoluter Präzision erledigt werden. Andererseits steht es den Mitarbeitern frei – oder sie werden vielmehr dazu angeregt –, in vielen Bereichen des Marketings zu improvisieren.

Locker. Straff. Kombinieren Sie die beiden. Chaos und Ordnung. »Chaordentlich«, laut Dee Hock.

Das Leben. Straff *ist* gut. (Großartig.) Locker *ist* gut. (Großartig.) Die beiden ergänzen sich gegenseitig, sie schließen sich nicht aus, sind keine Feinde.

> Beim Coaching wie beim Dirigieren geht es um … Innovation … um Originalität … Frische … oder, wie ich es nenne, um »locker« und »straff«.

Der Azuela-ismus,
Pflegepaar-ismus ist
ohne Respekt für/und
Vertrauen in das
immer weiter
verbreitete
»verantwortliche Team«
nicht machbar.

DIE G-R-O-S-S-E IDEE:

Innovation = Alle sind Michelangelos.

Große Idee:

STRAFF und LOCKER / LOCKER und STRAFF.

Haben Sie den Mut dazu?

	Nicht sicher	Ein bißchen	Auf jeden Fall!
1. Ich glaube, daß »jeder Mitarbeiter ein UNTERNEHMER werden kann«.			
2. Die Achtung für/das Vertrauen in die verantwortlichen Mitarbeiter ist bei uns sehr stark ausgeprägt.			
3. Ich glaube an »Michelangelos der Hauswirtschaft« (usw).			
4. Meine Mitarbeiter halten ihre tägliche Arbeit für WICHTIG.			
5. Ich bin »Architekt des menschlichen Potentials«.			
6. Ich unterstütze jeden Mitarbeiter darin, »zu seiner/ihrer eigenen Größe zu finden«.			

Haben Sie den **Mut** (und das sollten Sie) ... zu diesem HÄRTETEST FÜR FÜHRUNGSKRÄFTE?

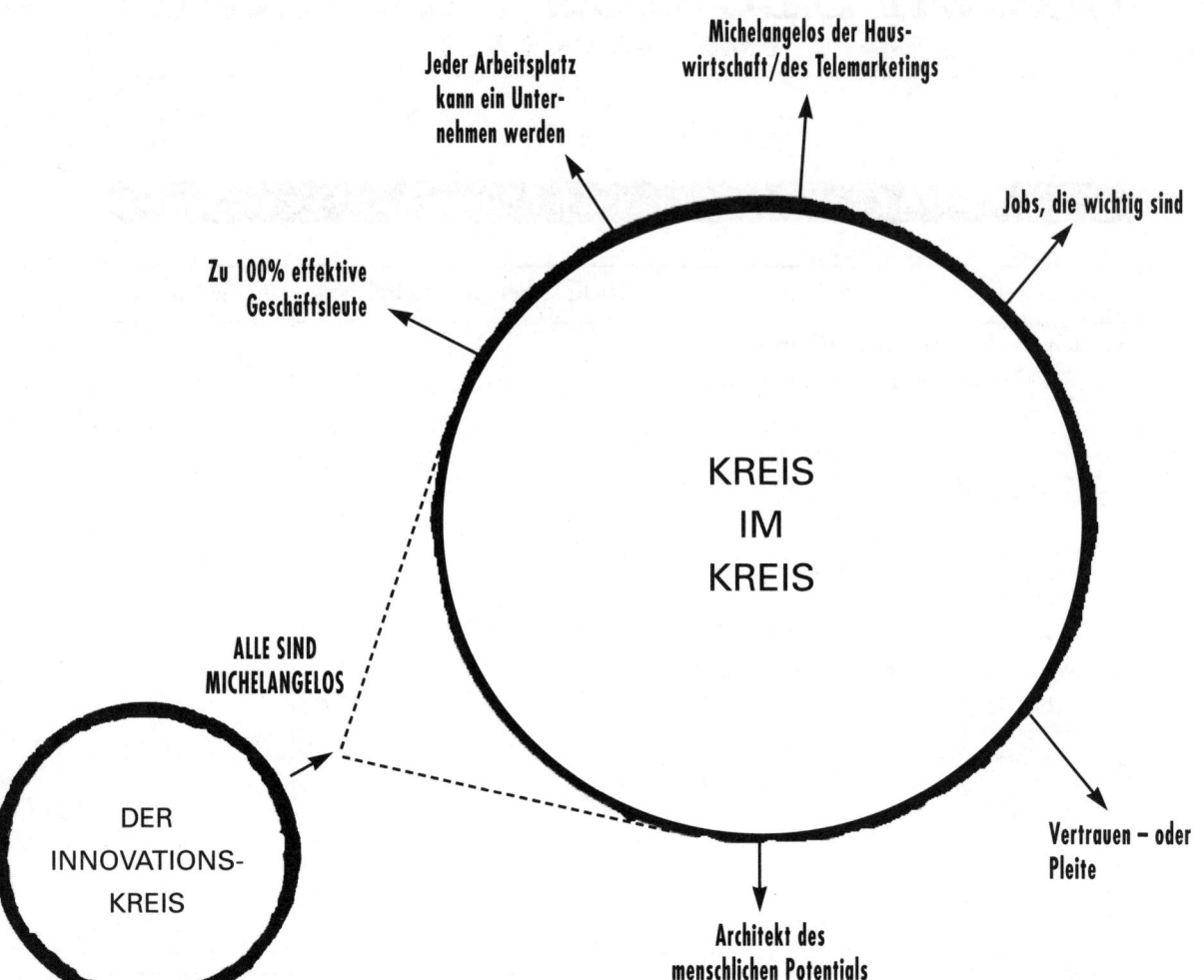

Michelangelos der Haus-
wirtschaft/des Telemarketings

Jeder Arbeitsplatz
kann ein Unter-
nehmen werden

Jobs, die wichtig sind

Zu 100% effektive
Geschäftsleute

KREIS
IM
KREIS

ALLE SIND
MICHELANGELOS

DER
INNOVATIONS-
KREIS

Vertrauen – oder
Pleite

Architekt des
menschlichen Potentials

WORTALARM NR. 4

Jeder ist ein Unternehmer

Jeder Arbeitsplatz – ein Unternehmen/
Ein-Personen-Einheit

Azuela Inc.

Das »Große Spiel des Business«

Michelangelos des Telemarketings

»Tägliche Arbeit«, die WICHTIG ist!

OFFENKUNDIGER RESPEKT
FÜR DIE MITARBEITER

Vertrauen = hart

UNERMÜDLICHE ARCHITEKTEN
DES MENSCHLICHEN POTENTIALS

In Kapitel 4 wird das Teleobjektiv auf einen anderen Gegenstand gerichtet. Der neue Fokus: Der oder die »dezentralisierte« einzelne ... das heißt, der/jeder Inhaber eines Arbeitsplatzes ist eigenständiger Unternehmer.

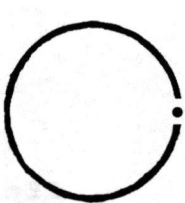

Willkommen zur Revolution der »weißen Kragen«.

Wechseln wir erneut das Objektiv. Wir greifen zum 400-mm-Zoom. ZOOM auf Sie … mich … auf die ANGESTELL-TEN MIT DEN WEISSEN KRAGEN, die (endlich) unter Beschuß geraten … tatsächlich zählen 90 Prozent von uns dazu, selbst wenn wir bei der Arbeit (blaue) 501s tragen. Das Zeitalter der … lebenslangen … Leibeigenschaft beim Großkonzern … ist vorbei. Denken Sie an Befreiung … B-I-T-T-E!

Warum eine Revolution der weißen Kragen?

Einer Regierungsmeldung zufolge arbeiten 75 Prozent der arbeitenden Bevölkerung in den USA im Dienstleistungsbereich. Da kann ich nur sagen: Die Regierung SPINNT!

Es stimmt natürlich, daß 75 Prozent im sogenannten Dienstleistungsbereich arbeiten, aber …

Tatsache ist, daß etwa 90 Prozent der Menschen, die in der sogenannten Produktion arbeiten, tatsächlich Dienstleister sind, also Fachleute mit weißen Kragen, die in Bereichen tätig sind wie Rechnungswesen, Personal, Einkauf, Logistik, Marketing, Verkauf, Technik, Informationssysteme und so fort …

In den letzten 20 Jahren (vielleicht auch schon in den letzten 60 oder 70, je nachdem, wie man rechnet) haben wir uns bis zur völligen Erschöpfung um die Produktivität der Arbeiter in den Blaumännern Gedanken gemacht. Ist ja auch gut so. Aber dabei haben wir leider die Produktivität der Angestellten mit den weißen Kragen weitgehend ignoriert. Angesichts der neuen Technologien und einer immer kleiner werdenden Welt richtet sich unsere ganze Aufmerksamkeit zu Recht auf … die Angestellten mit den weißen Kragen. Und eben deshalb befinden wir uns: mitten in der Revolution der weißen Kragen.

»Ihr Vier-Uhr-Termin ist da.«

Der Pionier des Re‑engineering, Michael Hammer, traf den Nagel auf den Kopf, als er vor einigen Jahren sagte, daß sich die Computerrevolution in den ersten Jahrzehnten darauf beschränkt hätte, einen »Trampelpfad zu asphaltieren«, wobei die neuen Technologien nur eingesetzt wurden, um die überholten Methoden von gestern zu automatisieren. (»Wir konnten nun die Fehler von gestern so schnell machen wie nie zuvor«, so ein Manager im Bereich IT.) Inzwischen planen wir unsere Organisationen vollkommen anders. Unternehmen wie Wal-Mart, Microsoft oder VeriFone sind einfach ganz anders »geformt« als ihre Vorgänger. Immer deutlicher kristallisieren sich völlig neue Wege heraus, »wie man Dinge angeht«. Und die Arbeitsplätze der weißen Kragen – das heißt über 90 Prozent aller Stellen – sind direkt ins Visier dieser gerade entstehenden neuen Wirtschaft gerückt.

Es lebe die Revolution! *(Hinweis I: Sie haben keine andere Wahl.) (Hinweis II: Die unaufhaltsame Revolution der weißen Kragen wird die Errungenschaften der Arbeiterrevolution w-e-i-t in den Schatten stellen.)*

DIE G-R-O-S-S-E IDEE: Die Revolution der weißen Kragen ist da!
Große Idee: SIE/ICH SIND (ENDLICH) ERKLÄRTE ZIELSCHEIBE DER ›PRODUKTIVITÄTSSTEIGERUNGS-VERFECHTER‹.

Warum eine Revolution der weißen Kragen?

Kann ein Bruch eine Metapher sein? Dieser ist eine:

58,6/60

1980 verließ Percy Barnevik, bisher Chef der US-Niederlassung des schwedischen Werkzeugherstellers Sandvik, das Unternehmen und ging nach Hause (oder wurde, typisch schwedisch, »nach Hause zurückbeordert«) und nahm die Zügel bei dem Industriegiganten ASEA in die Hand. Dort fand er eine Zentrale mit 2000 Mitarbeitern vor – und das in Schweden, einem Land, in dem die Fluktuation von Mitarbeitern gegen Null tendiert. Und doch reduzierte er blitzschnell die Zahl der Beschäftigten auf ... 200!

1987 ging Barnevik eine Fusion mit dem Schweizer Unternehmen Brown Boveri ein und schuf damit das weltweit führende Unternehmen für Elektrotechnik. Mit der Fusion übernahm Barnevik die 4000 Mitarbeiter der Brown-Boveri-Zentrale

… auch hier in einem Land mit sehr geringer Fluktuation. Nach einem halben Jahr hatte die Zentrale noch … Sie erraten es schon! … 200 Mitarbeiter!

Zählen Sie 2000 bei ASEA und 4000 bei Brown Boveri zusammen – das ergibt eine Unternehmensmannschaft von 6000 Mitarbeitern. Heute wird der Gigant ABB ASEA Brown Boveri von einer – in einem unauffälligen Gebäude in Zürich untergebrachten – Zentrale von 140 Mitarbeitern gesteuert – und das bei 200 000 Angestellten und einem Umsatz von 35 Milliarden Dollar. Mit anderen Worten … 5860 von 6000 der Führungskräfte (Vice Presidents usw.) mußten ihren Hut nehmen … das sind 58,6 von je 60.

Dieser Bruch (58,6/60) ist »Realität« … und das in Ländern mit traditionell sehr geringer Fluktuation. Barnevik kam zu dem Schluß, daß er 58,6 von 60 seiner »besten Leute« (seiner Führungskräfte) als überflüssigen Ballast mitschleppte.

Seine Erfahrung enthält eine G-R-O-S-S-E Botschaft.

Es lebe 58,6/60! *(Hinweis I: Falls es in Ihrem Unternehmen noch nicht soweit ist … wird es nicht mehr lange dauern.)* *(Hinweis II: Und das gleiche wird sich … zeitversetzt um vielleicht 5 bis 20 Jahre … im öffentlichen Sektor abspielen … Nennen Sie es technologischen Determinismus.)*

DIE G-R-O-S-S-E IDEE: Die Revolution der weißen Kragen ist da!

Große Idee: 59 VON 60 LEUTEN WIE SIE UND ICH SIND GEFÄHRDET. (OK, 58,6.)

Warum eine Revolution der weißen Kragen?

»Wenn Sie nicht erklären können, was Sie konkret zum Erfolg Ihres Unternehmens beitragen,

sind Sie draußen.«

—Cynthia Kellams, Unternehmerin, Consultant, Expertin für mittleres Management

---

In meinen Seminaren behaupte ich ziemlich unverfroren, daß dieses Zitat von einer früheren Beraterin bei Towers, Perrin einer der wichtigsten Sätze der englischen Sprache ist. Unverfroren? … Stimmt, aber für Ihre und meine berufliche Laufbahn … dürfte es DER WICHTIGSTE SATZ ÜBERHAUPT sein.

Sehen Sie es doch einmal so: Einen 20jährigen Kellner oder eine Kellnerin, der/die sechs Wochen lang jeden Tag zu spät zur Arbeit kommt, werfen Sie raus … mit Recht. (Oder?) Wenn hingegen eine leitende Kraft im Einkauf, 49 Jahre alt und mit einem Jahreseinkommen von 63 800 Dollar pro Jahr, regelmäßig einmal pro Woche zu spät erscheint und an zwei der verbleibenden vier Tagen nur halbherzig bei der Sache ist, sagt man: »So ist er halt.« Und er bekommt in seiner Jahresbewertung 8 statt der vollen 10 Punkte. (Oder?)

Ich vermute, daß Percy Barnevik das Führungspersonal bei ABB von 6000 auf 140 zu kürzen vermochte, weil die meisten der 5860 auf die implizite Frage: »WARUM IST IHR UNTERNEHMEN DURCH SIE BES-SER GEWORDEN?« keine Antwort ge-wußt hätten.

So sieht die neue Weltordnung aus. Und sie betrifft uns alle … Kell-ner … Anstreicher … 24jährige Führungskräfte … und 54jährige Führungskräfte. Alle müssen wir uns … TAGAUS, TAGEIN … Kellams Diktum (wie ich es nenne) stellen: »Wenn Sie nicht erklären können, was Sie konkret zum Erfolg Ihres Unternehmens beitragen, sind Sie draußen.«

Cynthia Kellams lebe hoch! *(Das Ganze kann enorm befreiend wirken, wenn Sie die richtige Einstellung haben … lesen Sie weiter.)*

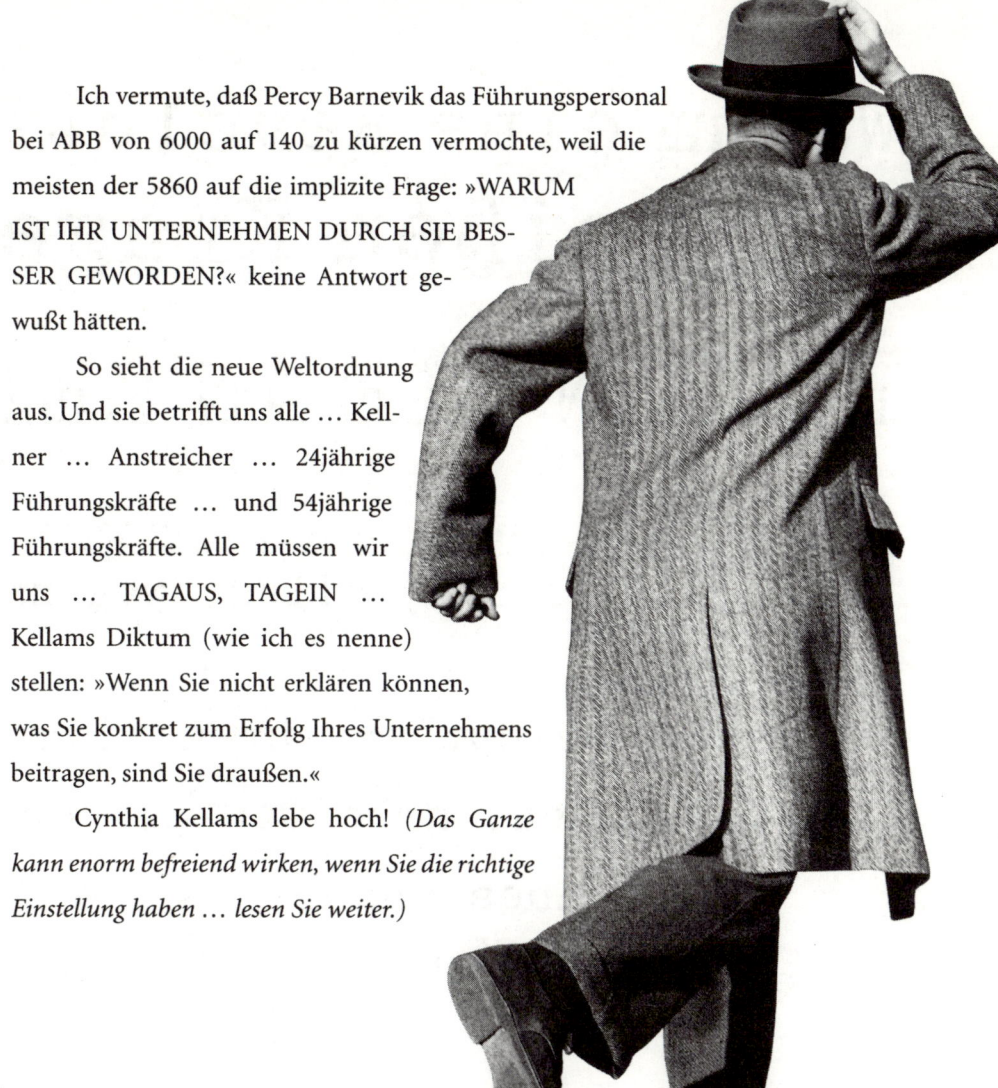

DIE G-R-O-S-S-E Idee: Die Revolution der weißen Kragen ist da!
Große Idee: LEISTEN SIE ETWAS/ BEWIRKEN SIE MESSBARE VERÄNDERUNGEN … ANSONSTEN … SAYONARA.

Warum eine Revolution der weißen Kragen?

DENKEN SIE AN ZEIT!

Zeit ist (beinahe) alles, was zählt!

»Wenn Sie nicht an Ihrem ›idealen Tag‹ arbeiten, arbeiten Sie an dem eines anderen.«

—Marjorie Blanchard, Karriere-Consultant

Nur Zeit zählt!

Ist das wahr? Klar. Platitüde? Selbstverständlich. Aber wir L-E-B-E-N I-M-M-E-R N-O-C-H N-I-C-H-T D-A-N-A-C-H.

Vor nicht allzu langer Zeit hörte ich einen Vortrag der bedeutenden Karriereberaterin Marjorie Blanchard. Sie redete … und redete … über Zeitmanagement. Ich kann den Aufwand, der mit »Zeitmanagement« getrieben wird, eigentlich nicht leiden – ausgeklügelte Tagesplaner beispielsweise oder ähnliches.

Aber sie sprach mich an. Sie überzeugte mich, daß es für die meisten Menschen (für mich zum Beispiel) keine schlechte Idee wäre, ein Seminar in Zeitmanagement zu belegen. Nur Zeit zählt. Das ist offensichtlich …

DAS KAPIERT DOCH SELBST DER DÖÖFSTE! Und trotzdem verschwenden wir einen Tag nach dem anderen. Hier eine Ablenkung … dort eine Ablenkung … und schon ist der verdammte Tag wieder um. Und schließlich haben wir nicht das vorangetrieben, was ein Highlight in unserer dreijährigen Karriere als Leiter der Vertriebsabteilung darstellen könnte … oder was auch immer.

Okay, ich weiß … ich erzähle da nichts Neues. Aber heute rennen wir immer öfter wie aufgescheuchte Hühner durch die Gegend, … und da denke ich, es kann nicht schaden, wenn man – jeden Tag (wie Marjorie Blanchard es empfiehlt, gleich morgens) über Fragen des Zeitmanagements und über die GELEGENHEITEN nachdenkt, die sich an diesem Tag bieten. Ich halte das für eine (g-a-n-z) ausgezeichnete Idee.

Danke, Marjorie! (Ich werde mich bemühen!)

Blanchard schlägt außerdem vor, den Tag damit zu beginnen, daß wir uns einige Minuten lang überlegen, wie ein guter Tag für uns aussehen könnte, wie wir einige wirklich wichtige Punkte auf unserer Tagesordnung in Angriff nehmen könnten. Sie nennt es »sich seinen idealen Tag vorstellen«.

Dann sollte man, so Blanchard, mittags noch einmal innehalten: »Wenn Sie nicht an Ihrem idealen Tag arbeiten, arbeiten Sie an dem eines anderen.« Das ist ein (s-e-h-r) überzeugender Gedanke. Es will Sie niemand bedrängen … Ihren Chef zu ignorieren oder … selbstsüchtig zu sein. Sie sagt damit lediglich, daß Sie legitime Prioritäten haben … und daß diese sehr wohl Sinn ergeben. (Für Sie. Für Ihre Organisation.) Setzen Sie sie also auf Ihre Tagesordnung.

Lassen Sie keinen Tag sinnlos verstreichen. (Ich muß es noch einmal sagen.) Lassen Sie sich nicht durch immer neue Ablenkungen … von den wichtigen Projekten abhalten, die sonst wieder liegenblieben. (Auch das muß ich wiederholen.) Denken Sie daran: WENN SIE NICHT AN I-H-R-E-M IDEALEN TAG ARBEITEN, ARBEITEN SIE AN DEM EINES ANDEREN.

DIE G-R-O-S-S-E IDEE: Die Revolution der weißen Kragen ist da!
Große Idee: MACHEN SIE AUS JEDEM TAG DAS BESTE! TROTZEN SIE DEM ALLTAGSTROTT.

Warum eine Revolution der weißen Kragen?

DENKEN SIE AN ENTSCHEIDUNG!

Entscheidung ist (beinahe) alles, was zählt.

»Wir müssen als Evangelium verkünden, daß es kein Evangelium gibt, das uns vor dem Schmerz bewahrt, bei jedem Schritt eine Entscheidung treffen zu müssen.«

—Benjamin Cardozo,
Richter am Obersten Gerichtshof der Vereinigten Staaten,
um 1920

»Das Wort, von dem jedes Abenteuer, jede belebende Spannung, jede Bedeutung, jede Ehre abhängt. Am Anfang war das Wort, und das Wort war: ›ENTSCHEIDUNG‹.«

—Tom Robbins,
Autor, *Buntspecht. So was wie eine Liebesgeschichte*

1900 waren 50 Prozent aller Amerikaner selbständig. 1977 war diese Zahl auf sieben Prozent zusammengeschrumpft. Heute sind es wieder 16 Prozent. Ich meine, die Zeit zwischen 1900 und 1975 wird bald als Ausnahmeerscheinung gelten, eine Zeit, in der viele von uns mehr oder weniger ein Leben lang für einige wenige riesige Konzerne arbeiteten. In Wirklichkeit waren die meisten Menschen aus der Generation meines Vaters, und sogar aus meiner eigenen Generation, nicht mehr und nicht weniger als »Lohnsklaven der ›Generäle‹« – General Electric, General Motors, General Mills, General Dynamics und so weiter. In die Hände dieser Konzerne legten wir unsere Karrieren, ja unser ganzes Leben.

Richter Cardozo spricht von einem Amerika, das Ralph Waldo Emerson gut verstand, einem Amerika, das sich auf die Idee der Selbstverantwortung gründet. Ich halte das für verdammt befreiend.

Wenn ich in den Spiegel schaue, sehe ich nicht »U.S. Navy« oder »McKinsey« oder irgendeinen »General«. Ich sehe, ob es mir gefällt oder nicht (meistens von beidem ein bißchen), Tom Peters. Alles hängt von mir ab. Meine Entscheidungen

Ach, was waren das doch für schöne Zeiten, als wir von neun bis fünf im 42. Stock des Konzernwolkenkratzers sitzen durften und Memos von der linken Tischseite auf die rechte bewegten ...

zählen letztendlich. Befreiung? Das ist doch die Befreiung aller Befreiungen: sich selbst, und nur sich selbst im Spiegel zu sehen. Egoistisch? Natürlich! Gleichzeitig bedeutet dies aber doch, nicht mehr von den Lohntüten der Großunternehmen abhängig zu sein. Es bedeutet, Verantwortung und Rechenschaft ablegen zu müssen. Um etwas zu erledigen. Zu dienen. Kreativ zu sein. Zu wachsen. Und das jeden Tag.

Ich nenne es den Gärtner/Maler-Test. Wenn der Gärtner oder der Anstreicher heute schlampige Arbeit liefert, wird der Kunde ihm kaum wieder einen Auftrag geben. Er ist abgeschrieben. Und Mundpropaganda wird dafür sorgen, daß er auch im Umkreis von 15 Quadratkilometern keine Aufträge mehr bekommt. Dieses harte Schicksal hat diejenigen mit den weißen Kragen in den Schutzzonen der Groß-konzerne bisher selten getroffen. Doch die Zeiten haben sich geändert!

Ich kann aber noch mehr zu diesem Thema sagen. Abfällig nenne ich es »das Phänomen der verlogenen Nostalgiewelle für Scheißjobs«. Oder: »Ach, was waren das doch für schöne Zeiten, als wir von neun bis fünf im 42. Stock des Konzern-wolkenkratzers sitzen durften und Memos von der linken Tischseite auf die rechte bewegten … und das 40 Jahre lang, ununterbrochen.« Ein erfülltes Leben? Ich finde das entsetzlich! Ich ziehe jederzeit Emerson vor! Ich will nur *mich selbst* im Spiegel sehen!

ENTSCHEIDEN SIE SELBST! Das ist Ihr Leben! Sie haben die Wahl! Sie sind verantwortlich! Niemand sonst! (EHRLICH!) Eine Wahl zu treffen ist das Gebot der Stunde/das Axiom/das Gesetz Nr. 1 für die neunziger Jahre … und für das neue Jahrtausend.

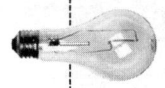

**DIE G-R-O-S-S-E IDEE: Die Revolution
der weißen Kragen ist da!
Große Idee:
ENTSCHEIDE … ODER STIRB (BERUFLICH).**

Warum eine Revolution der weißen Kragen?

DENKEN SIE AN MACHT!

Macht ist (beinahe) alles, was zählt!

Machtlosigkeit ist ein Geisteszustand.

Wenn Sie sich für machtlos halten,

SIND SIE ES AUCH.

»Frauen müssen lernen, daß
ihnen niemand Macht gibt.
Macht nimmt man sich einfach.«
—Roseanne Barr, Autorin, Schauspielerin,
Komikerin, Produzentin, Philosophin

Anfang der achtziger Jahre arbeitete ich bei AT&T – kurz vor der (ersten) Aufsplittung des Konzerns. Das mittlere Management dort gab mir Saures. »Die meisten Leute, die Sie zitieren«, sagte einer zu mir, »sind Leute wie Sam Walton von Wal-Mart und Jack Welch von General Electric. Das sind die Leute, die den Ton angeben! Was ist denn mit denen in der Mitte?«

Eine gute Frage, das mußte ich zugeben. Und ich stelle sie mir seither so gut wie jeden Tag aufs neue, was angesichts meines Broterwerbs nicht überraschen wird. Und leider habe ich bis heute keine wirklich brillante Antwort parat, obwohl ich die Antwort, die ich habe, nicht schlecht finde.

Kurz gesagt: Machtlosigkeit entsteht im Kopf. Ob Sie nun 18 oder 68 Jahre alt sind, wenn Sie sich für machtlos halten … sind Sie es auch.

Ist dies nicht hilfreich? Nun, sie ist nicht gerade das »12-Punkte-Programm zur Erlösung«, aber eines kann man dieser Aussage nicht absprechen: Sie ist offen und ehrlich.

Als meine AT&T-Freunde, die in Positionen auf den mittleren Hierarchieebenen der Organisation feststeckten, auf mir herumzuhacken begannen, kam mir eine vergleichbare Situation in den Sinn. Nach zweijährigem Dienst in Vietnam, 1966 und 1967, wurde ich an die echte Front »befördert« … ins Pentagon. Ich arbeitete für einen Lieutenant Commander namens Joe Key. (Für diejenigen unter Ihnen, die sich mit dem Marinesystem nicht auskennen: Lieutenant Commander sind eine Art mittleres Management der unteren Ebene. Wenn man also sagt, Lieutenant Commander bekommt man im Pentagon im Dutzend billiger, wäre dies immer noch eine heftige Überschätzung seiner Bedeutung.)

Mein Boß, … der »machtlose« Joe Key, … machte seine Sache gut. Und zwar kreativ. Und schnell. Kreativer und oft zwei- oder dreimal so schnell wie die Leute, die zwei Ränge über ihm standen. Wie schaffte er das?

Damals (ich war 25) befand sich die Managementtheorie nicht gerade unter den ersten 20 (ach was, 50) meiner Topprioritäten. Joes Effektivität faszinierte mich, aber ich analysierte dies erst 15 Jahre später, als die AT&T-Bande mir auf den Pelz rückte. Ich kann es mir nur so erklären: Joe Key verschwendete nicht den geringsten Gedanken darauf, daß er nur ein kleiner Lieutenant Commander war! Er hatte einen Auftrag und er zog ihn durch, ungeachtet aller Hindernisse.

Er war ein Admiral, der bloß vergessen hatte, die dicken Goldstreifen auf seine Ärmel zu nähen. Wenn Joe eine Antwort auf eine Frage suchte, die »nur der Admiral« geben konnte, … marschierte er ins Büro des Admirals … und fragte. Und immer erhielt er eine Antwort. In den zwei Jahren, in denen ich Joes Tasche trug, kam ich aus dem Staunen nicht mehr heraus, wieviel (finanzielle und moralische) Unterstützung er für seine Einheiten (Navy Seabees) bekam. Seine beiden Geheimnisse:

■ **Networking.** Der so genannte Ausbau eines Netzes von Beziehungen ist in der Sprache von Geschäftsleuten heute ein feststehender Begriff, beinahe schon überstrapaziert. Joe war aber schon lange, bevor der Begriff Eingang in die Geschäftssprache fand, der vollendete Networker. Es schien, als habe er während der letzten sechs Monate jeden Berater jedes Pentagon-Admirals zum Mittagessen eingeladen. So hatte er das fünfseitige graue Monster am Potomac mit seinen 23 000 Mitarbeitern aktionsgerecht vernetzt.

■ **Innere Einstellung.** Machtlos? Lächerlich! Joe hatte sehr viel Macht … weil er keinen Grund entdecken konnte, warum das nicht so sein sollte. Ich glaube, daß es wirklich so einfach ist … und so kompliziert.

Als ich später intensiver darüber nachdachte und Beobachtungen anstellte, fiel mir auf, daß die »JKE«, die »Joe-Key-Einstellung«, wie ich sie nenne, bei einer Handvoll Fünfzehnjähriger zu beobachten ist, bei den übrigen aber fehlt. Sie ist bei einer Handvoll 42jähriger festzustellen, bei den anderen aber nicht; eine Handvoll 56jähriger hat sie … aber auch in dieser Gruppe fehlt diese Einstellung den meisten, unglücklicherweise.

Noch eine letzte Bemerkung zum Thema Macht: Diejenigen, die erfolgreich sind … Männer wie Frauen …, sind normalerweise auch diejenigen, die um jeden Preis die Macht an sich reißen, selbst dann (oder besonders dann!) wenn es unangebracht ist.

Ich weiß, daß Frauen beziehungsorientierter sind als Männer. Sie versuchen immer, kein Porzellan zu zerschlagen. Das ist alles gut und schön. (Meistens gut.)

Andererseits trifft das auch einen wunden Punkt, den Roseanne Barr anspricht: »Frauen müssen … noch mehr als Männer … lernen (…), daß ihnen niemand Macht gibt … man nimmt sie sich einfach.« AMEN!!

Warum eine Revolution der weißen Kragen?

DENKEN SIE AN AUTORITÄT

Autorität ist (beinahe) alles, was zählt!

Autorität entsteht im Kopf.

Wieviel formale
Autorität besaß
Mahatma Gandhi?

Meine größte Erleuchtung (und ich halte dieses ziemlich prätentiöse Wort für angebracht) zum Wort »Autorität« erlebte ich, wie peinlich, im reifen Alter von 52 Jahren. Bei der Lektüre des Buches *Leadership Without Easy Answers* von Ronald Heifitz, Professor an der John F. Kennedy School of Government, stieß ich in einer Kapitelüberschrift auf einen mir neuen Gedanken: »Führen ohne Autorität.« Seine Beispiele gaben mir zu denken … Sie brachten mich … so sehe ich es jetzt … auf das Naheliegende.

Bedenken Sie: Wieviel formale Autorität besaß Mahatma Gandhi im Jahre 1935? (Richtig, der Mann, der die größte Demokratie der Welt ins Leben rief.) Wieviel formale Autorität hatte Martin Luther King jr. im Jahre 1959? Wieviel formale Autorität besaß 1985 Vaclav Havel … der nur wenige Jahre später die Befreiung der Tschechoslowakei einleitete? Wieviel formale Autorität hatte der Mann, den wir heute P-r-ä-s-i-d-e-n-t Nelson Mandela nennen, vor wenigen Jahren, noch 1988?

Die Antwort in allen vier Fällen lautet … keine … oder verdammt wenig. Im Gegenteil: Das einzige, was diese vier Supermänner miteinander gemeinsam haben, sind ihre Jahre hinter Gittern. (Was nicht überraschen sollte: Leute, die das Establishment angreifen, werden gern ins Unternehmens-Sibirien, wenn nicht gar ins wirkliche verbannt.)

Lassen Sie mich es anders ausdrücken: VIELE/DIE MEISTEN WIRKLICH BEDEUTSAMEN ER-RUNGENSCHAFTEN IN DIESEM JAHRHUNDERT – WIE DIE BÜR-GERRECHTSBEWEGUNG – WUR-DEN VON MENSCHEN ANGE-REGT, DIE ÜBER WENIG ODER KEINE FORMELLE, AUS EINEM ORGANIGRAMM HERGELEITETE, AUTORITÄT VERFÜGTEN.

Wenn ich in Atlanta zum Flughafen hinausfahre, bitte ich den Taxifahrer für gewöhnlich, an der kleinen, unauffälligen Ebenezer Baptist Church anzuhalten. Das ist meine Art, Dr. King … und seiner Idee … meinen Respekt zu erweisen. Die anfänglich einzigen Anhänger Dr. Kings waren die Mitglieder der Pfarrgemeinde seines Vaters. Von diesen bescheidenen Ursprüngen ging die wahrscheinlich größte Errungenschaft dieses Landes während der letzten 50 Jahre aus: die Bürgerrechtsbewegung.

Sie werden einwenden, daß Ihr – oder mein – Auftrag nicht gerade so weltbewegend ist wie der eines Dr. King oder eines Präsidenten Mandela. Klar. Wenn man aber darüber nachdenkt, was diese Menschen bewirkt haben, muß man doch zu dem Schluß kommen, daß die auf einer Visitenkarte und einem Jobtitel beruhende Autorität nicht alles sein kann. King, Mandela, Havel, Gandhi: Sie alle hatten eine Mission, eine Vision, außergewöhnliche Integrität, Beharrlichkeit, ein sehr dickes Fell. Und sie schufen (in allen vier Fällen) ohne vornehme Visitenkarten grundlegende, globale Umwälzungen … die unsere Welt besser machten.

Mit anderen Worten: … sagen Sie jetzt nicht: »Ich kann so etwas nicht tun, ich stecke in der Hierarchie fest.« (Ob Sie es glauben oder nicht, das sagen selbst Vice Presidents großer Unternehmen.) Nonsens. Nein, TOTALER MIST! Ihr Mangel an Autorität hat etwas mit Ihrer Einstellung zu tun. (VERDAMMT NOCH MAL!)

DIE G-R-O-S-S-E IDEE: Die Revolution der weißen Kragen ist da!

Große Idee: MACHT = INNERE EINSTELLUNG.

MACHT (FEHLENDE) = INNERE EINSTELLUNG.

Warum eine Revolution der weißen Kragen? DENKEN SIE AN VERANTWORTUNG

Verantwortung ist (beinahe) alles, was zählt!

Nieder mit Dilbert!

»Wenn ich nichts tue, wird sich auch nichts zum Besseren verändern.«

—Nathaniel Branden,
Autor und Psychologe, *Taking Responsibility:
Self-Reliance and the Accountable Life*

>>Wenn wir Selbstverantwortung nicht nur als rein persönliches Anliegen, sondern als philosophischen Grundsatz begreifen, haben wir uns folglich einem äußerst wichtigen moralischen Gedanken verpflichtet.<<

—Nathaniel Branden,
Autor und Psychologe, *Taking Responsibility:*
Self-Reliance and the Accountable Life

Verantwortung zu übernehmen und sich selbst in den (scheinbar) unerträglichsten Umständen nicht ganz und gar dem Zynismus hinzugeben, geht über Ihre und meine persönlichen Belange hinaus. Branden sagt es uns. Ich glaube ihm: Es handelt sich um eine Frage der Moral. Es geht um Gesellschaft/Gemeinschaft/Familie. Es ist eine philosophische Frage: Gegenüber irgendwelchen »Blödmännern« klein beizugeben bedeutet ... buchstäblich ... seinen eigenen Willen zu verleugnen ... DAS WESEN DESSEN ZU VERLEUGNEN, WAS MENSCHSEIN BEDEUTET.

Dilbert zu lesen und darüber zu lachen ... dagegen ist nichts einzuwenden. (Ich tue das auch.) Aber das zu verleugnen, was Menschsein ausmacht ... ist ein schlimmer Verstoß gegen jegliche Moral!

Ob Ihr Chef nun ein Blödmann ist oder Ihr Unternehmen von einem Haufen Idioten bevölkert wird ... es ist Ihr Beruf. Sie sind derjenige, der mit 60 (falls Sie das Glück haben, es so weit zu schaffen) in den Spiegel blicken und sich fragen muß, was Sie für Ihre Kollegen, Ihre Gemeinde, für eine bessere Welt geleistet haben. Bei der

Arbeit, für die wir uns entschieden haben, gilt das ganz besonders. (Schließlich verbringen wir hier den größten Teil des Tages.) Es stellt sich nun die Frage … sollen wir in diesen Arbeitsplatz investieren? Eine wesentliche Frage. Sie kommt der zentralen Bedeutung des Menschseins sehr nahe.

Ich dränge Sie nicht, in hoffnungslosen Situationen auszuharren. Wenn Sie Brandens/meinem Rat folgen, mag das durchaus einen Wechsel zu anderen Arbeitsplätzen oder Unternehmen mit sich bringen … sogar mit einiger Regelmäßigkeit. Ein Arbeitsplatz fürs ganze Leben ist heute einfach nicht mehr die Norm. Ja, die Loyalität der Unternehmen gegenüber ihren Mitarbeitern ist nicht mehr das, was sie einmal war. Andererseits bin ich mir gar nicht so sicher, ob früher alles besser war. Wie ich schon sagte, waren wir meistens doch mehr oder weniger Leibeigene …, im Tausch gegen die Loyalität des Unternehmens. Viel zu viele Menschen in großen Unternehmen … selbst heute … tun immer noch so, als ob es ein Weltuntergang wäre, den Job zu wechseln.

So können Sie nicht leben. Nehmen Sie Ihr Leben in die eigene Hand. Sie haben die Wahl!

DIE G-R-O-S-S-E IDEE: Die Revolution der weißen Kragen ist da! Große Idee: NEHMEN SIE IHR LEBEN WIEDER SELBST IN DIE HAND.

Warum eine Revolution der weißen Kragen? DENKEN SIE AN SELBSTMOTIVATION!

Selbstmotivation ist (beinahe) alles, was zählt!

Fahrer: »Warum tun Sie das hier überhaupt?«
Ich: »Weil ich sagte, daß ich es tun würde.«
Fahrer: »Zu wem haben Sie das gesagt?«
Ich: »Zu mir selbst.«

—Ffyona Campbell,
Autorin von *On Foot through Africa*

Zwischen dem 2. April 1991 und dem 1. September 1993 ging die Australierin Ffyona Campbell (Bild links) zu Fuß von Kapstadt bis nach Tanger – 16 088 Kilometer. Mit ihrer Reise – ihrem Fußmarsch – durch Dschungel, Wüsten und ein 400 Meilen breites Minenfeld erwarb sie sich den Titel »Greatest Walker of Them All«, den ihr der legendäre Polarreisende Sir Ranulph Fiennes verlieh.

Warum unternahm Campbell diesen Marsch? Welche Gründe hat überhaupt jemand, »etwas Bestimmtes« zu tun? Um dem Chef zu gefallen? Um befördert zu werden? Nein! Zumindest würden so die besten Leute antworten. Die besten Grundschullehrer. Die besten Geiger. Und ... die großartigste Fußwanderin aller Zeiten.

Die einzige Motivation, über die es sich überhaupt zu sprechen lohnt, ist die SELBSTMOTIVA-TION. Beklagen Sie sich nicht länger über Ihr Leben. Hören Sie auf Roseanne! Hören Sie auf Ffyona Campbell! Nehmen Sie Ihr Leben in Ihre eigenen Hände ... überlassen sie es nicht »DEN GENERÄLEN«.

Warum eine Revolution der weißen Kragen?

DENKEN SIE AN DIE NEUEN ANGESTELLTEN

Die neuen Angestellten sind (beinahe) alles, was zählt!

DIE NEUEN ANGESTELLTEN:

1. (Haushoch) überlegene
Kompetenz

---

2. Projekte-sind-das-Leben

---

3. Besessen vom Kundenservice
(meßbar)

---

4. Außergewöhnlich gute
Networker!

---

5. Orientiert an Emerson/
Ich & Co./Seien Sie Ihr
eigener Fels in der Brandung,
KEINE (doofen) GENERÄLE!

Ich nenne sie/ihn den neuen Angestellten: NA. Die »vergessenen 90 Prozent« ... die Mitarbeiter in den Abteilungen Informationssysteme, Personal, Einkauf, Finanzen, Marketing ... die Fachkräfte im weißen Kragen (nach dem Reengineering), deren Kreativität/Organisationseffizienz in den Wirtschafts- oder Managementbüchern kaum Erwähnung findet.

Wer ist nun diese/r Rennaissancefrau(-mann)?

■ Zunächst einmal beherrscht er/sie ... IRGEND ETWAS gut (sehr gut!). Mit anderen Worten, es gibt für niemanden eine Entschuldigung dafür, nicht auf irgendeinem Gebiet ein Ansehen zu genießen (zumindest auf lokaler/ regionaler Ebene). In meinen guten alten Tagen als Berater bei McKinsey & Co verlangte man gute Projektarbeit ... und daß man ... in dem einen oder anderen Bereich eine »hohe Kompetenz« entwickelte. Das schien mir damals und auch heute noch sinnvoll. (Heute ist der Konkurrenzkampf viel härter geworden ... und das ist noch untertrieben!)

■ Nächster Punkt: Projekte-sind-das-Leben. Das Projekt, das Goldkörnchen, das Atom-des-Lebens ... etwas, das einen Anfang, ein Ende und eine Kenn-zeichnung hat ... und das tatsächlich in die Realität umgesetzt wird. Darum geht's im Leben. An jedem Arbeitsplatz! (Und wenn es bei Ihnen nicht so ist ... ändern Sie das ... JETZT.)

■ Der NA (Sie erinnern sich – der neue Angestellte) ist besessen vom Kun-denservice. »Besessen« bedeutet, daß er/sie erst dann lockerläßt, wenn der begeisterte Kunde meßbare Ergebnisse sieht.

■ Nächster Punkt: Der NA ist ein Networker, dem keiner das Wasser reichen kann. Sie/er arbeitet unablässig daran, seine Namenskartei auf dem neuesten Stand zu halten und zu erweitern ... ganz besonders intensiv durch Kontakte nach »draußen« (ganz weit draußen), außerhalb des Mutterunternehmens.

■ Und schließlich nimmt der NA sein Leben »denen« wieder aus den Händen ... und besinnt sich auf die originär amerikanische Wertvorstellung, ... die in den letzten 70 Jahren der Herrschaft des GBU (des Großen Bürokratischen Unternehmens) ignoriert wurde: Er verläßt sich wieder auf sich selbst. Ich nenne diesen Gedanken auch »Ich & Co.«. Sie sind Vorsitzender/CEO/ Chefunternehmer Ihres eigenen professionellen Dienstleistungsunternehmens, selbst wenn Sie ... zur Zeit ... zufällig irgendwo auf der Gehaltsliste stehen. Egoistisch ... wie sollten Sie sich denn im Angesicht von »Downsizing« und des »Reengineering« anders verhalten? Und selbstlos ... »Ich & Co.« kann nur dann ein erfolgreiches Unternehmen werden, wenn der Kunde bedient wird, und zwar ... SEHR GUT ... und ... SEHR PHANTASIEVOLL ... und ... SEHR EINDRUCKSVOLL.

Eine Werbekampagne von Prudential arbeitet mit dem hübschen Slogan ... »Seien Sie Ihr eigener Fels in der Brandung.« (»Be your own rock.«) AUSGEZEICHNET! (Der Slogan »Regieren Sie Ihr Königreich selbst« von Dreyfus erhält bei mir ebenfalls sehr gute Noten.) Oder, wie ich es am liebsten sage: ... KEINE GENERÄLE! Das heißt: Schluß mit der Leibeigenschaft bei (General) Mills, (General) Motors, (General) Electric, (General) Dynamics.

Denken Sie daran, oder Sie werden untergehen ... KEINE GENERÄLE. SEIEN SIE IHR EIGENER FELS IN DER BRANDUNG. SICH AUF SICH SELBST VERLASSEN. ICH & Co. Alle diese Konzepte feiern den befreiten, neuen Angestellten.

Das sind harte Worte – aber von jemandem, der weiß, wovon er spricht. HÖREN SIE AUF MICH! B-I-T-T-E!!

DIE G-R-O-S-S-E IDEE: Die Revolution der weißen Kragen ist da!
Große Idee:
SEIEN SIE IHR EIGENER FELS IN DER BRANDUNG ...
REGIEREN SIE IHR KÖNIGREICH SELBST.

Warum eine Revolution der weißen Kragen? DENKEN SIE AN IHR RESÜMEE!

Ihr Resümee ist (beinahe) alles, was zählt!

Meine früheren Arbeitgeber, die Managementberater McKinsey & Co., sind absolute Spitze in allem, was sie tun (nun schon seit über 50 Jahren). Sie sind aber auch eine typische professionelle Dienstleistungsfirma. Nehmen wir also mal als Beispiel … eine typische McKinsey-Beraterin im dritten Jahr … und nennen wir sie Jane Dokes. Sie ist keine Überfliegerin, aber gut genug, um sich ihres Arbeitsplatzes sicher sein zu können.

Es ist der 31. Dezember 1997. Frau Dokes verschafft sich eine Übersicht darüber, was sie in den vergangenen 12 Monaten erreicht hat. Nämlich …

1) Sie hat zwei oder drei abgeschlossene Projekte vorzuweisen.

2) Sie ist in der Lage, die für den Kunden im Verlauf dieser Projekte erbrachten Leistungen qualitativ und vielleicht auch quantitativ zu benennen.

3) Sie kann Referenzen – Namen, Adressen, E-Mail-Adressen, Telefon- und Faxnummern – von lebenden Menschen ... »Kunden« genannt ... angeben, die bestätigen können, daß sie im vergangenen Jahr aktiv war ... und gute Arbeit geleistet hat.

4) Sie kann (präzise) erläutern, was sie Neues gelernt hat und wie dieses Neuerlernte ihren Wert auf dem Arbeitsmarkt in ihrem speziellen Kompetenzbereich steigert.

5) Sie hat eine umfangreiche elektronische und papierene Kartei aufzuweisen, deren Neuzugänge sie in der Mehrzahl eher außerhalb ihres eigenen Unternehmens als in ihm gesammelt hat. Und ...

6) Sollte sie dies aus irgendeinem Grund wünschen, kann sie zum Jahresende eine persönliche Bilanz ziehen, die sich erkennbar/entscheidend von der Bilanz unterscheidet, die sie am 31. Dezember des Vorjahres verfaßt hätte.

Ihre/meine Frage lautet letztlich: Können Sie/kann ich den McKRT, den McKinsey-RESÜMEE-Test, bestehen? Das ist eine der schwierigsten Fragen, die Sie je zu beantworten haben werden. Heraus kommt schließlich dieses: DENKEN SIE AN IHR RESÜMEE – SEIEN SIE BESESSEN DAVON.

DIE G-R-O-S-S-E IDEE: Die Revolution der weißen Kragen ist da!

Große Idee: SIE = IHR (SICH STÄNDIG VERBESSERNDES) RESÜMEE.

Warum eine Revolution der weißen Kragen?
DENKEN SIE AN ETWAS VORZEIGBARES!

S.I.E.

»Ich schleppe meinen Mythos mit mir herum.«
—Orson Welles

Nehmen wir einmal an, Nike trennt sich plötzlich von seiner Werbeagentur. Plötzlich stehen Dutzende von »Kreativen« auf der Straße – auf der Madison Avenue in Manhattan oder wo auch immer. Stellen Sie sich das mal bildhaft vor: Mit ihren übergroßen, lederbezogenen Mappen … die ihre Storyboards mit den Beschreibungen ihrer jüngsten Werbekampagnen enthalten. Diese Storyboards – auf eine greifbare (und endgültige) Weise – sind ihr Leben. Dies sind ihre Projekte. Das, was sie vorweisen können. ICH LIEBE DIESES BILD.

Und was können Sie aus den letzten 12 Monaten vorzeigen? (Aus den letzten sechs Monaten? Drei Monaten?). Arbeiten Sie … JETZT GERADE … eifrig an etwas Vorzeigbarem? Falls nicht … legen Sie los … überarbeiten Sie Ihr Projekt … oder finden Sie ein neues. Etwas zum Vorzeigen … (nur) darum geht's.

DIE G-R-O-S-S-E IDEE: Die Revolution der weißen Kragen ist da!

Große Idee: SOLLTE DAS, WOMIT SIE SICH GERADE BEFASSEN, NICHT BEMERKENSWERT GENUG SEIN … LASSEN SIE ES FALLEN/ÜBERARBEITEN SIE ES … JETZT.

Warum eine Revolution der weißen Kragen? DENKEN SIE AN MARKE!

Die Marke ist (beinahe) alles, was zählt!

Marke! Oder: Marke! Marke! Marke!

Sicher hat das etwas mit Procter & Gamble zu tun. Mit Nike. Coca-Cola. Ford. Intel. WENN SIE KLUG SIND, betrifft es auch Sie.

Die Downsizer haben noch lange nicht aufgegeben. Sie klettern immer noch über die Seite ins Boot hinein. Ihre Chancen, bei ein und demselben Unternehmen auf Dauer zu bleiben und auch noch Karriere zu machen, stehen schlecht.

Wie unterscheiden Sie sich von der Masse? Sie unterscheiden sich, indem Sie an Ihrem … MARKENPOTENTIAL … arbeiten und sich ganz entschieden auf die Steigerung IHRES Markenpotentials konzentrieren.

Dennis Rodman versteht es! Martha Stewart versteht es! Der Management-Guru Michael Hammer versteht es! Die Medienmogulin Oprah Winfrey versteht es! Die Golflegende Jack Nicklaus versteht es!

Rick Kaminski versteht es!

Rick verbringt ein Viertel seiner Zeit damit, Autogramme zu unterschreiben. Und Sie?

Kaminski ist laut einem Artikel der *The Seattle Post-Intelligencer* bekannt als »der Erdnuß-Mann«. Er betreibt sein Geschäft – mit einiger Klasse und beträchtlichem Geschick – in den Tribünen der Seattle Mariners bei deren Heimspielen.

Der Erdnußverkäufer Kaminski wärmt sich mit Dehnungsübungen und Übungswürfen mit 30 Erdnußtüten auf. (Ein Mariner-Talent-Scout maß seine treffsicheren Würfe mit einer Stoppuhr und kam auf genau 72 Meilen pro Stunde.) Der Job ist kein Zuckerschlecken. Kaminski erzählte der Zeitung: »Sie müssen sich nur ein wenig in angewandter Physik auskennen.«

Rick Kaminski wäre ein ausgezeichneter Lehrer für einen Fortgeschrittenenkurs im Fach: Aufbau einer persönlichen Marke.

Rick = Marke. (Und Sie?)

Warum eine Revolution der weißen Kragen? DENKEN SIE AN S-I-C-H!

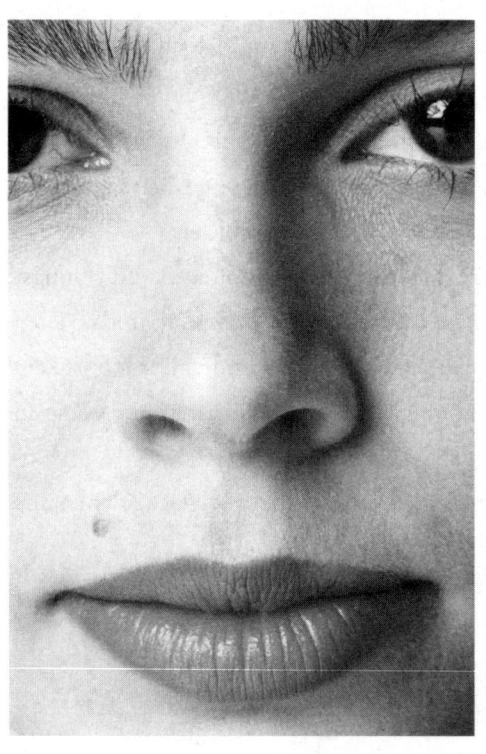

Sie sind (beinahe) alles, was zählt!

IHR PMP (TEST FÜR IHR PERSÖNLICHES MARKENPOTENTIAL)

1. Ich bin bekannt für (2-4 Stichpunkte); nächstes Jahr um diese Zeit möchte ich außerdem bekannt sein für (1-2 Stichpunkte).

---

2. Das Projekt, an dem ich gegenwärtig arbeite, finde ich aus folgenden Gründen reizvoll und lohnend (1-3 Gründe).

---

3. In den letzten neunzig Tagen habe ich folgendes hinzugelernt (1-3 Stichpunkte).

---

4. Mein öffentliches (lokales/regionales/nationales/globales) »Sichtbarkeitsprogramm« besteht aus (2-4 Stichpunkte).

---

5. Wichtige Neuaufnahmen in meiner Kartei in den letzten drei Monaten (2-5 Namen).

---

6. Wichtige, in den letzten drei Monaten gepflegte Beziehungen (1-3 Namen).

---

7. Meine wichtigste Aktivität zur »Verbesserung meines Lebenslaufes« im Laufe der nächsten zwei bis drei Monate wird sein (1 Stichpunkt).

---

8. Mein Lebenslauf unterscheidet sich von dem des vergangenen Jahres erheblich in folgendem (1-3 Stichpunkte).

Sehen Sie sich selbst als Marke. Sie sind eine! Der oder die 19jährige Kellner(in) bei McDonald's ist eine. (Wie der besagte Erdnußverkäufer.) Ebenso wie der bei Rubbermaid im Einkauf beschäftigte 38jährige.

Denken Sie: Marke! Denken Sie: PMP … Persönliches Markenpotential! ARBEITEN SIE DARAN! Die Liste auf der letzten Seite gibt Ihnen vielleicht Anregungen, über Ihr Markenpotential, über Ihr persönliches brand equity nachzudenken. Wie ich es nenne: TEST FÜR IHR PERSÖNLICHES MARKENPOTENTIAL.

Oder: Die Kreation – und das Bestehen – einer MARKE MIT IHREM NAMEN …

Oder: »Brand U« – »Marke SIE«.

Oder: Die Gründung von Ich & Co. … einem aus einer Person bestehenden professionellen Dienstleistungsunternehmen … gegründet mit dem Ziel, sich von all den (vielen) anderen (gründlich) zu unterscheiden.

Hinweis: Das Markenpotential von Brand U wird … in dem überreizten, wettbewerbsbestimmten Markt immer fluktuieren, wie Nike oder Levis. Stabil ist nie etwas. Nie.

Das oben Gesagte versteht sich von selbst. NEHMEN SIE ES ERNST. ES GEHT UM IHR BERUFLICHES ÜBERLEBEN. Sie (»neue Sicherheit«) = Persönliches Markenkapital.

Eine abschließende Bemerkung: Ich äußerte diese Idee erstmals Mitte 1996. Zu meiner Überraschung wurde das zugehörige Bild – beinahe über Nacht – zum meistverlangten Dia. Noch überraschter war ich, als das Dia in Malaysia und Australien … und bei hohen britischen Beamten … ein ebensolcher »Hit« wurde wie in den Vereinigten Staaten.

»Das Leben ist entweder ein aufregendes Abenteuer, oder nichts.«

—Helen Keller

Warum eine Revolution der weißen Kragen? DENKEN SIE: I-C-H!

»Es gibt eine gewisse Vitalität, eine Lebenskraft, einen schnelleren Pulsschlag, den Sie in Aktivität umsetzen, und da Sie in Raum und Zeit einmalig sind, ist auch Ihr Ausdruck einmalig. Wenn Sie ihn blockieren, wird er durch kein anderes Medium wiederholbar sein und unwiderruflich verlorengehen. Es ist nicht Ihre Sache, darüber zu entscheiden, wie gut Ihr Ausdruck ist oder wie Sie im Vergleich zu anderen dastehen. Sie haben nur eins zu tun: Darauf zu achten, daß dieser Ausdruck klar und unmißverständlich der Ihrige bleibt.«

—Martha Graham

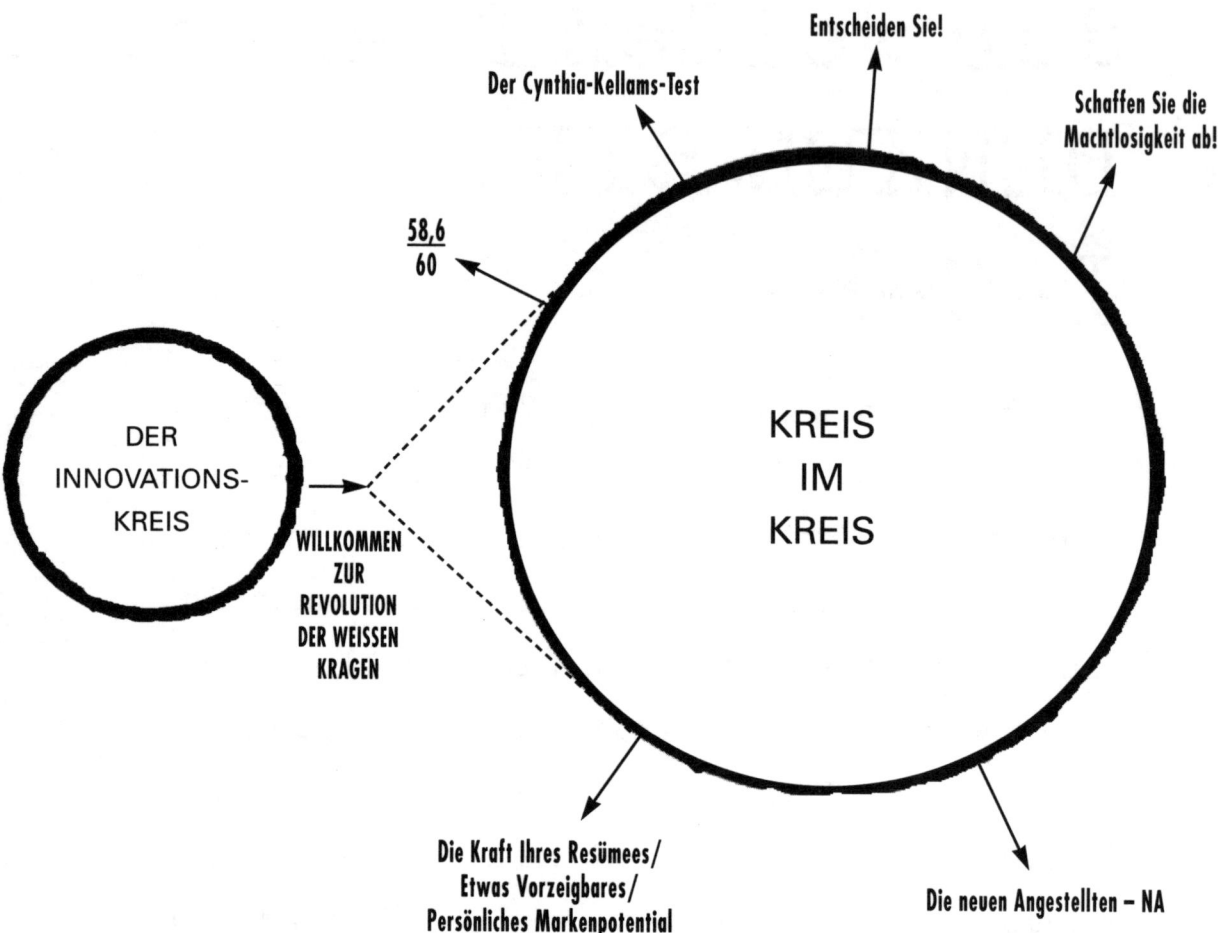

DER
INNOVATIONS-
KREIS

WILLKOMMEN
ZUR
REVOLUTION
DER WEISSEN
KRAGEN

$\frac{58,6}{60}$

Der Cynthia-Kellams-Test

Entscheiden Sie!

Schaffen Sie die
Machtlosigkeit ab!

KREIS
IM
KREIS

Die Kraft Ihres Resümees/
Etwas Vorzeigbares/
Persönliches Markenpotential

Die neuen Angestellten – NA

WORTALARM NR. 5

58,6/60

Revolution der weißen Kragen

Cynthia-Kellams-Test

Das Evangelium der Entscheidung

Machtlosigkeit ist eine innere Einstellung

Führen ohne Autorität

Seien Sie Ihr eigener Fels in der Brandung

Ich & Co.

NA (die neuen Angestellten)

McKinsey-Resümee-Test

Etwas Vorzeigbares

Persönlicher Markenpotential-Test

Der Fokus auf Innovation (= der »dezentralisierte«/ »unternehmerisierte« Mitarbeiter) richtet sich nun auf die erklärte Zielscheibe der Produktivitätsverfechter: die Führungskräfte im weißen Kragen. Die Frage, die wir zu beantworten versuchen: Wie erreichen wir, daß er/sie vom »Bürokraten«/»Hemmschuh« zu einem »Talent«/einer Primärquelle der intellektuellen Wertschöpfung wird?

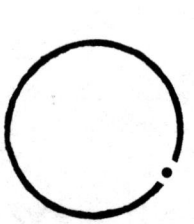

Alle Wertschöpfung erwächst aus professionellen Dienstleistungen.

Gehen Sie einmal bei Ihrer Buchhandlung vorbei. Sehen Sie sich die Regale mit der Wirtschafts- literatur an.

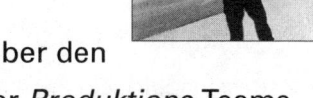

Wette Nr. 1: Es gibt mehr als 10 Bücher über den Aufbau eigenverantwortlicher *Produktions*-Teams.

Wette Nr. 2: Es gibt *kein einziges* Buch über den Aufbau:

der GROSSARTIGEN Abteilung Einkauf …

der GROSSARTIGEN Abteilung Finanzen …

der GROSSARTIGEN Abteilung Technik …

Warum? Verstehe ich auch nicht. Aber lassen Sie uns das Problem lösen …

Ich bitte um Handzeichen.

Wir sind alle professionelle Dienstleister ... Richtig!?

Zu meiner Überraschung beantworten alle Seminarteilnehmer in Little Rock und Lissabon, in Toledo und Taipeh diese Frage immer laut und deutlich mit »Ja«. Warum? Die meisten der Abteilungen, in denen sie arbeiten, sind de facto professionelle Dienstleister ... die zufällig nicht in den Gelben Seiten stehen. Die Abteilung Einkauf ist ein professioneller Dienstleister, genau wie die Marketingabteilung, die Abteilung Finanzen, die Personalabteilung, die Logistik usw.

Die Mitarbeiter der echten professionellen Dienstleister sind absolut scharf auf Verbesserungen ... und Revolution. Das sind alle anderen auch – trotzdem können die Mitarbeiter einer durchschnittlichen Abteilung noch viel (unglaublich viel) von einer durchschnittlichen Dienstleistungsfirma lernen.

Professionelle Dienstleister liefern reine Kopfarbeit. Die Vermögenswerte professioneller Dienstleistungsfirmen stecken nicht in »harten« Sachanlagen. (Die Gebäude, in denen sie arbeiten, gehören ihnen nur selten, ... auch nicht die Computer ... oft noch nicht einmal die Pflanzen im Eingangsbereich.) Es bleibt nur das Fachwissen der Leute, einer Menge Leute, die in manchen Fällen einen Umsatz von einigen MILLIARDEN DOLLAR verbuchen können.

Ich will Sie von den Besten der Besten lernen lassen: von echten, hochrangigen professionellen Dienstleistungsunternehmen (KPMG, Deloitte & Touche, IDEO, Andersen Consulting, McKinsey). Mein Vorschlag an Sie: Denken Sie ... JETZT ... ernsthaft darüber nach, ob Sie Ihre Abteilung oder Ihre Einheit in eine professionelle Dienstleistungsfirma umfunktionieren wollen.

Müssen wir »bürokratischer Ballast« bleiben?

»Jedes Wachstum wird aus wissensgestützten Dienstleistungen hervorgehen.«
—James Brian Quinn

»Alle Elemente der Wertschöpfungskette
sind ... DIENSTLEISTUNGEN.«
—James Brian Quinn

»Alle Dienstleistungen können NACH
DRAUSSEN VERGEBEN werden.«
—James Brian Quinn

»Wir verschenken genauso viele Wettbewerbspunkte, wie IRGENDEINE unserer
Dienstleistungen vom höchsten Weltniveau
abweicht.«
—James Brian Quinn

Auf Ihrem umfassenden, zwei Jahre dauernden Reengineering-Projekt liegt bereits der Staub. Und? Wenn Sie es überlebt haben ... arbeiten Sie immer noch in einer Abteilung, die sich ... Personal ... oder Einkauf ... oder Finanzen ... oder Informationssysteme nennt. Stimmt's?

Seit Urzeiten gelten die Mitarbeiter solcher Abteilungen als bürokratischer Ballast, ... als Gemeinkosten ... oder ... als Wir-halten-den-Laden-auf-Fraktion. Jetzt nicht mehr. Oder vielmehr: Es geht einfach nicht mehr so weiter.

Die/wir Nerds haben gewonnen (Kapitel 1).

WAS WÄRE, WENN ...

Was wäre, wenn »diese« Abteilungen – Einkauf, Finanzen usw. – zur primären Wertschöpfungsquelle würden? Was wäre, wenn? Ich meine sogar: Haben wir denn eine Alternative?

James Brian Quinn, emeritierter Buchanan Professor für Management in der Amos Tuck School of Business in Dartmouth, schrieb die Bibel der wissensgestützten Unternehmen ... *Intelligent Enterprise.* Jedes (J-E-D-E-S) Wachstum und jede (J-E-D-E) Wertschöpfung wird aus Dienstleistungen erwachsen ... das heißt, noch einmal: Einkauf, Informationssysteme, Finanzen.

Quinn geht sogar noch weiter: Jedes Unternehmen verschenkt Wettbewerbspunkte, wenn irgendeine Dienstleistung in seiner Wertschöpfungskette (also noch einmal: Einkauf, Personal, Logistik usw.) unter den weltbesten Standards liegt.

Die Nerds haben gewonnen. Bisher ist es allerdings noch ein äußerlicher Sieg. Das Ziel dieses Kapitels: Die Wertschöpfungsrevolution im Dienstleistungsbereich voranzutreiben.

Dieses Kapitel hat zwei Teile – es enthält ein Ideen-Set für die Umwandlung Ihrer Abteilung/Einheit in einen professionellen Dienstleister und ein zweites Ideen-Set für die Entwicklung und das Management von Projekten.

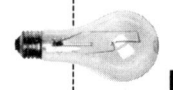

DIE G-R-O-S-S-E IDEE:
Professionelle Dienstleistung & Co.
Große Idee: WERTSCHÖPFUNG
STATT BÜROKRATISCHER BALLAST

PDU 1.0/UMWANDLUNGS-SET

Machen Sie Ihre Abteilung zu einem professionellen Dienstleister

----

PDU 1.0

oder

Professionelle Dienstleistung

Umwandlungs-Set/

Version 1.0

Das folgende ist ein Ideen-Set. Ich nenne es PDU 1.0. Seit ich die Idee vor einem Jahr zum ersten Mal vorstellte, haben Hunderte von Menschen mein PDU-1.0-Material bestellt … und Dutzende berichteten mir, daß sie es in der Praxis umgesetzt haben. Die Ideen entstammen meiner dreiundzwanzigjährigen Tätigkeit bei professionellen Dienstleistern (McKinsey & Co., The Tom Peters Group) und Hunderten von Diskussionen mit Menschen, die von professionellen Dienstleistungen leben.

Und so gehts:

1. D-e-n-k-e-n Sie: Unternehmen. Sie sind jetzt nicht mehr Manager im Einkauf. Sie sind de facto/de jure zum Managementpartner des Unternehmens Einkauf geworden, einem ausgewachsenen Dienstleistungsunternehmen.

Moment, so einfach geht das nicht, werden Sie erwidern. Nun … ich bin anderer Meinung. Vielleicht können Sie nicht gleich heute … oder morgen eine Kapitalgesellschaft gründen. Aber Sie wissen (wer wüßte das an Ihrer Stelle nicht), daß die »ganz oben« über das Outsourcing von Ausbildung, Informationssystemmanagement oder was auch immer … nachdenken. Trommeln Sie also Ihre Leute zusammen und starten Sie zumindest den psychologischen Prozeß, Ihre Abteilung durch eine neugeschaffene, gewinnorientierte »Firma« zu ersetzen. WAS HÄLT SIE DAVON AB?

2. D-e-n-k-e-n Sie: Kunde! Professionelle Dienstleistungsunternehmen leben und atmen für ihre Kunden. Typisches (persönliches) Beispiel: Anfang Dezember 1974, mein erster Arbeitstag bei McKinsey. Zwei Stunden später war ich Mitglied des Kundenservice-Teams. Ich arbeitete fortlaufend in solchen Teams und hörte damit genau zwei Stunden vor meinem Ausscheiden im Jahr 1981 auf.

Das Leben = Kundenservice. Punkt.

Das Problem ist, daß die Mitarbeiter der durchschnittlichen Einkaufs-(Finanz-, Personal- … egal, was Sie hinschreiben) Abteilung die Menschen, für die sie arbeiten, kaum je als Kunden ansehen. Ich wette mit Ihnen um den Preis dieses Buches, daß ich in einem dreistündigen Gespräch mit Mitarbeitern Ihrer »Abteilung« … nicht ein einziges Mal das Wort Kunde zu hören bekäme. (PS: Ich habe tatsächlich oft versucht. Bisher mußte ich noch keinen Pfennig opfern.)

3. **Besuchen Sie jeden einzelnen Kunden** (das heißt jede Abteilung, Division und so weiter). Setzen Sie einen Dialog in Gang. Untersuchen Sie, was in der Vergangenheit geleistet wurde. Überprüfen Sie die Ergebnisse. Hat Ihre Arbeit einen bleibenden Eindruck hinterlassen? War Ihre Arbeit p-r-o-f-e-s-s-i-o-n-e-l-l?

Als Bob Waterman, mein Co-Autor von *Auf der Suche nach Spitzenleistungen*, vor Jahren die Stelle des geschäftsführenden Direktors von McKinsey in Australien antrat, rief er als erstes alte Kunden an. Er stieß in mehreren Fällen auf die Spuren schlampiger Arbeit. Seine sofortige Reaktion war: Wir überarbeiten das ... honorarfrei. Was meinen Sie, was für eine Wirkung er damit erzielte!

4. **Machen Sie jede Aufgabe zu einem Projekt.** Das Leben in einer professionellen Dienstleistungsfirma dreht sich um die Entwicklung und die Durchführung von Projekten.

Projekte!

Projekte!!

Projekte!!!

JEDE Arbeit kann als Projekt organisiert werden. Keine Aufgabe ist so banal oder so stumpfsinnig, daß sie sich nicht in ein Projekt verwandeln ließe ... MIT BEACHTLICHEM WERTSCHÖPFUNGSPOTENTIAL. Sollten Sie anderer Ansicht

sein, ... haben Sie ein (großes) Problem. 100 Prozent der Arbeitszeit aller Mitarbeiter sollte auf ... P-R-O-J-E-K-T-E verwandt werden. Zum Beispiel: Einer meiner Kollegen bei McKinsey verwandelte eine dumme kleine Angelegenheit, nämlich das Aufräumen einer Bibliothek, in ein strategisches Projekt zur Bewertung der Entwicklung des Wissens, in einem Unternehmen mit einem Umsatz von zwei Milliarden Dollar. Man braucht nur (eine Menge) Phantasie!

5. **Erstellen Sie eine »Aktuelle Projektliste«** ... oder APL. Hängen Sie sie für alle unübersehbar auf. Nehmen Sie sie überall mit hin. Seien Sie wie besessen von dieser Liste. Ihre Aktuelle Projektliste = Sie. Sie ist Ihre-Abteilung-als-professioneller-Dienstleister. Legen Sie die Liste auf Ihren Computer … in die linke obere Schublade Ihres Schreibtisches … in Ihre Aktentasche … unter Ihr Kopfkissen … oder doch wenigstens auf Ihren Nachttisch. Kramen Sie sie … bei jeder sich bietenden Gelegenheit heraus … und sprechen Sie darüber.

Denken Sie an meinen GROSSEN Feldzug für die Worte, den »Wortalarm«. Ich will Ihr Denken verändern. Ich will Sie zu einem … **absoluter Projektfanatiker machen. Punkt. Projekt = Getane Arbeit = Arbeit für den Kunden = Lebenslaufverbesserer = Die meiste (oder A-L-L-E) Wertschöpfung in der modernen/gerade entstehenden Wirtschaft.**

6. Führen Sie einmal wöchentlich eine »Überprüfung der aktuellen Projekte« durch. Geben Sie die angestrebten Zwischen- und Endergebnisse öffentlich bekannt (auch elektronisch). Achten Sie darauf, daß alle Mitarbeiter über Fortschritt und Ausgang der Projekte Bescheid wissen. Feiern Sie die Zwischenergebnisse, egal wie unbedeutend sie sind. Läuten Sie die Glocken. Bringen Sie Kuchen oder Pizza mit. Geben Sie den Mitarbeitern Sonderpunkte, die ihre Aufgabe (fristgerecht) erledigt haben.

7. Bewerten Sie jedes Projekt quantitativ nach seinem Begeisterungspotential … seiner Dringlichkeit … und seinem Veränderungspotential. Arbeiten Sie eng mit Ihren Kunden zusammen, um die Begeisterung, Dringlichkeit und das Veränderungspotential des Projekts zu erhöhen. Lassen Sie niemals zu, daß aus einem Projekt stumpfsinnige Arbeit wird. Ich hatte in meiner ersten Zeit bei McKinsey das Glück, für den Seniorchef Allen Puckett zu arbeiten. Er besaß die Fähigkeit, noch aus der dümmsten Routineaufgabe eine Suche nach dem Heiligen Gral à la Harrison Ford zu machen. Er konnte sich der vollen Aufmerksamkeit der jungen Berater jederzeit sicher sein … und lieferte selbst dem uninteressantesten Kunden immer einzigartige Ergebnisse.

8. Denken Sie: Portfolioqualität. Die professionelle Dienstleistungsfirma ist identisch mit ihrem Projekt»portfolio«. Ich auch! Sie auch! Im Augenblick arbeite ich an der Print- und Web-Version dieses Buches, an meinen Memoiren, an einer Rede, die ich übermorgen (Montag) halten werde. Das sind meine zur Zeit anstehenden Projekte. Sie sind mit mir identisch. Wie viele von ihnen sind etwas ganz Besonderes? Wie viele bringen mich an meine Grenzen? Wie viele weisen in neue Richtungen? Wie viele davon werden sich für meine Kunden positiv auswirken? Wie viele erfordern wirkliche Courage? Wie viele sind langweilig? Aus den Antworten auf diese Fragen setzt sich meine Geschäftsstrategie zusammen. Das heißt, denken Sie: Projektportfolio. Qualität der Projektportfolios = Leben.

9. Tun Sie, was die Situation erfordert. Bei Projekten geht es um das Endergebnis ... darum, Dinge zu erledigen. Das Projektteam ist das Herz und die Seele der professionellen Dienstleistungsorganisation. Und glauben Sie mir ... jemandem, der sein ganzes Leben in der Dienstleistungsbranche verbracht hat: Es ist die heilige Pflicht aller Mitarbeiter, einem Projektteam, das in der Klemme steckt, auszuhelfen. P-U-N-K-T. Ich nenne das die Kultur des »Nichts-wie-hin-zum-Schauplatz-des-Verbrechens«. Gary Withers, der Chef der brillanten Marketing-Dienstleistungsfirma Imagination, machte diese Kultur zu einem Eckstein seiner Organisation. Er unterstützt – nein, er verlangt – Individualismus und Unternehmertum, und dennoch ist mir noch nie jemand begegnet, der so begeistert eine Kultur des »Nichts-wie-hin-zum-Schauplatz-des-Verbrechens« fördert. Niemand – angefangen bei Withers selbst – ist zu »ranghoch«, um nicht den Kopierer zu bedienen oder (um zwei Uhr früh) Kaffee zu kochen, wenn ein Projektteam Hilfe braucht. Und wenn das Team nun großen Mist gebaut hat? Macht nichts! Wem passiert das nicht! Ich wiederhole: ES IST IHRE HEILIGE PFLICHT, ANDEREN TEAMS IN ENG-PÄSSEN ZU HELFEN, GANZ EGAL, WIEVIEL SIE SELBST ZU TUN HABEN.

10. **Geben Sie Ihr Können an die Kunden weiter.** Spitzenleistungen im professionellen Dienstleistungsbereich bedeuten, etwas Bleibendes zu hinterlassen. Sie kennen sicher den alten Spruch: Schenken Sie einem Menschen einen Fisch, und Sie geben ihm Nahrung für einen Tag. Lehren Sie diesen Menschen das Fischen, und Sie geben ihm Nahrung für sein ganzes Leben. Das gilt erst recht für professionelle Dienstleistungen.

Einmal machte ich den Fehler, zu behaupten, daß Kundenservice das »sine qua non« der professionellen Dienstleistungen sei ... mit einer Ausnahme ... der internen Revision. Ein IBM-Wirtschaftsprüfer kam danach auf mich zu und meinte: »Gut gesprochen, Tom. Aber Sie haben gezeigt, daß Sie von der Revision nicht viel verstehen. Unser Ziel ist es nicht, ›Leute auffliegen zu lassen‹, sondern ihnen vielmehr eine dauernde Ehrfurcht vor gutgeführten Büchern und Berichten beizubringen.«

Amen! Spitzenleistung bei professionellen Dienstleistungen = Lehren/Weitergeben von Spitzenleistungen.

11. **Integrieren Sie ihre Kunden in jedes Projektteam.** McKinsey hat das gerade erst begriffen (obwohl schon »zu meiner Zeit« damit experimentiert wurde). Wenn der Transfer von Wissen das bedeutendste Vermächtnis eines professionellen Dienstleistungsanbieters ist, ... nun ... dann braucht man ... Überbringer. Mein Freund Bob Waterman machte dies zum Markenzeichen seiner Firma Waterman & Associates ... Er arbeitet Seite an Seite mit dem Kunden ... bei jedem einzelnen Schritt ... um zu lehren/vorzuführen, wie an eine mögliche Lösung des Problems herangegangen werden kann ... was ebenso wichtig ist wie die LÖSUNG selbst.

12. **Bestehen Sie bei allen Projekten darauf, daß die Kunden »Ihre« Leute und »die eigenen« Leute bewerten.** Was bewertet wird, wird auch erledigt! Nehmen Sie eine Seite aus dem Buch von Deloitte & Touche. Bewerten Sie Manager (De-facto-Partner einer professionellen Dienstleistungsfirma) danach, wie Sie begeisternde/dringende Projekte mit Veränderungspotential entwickeln, Kundenkontakt pflegen und meßbare Effektivität bei Umsetzungen erreichen. Legen Sie bei der Leistungsbewertung vor allem Wert auf die Kundenzufriedenheit sowohl unmittelbar nach ... als auch viele (V-I-E-L-E!) Jahre nach ... dem Abschluß des Projekts.

13. Ziehen Sie externe Berater hinzu. Jeder Mitarbeiter in einem professionellen Dienstleistungsteam sollte sich zumindest lokal/regional einen beachtlichen Ruf aufbauen, also danach streben, der Beste von allen zu sein. Andererseits … wäre es unklug anzunehmen, daß es nicht auch außerhalb des Teams fabelhafte Leute gibt. Bis zu einem gewissen Grad ist eine erstklassige professionelle Dienstleistungsfirma nur so gut wie ihr Netzwerk an externen Beratern (andere Consulting-Organisationen, Freiberufler oder herausragende Leute von Weltklasse). Diese »Weltklasse«-Berater sollten zu vielen (vielleicht zu allen) Projekten regelmäßig/routinemäßig hinzugezogen werden. Meine besten Kollegen bei McKinsey hatten eins gemeinsam: unglaublich gute Kontakte in der akademischen Welt rund um den Globus. So klug sie waren, waren sie niemals zu stolz den Rat der Besten im Sonnensystem ungeniert in Anspruch zu nehmen.

14. D-e-n-k-e-n Sie: Marketing. Die Partner der professionellen Dienstleistungsfirmen sind Marketer. Marketing = Projektentwicklung. Marketing = Beziehungsmanagement. Marketing = Mut, sich für eine andere als die einfachste Lösung zu entscheiden. Marketing = Aufbau einer Reputation. Fangen Sie … bei den Mitarbeitern in Ihrer Abteilung … an: D-E-N-K-E-N S-I-E: M-A-R-K-E-T-I-N-G.

15. D-e-n-k-e-n Sie: Forschung und Entwicklung. Dafür ist (verdammt noch mal!) JEDER zuständig. Viele der Ideen, die heute die Geschäftswelt von Grund auf umkrempeln, kommen aus ganz seltsamen Ecken: … Logistik und Vertrieb (à propos Revolution! Hier gibt es wirklich eine!) … Finanzen (zum Beispiel der Wert immaterieller Vermögenswerte) … Personal. ES IST DOCH KLAR … mir zumindest, … daß Forschung und Entwicklung in den Bereichen Vertrieb und Logistik genauso wichtig sind wie im Labor!

Test: Wenn der/die Chef/in der Abteilung Personal/Informationssysteme/Einkauf/Finanzen das kühne F & E-Programm seiner/ihrer Abteilung nicht … in allen Einzelheiten … beschreiben kann, … SOLLTE ER/SIE SEINEN/IHREN POSTEN VERLIEREN … UND ZWAR NOCH HEUTE. (Habe ich mich klar genug ausgedrückt?)

16. Nutzen Sie Ihre APL/Aktuelle Projektliste als F & E-Testbereich. Entwickeln Sie Projekte, die Ihnen die Möglichkeit geben, effektive Forschungs- und Entwicklungstätigkeit zu leisten, während Sie an ihnen arbeiten. Ich gebe es zu: Ich habe auf Kosten der Getty Oil Company gelernt, wie man Computersimulationen erstellt. Es ging um ein Strategieprojekt zur Ölfelderschließung. (Wiederum: McKinsey). Dieser Allen Puckett (ich erwähnte ihn bereits) hatte sich in den Kopf gesetzt, den Stand der Wissenschaft bei den Simulationen für die Ölfelder dieser Welt um jeden Preis voranzutreiben. Sollten wir »verlieren«, würde es den Kunden einige tausend Dollar kosten. Sollten wir »gewinnen«, würden wir unterm Strich (buchstäblich) Hunderte von Millionen Dollar mehr … erzielen.

17. Investieren Sie einen Großteil Ihres Bruttoerlöses in die Entwicklung von Wissen. Arthur Andersen gibt derzeit Megasummen für eine Werbekampagne aus, die als Andersens Wettbewerbsvorteil Nr. 1 die »GBP« anpreist – die »Global Besten Praktiken«, … das unmittelbare Ergebnis von Andersens außergewöhnlichem, systematisiertem Prozeß zur Sammlung von Wissen.

18. Führen Sie klare, konkrete Incentives für das Einbringen und den Austausch von Wissen ein … selbst wenn dies vom gerade aktuellen Projekt ablenkt.

Kernaussage: »Gemeinsames« (Austausch) ist ebenso wichtig wie »Projektbezogenes« …, dies sollte im Bewertungsprozeß unmißverständlich festgelegt sein. Startzeit: JETZT. Ohne »wenn« und »aber«.

Hey … so sah mein Leben bei McKinsey für sieben und mehr Jahre aus. Jedes Projekt brachte uns an unsere Grenzen … und weiter. Das Ethos war aber glasklar: Lassen Sie alles unverzüglich stehen und liegen, … um sich freizügig mit anderen auszutauschen. Und wenn Sie das nicht tun/taten, kommt der schwarze Mann (der Jahresbewerter) und holt sie!

19. Trainieren! Trainieren! Trainieren! Das Projekt-sind-wir … DAS PROJEKT-TRAINING-SIND-WIR. Legen Sie die Schwerpunkte im Training auf das Projektmanagement und die Projektteilnahme. Bei Bauunternehmen, Werbeagenturen, den »Big-Six«-Wirtschaftsprüfungsunternehmen (und anderen) finden Sie »da draußen« jede Menge Wissen über die Projektentwicklung/Projektmanagement/Projektteilnahme. Projekte sind Kunstwerke. (Wie alles Wichtige.) Es gibt Hunderte wertvoller Tricks aus dem traditionellen Handel, die man noch lernen kann. Warum fehlt dann die Projektausbildung unentschuldigt auf den Curricula der meisten Weiterbildungsabteilungen?

20. Üben Sie die Projektentwicklung. Jeder soll in die Lage versetzt werden, noch aus der albernsten »Aufgabe« ein Projekt mit Veränderungspotential zu machen. Die besten Consultants, die ich kenne, sind … wahre … Künstler darin. (Und zwar nicht nur wegen der Knete … sie langweilen sich einfach zu Tode, wenn sie nicht etwas »Tolles« tun können). Gary Withers (Sie erinnern sich … Imagination) ist der Beste der Besten: Er nimmt noch die banalste »Marketingaufgabe« zum Vorwand, die Welt (etwa die des Einzelhandels) von Grund auf neu zu erfinden.

21. Üben Sie Problemlösungen. Die Consulting-Firma Kepner-Tregoe verdient ein Vermögen mit … DEN GRUNDLAGEN DER PROBLEMANALYSE, … die sie Unternehmen wie Hewlett-Packard, Chrysler, Johnson & Johnson, Honda (sowohl in den USA wie in Japan) und Harley-Davidson beibringt. (Nicht übel.) Andersen, McKinsey, Boston Consulting Group (BCG) und andere sind stolz auf ihre Methode, hoffnungslos komplexe Probleme zu sondieren, die Nebel zu lichten und … rasch … etwas (sehr) Wertvolles sagen zu können. Und? Nun, meine Erfahrung sagt mir (ganz klar), daß jeder durchschnittlichen »Abteilung« solche patentierbaren Ansätze zur Problemanalyse ziemlich fremd sind. Das bedeutet, daß … sich UNGEAHNTE MÖGLICHKEITEN BIETEN – durch die Entwicklung eines spezifischen Ansatzes, der bei der Einschätzung problematischer Situationen hilft …

22. **Üben Sie die Implementierung.** Die Implementierung sollte ganz oben auf der Tagesordnung der Consultants stehen … IMMER. Deloitte & Touche haben eine wertvolle Kernkompetenz daraus gemacht, daß sie … LANGWEILIG sind. Sie sind stolz darauf, weniger »sexy« zu sein als McKinsey oder die BCG … und stur dranzubleiben, bis die schmutzige Arbeit (alias die Durchführung der auf dem Papier brillant aussehenden Lösung) getan ist.

23. **Trainieren Sie Kundenkontakte und Kundenentwicklung.** Denken Sie daran: Kundenkontakte *sind* professionelles Dienstleistungsmarketing …, nicht Anbiederei. A la McKinsey oder Chiat/Day erzielt man nämlich erst dann eine echte Wirkung auf den Kunden, wenn man eine Weile mit ihm zu tun hat. Es ist also (SEHR) legitim, sich auf die gemeinsame (Sie und der Kunde) Problemanalyse und Implementierung als zentrale Fähigkeit/Kernkompetenz zu konzentrieren.

24. **Üben Sie das »Rolodexen«.** Unterschätzen Sie es nicht! Ein guter Consultant ist nur so gut wie die Qualität und Quantität des eigenen Rolodex oder seiner/ihrer Adreßsystematik. Wie wär's mit einem Kurs/ Seminar mit dem Titel »Rolodex-Weiterentwicklung«? *Hinweis: Ich meine es ernst!*

25. **Herausforderung! Herausforderung! Herausforderung!** Professionelle Dienstleistungsfirmen haben mindestens eine (wichtige) Sache mit der National Basketball Association gemeinsam: Sie sind ihr eigenes Talent. Die Menschen sind alles. Nichts anderes zählt.

Sicher, ich weiß, daß das jeder sagt. Aber sehen Sie sich mal an, wie McKinsey Consultants (für die vorderste Front) einstellt. Die ranghöchsten Mitglieder der Firma (die g-a-n-z oben) widmen dem Auswahlverfahren für neue Mitarbeiter jedes Jahr buchstäblich Wochen. Wie die Generalmanager der Profisportler verstehen McKinsey und andere, daß … NA LOGISCH (!) … das neue Talent von heute darüber entscheidet, wie ihr Unternehmen in fünf Jahren dasteht.

26. **Bewerten Sie »Talent« rigoros nach jedem Projekt.** Nach oben oder raus: entweder überleben und sich weiterentwickeln … oder … fort mit Ihnen!

Oh weh! Es geht sehr r-a-u-h zu da draußen. »Nach oben oder raus« ist schon lange die Norm in vielen professionellen Dienstleistungsunternehmen … einschließlich der meisten Anwaltskanzleien. Hart? Ja. Fair? Ich glaube, ich neige dazu … mehr oder weniger … »ja« zu sagen. OK … J-A. Gebäudereiniger müssen sich daran halten! Anstreicher! Bauunternehmer! Warum nicht auch die ausgebildeten Angestellten? Sie sind immer nur so gut (oder so schlecht) wie Ihr letztes Engagement. Das weiß Meryl Streep. Das weiß Harrison Ford. Das weiß Jessica Lange. Und Sie sollten es ebenso wissen.

27. **Seien Sie G-R-O-S-S-A-R-T-I-G!** So wie ich es sehe, sollte sich jeder Mitarbeiter eines professionellen Dienstleistungsunternehmens eine lokale/regionale Reputation schaffen (der beste Projektmanager im Nordosten!) … und möglicherweise sogar einen nationalen/globalen Ruf. Ein wesentlicher Grund: Wir können es uns nicht mehr leisten, untätigen Leuten Gehalt zu zahlen. Wenn Sie nicht entschlossen sind – UND ZWAR UM JEDEN PREIS ENTSCHLOSSEN –, sich von der Masse abzuheben, sind Sie schnell vergessen. Denken Sie an Cynthia Kellams: WENN SIE NICHT (GANZ GENAU – meine Ergänzung) ERKLÄREN KÖNNEN, WAS SIE ZUM ERFOLG IHRES UNTERNEHMENS BEITRAGEN …, SIND SIE DRAUSSEN.« Denken Sie an: 58,6/60.

28. **Denken Sie: WOW!** Es gibt keinen (absolut keinen) Grund, warum professionelle Dienstleister nicht … ganz selbstverständlich … WOW!-Unternehmen sein können. Warum zum Teufel steigen Sie denn morgens aus dem Bett, wenn Ihr

Ziel nicht … WOW! ist? Oder: Super! Oder: Toll! Oder: Spitzenmäßig! Das sind »genau« die Begriffe, die für den Abschluß aller Projekte gelten sollten … im Rechnungswesen & Co. … Einkauf & Co. … Marketing & Co. … was auch immer … wer auch immer … wo auch immer … wann auch immer.

Professionelle Dienstleistung muß nicht zwangsläufig langweilig sein! Nehmen Sie den Fall von Jose Ignacio (Inaki) Lopez. Gut, vielleicht hätte er für den Diebstahl von Betriebsgeheimnissen bei General Motors für seinen neuen Arbeitgeber VW im Gefängnis landen können, aber genau das meine ich ja: ER IST NICHT LANG-WEILIG! Lopez hat vielleicht GM wie auch VW gerettet. Ja, buchstäblich G-E-R-E-T-T-E-T! Er war verrückt (und das ist das größte Kompliment, das ich jemandem machen kann, … ganz besonders im Einkauf!). Er setzte seine Bande bei GM auf eine »Krieger-Diät« und verwandelte sie in Kreuzritter. ICH FINDE DAS PHANTASTISCH! Nein … wenn er gegen Gesetze verstoßen hat, billige ich sein Verhalten natürlich nicht. Seine Extravaganz aber finde ich einfach großartig … und vor allem die Tatsache, daß er seine spezielle Extravaganz im E-I-N-K-A-U-F praktizierte. Ja … WOW! paßt … VOLLKOMMEN … zum … EINKAUF.

Und auch … zu den Informationssystemen. Nehmen Sie einmal Max Hopper. Mehr als jeder andere … war er es, der nach der Deregulierung die gesamte Luftfahrt neu erfand. Als Informationssystem-Guru bei American Airlines entwickelte Hopper den »dynamischen Preis« … das flexible Preismodell, das American Airlines einen Wettbewerbsvorsprung von einigen Jahren verschaffte. (WOW!)

Und WOW! paßt auch zur Logistik. Gus Pagoni gewann den Golfkrieg für George Bush, Colin Powell und Norman Schwarzkopf: Er war der Zauberer/Logistikmensch, der, wie es damals schien, den halben Planeten in die Wüste schaffte … fast über Nacht … und beinahe reibungslos. Heute tut er das gleiche für … Sears.

Einkauf und WOW? ✓✓
Informationssysteme und WOW? ✓✓
Logistik und WOW? ✓✓
Etc. und WOW? ✓✓

Wenn Sie das nicht so sehen, … haben SIE ein Problem. (Tut mir leid.)

1. Denken Sie: Unternehmen.

2. Denken Sie: Kunde.

3. Besuchen Sie jeden einzelnen Kunden.

4. Machen Sie jede Aufgabe zu einem Projekt.

5. Erstellen Sie eine »Aktuelle Projektliste« ... oder APL.

6. Führen Sie einmal wöchentlich eine »Überprüfung der aktuellen Projekte« durch.

7. Bewerten Sie jedes Projekt quantitativ nach seinem Begeisterungspotential ... seiner Dringlichkeit ... und seinem Veränderungspotential.

8. Denken Sie: Portfolioqualität.

9. Tun Sie, was die Situation erfordert.

10. Geben Sie Ihr Können an die Kunden weiter.

11. Integrieren Sie Ihre Kunden in jedes Projektteam.

12. Bestehen Sie bei allen Projekten darauf, daß die Kunden »Ihre« Leute und »die eigenen« Leute bewerten.

13. Ziehen Sie externe Berater hinzu.

14. Denken Sie: Marketing.

15. Denken Sie: Forschung und Entwicklung.

16. Nutzen Sie Ihre APL/Aktuelle Projektliste als F&E-Testbereich.

17. Investieren Sie einen Großteil Ihres Bruttoerlöses in die Entwicklung von Wissen.

18. Führen Sie klare, konkrete Incentives für das Einbringen und den Austausch von Wissen ein

19. Trainieren! Trainieren! Trainieren!

20. Üben Sie die Projektentwicklung.

21. Üben Sie Problemlösungen.

22. Üben Sie die Implementierung.

23. Trainieren Sie Kundenkontakt und Kundenentwicklung.

24. Üben Sie das »Rolodexen«.

25. Herausforderung! Herausforderung! Herausforderung!

26. Bewerten Sie »Talent« rigoros nach jedem Projekt.

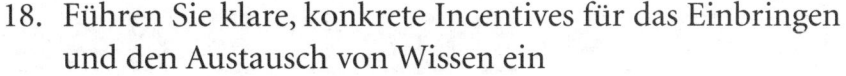

27. Seien Sie großartig!

28. Denken Sie: WOW!

Die fünf P des
PDU 1.0

Projektisierung

Professionalisierung

Provokation

Partnerschaft

Performance
(Leistung)

Ein Überblick über PDU 1.0:

1. Wandeln Sie alles und jedes in schillernde Projekte um. Nennen Sie es ... PRO-JEKTISIERUNG.

2. Machen Sie jeden zum selbständigen, de facto »unabhängigen« Berater ..., der auf ... etwas spezialisiert und darin fabelhaft gut ist. Nennen Sie es ... PROFESSIONALI-SIERUNG.

3. Machen Sie es zur Routine, Ihre Kunden ... energisch ... in Bereiche zu drängen, die sie sich nie hätten vorstellen können. Nennen Sie es ... PROVOKATION.

4. Verfolgen Sie bei allem, was Sie tun, immer ausdrücklich das Ziel, dem Kunden Wissen und Selbständigkeit zu vermitteln. Nennen Sie es ... PARTNERSCHAFT.

5. Lassen Sie Ideen Wirklichkeit werden! Hinterlassen Sie etwas von Dauer! Nennen Sie es ... PERFORMANCE (LEISTUNG).

Wir **können** es schaffen, Tom!

Hier eine typische Reaktion auf eine meiner PDU-1.0-Präsentationen. Diesen Brief schickte mir Sue Newton, Weiterbildungsmanagerin der Asda Stores in Groß-britannien:

Lieber Tom:

1) Wir haben mit Hilfe des PDU 1.0/Umwandlungs-Sets unser Team »projektisiert«. Im ersten Versuch laufen bei uns 43 Projekte; für jedes wurde ein Leiter ernannt. Jedes Mitglied des Teams ist Leiter von mindestens einem Projekt, auch unsere Teammitglieder aus der Verwaltung, denen diese Idee besonders spannend/erschreckend vorkam! Bei jedem Projekt müssen Mitarbeiter einbezogen werden, die nicht zum Team gehören, und wir haben für sie alle festgelegt, »wie gute Arbeit aussieht«, die das WOW!-Element enthalten muß.

2) Ich habe in einem Schnelltraining einen »groben Überblick« über Projektmanagement zu vermitteln versucht, aber wir sind inzwischen dabei, ein ABW (Asda Best Way) des Projektmanagements auszuarbeiten, um die neuen Teammitglieder zu unterstützen – wir wissen noch nicht ganz genau, wie es aussehen wird, aber es ist unser Projekt Nr. 1!!

3) Wir sind in der Vorbereitungsphase für eine Projektkommission.

4) Wir machen uns Cynthia Kellams Aussage – »Wenn Sie nicht genau erklären können, was Sie zum Erfolg Ihres Unternehmens beitragen, sind Sie draußen« – als unsere Existenzgrundlage zu eigen, und wir werden den »Lebenslauf«-Ansatz von McKinsey für unsere Bewertung einsetzen.

Sue

DIE G-R-O-S-S-E IDEE: Professionelle Dienstleistungen & Co.

Große Idee: VERWANDELN SIE IHRE ABTEILUNG ... JETZT ... IN DAS UNTERNEHMEN EINKAUF (USW.)

Große Idee: EINKAUF & Co. (USW.) = WOW & Co.

Verwandeln Sie jede Aufgabe in ein Projekt.

Projekte sind die Goldkörnchen … die Atome … die feinsten Partikel. (Von PDU 1.0. Vom Leben … In der neuen Wirtschaftsordnung.) Immer wieder werde ich gefragt: »Wie sollen wir denn a-n-f-a-n-g-e-n?« Meine Antwort: D-E-N-K-E-N S-I-E: P-R-O-J-E-K-T. Für mich und meine Kollegen bei anderen Dienstleistern sind Projekte (»Projektisierung«) wie die Luft, die wir atmen. Für manche/viele andere hingegen handelt es sich um ein Buch mit sieben Siegeln. Daher … als Reaktion auf die rege Nachfrage … meine Ergänzung zu PDU 1.0 … das Projektentwicklungs/ -umwandlungs-Set … oder PE 1.0.

1. Beginnen Sie mit dem, was Sie gerade … jetzt … tun. IST ES EIN P-R-O-J-E-K-T? Woher Sie das wissen sollen? PROJEKTE SIND PER DEFINITIONEM ERGEB-NISBEZOGEN UND BERUHEN AUF GENAUEN VORGABEN/TERMINEN. Wie sieht ein gutes Ergebnis aus? Und wieviel Zeit braucht es? (Schreiben Sie es auf … JETZT.) Ein schlechtes Ergebnis? Wieviel Zeit braucht es? (Schreiben Sie es auf … JETZT.) Ein WOW!-Ergebnis (eines, das im Gedächtnis haften bleibt)? In welchem Zeitrahmen läßt sich so etas realisieren? (Schreiben Sie es auf … JETZT.) Projekte sind ganz schöne »Brocken«, … »Machbares« … DINGE MIT EINEM ENDLICHEN ZEITRAHMEN, DIE ZU MESSBAREN ENDPRODUKTEN FÜHREN.

2. Bei Projekten geht es um Meilensteine. Um endliche Fixpunkte. Um Tests … (SEHR) SCHNELLE, (SEHR) PRAKTISCHE TESTS. Die wesentlichen Fragen bei Projekten … betreffen also … DIE NÄCHSTEN MEILENSTEINE. Wann kommt der nächste Meilenstein? Und der übernächste? Und der danach? Die nächsten fünf bis zehn? Oder ähnlich: Wann findet der erste Praxistest statt? Und der nächste? Sind Interne beteiligt? Externe? Die Antwort auf die Frage nach dem »nächsten« Test sollte besser lauten … INNERHALB DER NÄCHSTEN ZEHN ARBEITSTAGE. (Gleich-

gültig, wie komplex ein Projekt ist … irgend etwas kann zumindest als Teilpilot-projekt innerhalb der nächsten zehn Tage oder in einem noch kürzeren Zeitraum laufen.)

3. Effektive Projekte bedeuten die … EFFEKTIVE EINBINDUNG DES KUN-DEN. Daher die nächste Frage … DIE UNBEDINGT BEANTWORTET WER-DEN MUSS: Wann haben Sie das letzte Mal mit Ihrem Kunden gesprochen? (Die Antwort hat verdammt noch mal zu lauten: »gestern«/»heute.« Ständiger Kon-takt zu den Kunden ist unerläßlich.) Oder: Wieviel Zeit verbrachten/verbringen Sie … MIT DEM KUNDEN … um den Rahmen des Projekts abzustecken? Und schließlich: Arbeiten Sie … TÄGLICH … MIT DEM KUNDEN … daran, die Definition des Projekts weiter zu verfeinern?

4. Die Kunden sind wichtig. Wichtig ist aber auch das ausgefallene/verrückte/kreative/interessante Input von außen. Daher: Welche interessanten (spleenigen!) Externen haben Sie zur Arbeit an dem Projekt hinzugezogen? Wenn die Antwort lautet »weniger als drei oder vier«, ist das … ABSOLUT NICHT AKZEPTABEL! Sie sind nur so gut wie das interessante/spleenige/seltsame/ faszinierende/jeder Intuition zuwiderlaufende Input für Ihr Projekt.

***

Der allererste Schritt: Nehmen Sie das, woran Sie gerade arbeiten … jetzt … und fangen Sie heute noch damit an, dies … anhand der oben genannten Kriterien … in ein schillerndes Projekt umzuwandeln.

DIE G-R-O-S-S-E IDEE:

Professionelle Dienstleistungen & Co.

Große Idee: MACHEN SIE ES (JEDES »ES«) ZU

EINEM PROJEKT … FANGEN SIE J-E-T-Z-T AN.

SIE/ICH/WIR SIND...GEFÄHRDET

SIE UND ICH CONTRA SOFTWARE-»AGENTEN«

»In technologisch versierten Dienstleistungsunternehmen ersetzen speziell ausgebildete Büroangestellte bereits die hochqualifizierte Fachkraft: Eine intelligente Software, die auf eine riesige, ständig auf den neuesten Stand gebrachte Datenbank zugreift, liefert den Angestellten die notwendigen Entscheidungen im Kundengespräch.«

—Walter Russell Mead,
Presidential Fellow,
World Policy Institute

Warum ist all »dieses Zeugs«, d.h. PDU 1.0/PE 1.0, überhaupt nötig? Ganz einfach. Sie sind jederzeit ersetzbar – durch einen Software-Agenten!

In zahlreichen Unternehmen werden die, wie Walter Russell Mead sagt, »hochqualifizierten Fachkräfte« schnell ... und en masse ... durch Bürokräfte ersetzt, die acht Dollar die Stunde verdienen und deren Arbeit durch die neuesten Softwaresysteme unterstützt wird. Man nennt diese Gattung auch »Weiße-Kragen-Roboter«.

Die Alternative?

Ganz einfach ... werden Sie ein WERTSCHÖPFUNGSPROJEKT-FREAK. Steigen Sie ein bei PDU 1.0/PE 1.0.

DIE G-R-O-S-S-E IDEE: Professionelle Dienstleistungen & Co.

Große Idee: DIE WEISSE-KRAGEN-ROBOTER SIND AUF DEM VORMARSCH.

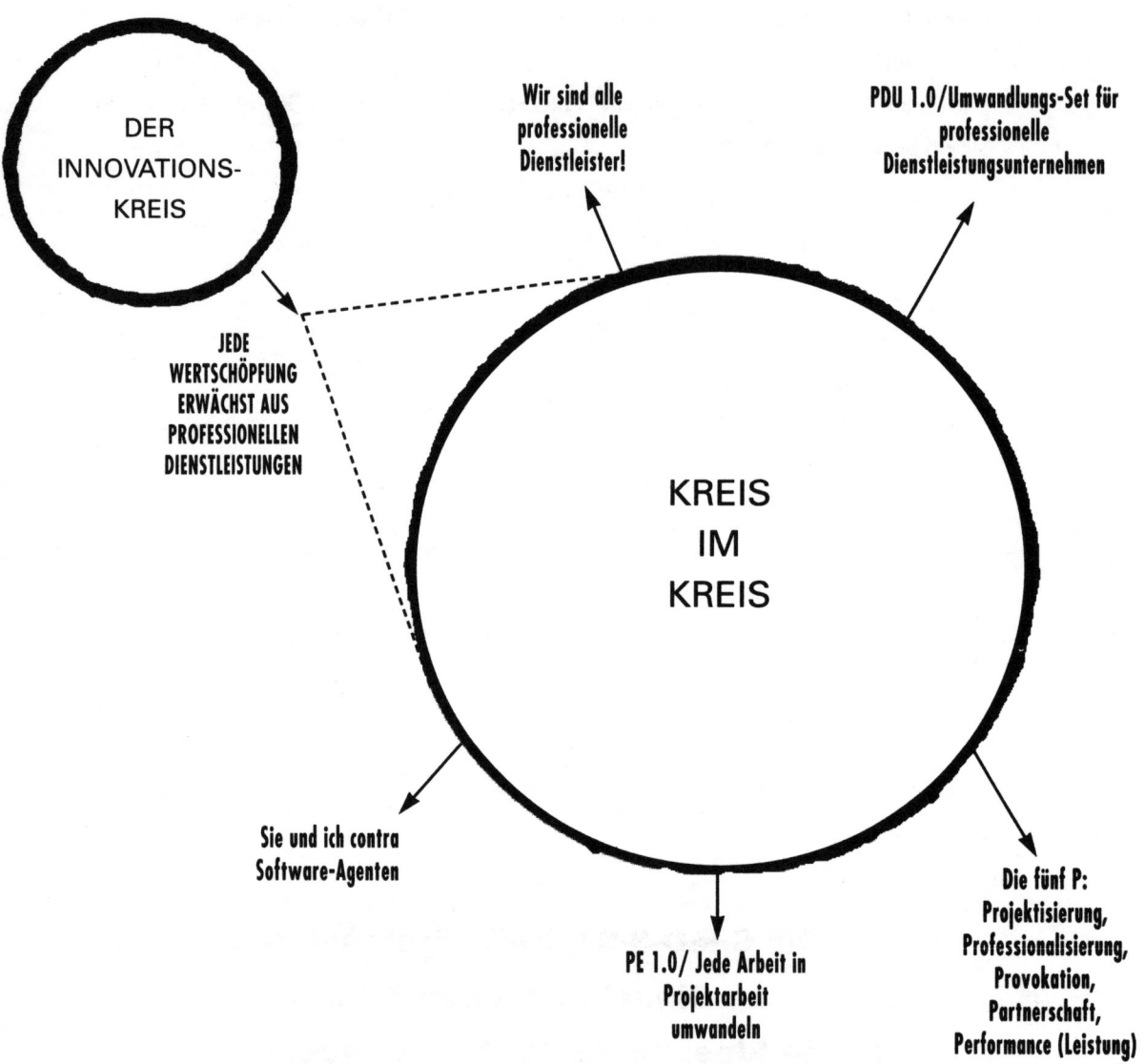

DER
INNOVATIONS-
KREIS

**Wir sind alle
professionelle
Dienstleister!**

**PDU 1.0/Umwandlungs-Set für
professionelle
Dienstleistungsunternehmen**

**JEDE
WERTSCHÖPFUNG
ERWÄCHST AUS
PROFESSIONELLEN
DIENSTLEISTUNGEN**

KREIS
IM
KREIS

**Sie und ich contra
Software-Agenten**

**PE 1.0/ Jede Arbeit in
Projektarbeit
umwandeln**

**Die fünf P:
Projektisierung,
Professionalisierung,
Provokation,
Partnerschaft,
Performance (Leistung)**

WORTALARM NR. 6

Alle Wertschöpfung = Dienstleistungen

Professionelle Dienstleistungen = Ich (Punkt.)

PDU 1.0/Umwandlungs-Set

Einkauf (usw.) & Co.

D-E-N-K-E-N S-I-E: K-U-N-D-E

D-E-N-K-E-N S-I-E: P-R-O-J-E-K-T

D-E-N-K-E-N S-I-E: Umwandlungsprojekt

D-E-N-K-E-N S-I-E: F & E im Einkauf (usw.)

W-O-W-! (bei … DIENSTLEISTUNGEN)

Nach oben … oder … R-A-U-S (Tut mir leid.)

Die fünf Ps: Projektisierung, Professionalisierung, Provokation,
Partnerschaft, Performance (Leistung)

PE 1.0/Umwandlungs-Set

Sie/ich contra Software-Agenten

Bislang beschäftigten wir uns hauptsächlich mit dem Zerfall: Zerstörung/Dezentralisierung (die echte)/Vergessen/Arbeitsplatzinhaber/in als Geschäftsmann/frau /Mitarbeiter einer Abteilung als wertschöpfende »Marke«. Jetzt stellen wir unseren Ansatz auf den Kopf, wir reintegrieren ... als erstes entwerfen wir für die Abteilungsmannschaft, über die viel Schlechtes gesagt wurde, eine neue Rolle. De facto (de jure?) verwandelt sie sich damit in ein professionelles Dienstleistungsunternehmen und in die primäre Quelle jeglicher Wertschöpfung in der Wirtschaft.

Die Mitte wird
untergehen.

Willkommen bei … den Organisationen ohne Mitarbeiter … den

Organisationen ohne Wände und Grenzen … bei Organisationen, die

so eng mit Kunden und Lieferanten verflochten sind, daß »sie« und

»wir« nicht länger mehr zu unterscheiden sind. Bevor Sie weiterlesen,

würde ich Ihnen empfehlen, einen Sicherheitsgurt anzulegen … oder

sich einen Schluck Johnny Walker zu genehmigen …

Wie zum Teufel sieht denn eine Organisation HEUTE aus?

»Die Mitte wird untergehen: Die neuen Technologien sind viel effizienter als sie. Daß Hierarchien flacher werden ... zeichnet sich bereits deutlich ab.«

—Pat McGovern,
Chairman, International Data Group

»Ab sofort frei: Landmark Tower, 31 Stockwerke, wie bei Besichtigung.«

—Schlagzeile, *The Wall Street Journal*,
Dezember 1996 (das Unternehmen Alcoa war nicht
in der Lage, sein Hauptgebäude loszuwerden)

»Mach's gut, Knut!«

»>Verschlankung< – Es geht darum, die Mittler-
prozesse herauszukürzen, die hohen Abwicklungs-
kosten, die mit der simplen Ausstellung eines (Flug-)
Tickets verbunden sind. Diese Kosten können bis zu
50 Prozent des Ticketpreises ausmachen.«
—Barry Saxton, Vice President, Rosenbluth International

>>Immer mehr Anwaltskanzleien entscheiden sich für Zeitarbeitskräfte mit Doktortitel.<<

—Schlagzeile, *The Wall Street Journal*, Mai 1997

Verschlankung Transparenz

»Die Eliminierung der mittleren Ebene würde Kostenersparnis, Umsatzzuwächse und größere Kundenzufriedenheit bedeuten, eines muß man jedoch bedenken: Wir sind die mittlere Ebene.«

Zwei besonders wichtige Schlagworte der Neunziger und darüber hinaus: »Verschlankung« – Schicht für Schicht die »Zwischenglieder« aus der Kette Zulieferer – Produzent – Käufer zu entfernen; und »Transparenz« – die innere Arbeitsweise von Organisationen für Kunden und Zulieferer durchsichtig und nachvollziehbar zu machen.

Kurzum: Organisationen, so wie wir sie seit Hunderten von Jahren kennen, lösen sich buchstäblich auf.

Was zum Teufel ist denn eine Organisation? Sie hatte etwas mit Gebäuden zu tun. (Bitte erzählen Sie das Alcoa nicht.) Sie hatte etwas mit Abteilungen …, mit hohen Gehältern zu tun. Jetzt … scheint das alles nicht mehr so zu sein.

Gebäude sind keine festen Größen mehr. Grenzen verschwinden. Zeitarbeitskräfte … mit Doktortitel … sind im Kommen. Wo das »Du« beginnt und das »Ich« aufhört, ist nicht mehr auszumachen. Genausowenig läßt sich noch abgrenzen, wo das »Ich« aufhört und das »Du« beginnt.

Wie weit soll das noch gehen?

Noch sehr weit.

F-L-A-C-H-E (verschlankte) Organisationen … die Devise der achtziger und neunziger Jahre.

F-L-A-C-H-E Wertschöpfungsketten (ohne Zwischenstufen) … sind die Devise am Ende der neunziger Jahre und am Anfang des ersten Jahrzehnts des 21. Jahrhunderts. Und dann … die F-L-A-C-H-E Gesellschaft (Ross Perots elektronische Demokratie usw.)? Wer weiß?

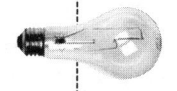

DIE G-R-O-S-S-E IDEE: Innovation = Organisationen lösen sich auf!
Große Idee: ORGANISATIONEN, WIE WIR SIE KANNTEN, VERLIEREN FORM UND INHALT … BUCHSTÄBLICH.

Wie zum Teufel sieht denn eine Organisation HEUTE aus?

Wie Banc One!

Geldautomaten. Ihr wesentlicher Teil ist nur eine bescheidene Metallöffnung. Aber die neuesten Modelle heute haben ungefähr ein halbes Dutzend Hierarchieebenen in den Banken überflüssig gemacht. Geldautomaten gehören zu jener großen Gruppe von Geräten, die der Nobelpreisträger Arno Penzias von den Bell Labs … UMGEHUNGS-MECHANISMEN nennt. (Die Mitte wird untergehen … wie gehabt.)

Mit den Geldautomaten, so schreibt Penzias in seinem Buch *Digital Harmony: Business, Technology & Life After Paperwork,* umgeht der Kunde die vielen Stationen, vom Kassenschalter angefangen bis hin zum Leiter der Kreditabteilung. Und die Automatisierung greift immer mehr um sich: Banc One in Huntington, West Virginia, testet zur Zeit einen Automaten für Privatkundenkredite, genannt PAL (personal automated loan machine), durch den sich der größte Teil der Kreditabteilung in Luft auflösen dürfte. Die Kunden führen ihre Karte ein, tippen ihre persönliche Geheimzahl und beantragen einen Kredit von bis zu … 10 000 US-Dollar. Innerhalb von zehn Minuten akzeptiert der Geldautomat den Kredit oder lehnt ihn ab. Und: Er kann auf der Stelle einen Scheck über die Summe ausstellen!

Wie zum Teufel sieht denn eine Organisation HEUTE aus?

Wie Campbell's Soup!

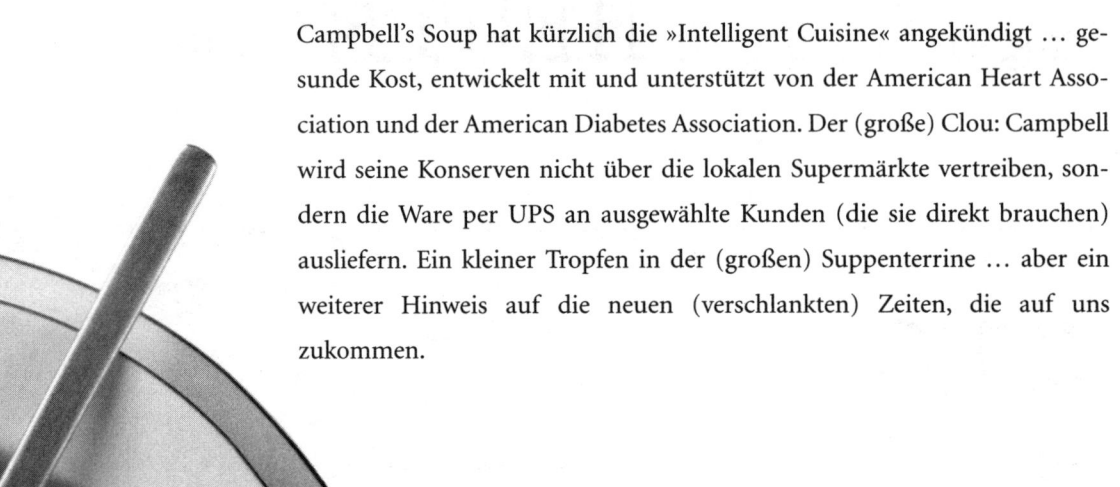

Campbell's Soup hat kürzlich die »Intelligent Cuisine« angekündigt … gesunde Kost, entwickelt mit und unterstützt von der American Heart Association und der American Diabetes Association. Der (große) Clou: Campbell wird seine Konserven nicht über die lokalen Supermärkte vertreiben, sondern die Ware per UPS an ausgewählte Kunden (die sie direkt brauchen) ausliefern. Ein kleiner Tropfen in der (großen) Suppenterrine … aber ein weiterer Hinweis auf die neuen (verschlankten) Zeiten, die auf uns zukommen.

> **DIE G-R-O-S-S-E IDEE:**
> **Innovation = Organisationen**
> **lösen sich auf!**
> **Große Idee: WER BRAUCHT**
> **LEBENSMITTELGESCHÄFTE?**
> **CAMPBELL'S NICHT. DER**
> **VERBRAUCHER NICHT.**
> **(MEHR ODER WENIGER … IN ZEHN**
> **JAHREN WOHL EHER WENIGER)**

Wie zum Teufel sieht denn eine
Organisation HEUTE aus?

Wie
Wells Fargo!

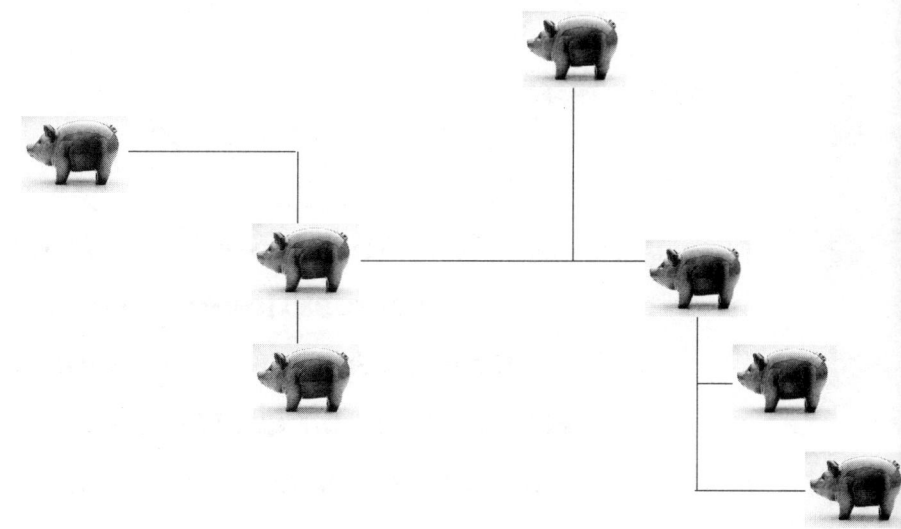

Unter allen Banken … scheint Wells Fargo es begriffen zu haben. Die Wells-Fargo-Bank schließt (viele) Filialen … und eröffnet (viele) Filialen. Das heißt, sie schließt die traditionell eingerichteten Zweigstellen, deren Installierung Millionen Dollar verschlungen hat und eröffnet lauter neue »Minibanken«.

Sie finden die Minibanken, deren Einrichtung jeweils rund 250 000 US-Dollar kostet (und in denen Sie von Menschen bedient werden) zum Beispiel in den Räumlichkeiten von Safeway, Chevron, Wal-Mart, Target und Thrifty Payless. Mit dem Ergebnis: Allein in Kalifornien wird Wells Fargo die Zahl seiner derzeit 526 Filialen bis 1998 verdoppeln.

DIE G-R-O-S-S-E IDEE: Innovation = Organisationen lösen sich auf!
Große Idee: ES IST EIN VOGEL. ES IST EIN FLUGZEUG. ES IST EIN LEBENSMITTELGESCHÄFT. ES IST EINE BANK. D. H.: WAS ZUM TEUFEL IST ES?

Wie zum Teufel sieht denn eine Organisation HEUTE aus?

»Organisationen werden in der Welt eine entscheidende Bedeutung bekommen, und zwar als Organisatoren, nicht als Arbeitgeber.«

—Charles Handy,
Consultant und Autor

Eine neue Welt-(Organisations-)Ordnung zeichnet sich ab. Wir sind nicht im Silicon Valley. Sondern in Kuala Lumpur. Juni 1997: Der Produktionsleiter kommt in der Pause zu mir. (Ich bin gerade bis zu dem Punkt »Organisatoren … nicht Arbeitgeber« gekommen.) Er ist Malaysier chinesischer Abstammung. Und ein bißchen verlegen.

»Dr. Peters, Sie haben den Stein ins Rollen gebracht. Und jetzt brauche ich Ihre Hilfe.«

»Ich werd's versuchen«, sagte ich.

»Ich denke ernsthaft über Outsourcing nach, und zwar in allen Bereichen. Sie haben mich so motiviert, daß ich den Sprung tatsächlich wagen möchte. Welche Kriterien soll ich Ihrer Ansicht nach bei der Auswahl meiner Partner anlegen?«

MEINE GÜTE – OUTSOURCING FÜR A-L-L-E-S? (Das heißt … es ist tatsächlich eine neue Welt-(Organisations-)Ordnung … wie bei … WIE ZUM TEUFEL SIEHT DENN HEUTZUTAGE EINE ORGANISATION AUS?)

Die alte Weltordnung (und da herrschte Ordnung): Sie haben ein verzwicktes Problem mit einer Projektfinanzierung in Lateinamerika. Wo finden Sie die Lösung? »Gehen Sie in den 14. Stock.« Sie müssen das Problem lösen, wie viele Zeitarbeitskräfte Sie im Verhältnis zu den Festangestellten einsetzen sollen. »Da müssen Sie in die Personalabteilung im 26. Stock.« Das heißt … mit dem »Finanzierungsproblem« müssen Sie in die »Finanzetage« … und mit dem »Personalproblem« nach oben in die »Personalabteilung«.

Die Grundannahme: Ungeachtet der Art/Komplexität/Einzigartigkeit des Problems, jedes Problems, befinden sich die besten Ressourcen … auf Erden … im unternehmenseigenen 14., 26., 17., 5. usw. Stock. Unglaubliche Arroganz!

Das heißt … die Logik vergangener Tage lautete: Um eine Ressource nutzen zu können, mußte man sie besitzen (d. h. die entsprechende Person auf der Gehaltsliste … und im eigenen Gebäude sitzen haben). Nach der neuen Logik wären Sie ein verdammter Narr, wenn Sie sie besäßen! Zugriff auf die besten Ressourcen haben … von überallher … und sofort … N-U-R D-A-R-U-M G-E-H-T-S.

»Organisatoren … nicht Arbeitgeber« – so hat es der in Großbritannien lebende Unternehmensberater und Autor Charles Handy formuliert. Was meint er damit? Wo eine Organisation »beginnt« und eine andere »endet«, wird immer undurchsichtiger.

Beispiel: Das Fertigungsorganisations-Genie Inaki Lopez (der Manager, der GM verließ und zu VW ging ... und dann bei VW ausschied) hat die Fertigungsorganisation in der Automobilindustrie völlig umgekrempelt. Das VW-Werk in Brasilien ist tatsächlich »nichts weiter« als ein »Hotel« für Zulieferer von Teilsystemen. Das heißt, verschiedene Lieferanten von Bauteilen betreiben große Bereiche des Werks. VW setzt alles »einfach« zusammen ... und produziert Autos.

Vergleichen Sie VW in Brasilien mit der alten Ford-Organisation, und Sie sehen, wie sich die Welt verändert hat. Vor nicht allzu vielen Jahrzehnten besaß Ford das Weideland ... auf dem die Schafe weideten ... von denen die Wolle kam ... aus der die Sitzbezüge der Autos von damals gefertigt wurden. Die Theorie lautete: Um ein guter Autohersteller zu sein ... muß man auch ein guter Schafhirte sein!

(Mit derselben Logik müßte ich einen Verlag besitzen und meine Bücher selbst verlegen. Hey ... einige Zeitungsverlage besitzen immer noch holzverarbeitende Betriebe. Bäume = Zellstoff = Papier. Ziemlich dumm, was?)

Ich kann nur wiederholen, suchen Sie sich die (absolut) besten Partner – für eine bestimmte Zeit oder höchstens auf semipermanenter Ebene – und arbeiten Sie mit ihnen zusammen, um eine (wahrscheinlich flüchtige) Marktchance zu nutzen. Dann strukturieren Sie um, und passen Sie Ihre Allianzen an, um die nächste (wahrscheinlich genauso flüchtige) Chance zu ergreifen.

So kann eine Organisation durchaus aufgebaut sein. Aber ... Organisation-als-Glücksspiel/als-sich-ständig-veränderndes-Netzwerk. Adieu Organisationsgrenzen. Adieu »Organisation« ... wie-wir-sie-in-den-letzten-250-Jahren(oder-so)-gekannt-haben. Hallo ... HEILIGE SCH-----!

DIE G-R-O-S-S-E IDEE: Innovation = Organisationen lösen sich auf!
Große Idee: EINE GROSSE ORGANISATION ... OHNE FESTE MITARBEITER ... KEIN LUFTSCHLOSS.

Wie zum Teufel sieht denn eine Organisation HEUTE aus?

G-R-O-S-S ... klein ... ????

»Riese« Marriott?

»Zwerg« PPS?

U-S-W.

Was ist groß? Was ist klein?

Die Antwort, behaupte ich, ist alles andere als klar.

Fallbeispiel I: Ich hatte in Irvine, California, einen Vortrag für einen wohltätigen Zweck zu halten. Es war Mittag. Grauenhafter Verkehr! Tausende von Autos strömten zum Marriott … in einem Zeitraum von 15 Minuten.

Es war ein Schauspiel … ein wahres Schauspiel! Die Leute vom Parkservice trugen fesche Uniformen. Sie rannten zu den Autos und wieder zurück. Und dennoch blieben sie ausnahmslos höflich. Ich war spät dran (ungünstig für den Redner), trotzdem hielt ich an und schaute den Leuten vom Parkservice zu. (Das gleiche tue ich auch, wenn ich einen Maurer sehe, der hervorragende Arbeit leistet. Und ich kann mich nicht satt sehen, wenn jemand den Pizzateig gekonnt durch die Luft wirbelt. Sicher hat Sie auch schon einmal die perfekte Ausübung einer Tätigkeit so in den Bann gezogen, daß Sie stundenlang hätten zusehen können.)

In meinem Vortrag ging ich auf diese Beobachtung ein. Ich wies auf einige Tische, an denen Mitarbeiter der Walt Disney Corporation saßen, und sagte: »Ich weiß, Ihr bei Walt Disney versteht es besser als sonst jemand auf der Welt, mit Menschen umzugehen. Aber ich denke, selbst Ihr werdet zugeben, daß unsere Freunde vom Marriott Hervorragendes geleistet haben, als sie uns alle in ganz kurzer Zeit in diesen Saal brachten.« Das Publikum applaudierte – ich war wohl nicht der einzige, der dieses Parkkunststück beobachtet hatte. Ich gebe zu, daß ich stolz auf mich war, daß ich daran gedacht hatte, unseren Gastgebern vom Marriott zu danken.

Nach meinem Vortrag kam ein junger Mann auf mich zu. »Ich bin Paul Paliska«, sagte er. »Ich habe zusammen mit meinem Bruder Stephen die Professional Parking Services Inc. (PPS) gegründet. Es waren unsere Mitarbeiter, die die Autos heute geparkt haben.«

Ich stand da wie ein begossener Pudel!

Und ich hatte eine (wichtige) Lektion gelernt!

Zu den Hauptproblemen beim Parkservice für Großveranstaltungen gehört der Abschluß von Versicherungen gegen Diebstahl (z. B. von CD-Playern) und gegen Sachbeschädigung (verschrammte Türen usw.). Also ... wer zahlt niedrigere Versicherungsprämien? Der »Riese« Marriott oder der »Zwerg« PPS? Oder anders gesagt: Wer ist größer? Der »Riese« Marriott? Oder der »Zwerg« PPS?

Sie haben es erraten. (Hoffe ich.) Wenn es um Parkservice für Großveranstaltungen, und damit um die Superspezialität von PPS geht, hat PPS bei der Versicherung die besseren Karten/die bessere Schadensbilanz als die millionenschwere Marriott Corporation. In bezug auf diese Aufgabe ist PPS Inc. ... eindeutig ... größer.

Fallbeispiel II: »Sie sind gefragt worden, ob Sie bei CBIS eine Rede halten«, teilte mir mein Veranstaltungskoordinator mit.

»Oh!« war meine brillante Antwort. Und dann: »Wer ist CBIS?«

Die nicht sonderlich erhellende Antwort: Cincinnati Bell Information Systems, eine Tochter von Cincinnati Bell.

Genauere Informationen folgten. CBIS erzielte 1996 einen Umsatz von 480 Millionen US-Dollar. Und das Unternehmen wächst schnell. Ein echter globaler Superstar. Seine Marktnische ... Abrechnungen für Kabelfernsehen und Mobilfunkdienste. CBIS ist einfach der Beste-der-Besten ... mit Kunden wie AT&T, British Telecom, Nippon Telegraph and Telephone, IBM, Cox Broadcasting und Time Warner. (Oh ... Sie haben auch von denen noch nichts gehört? Eine Schande.)

Fallbeispiel III: Wenn Sie noch nichts von PPS oder CBIS gehört haben, dürften Sie auch den ganzen Stolz von Lee, Massachusetts, nicht kennen. Vorhang auf für: ›Color for Realtors‹, was soviel heißt wie »Farbe für Makler«. Sie bezeichnen sich selbst als »die allercoolste Immobilien-Farbdruckerei in den USA!!« Ich bezeichne sie als ... KRAFTWERK.

Tatsache ist, daß sie – natürlich – die allercoolste auf Immobilien spezialisierte Farbdruckerei in den USA sind. Ihr in regelmäßigen Abständen erscheinendes Werbematerial – ich habe ein 64-Seiten-Booklet vor mir liegen – ist von einem anderen Stern. Randvoll mit brillanten Anregungen für ein Instrumentarium, das Immobilienmakler bei der Akquisition unterstützt. Postkartensätze (Hunderte von getesteten Vordrucken). Vorschläge für repräsentative Werbegeschenke usw. Alles aus einer Hand … Die Firma setzt die weltweit modernste Farbdrucktechnik ein … und zählt zur Zeit 64 224 Immobilienmakler in den USA zu ihren Kunden. Ich könnte mit der Aufzählung endlos fortfahren … Wie CBIS und PPS und … und … und … sind sie die Besten-der-Besten, die Größten-der-Großen und mehr. Sie haben eine »triviale« Aufgabe übernommen und sie vollständig neu definiert als hohe Kunst, als überwältigende Leistung.

Der übergeordnete Gesichtspunkt: Was ist eine Organisation … AT&T oder Druckerei XY? Es ist nicht mehr (oder weniger) als eine … Ansammlung von Einzelaufgaben. Buchführung. Abwicklung. Abrechnung. Prototypentwicklung.

Praktisch jede Aufgabe (und sei sie auch noch so klein) … ist … irgendwo (irgendwie) … ungeheuer groß. (Erinnern Sie sich: »Die allercoolste Farbdruckerei für Immobilien in den USA.«), … auch wenn »sie« im Vergleich zu Riesenunternehmen wie Marriott, AT&T usw. nur eine Handvoll (oder auch nur einen!) Mitarbeiter hat.

Und wenn Sie ganz ehrlich mit sich sind …, ein beängstigender Gedanke in diesem Zusammenhang …, kommen Sie vielleicht zu demselben Schluß wie mein Kollege in Kuala Lumpur, daß Sie alle Teilaufgaben jeweils einem überragenden Spezialisten übertragen können(!)/sollten(?), der tatsächlich besser ist als die gesamte Mannschaft im 5., 17. oder 23. Stock Ihres Büroturms.

Groß? Klein? Rechnen Sie's durch. Oder besser, machen Sie die Rechnung neu auf.

DIE G-R-O-S-S-E IDEE: Innovation = Organisationen lösen sich auf!

Große Idee: KLEIN = GROSS.

DAS KONZEPT:

ALLDURCHDRINGEND/ALLUMFASSEND

Wie zum Teufel sieht denn eine
Organisation **HEUTE** aus?

ICH bin eine!

DIE WELTBESTEN

(WSB, HSM, WYNCOM)

DIE CHEMIE MUSS STIMMEN!

(!!!)

VERTRAUEN

(WEICH = HART!!!)

ZEIT

(Rom wurde nicht an einem Tag ...)

GEGENSEITIGKEIT

(Wirklich Gleiche unter Gleichen)

ERGEBNISSE

(Sie können mich nicht ... lange ... mittragen;
und ich kann sie nicht ... lange ... mittragen)

INVESTITIONEN

(Investieren Sie Zeit in Beziehungen!)

MENSCHEN

(Begegnungen nicht nur »auf höchster Ebene«)

Ich werde arrogant/egozentrisch sein. Mein Leben … daß ich zur Marke werde … wird durch die Auswahl und Pflege außergewöhnlicher Partner bestimmt. Hier ist die Auswahlliste meiner »Geheimnisse« (die jetzt keine Geheimnisse mehr sind):

■ Die Weltbesten

Ich veranstalte jedes Jahr etwa 40 öffentliche Seminare in den USA. Mein Partner (ja …, ich setze alles auf eine Karte) ist Wyncom, ein Unternehmen aus Lexington, Kentucky, das 1996 auf der Liste der 500 am schnellsten wachsenden Unternehmen Platz 33 belegte. Vor einigen Jahren hatten Larry und Bunny Holman, die Gründer von Wyncom, eine fabelhafte Idee: Im Hintergrund zu bleiben und Seminare gemeinsam mit Colleges und Universitäten im Rahmen von deren Weiterbildungsprogrammen für Manager zu veranstalten. Niemand hat es geschafft, Larry und Bunny zu kopieren! Sie sind einfach die Besten.

Meine anderen Seminare werden meistens über das Washington Speakers Bureau (WSB) gebucht. Harry Rhodes und Bernie Swain haben es aus dem Nichts aufgebaut und zum WB (Weltbesten) gemacht. Mit Integrität und Leidenschaft erfanden sie ein früher eher schäbiges Geschäft neu, das aus der Welt der Theateragenten im alten Manhattan entstanden war. Ich war einer ihrer ersten Kunden. Sie sind (einfach) großartig. (Ich Glücklicher.) In Südamerika arbeite ich mit José Salibi Neto zusammen … dessen Organisation, HSM, in vielen Direktmarketingbüchern als … na, was wohl … weltbeste verzeichnet ist.

WB. Das ist der Schlüssel zum Erfolg einer Partnerschaft.

■ Die Chemie muß stimmen!

Bei strategischen Allianzen geht es um die Fähigkeiten des einzelnen, aber auch um Menschen, die zum gegenseitigen Gewinn miteinander arbeiten. Deshalb muß die Chemie zwischen den Partnern stimmen. Bunny und Larry von Wyncom. Harry und Bernie von WSB. José von HSM. Usw. Die persönliche Chemie … ja … sie stimmt einfach!

■ Vertrauen

Das »weichste« Thema ist gleichzeitig auch das härteste. Es gibt eine Menge Ganoven auf der Welt. Und Pfuscher gibt es noch viel mehr. Vor Jahren sagte mir Harry Quadracci, der bilderstürmende CEO der außergewöhnlichen Druckerei Quad/Graphics: »Mach niemals Geschäfte mit Menschen, denen du nicht vertraust. Dazu ist das Leben zu kurz.« Ich habe mir seine Worte gemerkt. Ich habe genau zugehört. Und ich halte mich an seinen Rat. Larry, Bunny, Harry, Bernie, José ... und einige andere ... ja ... ICH VERTRAUE IHNEN ... buchstäblich ... mein Leben an.

■ Zeit

Keine ernsthafte Beziehung entwickelt sich in einem Tag ... weder mit einem Zimmergenossen/Ehegatten ... noch mit einem Geschäftspartner. In den von mir erwähnten Fällen haben wir uns von Anfang an gut verstanden, aber wir lernten erst ... im Laufe der Zeit ... einander zu mögen/vertrauen. Die Wahl eines Geschäftspartners ist eine Zeitfrage ... nicht nur eine logische/rationale/analytische Frage oder eine Frage der Kernkompetenz.

> »Mach niemals Geschäfte mit Menschen, denen du nicht vertraust. Dazu ist das Leben zu kurz.«
>
> Harry Quadracci,
> Quad/Graphics

■ Gegenseitigkeit

Alle meine Allianzpartner sind Gleiche unter Gleichen. Sie sind in ihrem Geschäft die Besten, und ich bin in meinem Geschäft auch einigermaßen gut. Eine Beziehung zwischen Ungleichen ist keine echte strategische Allianz. Punkt.

■ Ergebnisse

Mein »Vertrauen« wuchs in dem Maße, wie meine Partner und ich »Hand in Hand arbeiteten«. Zunächst erzielten wir kleine Erfolge. (Wie »miteinander ausgehen«.) Dann kamen die größeren Brocken. (Wie »heiraten«.) Und ich habe gelernt, daß meine Partner mich nicht mittragen können ... jedenfalls nicht lange. Und daß ich nicht groß genug bin, um sie lange mittragen zu können. Sie müssen ihre Leistung erbringen. Und ich muß meine Leistung erbringen. Ein gewisses Maß an Altruismus

ist vorhanden .. aber nicht übertrieben viel. Wir sind schließlich alle erwachsen ...
wir alle haben es begriffen: Was zählt, sind Ergebnisse!

■ Investitionen

Es ist ein Vergnügen, keine Last, in eine Schlüsselbeziehung zu investieren. Aber
selbst wenn es eine Last wäre, würde ich es noch tun. Diese Beziehungen sind für
mich – persönlich, emotional, finanziell, strategisch – von unschätzbarem Wert.
Deshalb rechtfertigen sie (jeden) Aufwand.

■ Menschen

Bei strategischen Allianzen geht es nicht um strategische Synergien zwischen zwei
Vorgesetzten (obwohl es damit beginnen kann). Es geht dabei darum, »Ihre«
Organisation von ganz oben bis ganz unten mit »deren« Organisation zu verbinden.
Diese Aufgabe betrifft nicht nur meine Mitarbeiter; auch ich selbst muß mit den
Menschen meiner Partnerorganisationen ... viele Stufen weiter unten in der Hierar-
chie ... zusammenarbeiten. »Weiter unten« heißt »weiter oben« in der Hierarchie ...
wenn es um die schwierige Aufgabe der Umsetzung geht!

Meine Liste ist bei weitem nicht vollständig, aber sie ist ein Anfang. Sie unter-
streicht die menschliche Dimension – und die Leistungsdimension – bei der Umsetzung einer auf dem Papier bestehenden Allianz in eine wirkliche strategische
Allianz.

Ich gebe auch zu, daß die hier vorgelegten Beweise anekdotischer Art sind. Ein
Fall ... ICH. Aber ich erhalte Schützenhilfe von einem Mann, der auf
demselben Gebiet tätig ist. Sein Name ist Jordan Lewis. Und
wir sind derselben Ansicht.

Es geht nicht um
Computer ... es geht um
BEZIEHUNGEN
ZWISCHEN MENSCHEN.

↓

Okay?

In seinem sorgfältig recherchierten Buch *The Connected
Corporation* untersucht Lewis neuartige Beziehungen
zwischen Lieferanten und Produzenten, wie sie besser
nicht sein könnten, ... bei Motorola, Chrysler, Marks &
Spencer und so weiter.

Am interessantesten (für mich): ES IST EIN BUCH, in dem die W-E-I-C-H-E-N Themen eine große Rolle spielen. »Beziehungen zwischen Unternehmen«, schreibt Lewis an einer Stelle, »sind umfassend, tief, einzigartig.« Die magischen Worte/Ideen, die einem … wieder und wieder …und immer wieder … in diesem Buch begegnen, sind: Vertrauen/Engagement/kompatible Kulturen/langfristig/Partnerschaften/einfache Verträge/Beziehungen von oben nach unten/funktionsüberschreitende Integration/Informationsaustausch/gemeinsame Programme zur kontinuierlichen Verbesserung/usw./usw. Und ob Sie's glauben oder nicht: »Informationstechnologie« findet sich nicht im Stichwortverzeichnis von Lewis Buch! Es erschien ca. 1996!

Natürlich spricht Lewis auch über EDI (electronic data interchange) und dergleichen mehr. Der Computer kann nicht einfach fehlen. Aber der Punkt ist … es geht nicht um den Computer … selbst wenn er ein unübertroffenes/revolutionäres Gerät ist, das vieles möglich macht. Worauf es wirklich ankommt, sind BEZIEHUNGEN ZWISCHEN MENSCHEN. Okay?

DIE G-R-O-S-S-E IDEE: Innovation = Organisationen lösen sich auf!
Große Idee: STARKE ALLIANZEN NICHT OHNE »WEICHE« FAKTOREN

Wer führt das Unternehmen?

Die Kunden!

E(K)

Empowerment (Kunden) = Information + Zugang +
Entscheidungsfindung + Wahlmöglichkeit +
Kundenspezifische Lösungen + Gefühl von
Kontrolle/Besitz

Der Begriff »Empowerment« ist zu oft gebraucht worden ... und ist inhaltsleer. Ich hatte ihn aus meinem Wortschatz gestrichen. Aber jetzt verwende ich ihn wieder ... auf meine Weise. Und zwar so ... E(K).

Kurzum, ich behaupte, daß es in den nächsten 10 bis 15 Jahren bei der wichtigsten strategischen Auseinandersetzung in praktisch allen Branchen darum gehen wird, wer das Empowerment des Kunden am weitesten vorantreiben kann.

Verantwortung an Kunden zu delegieren bedeutet:

- sie mit möglichst vielen Informationen zu versorgen,
- ihnen persönlichen Zugang – unmittelbar und zu jeder Zeit – zu Ihrem internen Know-how zu verschaffen,
- ihnen zu ermöglichen, Entscheidungen zur Verwendung Ihrer Ressourcen zu fällen,
- ihnen Wahlmöglichkeiten zu geben,
- ihnen zu ermöglichen, die von Ihnen angebotenen Produkte und Dienstleistungen ihren spezifischen Bedürfnissen anzupassen,
- ihnen das Gefühl von Kontrolle und Verfügung ... über Sie ... zu vermitteln.

DAS IST EINE S-E-H-R G-R-O-S-S-E SACHE!

Bedenken Sie: In den letzten sechs Jahren haben zwei außergewöhnliche Institutionen (und Konkurrenten), FedEx und UPS, Milliarden und Abermilliarden in Informationssysteme investiert. Davon wurde nur ein ganz kleiner Teil in die Verbesserung der Paketauslieferung gesteckt ... aber nicht viel. Das meiste Geld floß in den Aufbau von Systemen, die Ihnen und mir Einblick in die inneren Strukturen der beiden Transportunternehmen ermöglichen.

Es ist schon eine gewisse Ironie dabei. Auf FedEx und UPS kamen wir vor allem wegen ihrer Zuverlässigkeit. Wir wußten, sie bringen die Sendung ans Ziel, und zwar schnell. Und wir wußten, die Sendung kommt auch zum versprochenen Auslieferungstermin an (was man von der Post nicht immer behaupten kann). Zuverlässigkeit hieß das neue Spiel. Dennoch gelang es dem relativ teuren Unternehmen FedEx vor ein paar Jahren, dem relativ preiswerten Unternehmen UPS einen heftigen Schlag zu versetzen. FedEx ermöglichte es seinen Kunden, den Weg ihrer Sendungen vom Zeitpunkt der Abholung bis zur Ankunft beim Empfänger zu verfolgen.

Warum in aller Welt sollte uns das interessieren? Bei FedEx wußten wir genau, wann eine Sendung ankommt. Und sie kam pünktlich an. Aber das hieße, die Natur der Bestie, Mensch genannt, zu ignorieren: Unser unstillbarer Durst nach Informationen, nach Wissen, nach dem Gefühl von Kontrolle. So wendete das normalerweise geizige Unternehmen UPS einige Milliarden Dollar auf, um gleichziehen zu können, was ihnen auch gelang. In diesem Kampf regiert die Devise »jeder gegen jeden« – es ist der heftige Kampf um E(K) ... um das EMPOWERMENT (DER KUNDEN). E(K) bedeutet, daß ich – als kleiner Selbständiger – den Zeitplan für die Flüge von FedEx festlege. Ich bewege mich buchstäblich im Innersten von FedEx, vergebe eigenständig einen Auftrag, und kein Sachbearbeiter, kein Vermittler und kein Entscheidungsträger von FedEx funkt mir dazwischen.

- Verschlankung ...
- Transparenz ...
- E(K).

Man kann argumentieren, daß die *stärkste Kraft im Universum* unser Bedürfnis nach Kontrolle ist. ... Dies fügt dem E(K)-Argument einen faszinierenden Aspekt hinzu ... das Rennen, den Kunden so schnell und soviel wie möglich selbst bestimmen zu lassen. Mehr noch: Kürzlich wurden Versuchsreihen in Lebensmittelgeschäften durchgeführt, bei denen die Kunden ihre Waren selbst einscannen. Warum auch immer ... wir die MERKWÜRDIGEN MENSCHEN, ... mögen es, unsere Lebensmittel an der Kasse selbst einzuscannen. Die Wirkung war so groß, daß die Menschen freiwillig lange Schlange standen, um dieses Privileg zu genießen. WIR WOLLEN, BRAUCHEN, FORDERN KONTROLLE (DAS GEFÜHL DAVON). HEILIGER BIMBAM! Oder ... besser ... HEILIGE E(K)!

DIE G-R-O-S-S-E IDEE: Innovation = Organisationen lösen sich auf!

Große Idee: ES GEHT LÄNGST NICHT MEHR DARUM, DEN KUNDEN ZUZUHÖREN. ES GEHT DARUM, DIE KUNDEN AUF DEN FAHRERSITZ ZU SETZEN ... UND IHNEN D-I-E AUTOSCHLÜSSEL ZU GEBEN.

Wer führt das Unternehmen?

- -

Die Kunden!!

- -

»Alles, was Ihre Beziehung zu
einem Ihrer Kunden festigt,
erhöht die Umsätze, die Sie mit
ihm erzielen.«

—Michael Taylor,
Arthur D. Little

- -

»Über das Web können Sie mit Ihren Kunden und potentiellen Kunden ins Gespräch kommen ... Erstellen Sie eine Website, richten Sie ein Forum ein, wo Mitarbeiter genauso wie (potentielle) Kunden über die Seele des Unternehmens debattieren können. Sie werden damit weit mehr erreichen als durch Angebote wie >Sie finden unseren Katalog im Internet< oder >Ich werde meine Waren über das Internet vertreiben<.«

—Watts Wacker,
SRI Consulting

»Die Veränderungen in den Geschäftsprozessen werden zu mehr Selbstbedienung führen. ... Ihre Gemeinkosten werden sinken, die gebotene Dienstleistung aber wird höher bewertet, weil der Kunde sie selbst bestimmt.«

—Raymond Lane,
President, Oracle

EC (Electronic Commerce), der elektronische Handel, ist im Kommen. In welcher Form? In Tausenden von Formen! Mit Tausenden von Fehlschlägen! Und auch einigen Erfolgen. Und ... in der Folge ... mit einer völligen Umgestaltung.

Kleine Schlagzeile im *Rutland Herald* vom 24. 8. 97: »Microsoft hat eine neue Zielgruppe im Internet: die Hauskäufer.« Die National Association of Realtors (amerikanische Vereinigung der Immobilienmakler), so erfahren wir, bietet bereits 900 000 Objekte auf ihrer Website an ... und verzeichnet 22 Millionen (M-I-L-L-I-O-N-E-N) Zugriffe pro Monat. Jetzt ... welch ein Wunder ... will Microsoft mit von der Partie sein. Ähnliches kam bei einer Begegnung mit Führungskräften von World.hire zur Sprache. Das Unternehmen plant (genauso wie die Konkurrenz) eine komplette Neugestaltung der Prozesse in der Personalberatung ... Es will sich absolut nach den Bedürfnissen und Wünschen der Kunden und der Stellungssuchenden richten. Festigen Sie diese elektronischen Verbindungen. JETZT. Betonen Sie das Selbstbedienungs-/-bestimmungskonzept. JETZT. Beginnen Sie einen intensiven Dialog. JETZT. Experimentieren Sie wie verrückt. JETZT.

EC + E(K) läuft ... JETZT.

DIE G-R-O-S-S-E IDEE: Innovation = Organisationen lösen sich auf!
Große Idee: IRGENDWIE ... IRGENDWANN ... (VIEL) FRÜHER ... ODER (EIN WENIG) SPÄTER ... WIRD ELECTRONIC COMMERCE (OHNE ZWISCHENHANDEL) DAS RENNEN MACHEN.

Wer führt das Unternehmen?

Die Kunden!!!

»Wie schnell können wir's gratis
unter die Leute bringen?«

Netscape

FedEx/UPS

Charles Schwab (et al.)

US-Gesundheitswesen

Mit freundlicher Empfehlung

Empowerment des Kunden – noch einmal: Wer kann am meisten und am schnellsten gratis abgeben?

Beispiel: Internet-Browser.

Netscape verzeichnet als Umsatz höchstens Peanuts, hat aber eine Börsenkapitalisierung in Milliardenhöhe. Wie hat Netscape das gemacht? Indem es die jeweils neueste Version seiner Produkte verschenkt hat. Netscape hat seinen Browser billiardenfach einfach verschenkt ... und so eine Zeitlang den Internet-Markt dominiert. Und Microsoft erwidert das Feuer ... indem es seinen Browser verschenkt, just in dem Moment, in dem Netscape anfängt, für seinen Browser Geld zu verlangen ...!

Beispiel: Brokerhäuser.

Charles Schwab hat tatsächlich das Brokergeschäft neu erfunden, indem er Tag und Nacht daran gearbeitet hat, die Börsenmakler überflüssig zu machen: Er ließ Kunden online, per Telefon usw. Entscheidungen treffen, die früher ausschließlich Maklern und börsenzugelassenen Händlern/Beratern vorbehalten waren.

Beispiel: Patientenorientiertes Gesundheitswesen.

Regina E. Herzlinger, Professorin an der Harvard Business School, hat ihre jahrzehntelange Forschung zum Gesundheitswesen in einem wunderbaren Buch zusammengefaßt ... *Market-Driven Healthcare*. Eine der größten Veränderungen im Gesundheitswesen, sagt sie, ist die verstärkte Einbindung der Patienten in ihre eigene Gesundheitspflege. Es gibt zum Beispiel schon Tausende vielbesuchter Gesundheits-Websites im Internet, die die Patienten eingehend über ihre Erkrankungen und unterschiedliche Behandlungsmethoden informieren. Herzlinger geht davon aus, daß die Klügsten im Gesundheitswesen diese beiden Leitlinien für ihren Kundenservice akzeptieren werden: (1) Convenience (Annehmlichkeit) und (2) Mastery (Herrschaft). »Convenience« bedeutet ...

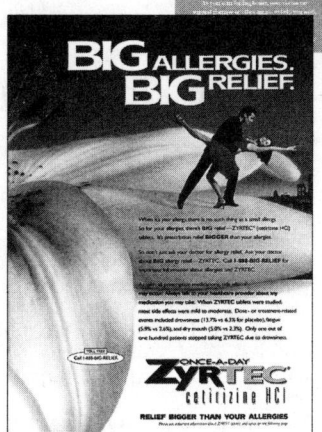

weg mit allem Überflüssigen! Die Versorgung von Kranken sollte kein hoffnungslos verkomplizierter Prozeß sein, der für den Patienten stets lange Wartezeiten mit sich bringt. Und »Mastery« heißt: Die Kunden wollen die Verantwortung für ihr Leben selbst übernehmen. Dank der neuen Informationsquellen wird es nicht mehr ungewöhnlich sein, daß die Kunden/Patienten über ihre spezifische Erkrankung mehr wissen als der Allgemeinmediziner/Internist im weißen Kittel.

Dasselbe Phänomen taucht auch an anderer Stelle auf: Haben Sie die Flut von mehrseitigen Werbeanzeigen für rezeptpflichtige Arzneimittel in ganz normalen Illustrierten bemerkt? Dahinter steckt immer dieselbe Idee: Die Pharmahersteller wollen, daß Sie sich selbst um die Behandlung ihrer Erkrankung kümmern … und vom Doc die tollen neuen Pillen verschrieben haben wollen.

Hinweis: Es funktioniert. Hinweis: Transparenz/Verschlankung/E(K), wie gehabt.

Beispiel: Mit freundlicher Empfehlung.

1981 entwickelten Bob Waterman und ich eine längere Präsentation rund um das Material, das wir für *Auf der Suche nach Spitzenleistungen* recherchiert hatten. Wir ließen die Präsentationsunterlagen binden … sie waren ca. 5 cm dick … wählten einen orangefarbenen Einband … und verschenkten sie an Freunde und Kollegen. Als das Erscheinungsdatum von *Auf der Suche nach Spitzenleistungen* näherrückte, verteilten wir weiterhin die dicke Präsentationsbroschüre … mit atemberaubender Geschwindigkeit. Unser Verleger war entsetzt. Für die erste Auflage des Buches waren 10 000 Exemplare geplant … und wir hatten bereits 15 000 vollständige Vorveröffentlichungen verteilt.

Hinweis: Es hat funktioniert.

Beispiel: ›Mit freundlicher Empfehlung‹ (noch einmal).

Ich arbeite zur Zeit mit einem neugegründeten Textilunternehmen zusammen. Der Markt für Heimtextilien ist sehr fragmentiert, und es gibt kaum etablierte Marken. Wir wollten eine Marke etablieren. Unser Marketingexperte plante also, ein paar hundert Kataloge (zum Preis von 20 Dollar, wegen der Herstellungskosten!) zu einer anstehenden Messe mitzunehmen. Ich sagte: »Nein. Nehmen Sie mehrere tausend Exemplare mit … UND

VERSCHENKEN SIE SIE, SO SCHNELL SIE KÖNNEN.« Ich wollte, daß es »brummt«! Das heißt: Lassen Sie es »brummen«! Ziehen Sie alle Blicke auf sich! Und der Wiedererkennungseffekt ... könnte Sie möglicherweise reich machen! Viele Wirtschaftswissenschaftler – und auch ich – glauben, daß dieses Spiel ... für einfach jeden ... *das* Spiel schlechthin ist. Wirtschaftswissenschaftler nennen dies »steigende Skalenerträge«. Das bedeutet: Je mehr Sie verschenken, desto dominanter wird Ihre Marktposition/Ihr Aufmerksamkeitsbonus im größeren Netzwerk ... und desto mehr machen Sie aus den Pfennigen, die jedes einzelne Geschäft abwirft. Es ist eine ausgefeilte Version einer alten Redensart: »Gib möglichst vielen einen (großen) Vertrauensvorschuß und dir selbst keinen/oder nur einen kleinen. Das ist ein/der Schlüssel zum Erfolg.« Je mehr Menschen Sie einen Vertrauensvorschuß geben, desto größer wird Ihr Netzwerk werden ... und um so mehr Unterstützung erhalten Sie, wenn Sie größere Aufgaben angehen. So schließt sich der Kreis! Dies ist heutzutage eine clevere Strategie, um in der neuen, mit Produkten, Dienstleistungen und Werbebotschaften total überfrachteten Wirtschaft gut zurechtzukommen.

> ### DIE G-R-O-S-S-E IDEE: Innovation = Organisationen lösen sich auf!
> ### Große Idee: E(K)/WIE SCHNELL KÖNNEN WIR ES UMSONST LOSWERDEN?

Wo ist all die Reibung geblieben?

REVOLUTION DER INTERAKTION

Vertikale Integration ↓/
Horizontale Vernetzung ↑/ Größe ↓/
»Größe des Netzwerks« ↑/
Strukturen des Netzwerks ↑/
Mittlere Ebenen ↓/
Direktverkauf + Direktvertrieb ↑/
Interaktionskosten ↓/
Orientierung am Kunden + globale
Reichweite ↑/
Markttauglichkeitstests ↑

Forscher bei McKinsey nennen es die Revolution der Interaktion. Klingt sehr langweilig ... aber es bringt uns auf den wesentlichen Punkt dieses Kapitels ... es geht um Geld ... um B-I-L-L-I-O-N-E-N.

Eine ganze »Schule« von Wirtschaftswissenschaftlern beschäftigt sich mit Transaktionskosten, das heißt mit dem Preis für und den Auswirkungen von Reibungsverlusten in der Wirtschaft. Durch den Einsatz neuer Technologien minimiert sich ein großer Teil dieser Reibungsverluste (die zum Beispiel durch ... das nur langsame ... Weiterleiten von Unterlagen ... intern und extern ... entstehen). Und sie verändern das Wesen der Weltwirtschaft:

- Die vertikale Integration nimmt ab. »Etwas zu besitzen«, um Vorteile daraus ziehen zu können (die Fachleute sitzen im 19. Stock), ist immer weniger erforderlich ... und ausgemacht dumm.
- Die horizontale Vernetzung nimmt zu. Das bedeutet, Seite an Seite mit Partnern jeder Größe und jeder Form zu arbeiten: Nehmen Sie als Beispiel das neue VW-Werk in Brasilien.
- Größe verliert an Bedeutung ... das heißt »alte« Größe ... was bedeutete, alle erforderlichen Ressourcen in den eigenen vier Wänden/Mauern zu horten.
- »Netzwerkgröße« und netzwerkartige Formen von Organisationen gewinnen an Bedeutung. Das Netzwerk kann RIESIG sein ... auch wenn die Elemente (die alten Organisationen) ziemlich klein sein können: zum Beispiel große Ansammlungen von kleinen, spezialisierten Praktikern.
- Die Mitte ist ..., Sie haben es bereits von mir (und anderen) gehört, ... zum U-N-T-E-R-G-A-N-G verurteilt.
- Direktverkauf und Direktvertrieb gewinnen (rasch) an Boden. »Ohne Umwege zum Kunden« – wie zum Beispiel Campbell's neuestes Produkt –, dieses Konzept setzt sich durch ... schnell ... allerorten.
- Die Interaktionskosten werden verschwindend gering. Das ist DIE TREIBENDE KRAFT. Früher kostete eine ganz simple Transaktion mehrere hundert Dollar (und brauchte Tage). Jetzt ... ob in Malaysia oder in Australien ... wickelt der Kreditkartenautomat des örtlichen Lebensmittelhändlers die Visa-Transaktion über meine Bank in Kalifornien in zwei oder

drei Sekunden ab. Und jedesmal, wenn ich meine Kreditkarte direkt in die Zapfsäule an der Tankstelle einführe, habe ich wieder zwei Minuten produktiver Lebenszeit gewonnen. Usw. usw. usw.

■ Kundenspezifisches Arbeiten mit globaler Reichweite wird immer selbstverständlicher. Jane Peanuts, das Eine-Frau-Beratungsunternehmen, kann heute … ohne weiteres zu den … global players gehören … Von ihrem Penthouse in San Francisco aus oder ihrer Farm in Tinmouth, Vermont. Und der alte Slogan »Have it your way« von Burger King (obwohl es im Falle von Burger King eher Etikettenschwindel ist) wird zur Devise aller Unternehmen … »Seien Sie Ihr eigener Fels in der Brandung« (Prudential) … »Regieren Sie Ihr Königreich selbst« (Dreyfus) … usw.

■ Markttauglichkeitstests werden … bald … für jede unternehmensinterne Dienstleistung (Personalwesen, Finanzwesen) und für jeden von uns die Regel sein (WENN SIE NICHT SAGEN KÖNNEN, WAS SIE ZUM ERFOLG IHRES UNTERNEHMENS BEITRAGEN … SIND SIE DRAUSSEN). Das heißt, der Markt (und kein anderer) wird entscheiden!

»Revolution der Interaktion« kann durchaus auch eine leere Phrase sein. Sieht man jedoch genau hin, erinnert es an das weitblickende Motto dieses Buches: DIES IST DAS ENDE DER WELT, WIE WIR SIE KENNEN.

DIE G-R-O-S-S-E IDEE: Innovation = Organisationen lösen sich auf!
Große Idee: REIBUNGSVERLUSTE ↓ TRANSAKTIONSKOSTEN ↓ = ORGANISATIONEN (WIE WIR SIE KENNEN) BRECHEN ZUSAMMEN.

Wo ist all die Reibung geblieben?

SPITZE ↓↑ (kleiner, aber: Vision/ Kohärenz/Charakter)

ALTE MITTE ↓ (wie wir sie kannten: als Polizei/Prüfinstanz)

NEUE MITTE ↑ (Wertschöpfungsprojekte/geistiges Kapital)

UNTEN ↑ (softwaregestützte Informationen und Entscheidungsfindung)

AUSSEN ↑ (alle Macht den Kunden)

Fazit. Neues Unternehmen. Reibungslos (im großen und ganzen):

An der Spitze. Die Spitze der Pyramide (auch als Zentrale bekannt) wird viel kleiner (↓) … aber auch viel wichtiger (↑); das heißt, die neue Spitze muß eine weitreichende/sich ständig verändernde/kurzlebige Netzwerk-»Organisation« mehr oder weniger zusammenhalten. Sie ist verantwortlich für die Kohärenz (des Netzwerks) und den Charakter/die Vision dieser merkwürdigen, neumodischen Organisationsgebilde.

Die alte Mitte. Einfach: Die alte Mitte/die alte Mitte als Prüfinstanz/die alte Mitte als Polizei/die alte Mitte als Informationsgrab ist … TOT … sie ist unten durch (↓).

Die neue Mitte. Die neue Mitte ist – wenn auch drastisch geschrumpft – wichtiger als je zuvor (↑) … in ihrer Rolle im PDU 1.0 (Kapitel 6)/Wertschöpfungs-/Transformationsprojekt.

Unten: Das neue Unten ist viel mächtiger als früher (↑): Der verantwortliche Mitarbeiter als Unternehmer (Kapitel 4)/Der Angestellte mit Kundenkontakt, ausgestattet mit den neuesten softwaregestützten Entscheidungshilfen (Kapitel 6).

Außen: E(K). Transparenz. Selbstbedienung. Das Außen (das heißt die Kunden) bewegt sich nach innen … und wird präsenter und mächtiger (↑).

Nehmen Sie all das zusammen, und Sie haben … tja … eine brandneue/postindustrielle Organisationsspezies … die ihren Vorgängern nicht mehr ähnlich sieht.

> **DIE G-R-O-S-S-E IDEE: Innovation =**
> **Organisationen lösen sich auf!**
> **Große Idee: NEUE SPITZE/NEUE MITTE/NEUES**
> **UNTEN/NEUES AUSSEN = NEUES UNTERNEHMEN.**

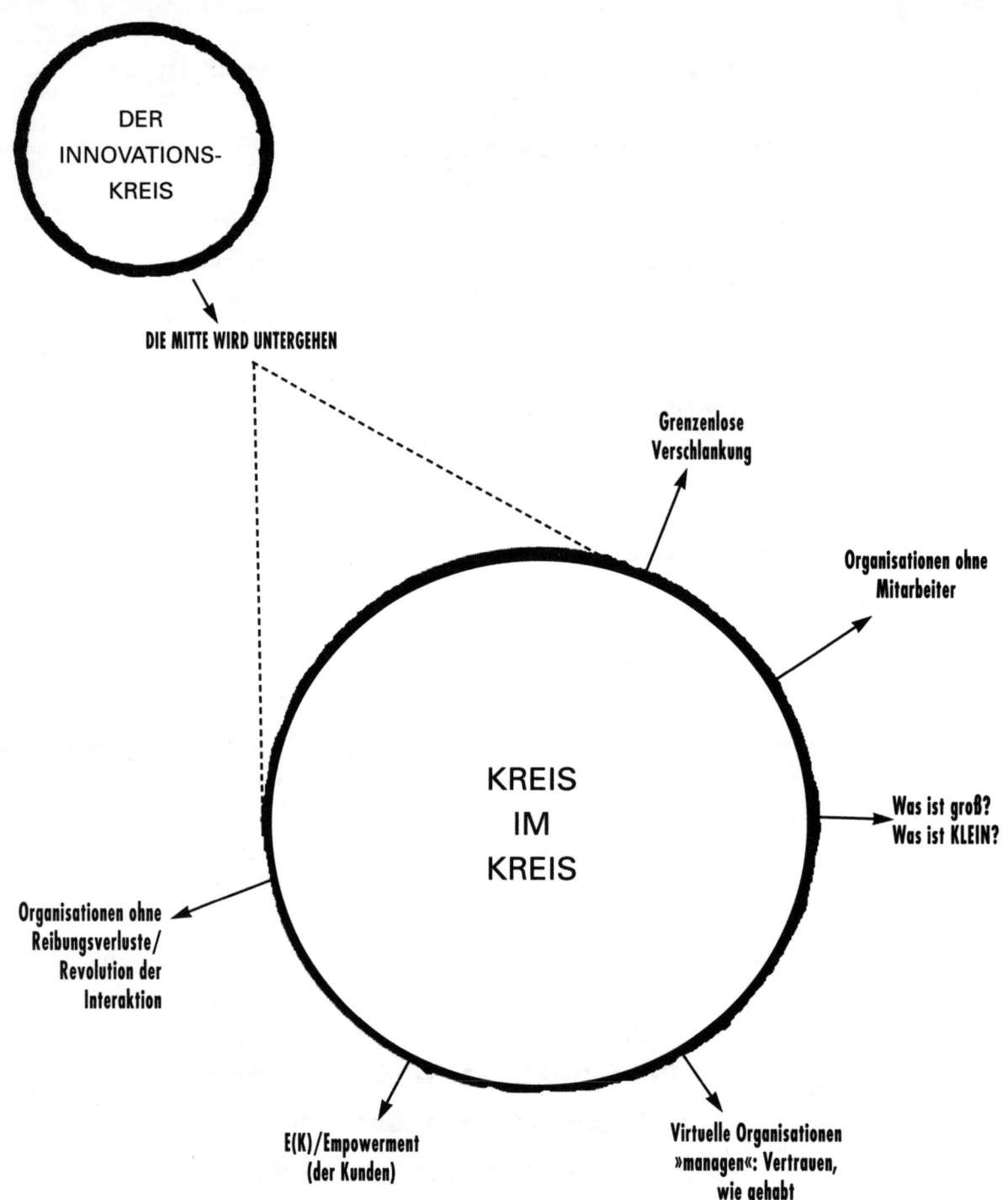

DER
INNOVATIONS-
KREIS

DIE MITTE WIRD UNTERGEHEN

Grenzenlose
Verschlankung

Organisationen ohne
Mitarbeiter

KREIS
IM
KREIS

Was ist groß?
Was ist KLEIN?

Organisationen ohne
Reibungsverluste/
Revolution der
Interaktion

E(K)/Empowerment
(der Kunden)

Virtuelle Organisationen
»managen«: Vertrauen,
wie gehabt

WORTALARM NR. 7

Die Mitte wird untergehen

Verschlankung (unbegrenzt)

Umgehungsmechanismen

10 000 USD-Kredit in 10 Minuten/

Suppe-per-UPS

Organisationen ohne Grenzen

Organisationen ohne Angestellte

Werk als Hotel für Anbieter von Teilsystemen

Klein = GROSS

Effizienz strategischer Allianzen = Investiertes Vertrauen + Investierte Zeit

Transparenz (total)

E(K)/Empowerment (der Kunden)

Selbstbedienungsrevolution

Reibungslose »Revolution der Interaktion«

In diesem Kapitel verläßt der Reintegrationsprozeß das PDU 1.0 (Kapitel 6) und untersucht das Unternehmen als Ganzes ... bzw. als »neues Ganzes«/»Netzwerk-Ganzes«/»körperloses Ganzes«. Wir haben Organisationen ohne Mitarbeiter betrachtet ... Organisationen, die für jedes Mitglied der (externen) wertschöpfenden Familie transparent sind. Das reibungslose Spiel will die besten Talente überall auf der Welt – möglichst schnell – vereinen, um Vorteile aus den sich schnell wandelnden Marktchancen zu ziehen.

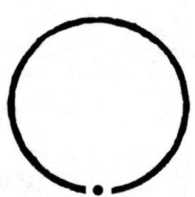

Das System ist die Lösung.

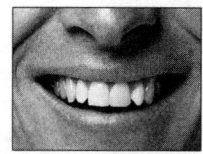

Einerseits … leben wir im Informationszeitalter.

Andererseits … ist Information an sich wertlos.

»Information«, schreibt der Dichter und Gesellschafts-
kritiker Donald Hill, »ist der Feind der Intelligenz.«

<u>Feind</u>. Ein deutliches Wort.

Zu Recht!

»Die« Antwort? Wie wäre es mit … Systemen?

Oder … besser … SCHÖNEN SYSTEMEN?

SYSTEME = SCHÖNHEIT

Vernetzung
Verkabelung*
Park unterm Park**
Autobahnen (und Nebenstraßen)
Die Art und Weise, wie wir arbeiten
Das »ChaOrdentliche«***

Ich bin kein Westentaschenanarchist. Wenn ich unterwegs bin, habe ich immer gleich drei aufgezogene Wecker dabei … und vergleiche die Uhrzeit täglich mit der Atomuhr des U.S. Naval Observatory (001-202-762-1401 – versuchen Sie's mal).

Ich glaube an den Ordnungsaspekt der Dinge:

■ Systeme = Vernetzung

■ Systeme = Verkabelung

■ Systeme = Disneys (Maschinen-)Park unter dem Park

■ usw.

Tatsache ist … daß Systeme (wesentlich) wichtiger sind als je zuvor. Wir führen regelmäßig große Projekte durch … arbeiten mit vielen hundert Menschen … von hier und da … von denen wir viele (die meisten?) nie persönlich kennengelernt haben.

Die ätherische Organisation/die körperlose Organisation/die verschlankte Organisation/die transparente Organisation (Kapitel 7), sie alle brauchen großartige Systeme. Und da liegt der Haken. Die meisten Systeme sind mit vielen Kontrollinstanzen ausgestattet und verzetteln sich zu oft in Details (selbst nach einem Reengineering). Deshalb müssen wir auf neue Art über Systeme nachdenken. Mein Vorschlag: Wie wäre es mit … SCHÖNEN Systemen? Ja … Systeme … UND … Schönheit … können … und sollten … und müssen … zusammenkommen … wenn wir von diesen neuen Unternehmen/diesen neuen seltsamen Gebilden profitieren wollen (Kapitel 7 – wie gehabt).

Arbeit an Systemen ist nicht bloß Chiffrieren und Kodieren. Dies ist vielmehr … jawohl … eine Aufgabe für Künstler.

Lesen Sie weiter …

---

* Das Unternehmen, das im Silicon Valley 1997 am schnellsten wuchs: Cisco Systems. Die Produktpalette? Verkabelungen für das Internet
** Disneyland … der (Maschinen)park unter dem Park … der das Ganze zum Leben erweckt
*** Dee Hock, Gründer von VISA. Großartige Organisationen = chaotisch + ordentlich = chaordentlich

Abteilung für Systemtechnologie alias ABTEILUNG FÜR SCHÖNHEIT

Es gibt keinen Grund,

warum nicht ALLES U-N-D

JEDES Papier, jede

Richtlinie und Verfahrens-

weise ein Kunstwerk/

schön/klar/schlicht

sein sollte!

Mike Hammer, der Guru des Reengineering, meldete sich 1990 in einem meister-haften Artikel in der *Harvard Business Review* zu Wort: »Reengineering: nicht auto-matisieren, sondern vernichten«. Er schrieb, daß in den ersten 30 Jahren der Infor-mationstechnologie im Prinzip nur daran gearbeitet worden sei, die schwerfälligen, bürokratischen Systeme von gestern zu automatisieren.

Mike Hammers und Jim Champys Konzept des Reengineering von Geschäfts-abläufen hat all das geändert. Es *war* revolutionär. Natürlich! Trotz der Fehler, die gemacht wurden … und trotz der häufigen Verfälschung des Konzepts zur sinnlosen Ausrede für gedankenlosen Stellenabbau.

Der Grundgedanke: Abteilungen, die sich früher gegenseitig bekämpften (die »funktionalen Ofenrohre«, wie der Qualitätsguru Bill Creech sie nennt), müssen an einem Strang ziehen. Sie müssen um die wichtigsten Geschäftsabläufe herum abtei-lungs- und ebenenübergreifend reorganisiert werden, mit dem Effekt, daß vertikale Barrieren und Grenzen überschritten – und zerstört werden.

Das ist alles schön und gut, aber jetzt erschüttert schon die nächste virtuelle Organisationsrevolution (wieder so eine verdammte, echte Revolution!) die Welt … BUCHSTÄBLICH … DIE WELT.

Wir müssen also noch weitergehen. Wir müssen das wahre Wesen der neuen Installationen ergründen, also der Systeme, die das Unternehmen umgestalten. Unser (großes) Problem: Wenn wir an »Systeme« denken, fallen uns direkt folgende Worte ein: »Reglementiert.« »Details.« »Trocken.« »Pedanterie.« Mit den Worten an sich habe ich keine Probleme …

Oder vielleicht doch.

Gewiß, Details sind wesentlich. Aber wenn Menschen an Systeme denken, sprechen sie dann von … Kunst … Schönheit … Charme? Garantiert nicht. Und sie machen einen G-R-O-S-S-E-N Fehler. Bei Systemen … GROSSARTIGEN SY-STEMEN … geht es um … KUNST … SCHÖNHEIT … CHARME … KLARHEIT … SCHLICHTHEIT.

Das kommt nicht von ungefähr. Der Vater des modernen Operations Research (dabei geht es um Systeme), Dr. C. West Churchman, hat behauptet, daß überlegene Systeme mehr als nur Effizienzkriterien erfüllen. Sie sind vielmehr durch Integrität und eine ästhetische Note gekennzeichnet. Klingt gut!

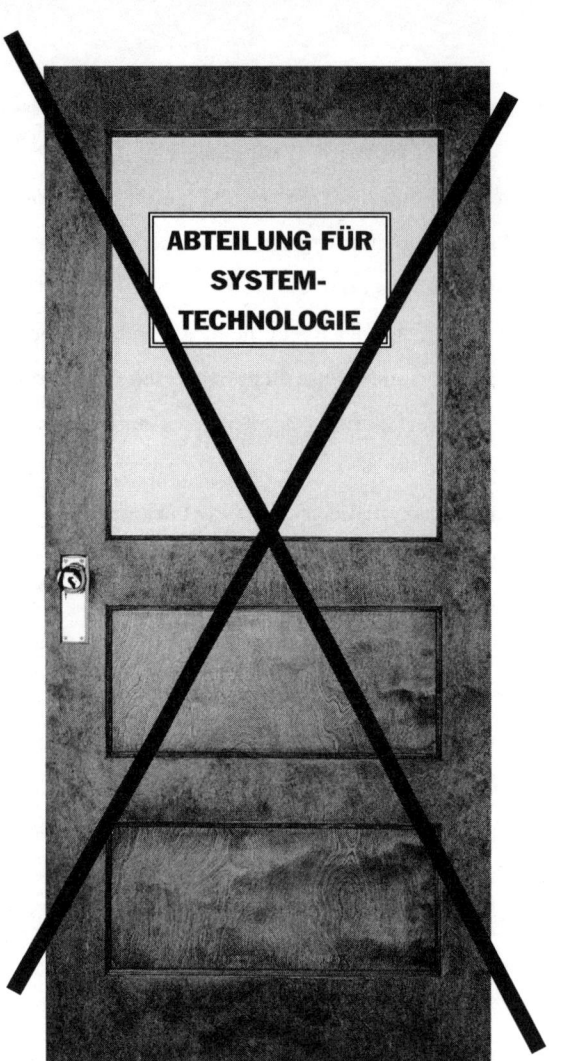

Ich versuche – ganz unverfroren – die Sprache zu ändern. Alle Diskussionen über Systeme (die wichtig/unabdingbar/strategisch sind!!) sollten sich zunächst und vor allem auf ... Kunst ... Schönheit ... Charme ... Klarheit ... Schlichtheit konzentrieren.

Wir (Unternehmen/Einheiten) sind ... IN ÜBERRASCHENDEM MASS ... durch unsere Systeme bekannt ... durch unsere Formulare, Briefbogen und Visitenkarten, unsere Unternehmensrichtlinien, unsere Verfahrensweisen. Es gibt keinen Grund, warum nicht ALLES U-N-D JEDES ... ein Kunstwerk/schön/ansprechend/klar/schlicht sein sollte. Nehmen Sie das Papier/den Vorgang, an denen Sie im Augenblick arbeiten. Jetzt kürzen Sie es um 90 Prozent. Schön. Aber liest es sich jetzt »menschlich«? Das heißt: Unterhaltsam? Freundlich? Ansprechend? Künstlerisch wertvoll? Wenn nicht ... AB IN DEN REISSWOLF ... S-O-F-O-R-T! (Ernsthaft.)

Systeme. Wenig (bzw. nichts) anderes ist wichtiger. Also: Knallen Sie die Tür zur Abteilung für Systemtechnologie zu! (JETZT!) Und schnell in einen Laden, in dem es neue Schilder gibt! (JETZT!) Der neue Name dieser wichtigen Funktion ist: ABTEILUNG FÜR SCHÖNHEIT. Wenn Sie glauben, daß ich auch nur ansatzweise Witze mache ..., verpassen Sie eine (R-I-E-S-E-N-)Chance.

DIE G-R-O-S-S-E IDEE:
Innovation = Schöne Systeme.
Große Idee: ABTEILUNG FÜR SCHÖNHEIT.

Southwest Airlines
(alias Schönheit & Co.)

21000 Mitarbeiter konzentrieren sich voll und ganz/mit Leidenschaft/auf W-U-N-D-E-R-S-C-H-Ö-N-S-T-E Weise auf das Wohlbefinden von 25 Millionen Passagieren.

Southwest ist ein »System«-Unternehmen. Es konzentriert sich VOLL UND GANZ darauf, viele Menschen effizient von einem Ort zum anderen zu bringen. Und jede kleine/große Kleinigkeit zählt: Southwest setzt nur einen Flugzeugtyp ein … die 737. Nur einen Flugzeugtyp zu unterhalten, MACHT DAS LEBEN UM EINIGES LEICHTER … SCHNELLER … EINFACHER … ZUVERLÄSSIGER. Und: Bei Southwest gibt es keinen Gepäcktransfer zu anderen Fluggesellschaften. Und: Southwest serviert Ihnen kein Essen an Bord. Und: Southwest bietet keine Platzreservierung an. Und … und … und: Das führt dazu, daß sich 21 000 Mitarbeiter voll und ganz/mit Leidenschaft/auf die W-U-N-D-E-R-S-C-H-Ö-N-S-T-E Weise auf das Wohlbefinden von 25 Millionen Passagieren konzentrieren … von einem Ort zu einem nahegelegenen anderen … ohne Streß … ohne Hektik … UND …

MIT EINEM BISSCHEN SPASS.

Southwest hat lautstark dagegen protestiert, eine Fluglinie »ohne Extras« zu sein. Dem kann ich nur voll und ganz beipflichten. Für einen Viel(viel)flieger ist das größte »Extra« überhaupt die wunderbare (schöne?) Zuverlässigkeit. Außerdem setzt Southwest auf Service mit Herz … nennt sich selbst Love Airlines (das heißt … LUV … das Börsentickersymbol) … und … »versucht zu amüsieren, zu überraschen, zu unterhalten«, wie es Chairman Herb Kelleher formuliert. Das heißt, Southwest *ist* ein System. Das System Southwest hat … Schönheit … UND… Charme.

DIE G-R-O-S-S-E IDEE:

Innovation = Schöne Systeme.

Große Idee: **21 000 CHARMANTE MITARBEITER =**

SCHÖNHEIT IN HÖHE VON 21 000 FUSS = MÖGLICH =

SOUTHWEST AIRLINES.

Marriott
(alias Schönheit & Co.)

---

10 wertvolle Minuten!

Die Ergebnisse der unternehmenseigenen Marktforschung sind eindeutig: Welchen Eindruck ein Gast in einem Marriott-Hotel (und wohl auch bei anderen Unternehmen der Dienstleistungsbranche) gewinnt, entscheidet sich in den ersten paar Minuten – in den ersten 10 Minuten, um genau zu sein. Also hat man bei Marriotts ... SYSTEMATISCH ... daran gearbeitet, den Eindruck der ersten 10 Minuten zu verbessern.

Jeden Tag wird eine Liste der Gäste nach Reihenfolge ihrer erwarteten Ankunft erstellt: Die Zimmer für die früher erwarteten Gäste werden zuerst gereinigt. Eine einfache, ... naheliegende und ... MÄCHTIGE ... Idee.

Bei Marriott sind die Aufgaben des Portiers, des Hotelpagen und des Empfangs zu einer Position zusammengefaßt – den Servicemitarbeiter. Ein Gast wird von ein und derselben Person an der Tür begrüßt ... eingecheckt ... und zu seinem Zimmer gebracht. Naheliegend? Natürlich! Brillant? Garantiert! Und funktioniert es? Absolut! Nennen Sie es ... S-C-H-Ö-N-H-E-I-T. Nennen Sie es S-C-H-L-I-C-H-T-H-E-I-T.

CarMax
(alias Schönheit & Co.)

Ein Laib Brot.
Ein Viertelliter Milch.
Ein Pfund Fleisch.
Ein Auto.

Wenn das System die Lösung ist … muß es ein schlichtes/fokussiertes System sein. Richard Sharp, der Chef von Circuit City … und deshalb auch Chef von CarMax … sagt, der Kauf eines Autos müsse genauso einfach sein wie das Einkaufen von Lebensmitteln und dürfe nicht mehr Zeit in Anspruch nehmen als eine Mittagspause.

Das finde ich auch. Und Sie?

Klingt verrückt? Klingt absurd? Denken Sie darüber nach … ICH BITTE SIE DARUM.

P.S. So weit ist CarMax allerdings … noch … nicht. Aber sein eigener Ansatz zur SCHÖN-HEIT – d. h. kein Rumfeilschen, keine Vorführwagen und keine Versicherungen – brachte dem Unternehmen in puncto Kundenzufriedenheit ein Ergebnis von 98 Prozent … damit liegen sie 30 bis 35 (VERDIENTE) Punkte über den konventionellen Autohändlern.

DIE G-R-O-S-S-E IDEE:

Innovation = Schöne Systeme.

Große Idee: SCHLICHTE SYSTEME (ALIAS: WEG MIT DEM … G-A-N-Z-E-N … ÜBERFLÜSSIGEN ZEUG!)

Susan Sargent Designs
(alias Schönheit & Co.)

Ich habe vor kurzem eine Textilfirma mitgegründet. Wir versuchen, so viel wie möglich richtig zu machen. WIRKLICH RICHTIG. Wichtig dabei sind … SYSTEME/GRUNDSÄTZE/VERFAH-REN. Das heißt … ICH GLAUBE, SYSTEME/GRUNDSÄTZE/VERFAHREN können MENSCH-LICH/FREUNDLICH/VERLOCKEND … und … ein (RIESENGROSSES) Plus sein.

Ich erhielt von einem Mitarbeiter der Firma einen Entwurf für einen Werbetext. Der Ton war gnadenlos. Das heißt …, zwischen den Zeilen suggerierte der Text, daß unser Durch-schnittskunde ein potentieller Betrüger sei …, der an der kurzen Leine gehalten werden müsse.

Mir gefiel das nicht.

Und ich bestand darauf, daß der Text vollständig umgeschrieben wurde.

Ich wollte einen freundlichen Ton. Ich wollte, daß der Text erklärt, *warum* wir das tun, was wir tun. Ich wollte, daß er weniger Fachsprache und weniger Nebensätze und Neben-Nebensätze enthält (UNLESBARES GELABER). Wenn ein bißchen weniger Kleingedrucktes bedeutet, daß uns ein Prozent (oder weniger!) der bösen Buben vielleicht irgendwann übers Ohr hauen … SEI'S DRUM. Ich bin an unseren wirklichen Kunden interessiert. Und daran, daß sie wiederkommen. ICH BIN DARAN INTERESSIERT, FREUNDE ZU GEWINNEN … FÜRS LEBEN!

Unsere Kunden sind keine Betrüger. Und Ihre? Sehen Sie sich Ihre Texte an! Natürlich glauben Sie nicht, daß Ihre Kunden »Betrüger« sind. Aber ich wette, Ihre TEXTE sind voller Formulierungen, die aus Ihren Kunden Gauner machen. Sind Sie anderer Ansicht? Lesen Sie sie S-E-H-R sorgfältig durch, bevor Sie antworten.

Bei Susan Sargent Designs vertreiben wir unsere Produkte fast ausschließlich über Vertreter. Wenn wir auch offen miteinander reden, wollen wir doch auch einen direkten Kontakt zu den Einzelhändlern herstellen, an die wir unsere Produkte liefern. Deshalb haben wir unter anderem beschlossen, all unseren Lieferungen an den Einzelhandel (Wolldecken, Bettlaken, Kopfkissen) eine sofort ins Auge fallende Karte beizulegen.

Ich bin zu unserem Betriebsleiter gegangen und habe gesagt: »Bitte entwerfen Sie eine Karte, mit der Sie die Kunden auffordern, Kontakt zu uns aufzunehmen. Und ... BITTE ... verwenden Sie eine verständliche Sprache und machen Sie einen amüsanten Entwurf, der im Gedächtnis haften bleibt.«

Das Ergebnis, glaube ich, spricht für sich. (Ich habe mich gekugelt vor Lachen über ... »oder wenn Sie einen schlechten Tag hatten und einfach nur jemanden vollquatschen wollen ... Rufen Sie unsere Kunden-Hotline an.«)

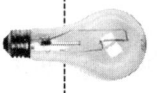

DIE G-R-O-S-S-E IDEE:

Innovation = Schöne Systeme.

Große Idee:

EINE UNKOMPLIZIERTE SPRACHE

Burger King
(alias Schönheit & Co.)

Was bewertet wird, wird auch erledigt.
Was bezahlt wird, wird besser erledigt.

Als CEO von Burger King hat Barry Gibbons einen wichtigen Kurswechsel gegenüber dem ewigen Champion McDonald's zuwege gebracht. Laut Gibbons liegt der Schlüssel zum Erfolg darin, sich auf die Qualität der angebotenen Dienstleistungen zu konzentrieren. Und wie schafft man es, daß sich sehr beschäftigte Menschen … EINDEUTIG … auf die Qualität des Services konzentrieren? Indem man der Weisheit folgt: »Was bewertet wird, wird auch erledigt.« Und der noch schärfer formulierten Weisheit: »Was bezahlt wird, wird besser erledigt.«

Gibbons hat's begriffen. »Wecken Sie das entsprechende Bewußtsein durch die einzige effektive Methode: Sie müssen Qualitätsvorgaben in die Zielvorgaben mit einbeziehen. Wenn die Qualitätsvorgaben des Unternehmens nicht erreicht werden, gibt's auch keinen Bonus. Für niemanden. P-U-N-K-T.«

Lesen Sie diese Worte noch einmal. Wenn die Qualitätsvorgaben des Unternehmens nicht erreicht werden … gibt's auch KEINEN Bonus. Für NIEMANDEN. P-U-N-K-T.

Wir lernen daraus: Fokus. Klarheit. Schlichtheit … und … ja … SCHÖNHEIT.

Ihr erster Schritt
(zu Schönheit & Co.)

Verwenden Sie die Worte . . . SCHÖNHEIT . . .
CHARME . . . SCHLICHTHEIT . . . FOKUS.

Beginnen Sie heute. Allein oder mit Kollegen. Wählen Sie ein Formular/Dokument aus. Zum Beispiel:

- Einen Luftfrachtbrief
- Eine Rechnung
- Eine Reklamation
- Eine Krankmeldung

Bewerten Sie das Formular (am besten mit 3 oder 4 anderen Kollegen) … auf einer Skala von 1 bis 10 (1 = bürokratischer Mist; 10 = Nirwana) … nach den folgenden vier Merkmalen:

- Schönheit
- Charme
- Schlichtheit
- Fokus

Dann wiederholen Sie den Prozeß – z. B. jede Woche einmal. Tip: Ich habe es gemacht … und es funktioniert. Wir (Sie!) *können* … SCHÖNHEIT … CHARME … SCHLICHTHEIT … FOKUS präzise beurteilen. Tatsächlich ist … der wichtigste Teil dieser (strategischen) Übung, mit den Worten an sich (SCHÖNHEIT, CHARME, SCHLICHTHEIT, FOKUS) zu spielen. Zunächst ist es schwierig. (Gut.) Und wird mit der Zeit immer leichter. Tip: Der S/C/S/F-(SCHÖNHEIT, CHARME, SCHLICHTHEIT, FOKUS)Maßstab ist olympisch! (Gut.)

Die soziale Seite von Systemen (VERSUCH 1)

Immer und immer und immer wieder unterschätzen wir – heutzutage – die SOZIALE SEITE der Dinge: Der Computer, das Netzwerk, das S-y-s-t-e-m wird sich schon darum kümmern.

SO NICHT!

»Alles hängt von der Qualität der Gespräche ab«, so Alan Webber, Gründer und Herausgeber von *Fast Company*. Sie können das perfekte E-Mail-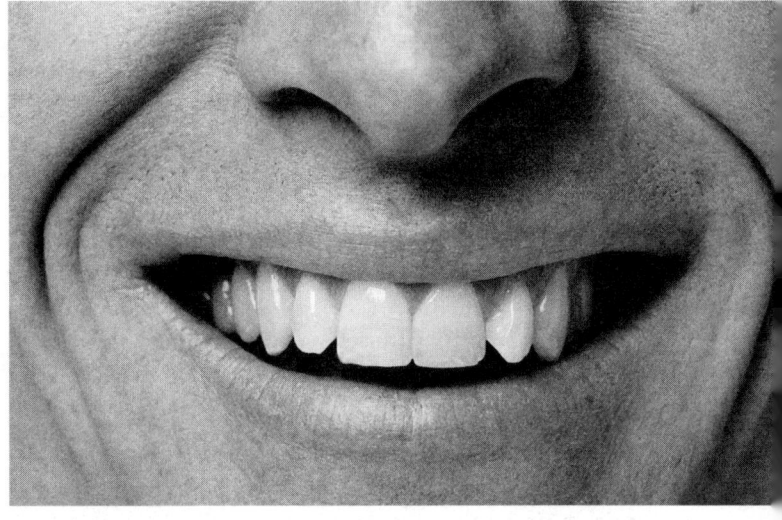System haben. Die perfekte Groupware. Total vernetzt sein. Aber das heißt noch lange nicht, daß die Organisation schnell – und vollständig und rechtzeitig – Informationen austauscht.

Die »Qualität der Gespräche« – ein kultureller/weicher Zug – entscheidet im Endeffekt, ob sich die Technologie bezahlt macht. ODER NICHT. Bill Raduchel, Informatikchef von Sun Microsystems, ist, welch Wunder, ein großer Netz-Champion …, der dessen Grenzen (klar) erkennt. »Die unerläßliche komplementäre Technologie zum Internet«, sagt er, »ist die Boeing 747.« Das heißt … PERSÖNLICHE GESPRÄCHE SIND IMMER NOCH WICHTIG. SEHR WICHTIG!

Das Institute for Research on Learning (IRL) in Menlo Park, Kalifornien, eine Außenstelle des berühmten Palo Alto Research Center von Xerox, untersucht unter anderem auch die Qualität von Gesprächen.

»Alles hängt von der Qualität der Gespräche ab.«

—**Alan Webber,** Gründer/Herausgeber von *Fast Company*

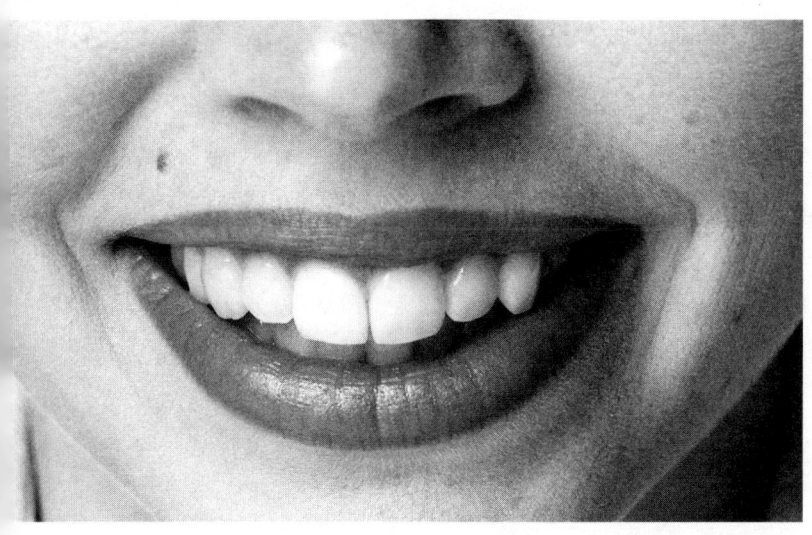

Das IRL hat festgestellt, daß »Lernen« in Organisationen in den meisten Fällen nicht formalen Strukturen zugeordnet werden kann ... und auch nicht formalen elektronischen Netzen. Lernen geschieht (wird hervorgerufen ... oder vereitelt) durch informelles »Weitererzählen« in »Arbeitsgruppen«, wie es vom IRL bezeichnet wird. Die Forscher vom IRL haben zum Beispiel entdeckt, daß gedankenloses Reengineering mit dem Ziel außerordentlicher Effizienzgewinne eine ganze Organisation lahmlegen kann ... WENN ES UNBEDACHTERWEISE DIE ARBEITSGRUPPEN ZERSTÖRT, DIE DIE GRUNDLAGE FÜR DAS KOLLEGIALE LERNEN BILDETEN.

Aber die Thematik ist noch komplexer. Fallbeispiel: Zur Erhöhung der Effizienz in einer Flugsicherungszentrale wurden Ohrenschützer an die Mitarbeiter ausgegeben, um so die Lärmbelästigung zu reduzieren. Die Produktivität sank, anstatt anzusteigen. Warum? Die Mitarbeiter im Kontrollturm bekamen – unbewußt – viel mit, weil sie die Gespräche neben ihnen mithörten. Wenn die Geräuschkulisse ausgeschaltet wurde, so die Beobachtung des IRL, ging die Effektivität zurück.

Das ist Lernen in der Praxis (wenn auch auf unbewußter Ebene). Aber es gibt auch den sozialen Faktor an sich … den Klebstoff, der menschliche Netzwerke zusammenhält. Der neue Werksleiter bemerkte sofort, wie entsetzlich heiß es in der Produktionshalle war. Um die Produktivität zu steigern, ließ er eine Klimaanlage installieren. Und … die PRODUKTIVITÄT SANK. Was war geschehen? Sobald die Klimaanlage lief, war der Geräuschpegel für Unterhaltungen zu hoch. Die Mitarbeiter leisteten mehr, wenn sie … schweißgebadet oder nicht … miteinander reden konnten, während sie ihre Maschinen bedienten.

Das ist nicht nur ein typisch menschlicher Zug. Viele Studien zeigen, daß Affen ungefähr ein Drittel ihrer Zeit auf die »Pflege sozialer Beziehungen« verwenden. Das heißt, Affenklatsch und Affentratsch. Untersuchungen am Menschen kommen zu demselben Ergebnis. Diese »unproduktiv« verbrauchte Zeit ist in Wirklichkeit außerordentlich produktiv. Sie schafft die Basis für die »praktische« Arbeit eines nützlichen Affen – bzw. effektiven Menschen. Schaffen Sie die soziale Kommunikation ab …, und Effizienz und Effektivität gehen den Bach runter. Hinweis: Das erklärt, warum die für alle offenen Chatrooms bei weitem die populärsten Seiten im Internet sind.

DIE G-R-O-S-S-E IDEE:

Innovation = Schöne Systeme.

Große Idee: SYSTEM»ANGELEGENHEITEN« =

MITARBEITER»FRAGEN« = DIE E-C-H-T-E-N

»HARTEN« THEMEN.

Systeme und ihre soziale Seite

(VERSUCH 2)

---

5 Prozent Technologie
95 Prozent Psychologie und Einstellung

Das ist DAS große Paradox – oder vielleicht ist Ironie das bessere Wort. Wir leben im Zeitalter der Intranets ... des Internets ... virtueller Organisationen ... miteinander vernetzter Organisationen. Und doch ...

DIE »FEHLENDEN 95 PROZENT« SIND SOZIOLOGIE ... PSYCHOLOGIE ... ANTHROPOLOGIE: Das heißt, die Informationstechnologie – ganz gleich wie leistungsfähig sie ist – hat »lediglich« eine HILFSFUNKTION: Sie können sich so lange vernetzen, bis Sie schwarz werden (und zusammenbrechen) ..., aber im Endeffekt sind die Mitarbeiter entscheidend.

Mitarbeiter müssen freiwillig ihr Wissen beitragen. Ihre Arbeit ruhen lassen (trotz der immer enger werdenden Zeitpläne), um einander Wissen mitzuteilen. Beobachtungen aus den Bell Laboratories zeigen, daß jeder verdammte Narr eine Anfrage per E-Mail an 100 000 Empfänger verschicken kann. Diejenigen aber, die Tausende von Antworten erhalten, sind nicht unbedingt die Menschen mit dem höchsten IQ ..., wohl aber diejenigen mit dem höchsten EQ ... (Emotionalquotienten). ... Es sind die mit der besten zwischenmenschlichen/sozialen Kompetenz.

Beispiel: VeriFone. VeriFone ist ein Technologieunternehmen. VeriFone ist ein Systemunternehmen. VeriFone ist eines meiner Lieblingsunternehmen. VeriFone ist ein SCHÖNES Unternehmen. Der CEO Hatim Tyabji ist ein erklärter Technologiefreak. Dennoch bleibt er dabei, daß »der Schlüssel zum Erfolg zu 5 Prozent in der Technologie und zu 95 Prozent in Psychologie und Einstellung liegen«. Das soll heißen, daß ein Unternehmen einen ganzen Kronschatz für 25 000 Lizenzen von Lotus Notes ausgeben kann … ohne daß es daraufhin automatisch zu einem Austausch von Informationen kommt. (Oh … Sie sollten sehen, wie meine Zuhörer immer mit dem Kopf nicken, wenn ich das sage.)

Informationsaustausch. Selbstorganisation. Das sind die Schlüsselbegriffe. Das ist aber nicht leicht zu erreichen. Tyabji besteht auf einem breitangelegten Informationsaustausch. Er verbringt 90 Prozent seines Lebens damit, unterwegs zu sein … und predigt eine »Kultur der Dringlichkeit und des Informationsaustauschs«.

> Hamstern lag immer schon in der Natur des Menschen (auch des gesättigten). Entscheidungsträger/mittlere Manager sicherten (und sichern!) ihre Posten dadurch, daß sie als einzige über ein gewisses Maß an Herrschaftswissen verfügen.

Einfach hat er es nicht! Er mußte auch schon die Abwanderung wichtiger Mitarbeiter hinnehmen, die er zuvor aufs sorgfältigste ausgewählt hatte. Das Problem: Viele Mitarbeiter kommen aus traditionellen Bürokratien, in denen das Horten von Informationen/Wissen die Regel war. … Informationsaustausch, geht ihnen gegen den Strich. Sie können sich einfach nicht damit anfreunden. Noch einmal – wie dumm. NICHT. Ein Schlag ins Gesicht für jene Doktrin, die de facto seit über 200 Jahren für Organisationen gilt.

Wie verhält sich ein typischer Mitarbeiter in einer Führungsfunktion/im mittleren Management? Sie haben ein besonders komplexes Problem im Einkauf, bei dem es um einige haarige internationale Fragen geht. Wohin gehen Sie? »Zum alten Mustermann, in den 23. Stock.« Sie rufen bei Mustermann an. (Oder besser, Sie rufen bei seiner Sekretärin an.) Bekommen einen Termin. Für fünf Tage später. Um 16.15 Uhr.

Sie kommen ein paar Minuten zu früh, und ganz gleich, ob Mustermann Bingo spielt oder zu tun hat, müssen Sie eine Viertelstunde warten, damit er demonstrieren kann, was für ein vielbeschäftigter/wichtiger Mann er ist. (Dilbert würde das verstehen!) Um 16.30 werden Sie in das Zimmer des großen Mustermann geleitet. (Knieschoner nicht vergessen!) Er bietet Ihnen ein paar dürftige Informationsbrocken, genug, um Ihnen weiterzuhelfen, aber bei weitem nicht genug, um sein Reservoir an Musterman-allein-kennt-die-geheimen-Antworten-auf-die-Fragen-die-Sie-interessieren zu erschöpfen.

Ich übertreibe. Aber nicht sehr, wie die Reaktionen in meinen Seminaren immer wieder belegen. Hamstern lag immer schon in der Natur des Menschen (auch des gesättigten). Entscheidungsträger/mittlere Manager sicherten (und sichern!) ihre Posten dadurch, daß sie als einzige über ein gewisses Maß an Herrschaftswissen verfügen. Die Rolle des Orakels zu spielen – und das Spiel jahrzehntelang am Laufen zu halten – ist die alles verbindende Logik im Durchschnittsunternehmen. Jetzt sagt uns Tyabji, daß wir die alten Regeln über Bord werfen … und das Spiel … UND DAS IST SCHWER … mit genau entgegengesetzten Regeln spielen müssen: Informationen MITEINANDER TEILEN … MITEINANDER TEILEN … MITEINANDER TEILEN. WEITERSAGEN … WEITERSAGEN. SCHNELL … SCHNELLER … AM SCHNELLSTEN.

Das ist nicht einfach!

DIE G-R-O-S-S-E IDEE:

Innovation = Schöne Systeme.

Große Idee: BRAUCHEN SIE HILFE FÜR IHR INFORMATIONSNETZWERK? … WENDEN SIE SICH AN EINEN SEELENKLEMPNER, NICHT AN EINEN TECHNIKFREAK.

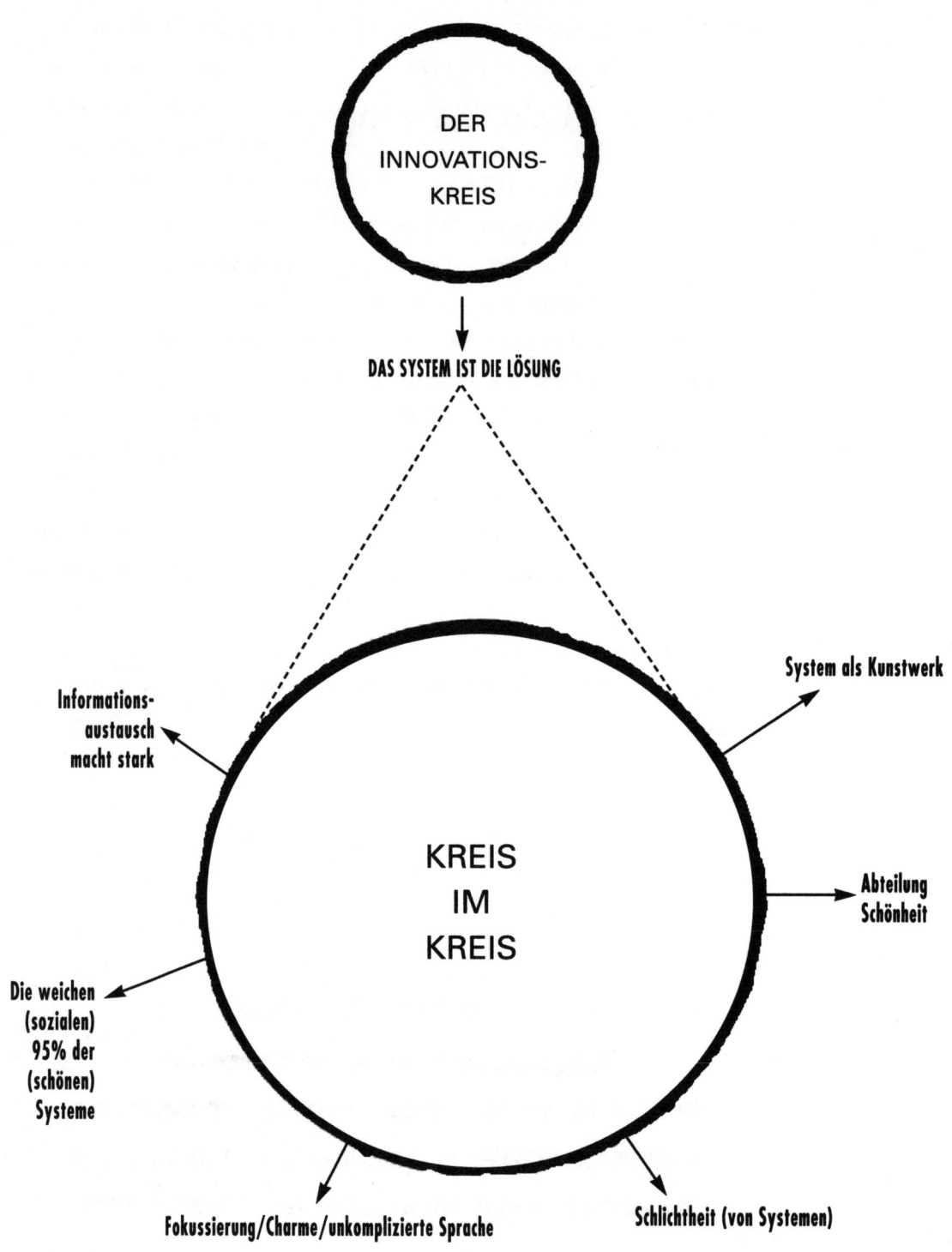

DER INNOVATIONS-KREIS

DAS SYSTEM IST DIE LÖSUNG

Informations-austausch macht stark

System als Kunstwerk

KREIS IM KREIS

Abteilung Schönheit

Die weichen (sozialen) 95% der (schönen) Systeme

Fokussierung/Charme/unkomplizierte Sprache

Schlichtheit (von Systemen)

WORTALARM NR. 8

Systeme = SCHÖNHEIT

Abteilung = SCHÖNHEIT

Systeme = Charme, SCHÖNHEIT, Klarheit, Fokus, Schlichtheit

Unkomplizierte Sprache

Die soziale Seite von Systemen

Qualität der Gespräche

Arbeitsgruppen

Erfolg des Systems = 95 Prozent »weiche« Themen

Je kurzlebiger die neuen »körperlosen« Organisationen sind, desto wichtiger wird die neue Art der Vernetzung sein: Das heißt, es geht um die neue Welt der Systeme ... Hier werden die Systeme als Quellen für ... Schönheit/ Schlichtheit/ Charme/Fokus neu definiert. Damit ist die folgende Frage schon zum größten Teil beantwortet: »Was kommt auf uns zu, wenn sich der von einer Reengineering-Aktion aufgewirbelte Staub wieder gelegt hat?«

Die neue Lust am Produkt.

Ein Produkt muß NICHT zwangsläufig zur

Massenware werden.*

*Gott sei Dank!

Der Fluch des MASSENMARKTES

»Es mangelt absolut an neuen, aufregenden Produkten, die ihrer Zeit voraus sind.«

—David Glass, CEO, Wal-Mart

»Das ewig Gleiche«

—Schlagzeile,
Sonderheft des *The New York Times Magazine*

»Auch wenn alles besser sein mag, es ist doch mehr und mehr immer nur dasselbe.«

—Paul Goldberger,
Feuilletonchef, *The New York Times*

»Qualität, definiert durch >nur wenige Mängel<, ist in der Automobilbranche eher der Preis für den Markteintritt geworden, sie ist kein Wettbewerbsvorteil mehr.«

—J.D. Power and Associates,
Marktforschungsunternehmen für die Automobilbranche

Wir haben hervorragende Qualität zur Religion erhoben. (Großartig. War längst überfällig.) Wir haben fast alles umstrukturiert. (Großartig.) Wir haben hart daran gearbeitet, den Kunden zum König zu machen. (Großartig.) Wir haben die virtuelle Organisation etabliert. (Großartig.) Und wir haben die lernende Organisation geschaffen. (Großartig – wie gehabt.)

Wir haben allen und jedem Selbstbestimmung gegeben. (Jedenfalls fast.) Wir haben die Produktentwicklungszyklen drastisch gekürzt. (Hurra, war auch längst überfällig.) Und wir haben uns schnelle Reaktionszeiten zu eigen gemacht. (Endlich.) Und dennoch …

Ich bekomme Anrufe … und Anrufe … und Anrufe von Managern aus allen möglichen Unternehmen … von Einzelhändlern, Büromöbelherstellern, aus der Konsumgüterbranche, von Kleinbanken und Großbanken … von den großen Wirtschaftsprüfungsgesellschaften, Versicherungen, Softwarehäusern, Computerherstellern, Telekommunikationskonzernen … und von Projektierungsbüros.

Alle beschweren sich über dasselbe. Mit fast den gleichen Worten (um ehrlich zu sein, ist es beinahe unheimlich): »Wir sind auf einmal von zig neuen Konkurrenten umzingelt. Die zig neue Produkte anbieten. Die alle von guter Qualität sind. Die Kunden werden immer wertorientierter. Die Distributoren lassen hemmungslos ihre Muskeln spielen. Meine Margen schrumpfen. Mein Produkt/meine Dienstleistung wird zu einem Massenartikel.« Und sie haben recht. Wir erfahren gegenwärtig den Fluch der Gleichheit. Gute Produkte, die schnell auf den Markt kommen. Doch alles schmeckt gleich, fühlt sich gleich an, rechnet gleich und sieht auch gleich aus.

Das Problem: Die Kriege um die Wettbewerbsvorteile werden noch immer heftiger. (Lesen Sie noch einmal das Vorwort zu diesem Buch … KLM 0807 … nach Kuala Lumpur.) Und gute Qualität kommt inzwischen genauso selbstverständlich aus Malaysia und Brasilien oder aus China (zum großen Teil) … aus San José (Kalifornien und Costa Rica), aus Tokio oder Osaka, aus Frankfurt und Stuttgart. Die zunehmende Ähnlichkeit der Produkte (*Gutes* sieht eben immer ähnlich aus) bedeutet den Todesstoß … für die Hochlohnländer. Deshalb … bedenken Sie … die Logik, die diesem ganzen Buch/dem Innovationskreis zugrunde liegt: DIE ARBEIT AM NÄCHSTEN AKT oder: TOD DEM FLUCH DES IMMER GLEICHEN.

Der Fluch des MASSENMARKTS TRIFFT HOLLYWOOD

(und bewegt sich auf Sundance zu)

»Der Mainstream ist einfach kostspieliger, formelhafter und noch mehr mit Spezialeffekten überladen.«

—Robert Redford,
Schauspieler, Regisseur und Gründer des
Sundance-Filmfestivals

Der Fluch des Massenmarkts ... trifft auch die FILMWELT. Bob Redford weiß das. Und er bringt es auf den Punkt: »Der Mainstream ist einfach kostspieliger, formelhafter und noch mehr mit Spezialeffekten überladen.«

So ist es. Und dies ist auch genau der Grund, warum immer mehr »Mainstream«-Agenten Robert Redfords Sundance-Filmfestival besuchen. Dort wurden erstaunlich viele bizarre/verrückte/avantgardistische/ungewöhnliche Arbeiten zum ersten Mal gezeigt, z. B. 1989 Steven Soderberghs *Sex, Lügen und Videos*. Dieses Jahr wurde *Kiss me, Guido* von Tony Vitale aufgeführt. Der Film handelt von einem einfachen Mann aus der Bronx, der auf einmal mit einem Schwulen aus Greenwich Village zusammenwohnt. Man kann erwarten, daß sich dieser Film finanziell selbst trägt. Früher war dieses Festival nur etwas für Abgedrehte. Jetzt kommen »die Großen« ... auf der Suche ... nach irgend etwas ... I-n-t-e-r-e-s-s-a-n-t-e-m hierher. Wodurch sich Sundance ... nun wiederum ... und ironischerweise ... selbst in Richtung des Mainstream ... und auf den PFAD DES IMMER GLEICHEN ... begibt.

Vorsicht, Bob!

DIE G-R-O-S-S-E IDEE:
Ein Produkt muß nicht zwangsläufig
zur Massenware werden.
Große Idee: HEUTE »HEISS« = MORGEN (HEUTE
ABEND) ZIEL DER NACHAHMER.

Der Fluch des MASSENMARKTS TRIFFT DIE UNTER-HALTUNGSELEKTRONIK

(und Sharper Image schlägt zurück)

>»Mir ist es lieber, ein Kunde kommt herein und sagt: >Wow, das habe ich ja noch nie gesehen<, als daß er sagt: >Wow, schau mal, wie sie das verändert haben.<«

—Barry Gilbert, CEO, Sharper Image

Barry Gilbert, CEO von Sharper Image, unterscheidet zwischen wow und WOW! Bei ihm hat »noch nie gesehen« einen wesentlich höheren Stellenwert als »schau mal, wie sie das verändert haben«. Das sind S-E-H-R weise Worte. Haben Sie sie gehört?

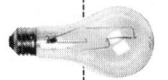

DIE G-R-O-S-S-E IDEE:

Ein Produkt muß nicht zwangsläufig

zur Massenware werden.

Große Idee: ES GIBT wow ... ABER AUCH WOW!

Der Fluch des
MASSENMARKTS TRIFFT DEN LEBENSMITTELHANDEL
(und Procter & Gamble schlägt zurück)

»Die ›Geschmacksnote des Monats‹ darf nicht länger Ziel der Produktentwicklung sein.«

—John Pepper, Chairman und CEO, Procter & Gamble

John Pepper, CEO bei Procter & Gamble, erkannte den Fluch der Massenware im Lebensmittelhandel: Jetzt hat er begriffen, was Sie und ich schon lange wissen: Lebensmittelgeschäfte haben – trotz eines Anstiegs der »neu« ins Sortiment aufgenommenen Produkte um das Zehnfache in den letzten zehn Jahren – dem Meer des ewig Gleichen Raum gegeben. Und schlimmer: Pepper gibt zu, daß sich selbst Procter & Gamble aktiv an diesem »Me-too«-Gerangel im Markt beteiligt hat. Und er ist entschlossen, den Giganten der Konsumgüterindustrie wieder auf die Innovationsschiene zu setzen.

Pepper will weniger Erweiterungen der Produktpalette, weniger »Geschmacksnoten des Monats«. Statt dessen … betont er wesentlich stärker die Entwicklung von neuen Produkten, die sich wirklich von der Masse unterscheiden. Pepper hat die stolze Geschichte seines Unternehmens Revue passieren lassen. Wirkliche Wachstums- (und Umsatz-!)Sprünge entstanden durch einige wenige Produkte, die einen »greifbar neuen Nutzen« boten, durch Tide … Pampers … Crest.

Guter Ansatz, Mr. Pepper. (Es ist höchste Zeit!)

Der Fluch des

MASSENMARKTS TRIFFT DIE FAST-FOOD-KETTEN

(und Burger King schlägt zurück)

Gää-hnende Langeweile!

Alptraum Nr. 1 ...

»Wenn wir es ›richtig‹ machen, ist es immer noch ziemlich durchschnittlich.«

—Barry Gibbons, ehemaliger CEO, Burger King

Als ich ein Kind war, war McDonald's etwas ... GANZ ... Besonderes. Jetzt ist das nicht mehr so. (Zumindest nicht in den USA). Die Umsätze der ewig gleichen Läden stagnieren. (Um es höflich auszudrücken). Das Sonder-Sonderangebot zum Superniedrigpreis von 55 Cent erwies sich als Flop. (Das Zeug ließ sich noch nicht einmal verschenken.) Der Hamburger »Arch Deluxe« ... sollte McDonald's alte Kunden zurückgewinnen – wie zum Beispiel mich – , war aber ein Reinfall.

Na ja ... so schwer es für Mickey D. auch sein mag ... für Burger King war die Situation vor einigen Jahren noch schlimmer. Doch dann kam Barry.

Barry Gibbons ist der vielgelobte CEO, der den Umschwung schaffte und Burger King wieder zu einem ernstzunehmenden Konkurrenten für McDonald's machte. (Zur Zeit arbeitet er an verschiedenen Projekten im Freizeit- und Unterhaltungsbereich.) In seinen faszinierenden Memoiren über seine Erlebnisse (seinen Leidensweg) *This Indecision is Final* beschreibt er den alles erhellenden Moment so: Ganz am Anfang seiner Tätigkeit für Burger King wartete Gibbons hinter der Bühne auf den Beginn einer wichtigen Veranstaltung mit Franchisenehmern, die nicht gerade allerbester Stimmung waren. Als erstes sollte er einen bekannten Redner zum Thema Kundendienst einführen. Sie unterhielten sich kurz, und der Redner wies darauf hin, daß er in Vorbereitung auf seinen Vortrag verschiedene Burger-King-Lokale besucht hatte. Gibbons erstarrte. Er wußte, jetzt würden unzweifelhaft Horrorgeschichten folgen. Und das öffentlich. Das war nicht das Signal, das er für diese Veranstaltung setzen wollte. Hier sollten die Teilnehmer, Himmelherrgott noch mal, angetörnt werden. Dann kam die Erlösung. »Es gab keine Probleme«, sagte der Redner. Und dann passierte es … Der Redner fuhr fort: »Es gab genug gää—hnende Langeweile!«

Als er an diese Begegnung und das, was er später den GL-Effekt nannte, zurückdachte, stellte Gibbons fest, daß dies sein Schlüsselerlebnis gewesen war: »Wenn wir es ›richtig‹ machen, ist es immer noch ziemlich durchschnittlich.« Das war der Startschuß für seine Kampagne, der GL den Garaus zu machen. Sie wurde ein riesiger Erfolg!

DIESE ZWEI KLEINEN (»kleinen« … verdammt) WORTE GEHEN MIR EINFACH NICHT AUS DEM KOPF … SIE SIND DAS SCHLIMMSTE, WAS ICH JE GEHÖRT HABE. (Ich war in Versuchung, diesem Buch den Titel *Machen Sie einfach Schluß mit der GL* zu geben … nur ist das der Titel, den sich Gibbons für sein nächstes Buch ausgesucht hat. Er soll den Vortritt haben. Ich hoffe, es verkauft sich noch besser als meins!)

DIE G-R-O-S-S-E IDEE:
Ein Produkt muß nicht zwangsläufig
zur Massenware werden.
Große Idee: FEIND NR. 1: WENN WIR ES »RICHTIG«
MACHEN … IST ES IMMER NOCH ZIEMLICH
DURCHSCHNITTLICH (OK … GL).

Der Fluch des

MASSENMARKTS TRIFFT DIE QUALITÄTSBEWEGUNG

(Volltreffer!)

>>Qualität steht nicht für Hochwertigkeit, sondern bedeutet, daß die Anforderungen erfüllt sind.<<

—Phil Crosby, Qualitätsguru

Die Beton-Rettungsweste Plus!*

Zertifiziert nach ISO 900(

*Von den Freunden des Clubs der toten Dichter empfohlen

»Auch mit ISO 9000 können Ihre Verfahren und Produkte grauenhaft sein. Sie können einen Hersteller zertifizieren, der Schwimmwesten aus Beton herstellt, solange diese Schwimmwesten in Übereinstimmung mit den dokumentierten Verfahren hergestellt werden, und der Hersteller die nächsten Angehörigen darüber aufklärt, wie Beschwerden über mangelnde Funktionalität vorgebracht werden können. Das ist absurd.«

—Richard Buetow, Direktor der Qualitätssicherung für Business-Systeme, Motorola

---

»Qualität steht nicht für Hochwertigkeit, sondern bedeutet, daß die Anforderungen erfüllt sind«, bestätigt Qualitätsguru Phil Crosby.

BLÖDSINN! (Vielmehr … ABSOLUTER Blödsinn!)

Natürlich ist es (sehr) wichtig, »die Anforderungen zu erfüllen«. Ganz ohne Zweifel! Aber das ist nicht alles. Es ist gerade erst der Anfang.

»Ich erkenne sie, wenn ich sie sehe.« (Qualität natürlich). JAWOHL!.

Qualität, und zwar jene Spielart, die Sie WOW! sagen läßt – ob es um einen Auftrag für ein Informationssystem im Wert von 50 Millionen US-Dollar geht, ein Flugzeugtriebwerk von General Electric oder um ein italienisches Restaurant in Auckland, New Zealand –, bedeutet mehr als das »Erfüllen von Anforderungen«. Hier handelt es sich … jawohl … um GÜTE! (VERDAMMT NOCH MAL!)

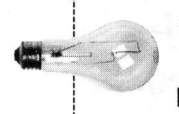 **DIE G-R-O-S-S-E Idee: Ein Produkt muß nicht zwangsläufig zur Massenware werden.**
Große Idee:
QUALITÄT NACH NORM IST MINDESTQUALITÄT.

Nein zur

MASSENWARE

Genau das … IST DER PUNKT … dieses ganzen Buches. Massenware wird nicht funktionieren, d. h. INNOVATION ODER UNTERGANG. TRENNEN SIE SICH VON DER IDEE DER MASSENWARE, SONST TRENNT SICH DER MARKT VON IHNEN.

H-o-f-f-e-n-t-l-i-c-h haben Sie's mitbekommen!!

H-O-F-F-E-N-T-L-I-C-H!

DIE G-R-O-S-S-E Idee: Ein Produkt muß nicht zwangsläufig zur Massenware werden. Große Idee: SAGEN SIE NEIN, NEIN UND NOCHMALS NEIN ZUM MASSENMARKT.

Ja zu
WOW!

WOW! ist die Antwort.

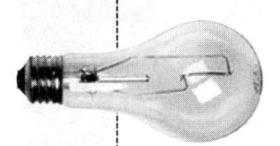
DIE G-R-O-S-S-E Idee: Ein Produkt muß nicht
zwangsläufig zur Massenware werden.
Große Idee:
WOW ! !

Das Ritz-Carlton sagt ja zu WOW!

»Das Ritz-Carlton regt die Sinne an, vermittelt Wohlbehagen und erfüllt selbst unausgesprochene Kundenwünsche und -bedürfnisse.«

—Aus der Ritz-Carlton-Unternehmensphilosophie

Wie sieht der nächste Schritt aus? Weltklasse-Qualität allein reicht nicht. Reengineering allein reicht nicht. Schnelle Produktentwicklung allein reicht nicht. Der nächste Schritt …

Wie wäre es mit »Erfüllt selbst unausgesprochene Wünsche und Bedürfnisse« … »regt die Sinne an«?

Das heißt nicht, daß das Ritz-Carlton deshalb Brotkrümel unter dem Bett toleriert. Aber krümelfreie Betten, genau wie TQM-Produkte (die einem umfassenden Qualitätsmanagement unterliegen), sind nicht genug, um sich in einem engen, krümelfreien Markt von anderen abzuheben. Es braucht etwas (SEHR/AUSSERGEWÖHNLICH) Besonderes .. um (EINDEUTIG) hervorragend zu sein.

Können … Sie sich also vorstellen, daß so etwas wie »die Sinne anzuregen«/ »selbst die unausgesprochenen Wünsche zu erfüllen« als besonderer Test oder als Kriterium in Ihrem Handbuch der Produktentwicklung steht?

KÖNNEN WIR LERNEN, SOLCHE WORTE ZU VERWENDEN? (WIR MÜSSEN ES!) Und nicht nur für Hotels. Oder Restaurants. Wie wäre es mit solchen Begriffen für eine Wirtschaftsprüfungsgesellschaft? Ein Stahlkonzern? Mir leuchtet das ein.

Und Ihnen?

»Das Ritz-Carlton ... erfüllt die Anforderungen.«

—Ritz laut Phil Crosby?? (Guru der Anti-»Güte«)

Und wenn Phil Crosby zur Ritz-Carlton-Unternehmensphilosophie befragt worden wäre ... WAS MEINEN SIE?

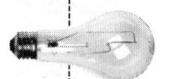

DIE G-R-O-S-S-E Idee:
Ein Produkt muß nicht zwangsläufig
zur Massenware werden.
Große Idee: VERWENDEN SIE EINE
AUSSERGEWÖHNLICHE (UNGEWÖHNLICHE?) SPRACHE ...
Z. B. DIE SINNE ANREGEN. KÖNNEN SIE DAS?

Virgin sagt ja zu WOW!

(genauso wie ... Southwest!)

»Wir wollten nicht in die Transportbranche einsteigen. Wir sind immer noch Teil der Unterhaltungsbranche – auf einer Höhe von 25 000 Fuß.«

—Richard Branson,
Chairman und CEO, Virgin Group

»Wir haben eine Unternehmenspersönlichkeit und eine Marktnische definiert. Wir wollen amüsieren, überraschen, unterhalten.«

—Herb Kelleher,
Chairman und CEO, Southwest Airlines

Schauen Sie sich Virgin Air an, die Senkrechtstarter-Mücke, die British Air auf die Palme bringt. Zu den während des Fluges an Bord von Virgin gebotenen Annehmlichkeiten gehören … Zauberer und Masseurinnen (und das nicht nur in der ersten Klasse). Das ist … nun ja … UNTERHALTUNG … auf einer Höhe von 25000 Fuß.

Oder nehmen Sie … SOUTHWEST.

Pünktlichkeit: sensationell. Verlorenes Gepäck: absolut selten. Sicherheit: absolute Spitze. Kundenbeschwerden: die allerwenigsten der Branche.

All das ist phantastisch (!) …, aber es ist bei weitem noch nicht alles. Die Stewardessen der SWA werden vielleicht die Sicherheitshinweise zu Beginn eines Fluges so einleiten: »ES GIBT VIELLEICHT 50 WEGE, IHREN GELIEBTEN ZU VERLASSEN, ABER NUR SECHS AUSGÄNGE AUS DIESEM FLUGZEUG.« Mit SWA macht das Fliegen … WIEDER SPASS … selbst für solche (t-o-t-a-l Erschöpften) wie mich.

Es sind genau diese Besonderheiten, die Southwest und Virgin über die Spitze hinaus bringen.

AMEN! (Oder besser: WOW!)

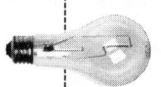

DIE G-R-O-S-S-E Idee:
Ein Produkt muß nicht zwangsläufig
zur Massenware werden.
Große Idee:
QUALITÄT = GÜTE (+ UNTERHALTUNG) (+ SPASS)

Domain sagt ja zu WOW!

 »Wir bei Domain verkaufen keine >Möbel<. Wir verkaufen Träume.«

—Judy George,
Chairwoman und CEO,
Domain Home Fashions

Träume verkaufen … nicht Möbel. Genau das macht Judy George in ihrer schillernden, schnell wachsenden Kette von Einrichtungshäusern, Domain Home Fashions.

Aber wie sieht es mit ihrer Sprache aus?

Ich sprach vor einer Gruppe von Möbelherstellern und Einzelhändlern. Unter ihnen waren sehr viele – welch eine Überraschung – alte weiße Männer: AWMs. (Es ist eine alte Branche, vor allem von der Produktionsseite her.)

Deren Reaktion auf mein Zitat von Judy George? Sie kicherten. Noch schlimmer, sie fragten sich, warum sie ihre Zeit damit verschwendeten, sich mein Schwärmen über solch eine blumige Sprache anzuhören.

Also ging ich das Problem direkt an. »Okay. Ich weiß, was Sie denken. Sie denken, daß die einzige Gelegenheit, bei der Träume etwas mit Möbeln zu tun haben, die sei, wenn Sie ein Bett verkaufen. Sie werden jetzt denken: »Nimmt dieser Mann etwa Drogen? Vernünftige Men-schen – r-i-c-h-t-i-g-e M-ä-n-n-e-r – reden nicht so dummes Zeug.

Entschuldigung, aber ich bin da anderer Meinung.

Zuallererst ist Judy George genauso wirklich wie alle, die hierhergekommen sind. Aber was noch wichtiger ist: Sie glaubt an genau diese Worte und … lebt sie. Sie waren ihr Schlüssel zum Erfolg. Ich glaube, daß die Möbelindustrie einfach das Pro-blem hat, daß sie viel zu viele ›Möbel‹ verkauft und bei weitem nicht genug ›Träume‹.« (Und außerdem, wie ich später noch erklären werde, kaufen »richtige Männer« nur v-e-r-d-a-m-m-t selten diese Produkte.)

»Ich glaube, daß die Möbelindustrie ein Problem hat: Sie verkauft zu viele ›Möbel‹ und bei weitem nicht genug ›Träume‹.«

DIE G-R-O-S-S-E Idee:
Ein Produkt muß nicht zwangsläufig
zur Massenware werden.
Große Idee: KÖNNEN ›RICHTIGE MÄNNER‹
(VOR ALLEM AWMS) ÜBERHAUPT DAS WORT
»TRÄUME« AUSSPRECHEN?????

Intel sagt ja zu WOW!
(und noch mehr)

>>Wir müssen Wellen ... von leidenschaftlichem Verlangen nach unserem Produkt hervorrufen.<<

—Andy Grove, Chairman und CEO, Intel

Das ist Andy Grove. Spricht er vor Kunden? Quatsch! ER SPRICHT VOR SICHERHEITS-ANALYSTEN. Ja, er benutzt genau diese Worte: BEGEHREN WECKEN! LUST ERZEUGEN! Das gefällt mir – und wie!

Intel ist der Prototyp eines Technologieunternehmens ... und trotzdem verstehen Grove und sein Unternehmen Begehren/Lust ... auf sehr intime Weise. Können Sie in Ihrer Organisation Worte wie >>Lust<< in den Mund nehmen? Wenn nicht ..., haben Sie ein G-R-O-S-S-E-S Problem – Andy ... und ich ... sehen es so.

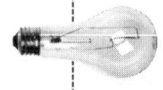

DIE G-R-O-S-S-E Idee:
Ein Produkt muß nicht zwangsläufig
zur Massenware werden.
Große Idee: B-E-G-E-H-R-E-N/L-U-S-T !

Jerry Garcia sagt ja zuWOW!
(und noch mehr)

»Sie wollen nicht einfach nur als die Besten der Besten gelten. Sie wollen als die **einzigen** gelten, die das tun, was sie tun.«

—Jerry Garcia,
der kürzlich verstorbene legendäre Musiker
und Philosoph

Was ist genuine Spitzenleistung? Michael Jordan. Niemand hat … JEMALS … Basketball so gespielt wie er. Er hat das Spiel auf eine neue Ebene gehoben. Mehr als das: Er hat Basketball neu erfunden.

Das ist mein Problem mit dem Benchmarking. Wer Benchmarks setzt, darf sich immer nur am »Besten« orientieren. Damit aber umschifft man den eigentlichen Punkt: Es kommt auf die an, die etwas wirklich ganz anders angehen und … ihr Geschäft (hier: Basketball!!!) in ihrem Teil des Marktes auf eine ganz neue Art betreiben. Sie schaffen so ganz neue Märkte. Die Besten der Besten? Das war nicht Netscapes Einstellung zum Internet. Sie wollten »die einzigen sein, die tun, was sie tun.« Jerry Garcia wäre stolz auf sie gewesen!

Dies ist dann der »analytische« Punkt dieses Buches und mein wichtigstes ökonomisches Argument: Innovation/nein zum Massenmarkt/ja zu WOW! Aber persönlicher ist das: Ich kann … ums Verrecken … nicht verstehen, warum jemand morgens aufstehen sollte, außer – á la Jerry Garcia – in dem Bemühen, »der einzige zu sein, der tut, was er tut.«

»Sie wollen nicht lediglich als Bester der Besten gelten. Sie wollen der sein, der die Anforderungen erfüllt.«

—Von wem? Na, raten Sie mal!

Und noch einmal: Vielleicht hätte es Phil Crosby (Anforderungen erfüllen … nicht Hochwertigkeit schaffen) so ausgedrückt. WAS MEINEN SIE?

HINWEIS: ICH GLAUBE, DAS IST ZIEMLICH BLÖD!

DIE G-R-O-S-S-E Idee:
Ein Produkt muß nicht zwangsläufig
zur Massenware werden.
Große Idee:
GEWINNER = NEUERFINDER = JERRY WEISS ES

Fühlen Sie WOW!
(und Lust!)

Meine Hierarchie der Lust:
Zufriedenstellen . . .
Anforderungen erfüllen . . .
Erwartungen übertreffen . . .
Erfreuen . . .
WOW! . . .
Begeisterte Fans . . .
Lust auf . . .
DIE EINZIGEN, DIE TUN, WAS SIE TUN

Nichts ist so trocken, wie »den Kunden zufriedenzustellen«. Außer »die Anforderungen zu erfüllen«. Und ich hasse es auch »Erwartungen zu übertreffen« … alles völlig ohne Gefühl. Aber ich liebe es, KUNDEN ZU BEGEISTERN … ein WOW! auszulösen … BEGEISTERTE FANS (Ken Blanchard und Sheldon Bowles haben ein Buch mit diesem Titel geschrieben) … LUST AUF (Grove/Intel) … DIE EINZIGEN, DIE TUN, WAS SIE TUN (Jerry Garcia … höchstpersönlich).

Ja … DIE HIERARCHIE DER LUST! Wie sieht sie bei Ihnen aus? (Vergessen Sie nicht: Worte sind wichtig!! Wenn Sie Themen wie »begeisterte Fans« nicht diskutieren, dann verpassen Sie eine g-r-o-ß-e Chance.)

DIE G-R-O-S-S-E Idee: Ein Produkt muß nicht zwangsläufig zur Massenware werden.

Große Idee:

LERNEN SIE, DAS W-WORT (WOW!) UND DAS L-WORT (LUST) IN ERNSTEN/TROCKENEN/GESCHÄFTLICHEN BESPRECHUNGEN ANZUWENDEN ... ODER SIE SIND WEG VOM FENSTER.

Erzeugen Sie WOW! (überall)

Rubbermaid
(sehr angesehen)

SWA
(!!!)

Andersen
(Fenster beim Super-Bowl)

Granite Rock Co.
(Baldrige + Ready Mix –
ein gelungener Mix)

usw.

Noch einmal, ich kann es nicht lassen …, betone ich … mein Lieblingsthema … In einer Seminarpause tauchte ein Mann auf, der Zäune herstellte. »Aber Tom«, meinte er, »es gibt doch sicher Grenzen?« Das heißt, bei Zäunen? Meine Antwort kam wie aus der Pistole geschossen: NEIN!!!

Als ich später noch einmal darüber nachdachte …, wußte ich, daß ich es auch so gemeint hatte. Der Zeitschrift *Fortune* zufolge stand … *Rubbermaid* … 1994 und 1996 an der Spitze der in den USA am meisten bewunderten Unternehmen. Hier kommt das Wiedererkennen von Marken ins Spiel, wie bei den Nikes und Levi's dieser Welt. Ihre Qualität ist großartig. Sie haben unzählige Auszeichnungen für gutes Design gewonnen. Sie haben es sogar geschafft, Rubbermaid-»Boutiquen« in den riesigen Verbrauchermärkten einzurichten. Das Produkt selbst ist in den meisten Fällen ein Vorratsbehälter aus Gummi oder Plastik zum Preis von 97 Cent. Andere würden es als … MASSENARTIKEL … bezeichnen. Nicht aber Rubbermaid!. Auf gar keinen Fall.

Oder nehmen Sie Southwest Airlines. (Ich fliege mit ihnen.) Natürlich ist die Gesellschaft ein »Discounter«. Das heißt … die Preise sind niedrig. Aber der Service? UNSCHLAGBAR! Die Botschaft lautet: Ein niedriger Preis und ein himmlischer Service (im wahrsten Sinne des Wortes) passen hervorragend … ebenso wie eine erstaunlich gesunde Bilanz … und »Persönlichkeit«.

Und … das schlichte Fenster … liegt nicht allzu weit weg von den Zäunen. Andersen, der Fensterhersteller aus Minnesota, hat seine Fenster zur Marke(!!!) hochstilisiert. Woher ich das weiß? Sie brauchen sich nur den Super-Bowl anzusehen (wie der Rest der Welt). Wie andere, hat auch Andersen dort seine Werbung laufen. Fenster als Massenware? Versuchen Sie mal, das Andersen zu verklickern!

Und dann gibt es da noch die Granite Rock Co. (Oh ja!) Mit Sitz in Watsonville, Kalifornien. 1992 erhielt das Unternehmen den amerikanischen Malcolm-Baldrige-Qualitätspreis für den Mittelstand. Für welches Produkt/welche Dienstleistung? Straßenschotter. Fertig gemischt. Das heißt, einen Zementmischer zu fahren … und einen im ganzen Land anerkannten Topservice zu bieten … ist ein gelungener Mix.

Zäune? Etwas Phantasie bitte! Andersen hat sie! Southwest Airlines hat sie! Rubbermaid hat sie! Und eben auch Granite Rock Co. Worauf warten Sie eigentlich noch?

DIE G-R-O-S-S-E Idee: Ein Produkt muß nicht zwangsläufig zur Massenware werden. Große Idee: OHNE GRENZEN (VERDAMMT NOCH MAL!)

Seien Sie WOW!

Professionelle Dienstleistungen,
Null-Fehler-Mentalität
wird zur Massenware

Alles läßt sich unterschiedlich gestalten. (Fragen Sie Rubbermaid und Granite Rock.) Trotzdem sympathisiere/fühle ich mit denen, die versuchen, ein Plastikprodukt für 97 Cent ... oder Straßenschotter ... wieder zu einem Nicht-Massenartikel zu machen.

Aber meine Sympathie und mein Mitgefühl sind (ABSOLUT) am Ende , wenn es um ... professionelle Dienstleistungen ... gleich welcher Art geht. Oh Mann! Ich habe große Wirtschaftsprüfer erlebt, die mir erzählten, daß Wirtschaftsprüfertestate »zum Massenartikel werden«. Ich habe Ingenieure aus großen Projektierungsbüros erlebt, die mir erzählten, daß in ihrem Geschäft »alles über den Preis« laufe. Ich habe Trainer erlebt, die sich darüber beklagten, daß »Führungsseminare« zu einem Allerweltsprodukt geworden seien.

Das macht mich ... krank. Seien wir doch ehrlich ... WENN SIE EINE PROFESSIONELLE DIENSTLEISTUNG ERBRINGEN, TUN SIE DAMIT DOCH WIRKLICH NICHT MEHR UND NICHT WENIGER, ALS SICH SELBST/ODER MICH ZU VERKAUFEN!

Ist der Mensch, der Ihnen morgens um 6.00 Uhr aus dem Spiegel entgegenschaut, eine »Massenware«? Nein! Es ist Tom Peters. Otto Normal. Dora Durchschnitt. Gerhard Mustermann. Und Lieschen Müller. Es ist ein Mensch. Einzigartig. Mit Charakter. Mit unverwechselbaren Fähigkeiten. Wer professionelle Dienstleistung erbringt, bringt sich selbst ein, ob Tom Peters oder Lieschen Müller.

Wenn professionelle Dienstleistungen zur Massenware werden, heißt das ... WÖRTLICH ..., daß Sie und ich zur Massenware geworden sind. Ich sage es noch einmal: Sie, so wie Sie sind, machen die Besonderheit Ihrer professionellen Dienstleistung aus.

P-U-N-K-T.

GESUCHT: MASSENMARKTGEEIGNETE PERSON
(mit sofortiger Flopgarantie)

PD 5 6 4 6 07 6830

DIE G-R-O-S-S-E Idee:

Ein Produkt muß nicht zwangsläufig

zur Massenware werden.

Große Idee:

PROFESSIONELLE DIENSTLEISTUNG(EN) = SIE (ALS MENSCH)

PROFESSIONELLE DIENSTLEISTUNG = ICH (ALS MENSCH)

Folgen Sie WOW!
(nicht den Kunden)

>>Der Kunde ist ein Rückspiegel, nicht ein Wegweiser in die Zukunft.<<

—George Colony, Forrester Research

Chuck Williams hat Williams-Sonoma – das Versandhaus/die Einzelhandelskette – der Luxusklasse für Gourmet-Kochutensilien gegründet. *Newsweek* schreibt, daß er und sein Unternehmen die Küche wieder neu erfunden haben. Williams erklärte das Geheimnis seines Erfolges so: »Ich habe nur das gekauft, was mir gefiel. Ich habe nie etwas gekauft, was ich nicht mochte. Glücklicherweise gibt es viele Leute auf der Welt, die die gleichen Dinge mögen wie ich.«

Den Kunden zuzuhören … DAS IST DAS ALLERWICHTIGSTE. Andererseits … werden Ihnen Ihre Kunden nur über die Dinge etwas sagen, die sie schon kennen. Dieses oder jenes Produkt … in einer anderen Farbe, etwas aufgepeppt, mit diesem oder jenem Zusatznutzen.

Produkte und Dienstleistungen, die einen kleinen – oder großen – Teil des Marktes verwandeln, sind in der Regel Dinge, die sich die Kunden, vielleicht mit Ausnahme einiger mutiger Pioniere, überhaupt noch nicht vorstellen konnten. Ihre Rolle in einem engen Markt/einem Meer des ewig Gleichen wird zunehmend darin bestehen, Ihre Kunden mit Wünschen zu konfrontieren/sie an Orte zu führen, von deren Existenz sie noch gar nichts wußten.

Einfache (logische) Weisheit: Nahezu alle Produkte, die den Markt revolutioniert haben, wurden erst einmal vom Kunden abgelehnt … oft über Jahre, ja sogar Jahrzehnte hinweg. Warum: Weil sie Unbehagen verursachten/Angst einflößten!

Vertrauen Sie WOW!

Zunächst von den Kunden abgelehnt:

Minivans von Chrysler

Post-it-Haftnotizen

Videorecorder

Faxgeräte

FedEx

CNN

Mobiltelefone

Herzschrittmacher

und vieles andere mehr

Die Zeitschrift *Fortune* hat einen Artikel über Produkte veröffentlicht, die von den Kunden bei ihrer Markteinführung abgelehnt wurden: die Minivans von Chrysler, Post-it-Haftnotizen, Videorecorder, Faxgeräte, FedEx, CNN, Mobiltelefone … und sogar Herzschrittmacher!

Nehmen Sie die Post-it-Haftnotizen. Es dauerte zwölf Jahre (!), bis sich die Idee des Erfinders Art Fry am Markt durchsetzte (und heute macht 3M etwa einen Jahresumsatz von 1 Milliarde US-Dollar mit den Post-it-Haftnotizen und all ihren Folgeprodukten). Wir waren aber alle recht zufrieden mit Büroklammern und Schmierzetteln und hatten nie das Gefühl, daß wir etwas anderes bräuchten. Post-it-Haftnotizen sahen nicht gerade so aus, als ob man sie unbedingt nötig hätte …, und das ist noch harmlos ausgedrückt …, als sie in einem ersten (und in einem weiteren) Anlauf auf dem Markt eingeführt wurden. Und heute? Man kommt gar nicht mehr ohne sie aus, stimmts? (Ich jedenfalls nicht.)

Oder das Faxgerät. Ganz, ganz langsam ist es aus den Startlöchern gekommen. Warum? (Im nachhinein) ganz einfach. Es gab keine Faxgeräte, denen man hätte Faxe schicken können!

PRODUKTE, DIE EINEN NEUEN/VERÄNDERTEN MARKT SCHAFFEN, WERDEN ZUNÄCHST (UNWEIGERLICH) VON DEN KUNDEN ABGELEHNT … EIN SCHMERZLICHER PROZESS, DER MANCHMAL JAHRE DAUERN KANN.

Was lernen wir daraus? Visionäre (zielgerichtete) Führungspersönlichkeiten müssen einiges aushalten. Einige/viele/die meisten/fast alle schaffen es nicht. Aber diejenigen, die die qualvolle anfängliche (und sich fortsetzende) Ablehnung überstehen, werden am Ende die sein …, die einzigen sein …, die die Welt verändern.

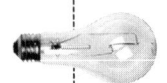

DIE G-R-O-S-S-E Idee:
Ein Produkt muß nicht zwangs-
läufig zur Massenware werden.
Große Idee: WIRKLICH PHANTASTISCHE IDEEN
BRAUCHEN ZEIT.

Finden Sie WOW!

>>Die meisten Unternehmen glauben nicht wirklich daran, daß sie ein besseres Produkt herstellen können.<<

—Ely Callaway, Gründer, Callaway Golf

Großer Gott! Kann das stimmen? 1998 … 1999 … 2000?

Ely Callaways Worte erschrecken mich zu Tode … weil ich ihnen beinahe glaube.

DIE G-R-O-S-S-E Idee:
Ein Produkt muß nicht zwangsläufig
zur Massenware werden.
Große Idee: HILFE … SIE MÜSSEN DARAN GLAUBEN,
DASS SIE ETWAS BESONDERES SEIN KÖNNEN … IN DER
HEUTIGEN ELLENBOGENGESELLSCHAFT/IM HEUTIGEN
VERDRÄNGUNGSWETTBEWERB. RICHTIG?

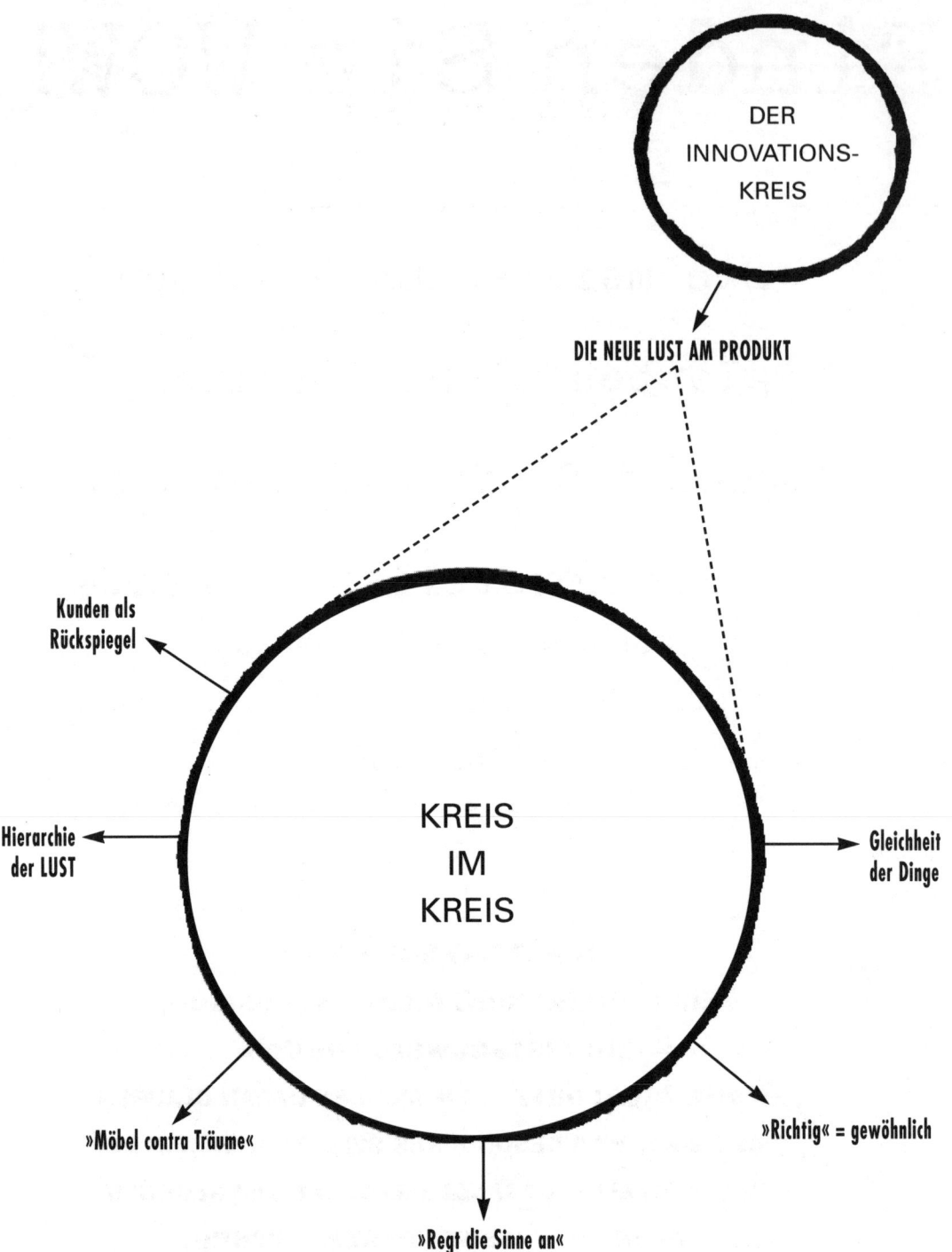

DER
INNOVATIONS-
KREIS

DIE NEUE LUST AM PRODUKT

Kunden als
Rückspiegel

KREIS
IM
KREIS

Hierarchie
der LUST

Gleichheit
der Dinge

»Möbel contra Träume«

»Richtig« = gewöhnlich

»Regt die Sinne an«

WORTALARM NR. 9

Fluch des Massenmarktes/Das ewig Gleiche

Es gibt wow und WOW!

Stoppen Sie die GESCHMACKSNOTE DES MONATS

Gää—hnende Langeweile

Wehe, wenn »richtig« = durchschnittlich

Anforderungen erfüllen contra Güte

Nein zur Massenware

»Regt die Sinne an«/

»Vermittelt Wohlbehagen«/

»Amüsiert … erstaunt … unterhält«/

»Träume …, nicht Möbel«/

»Wellen von Lust«/

»Wir sind die einzigen, die das tun, was wir tun.«

LUST-Hierarchie

Die WOW!-Sager: Ready Mix

Kunden als Rückspiegel

In Kapitel 2 bis 8 werden »Organisationen« und »Mitarbeiter« neu erfunden … Sie werden zunächst auseinandergenommen (Kapitel 2 bis 5) und dann wieder neu zusammengesetzt (Kapitel 6 bis 8). Wozu? In den nächsten sechs Kapiteln will ich versuchen, darauf eine Antwort zu geben … und beginne mit diesem Überblick, der den Boden für Prozesse bereitet, die weit über den Qualitätsaspekt (TQM) und über Schnelligkeit in der Produktentwicklung hinausreichen und die neuen/gewagten/weichen Prachtstraßen hin zu außergewöhnlicher (nachhaltiger?) Differenzierung erschließen.

Tommy Hilfiger weiß es.

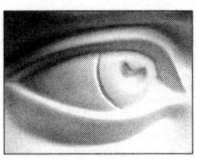

Sagen <u>(SCHREIEN!)</u> Sie JA zur <u>MARKE!</u>

Marke statt Masse!

»Die zunehmende Schwierigkeit, Produkte voneinander unterscheiden zu können, und die Geschwindigkeit, mit der Innovationen von der Konkurrenz übernommen werden, unterstützen ... den unaufhaltsamen Aufstieg der Marke.«

—Gillian Law und Nick Grant,
Marketingspezialisten, Neuseeland

Heben Sie sich ab!

Es ist noch nicht lange her, daß fast alle die Marke für tot erklärten. Es war … DAS ZEIT-ALTER DER INDIVIDUALISIERUNG bzw. des … ONE-TO-ONE-MARKETINGS. Jeder Verbraucher sollte zum individuellen Marktsegment werden …, sollte mit speziell auf ihn zugeschnittenen Dienstleistungen und Produkten versorgt … und mit speziell zugeschnittener Werbung angesprochen werden.

Gut. Bis zu einem gewissen Grad.

Ich bin ein Fan der Individualisierung, ein Fan der Maßkonfektion. Zum Beispiel bei der Zusendung von Katalogen eines großen Versandhauses, in denen ich auf meine persönlichen Bedürfnisse angesprochen werde. Bedürfnisse, die aus meinem bisherigen Kaufverhalten abgeleitet wurden. Aber wenn Williams-Sonoma mir ein solches Angebot zuschickt, kaufe ich immer noch Produkte nach dem Geschmack von Chuck Williams und die beherrschende Marke Williams-Sonoma. Ich vertraue ihm und der Marke. Mein Briefkasten im ländlichen Vermont quillt über vor unzähligen Katalogen. Da wird Williams-Sonoma tatsächlich – wie Gillian Law und Nick Grant sagen – wichtiger denn je. Sich von der (wachsenden, stampfenden, nicht zu bändigenden) Herde abzuheben … das ist die Botschaft dieses Buches, oder? Natürlich müssen sich die Produkte/Dienstleistungen unterscheiden … ein WOW! hervorrufen/BEGEHRENSwert sein, wie ich immer wieder betone. Aber in einem immer enger werdenden Markt reicht die Unterschiedlichkeit von Produkten/Dienstleistungen noch nicht aus. WENN SIE ETWAS (G-R-O-S-S-A-R-T-I-G-E-S) SCHAFFEN, HEISST DAS NOCH LANGE NICHT, DASS SIE AUCH KÄUFER FINDEN. Eine/die Antwort: Branding, eine Marke kreieren.

Marken statt Masse!

AOL

Apple

Arthur Andersen

Blockbuster

Body Shop

Charles Schwab

CNN

EDS

Intel

MCI

MTV

Nike

Rubbermaid

Saturn

Snapple

Starbucks

Virgin

und viele andere mehr

Der Markt ist hoffnungslos überfüllt. Ergebnis: MARKEN ZU KREIEREN IST WICHTIGER DENN JE …, wenn Sie sich … und sei es auch nur minimal … abheben wollen … vom irrsinnig überfüllten Markt.

Und es ist machbar! Heute! Auf den engsten Märkten!

Nike. Virgin. Body Shop. Saturn. (In nur drei Jahren wurde die Automarke Saturn zur zweitwichtigsten Adresse auf dem irrsinnig wettbewerbsgeprägten amerikanischen Automobilmarkt – mit einem Umsatz von 600 Milliarden US-Dollar). CNN. MTV. AOL. MCI. Charles Schwab. Apple. (Gewiß, Apple erlebt schlechte Zeiten … zumindest im Moment. Aber das freundliche Apple-Logo schlug seinerzeit eine riesige Bresche in die scheinbar uneinnehmbare Festung IBM.) Der absolute Renner. Snapple. (Snapple hat zur Zeit ebenfalls große Probleme … aber es hat seinen Weg in die Regale unaufhaltsam gefunden … trotz der »unmöglichen« Aufgabe, es mit PepsiCo und Coca-Cola aufnehmen zu müssen.) Intel. (»Intel inside«, das Super-High-Tech-Dingsbums, das man nicht sieht – weil es sich »in« Geräten anderer Firmen befindet, hat sich tausendfach ausgezahlt.). Starbucks. Rubbermaid. (Ja … Rubbermaid gibt es schon lange. Nichts Neues. Andererseits hat es in den letzten 15 Jahren auf Hochtouren an einem Markenzeichen-jenseits-des-Gewöhnlichen gearbeitet. Und es hat funktioniert/sich bezahlt gemacht! 1994 waren sie das angesehenste Unternehmen in den USA! 1995 ebenfalls! Der Bekanntheitsgrad der Marke ist in den USA so hoch wie der von Coca-Cola oder Walt Disney. Und das mit Plastik- und Gummidingern für 97 Cent!!)

Vor einigen Jahren bekamen die Wirtschaftsprüfer die Erlaubnis, Werbung für sich zu machen. Kein anderer hat diese Chance so gut genutzt wie … ARTHUR ANDERSEN. Jetzt sind auch andere professionelle Dienstleistungsunternehmen dabei, IHREN NAMEN ALS MARKE ZU ETABLIEREN.

Electronic Data Systems/EDS ist ein weiteres Beispiel: Die erste weltweite Werbekampagne startete im Oktober 1996. EDS hatte für das erste Jahr einen Werbeetat von 80 Mio. USD geplant.

Kein Platz für neue Marken? Völlig falsch! Wir leben im Zeitalter der Informationsflut …, und noch nie gab es soviel Platz für/Bedarf an neuen Marken und aggressiven Markenstrategien. Ihr Produkt unkontrolliert auf den Markt zu werfen … selbst wenn es unglaublich perfekt auf einen bestimmten Verbraucher abzielt … wird Sie nicht mehr weit bringen. (Tut mir leid.)

Marken schaffen! Marken schaffen!! Marken schaffen!!! Das ist die Botschaft … für das Ende der neunziger Jahre und darüber hinaus.

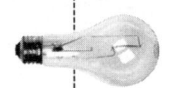

DIE G-R-O-S-S-E IDEE:
Innovation = Marken-Manie
Große Idee: ALLES IST MACHBAR … SOGAR AUF DEN
ENGSTEN MÄRKTEN.

Martha Stewart: Marke statt Masse

Heute: Canapés mit Crème fraîche!

Morgen: **Die ganze Welt!**

»Das ist richtig gut.«

Ich glaube, daß jeder etwas Besonderes ist. (Kein Wunder!) Und ich glaube, daß sich Besonderheit und Größe (meistens) gegenseitig ausschließen. Das heißt, daß es für die cleveren kleinen Familienunternehmen oft leichter ist, sich von anderen abzuheben, als für die Firmenriesen.

Und … ich bin mehr und mehr der Ansicht …, daß dies auch für Marken gilt.

Zu viele (die meisten) Menschen setzen »Branding«, das Schaffen und Etablieren von Marken, mit Marlboro oder Walt Disney gleich. Natürlich sind Marlboro, Walt Disney, Nike, Saturn u. a. eine verdammt gute Markenstrategie gefahren.

Vor nicht allzu langer Zeit war Martha Stewart die Besitzerin eines kleinen Catering-Service in einer wohlhabenden Stadt in Connecticut.

Dann schuf sie eine Marke. (Ja wirklich?) Der Basketballer Dennis Rodman von den Chicago Bulls (mit dem buntgefärbten Haarschopf) hat es genauso gemacht.

Branding bedeutet also nicht mehr (und nicht weniger), als eine unverwechselbare Persönlichkeit zu entwerfen, … und der ganzen Welt … bei jeder Gelegenheit … davon zu erzählen.

> Branding bedeutet nicht mehr (und nicht weniger), als eine unverwechselbare Persönlichkeit zu entwerfen, … und der ganzen Welt … bei jeder Gelegenheit … davon zu erzählen.

Das neugegründete Textilunternehmen, dessen Teilhaber ich bin, hat zum jetzigen Zeitpunkt nur wenige Mitarbeiter … und schreibt nur mäßige Umsätze. Aber wir sind wild entschlossen, in unserer Nische, in der es nicht allzu viele Marken gibt, eine solche zu werden … zunächst landesweit – und später weltweit. Das bedeutet, wie im Rausch Geld auszugeben, zum Beispiel für Marketingmaterial. »Wie wild« (wenn auch sehr gezielt), mit Geld für Werbung um sich zu werfen. Sicherzustellen, daß jedes Detail unserer Botschaft dem Design/einem durchgängigen Thema/einem bestimmten Look entspricht. Jede Kleinigkeit ist auf die Etablierung unseres Images ausgerichtet. Nein, wir haben es noch nicht geschafft. Aber viele in der Textilbranche würden sagen, daß wir in sehr kurzer Zeit bereits erstaunlich viel erreicht haben.

Ich glaube, es ist machbar! Ich glaube, es ist _die_ verpaßte Chance, es nicht versucht zu haben! Hey, irgendwie bin auch ich eine Marke! Und ich habe es, im großen und ganzen, ganz allein geschafft …, indem ich mir die Erfolge der Oprahs, der Dennis Rodmans, der Martha Stewarts, der Anita Roddicks, der Richard Bransons und anderer zu eigen gemacht habe. Sie alle haben sich unbewußt zur »Marke gemacht«.

Tommy Hilfiger: Marke statt Masse

»Marken-Power ... wie hat Tommy Hilfiger das erreicht? Mit ein bißchen Geld, einer Menge Chuzpe und einem beinahe magischen Gefühl für Sales Promotion.«

—Bemerkung eines Investors

Tommy Hilfiger hat ... buchstäblich ... bei Null angefangen. Eines seiner Geheimnisse ist sein »beinahe magisches Gefühl für Sales Promotion.« Ein weiteres sein Blick fürs Detail. Schauen Sie sich an, was Hilfiger trägt, und Sie werden immer ein leuchtend grün gesäumtes Knopfloch entdecken.

Anita Roddick von Body Shop versteht das. Auch Tiger Woods ... und sein Vater. Und ... Gott weiß es ... Howard Stern. Und ... auch verschrobene Nerds wie ... B-I-L-L G-A-T-E-S.

Branding? Machbar! Von Anfang an!! Wenn Sie es wirklich wollen. (Sie brauchen nur Tommy und Tiger und Billy G. ... zu fragen.)

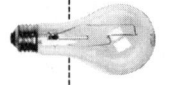

G-R-O-S-S-E IDEE:

Innovation = Marken-Manie

Große Idee: BRANDING ... VOM ERSTEN TAG AN.

Virgin:
Marke statt Masse

»Viele Unternehmen kreieren keine eigene Marke. Als Unternehmenschef ist es mein Ziel, den Namen ›Virgin‹ zu verbreiten und überall bekannt zu machen.«

—Richard Branson,
Chairman und CEO, Virgin Group

Richard Branson ist durch und durch ein Sales Promoter! Besser gesagt ein … SEHR ZIEL-STREBIGER … Sales Promoter. Er ist immer da, wo etwas los ist (er ist nicht zu übersehen)! Er fordert den Goliath (British Airways) heraus! Er ist der milliardenschwere Underdog! Er ist der weitgereiste, unerschrockene Ballonfahrer! Er ist … BRANSON! Er ist der Begründer einer Marke. Er geht völlig in ihr auf. Er lebt die Marke. Die Marke = Branson = Virgin.

DIE G-R-O-S-S-E IDEE:

Innovation = Marken-Manie

Große Idee: LIEBEN SIE IHRE MARKE.

LEBEN SIE IHRE MARKE.

341

EnergyOne:
Marke statt Masse

»Ich will das Unsichtbare
sichtbar machen.«

—Bill Burgess,
ehemaliger Senior Vice President
für Marketing, UtiliCorp

»Bald werden Sie elektrischen Strom
kistenweise im Supermarkt kaufen.«

—Richard C. Green, Jr.,
CEO und Chairman, UtiliCorp

»Ich will für die Elektrizität
das sein, was Kellogg's für Corn-
flakes war.«

—Richard C. Green, Jr.,
CEO und Chairman, UtiliCorp

Die REVOLUTION für den riesigen Bereich der Elektrizitätsversorgung … kommt … unaufhaltsam. Und niemand ist weiter vorn mit dabei als die relativ unbekannte UtiliCorp aus Kansas City, Missouri, mit ihren Chefs … Richard Green und Bill Burgess.

Burgess und Green haben eine große Mission. Bis jetzt scheinen sie Erfolg zu haben. Das heißt … SIE MACHEN STROM ZUR MARKE. Burgess und Green glauben, daß es machbar ist. Sie wissen, daß es machbar ist. Die Frage ist bloß: Wer macht es? Sie sind davon überzeugt, daß sie es sind – mit UtiliCorp/mit dem Markenzeichen UtiliCorp, das da heißt … EnergyOne.

Ich würde nicht dagegen wetten.

Branding … ist die Aufgabe Nr. 1 …, meinen Burgess …, Green … und ich.

G-R-O-S-S-E IDEE:

Innovation = Marken-Manie

Große Idee: ALLES (!) KANN ZUR MARKE WERDEN (!)

Southern Co.: Marke statt Masse

»Wer fällt Ihnen beim Stichwort Stromversorgungsunternehmen ein? Bestimmt niemand!«

—Bill Dahlberg, CEO, Southern Co.

Bill Dahlberg. Manager eines Elektrizitätswerks. Marketing-Meeting. (Soso, aha!) Atlanta. I/97. Er trägt das Markenzeichen seiner Firma ... SCHWARZER BATMAN-UMHANG. (JA ... ich sagte Manager eines Elektrizitätswerks ..., nicht der Schwarze Ritter.) Er redet und ereifert sich stundenlang ... über Marken ... über Branding ..., lange bevor die Privatisierung der Stromversorgung Realität wird. Aber wenn es soweit ist, werden Sie und ich uns erinnern ... an Southern Co.

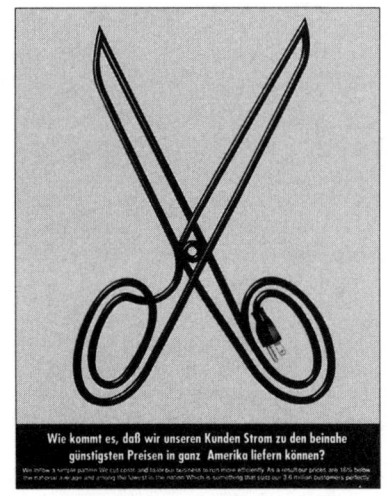

Wie kommt es, daß wir unseren Kunden Strom zu den beinahe günstigsten Preisen in ganz Amerika liefern können?

Die G-R-O-S-S-E IDEE:

Innovation = Marken-Manie

Große Idee: SCHAFFEN SIE EINE MARKE, UM ALS ERSTER IM ZIEL ZU SEIN.

Und wie machen Sie's?
Marke statt Masse

Verkaufen Sie USE . . .

Unvergeßliche Sinnliche Erlebnisse

In ihrem anregenden und originellen Buch *Marketing-Ästhetik** sind Bernd Schmitt und Alex Simonson zum Kern der effektiven Markenstrategie vorgestoßen ... und zwar ... ein unvergeßliches sinnliches Erlebnis zu kreieren.

»Wir haben den Ausdruck ›Marketing-Ästhetik‹ geprägt«, schreiben sie, »um uns auf das Marketing sinnlicher Erlebnisse in der Markenpolitik eines Unternehmens zu beziehen, das zur Identität des Unternehmens oder des Markennamens

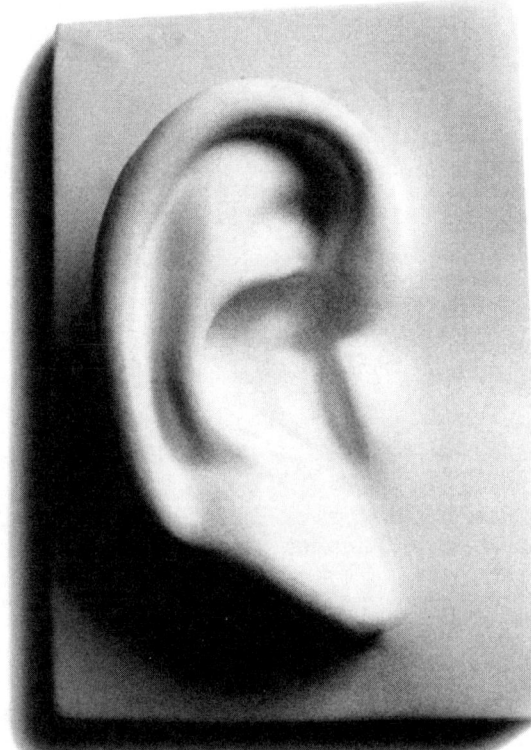

beiträgt. Die heutige Umwelt ist multimedial, mehrkanalig, multisensorisch und digital. Kommunikation, Verkehr, Produkt und Dienstleistung werden global. Weltweit leben mehr Menschen in Städten als jemals zuvor, und die Lebensstile und Vorlieben der Verbraucher – insbesondere der jungen Leute – sind intensiv, kurzlebig und verändern sich ständig ...«
»In dieser Welt der intensiven Kommunikation durch interaktive und reizüberflutende Medien genügen die Eigenschaften und Vorzüge von Produkten, Markennamen und Markenassoziationen nicht mehr, um Aufmerksamkeit zu erregen und die Verbraucher zu locken. Unternehmen können die Verbraucher nur an sich binden, indem sie ihnen unvergeßliche sinnliche Erlebnisse bieten, die mit der Positionierung des Unternehmens, des Produkts oder der Dienstleistung verknüpft werden.«

Das zentrale Wort ist: ERLEBNIS. Es geht um das Starbucks-ERLEBNIS ... das Nike-ERLEBNIS ... das Caterpillar-ERLEBNIS ... das Levi's-ERLEBNIS ... das Absolut(e)-ERLEBNIS. Und darum, daß Erlebnisse, wie Schmitt und Simonson sagen, (SEHR) spezifisch inszeniert und gemanagt werden können.

Es beginnt mit dem Wort ... MARKETING-ÄSTHETIK. Das heißt: »ästhetische Erlebnisse managen« ... »ästhetische Strategie« ... »Marketing sinnlicher Erlebnisse

* Schmitt/Simonson, Marketing-Ästhetik erscheint im Herbst 1998 im Econ Verlag GmbH, Düsseldorf und München.

... die zur Identität des Unternehmens oder Markennamens beitragen« ... »strategische Visionen mit sinnlichen Reizen/Stimuli verbinden«. Es geht vor allem darum, diese Idee (SEHR) ernst zu nehmen. Ganze Kapitel sind dem ... Aussehen ... Gefühl ... Geschmack ... Stil ... Klang ... Geruch ... Struktur ... Farbe ... Schriftbild (von Logos, Briefköpfen usw.) gewidmet. Und ... worauf läuft es hinaus? Auf E-R-L-E-B-N-I-S-S-E.

Natürlich steckt noch viel mehr dahinter, als diese kurze Aufzählung erahnen läßt. (Das heißt: Lesen Sie das verdammte Buch!) Mein Ziel ist es nur, Ihre Neugier zu wecken und Ihnen ... WÄRMSTENS ZU EMPFEHLEN ... sich mit diesem (SEHR) wichtigen/strategischen Thema auseinanderzusetzen. Denn ... es wird vielfach unterbewertet. Und: Es gilt für den unabhängigen Unternehmer genauso wie für die Ausbildungsabteilung mit sieben Mitarbeitern, für das Restaurant mit 22 Tischen ... und auch für unsere Freunde bei Caterpillar oder Starbucks oder Nike oder Levi Strauss ... oder Absolut.

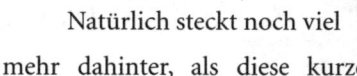

G-R-O-S-S-E IDEE:

Innovation = Marken-Manie

Große Idee: MARKENIMAGE/UNVERGESS-

LICHKEIT = ÄSTHETISCHES ERLEBNIS = MACHBAR

Und wie machen Sie's?
Marke statt Masse

Entwickeln Sie eine
Obsession für
Marken und deren
Etablierung.

Wie erzielen Sie hervorragende Qualität? Motorola weiß es. Milliken & Co. weiß es. Denken Sie an nichts anderes. Verbringen Sie (viel) Zeit damit. Verändern Sie – in der Regel drastisch – alle Systeme in allen Abteilungen Ihrer Organisation, um Qualität-über-alles zu setzen. Das heißt, wie ich schon so oft gesagt habe, ... AUFMERKSAM-KEIT IST ALLES!

Und das gilt auch für Marken und deren Etablierung. Lesen Sie die besten Bücher über Branding (beginnen Sie mit David Aakers Büchern *Building strong Brands* und *Managing Brand Equity: Capitalizing on the Value of a Brand Name*), und Sie werden auf eine ganze Menge wertvoller Ratschläge stoßen. Aber nur der folgende verdient diese Bezeichnung wirklich: Seien Sie aufmerksam! Gehen Sie gezielt vor! Denken Sie an nichts anderes! Sprechen Sie darüber ... bei jeder noch so trivialen Gelegenheit.

Herb Kelleher? Ein Meister des Branding. Wieso? Weil – buchstäblich, so scheint es – kein Augenblick vergeht, in dem er »Southwest« nicht lebt. Das gilt auch für Rich Teerlink (Harley Davidson) und Larry Ellison (Oracle) und Andy Grove (warum, glauben Sie, ist der Technologe Grove für die Medien ständig verfügbar?).

Aber nicht nur die »Marketingabteilung« sollte alles daran setzen, ein Marken-image aufzubauen, sondern auch die Debitorenbuchhaltung. Es ist also auch eine Auf-gabe für den Einkauf. Eine Aufgabe für die Informationssysteme. Und, Gott weiß, eine Aufgabe für die Personalabteilung. Jede Entscheidung ... jedes System ... sollte diese spezifische Aufmerksamkeit (Besessenheit) für das MARKENIMAGE (Stimme usw.) – sichtbar – reflektieren.

Beim Engagement für den Aufbau eines Markenimages geht es auch um die Multiplikatorwirkung. Sehen Sie sich nur an, wie weit Nike und Walt Disney gekommen sind. Im Grunde geht es bei der Etablierung einer Marke also darum, den Namen bekannt zu machen. BIS ZU EINEM GEWISSEN PUNKT ZUMINDEST. Darüber hinaus einem bestimmten Stadium verwässert sich das Ganze dann. Wann ist es genug? Keiner kann das mit Sicherheit sagen. Das ist die wahre Kunst. Multiplikatorwirkung an sich ist positiv zu sehen, zuviel davon nicht mehr.

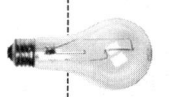

G-R-O-S-S-E IDEE:
Innovation = Marken-Manie
Große Idee: BRANDING IST KEINE NEBENBESCHÄFTIGUNG.

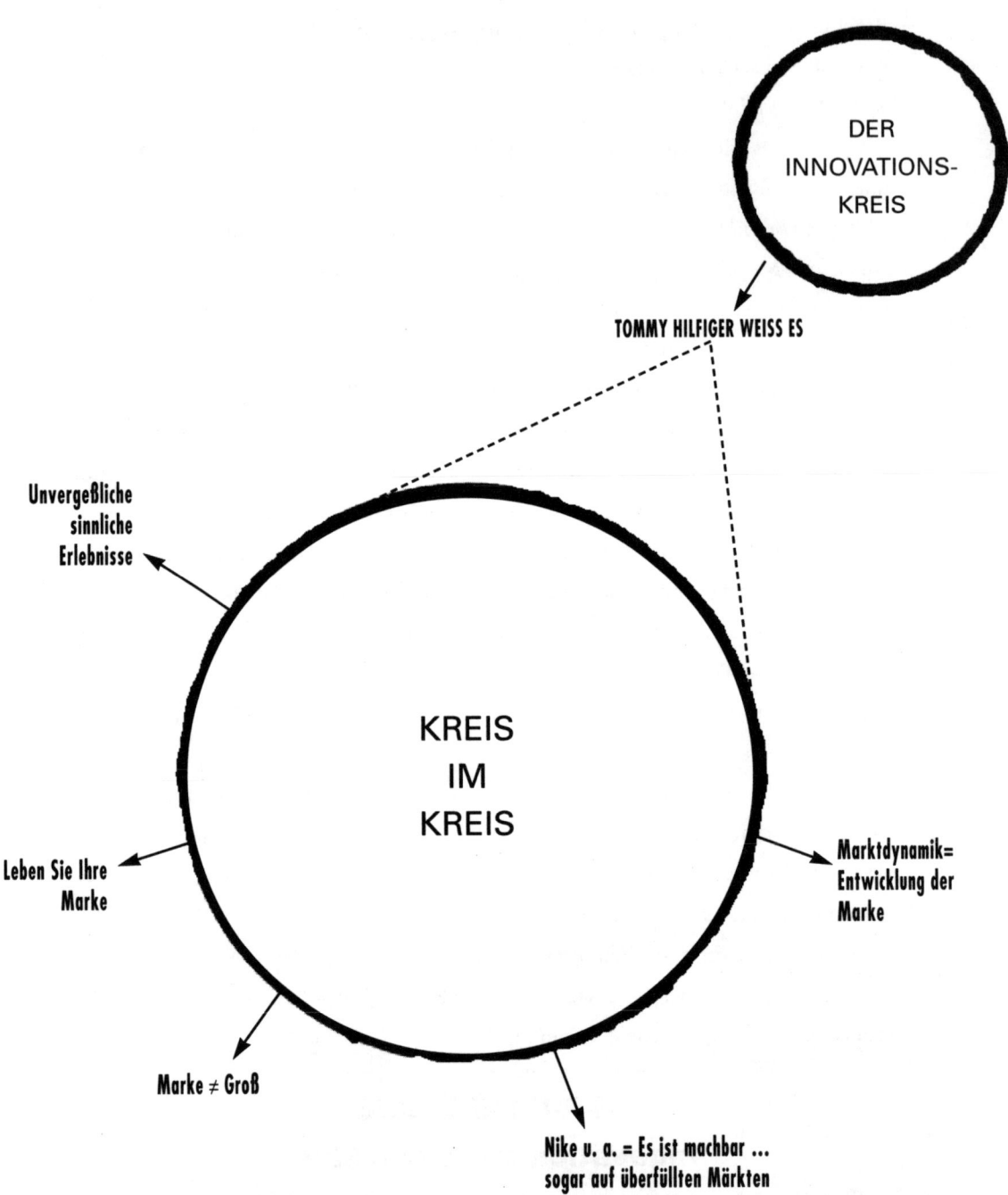

DER
INNOVATIONS-
KREIS

TOMMY HILFIGER WEISS ES

Unvergeßliche
sinnliche
Erlebnisse

KREIS
IM
KREIS

Marktdynamik=
Entwicklung der
Marke

Leben Sie Ihre
Marke

Marke ≠ Groß

Nike u. a. = Es ist machbar ...
sogar auf überfüllten Märkten

WORTALARM NR. 10

Zeitalter der MARKE

Branding = In überfüllten Märkten möglich

Martha und Tommy und Richard wissen es

Marke ≠ Groß

Unvergeßliche Sinnliche Erlebnisse

Marketing-Ästhetik

DIE MARKE leben

Wie Sie sich vom »unvermeidlichen« Massenmarkt abheben können, zeigen Ihnen die folgenden fünf Kapitel im einzelnen. Betrachten Sie jedes Kapitel als eine Schlüsselstrategie zur Umsetzung einer offensiven Differenzierung und eines Anti-Massenmarkt-Konzepts.

1. Schritt: Etablieren Sie Marken statt Masse, branden Sie auf Teufel komm raus. Auch die kleinsten Firmen können von Intel und Nike und Martha Stewart und Tommy Hilfiger lernen, daß Markentreue nicht tot ist. Sie ist lebendiger und wichtiger als jemals zuvor.

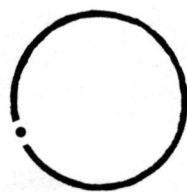

Werden Sie Experte für Talent.

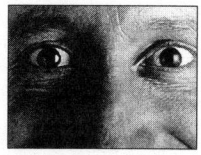

WOW braucht WOW.

WOW-Leute werden WOW leisten.

Wer sind die WOW-Leute?

Steve Jobs weiß es.

»Beschäftigen Sie sich mit dem Besten, was Menschen je geschaffen haben, und versuchen Sie dann, dies in Ihre Arbeit und Ihr Handeln einzubringen.«

—Steve Jobs,
Apple/NeXT/Pixar und Philosoph, über die
Entwicklung von »genialen« neuen Produkten

Manchmal gewinnt Steve Jobs (Apple, Pixar), manchmal verliert er (NeXT). Aber es liegt nie daran, daß er es nicht versucht ... oder daß ihm die Phantasie gefehlt hätte.

Jedes Produkt ... wirklich jedes ... sagt Jobs, kann großartig sein ... sogar »wahnsinnig großartig«. Erste Voraussetzung: Großartige (heißt hier: interessante) Leute. Für seine Produktentwicklungsteams heuert Jobs Leute mit »unkonventionellem Lebenslauf« und »außergewöhnlichem Geschmack« an – z. B. Künstler, Dichter und Historiker. Laut Jobs besteht ihr Zauber darin, daß sie »sich mit dem Besten auseinandersetzten, was Menschen je geschaffen haben und dann versuchten, das in ihre Projekte einzubringen.« So war beispielsweise das ursprüngliche Macintosh-Team von Jobs eine phantastische Mischung aus Künstlern und Ingenieuren/Technikern. Ihre ästhetischen Ambitionen waren genauso stark ausgeprägt wie ihre technologischen – daher kommt das immer noch beispielhaft benutzerfreundliche Apple-Betriebssystem. Haben Sie in letzter Zeit Dichter, Künstler oder Historiker eingestellt? (Übrigens: Ich meine es ... todernst ...)

Wer sind die WOW-Leute?

Jack Mingo, Patricia Pitcher und ein Psychotherapeut in Santa Cruz wissen es.

>>Das Licht in dieser Welt kommt von denen, die einen Knall haben.<<

—Autoaufkleber eines Psychotherapeuten in Santa Cruz, Kalifornien

»Sie sagen, Sie wollen nichts
Emotionales, Impulsives,
Unberechenbares, ausschließlich
Einfallsreiches? Tut mir leid,
ich kann Ihnen dies nur im Paket
anbieten. Sie können Engagement,
Loyalität, Aufrichtigkeit,
Realismus und Wissen zusammen
bekommen, in diesem Paket ist der
Anteil an Einfallsreichtum
jedoch eher klein.«

—Patricia Pitcher,
Autorin, *Das Führungsdrama*

»Die Produkte, an
denen wir am meisten
hängen, wurden aus
dem Bauch heraus,
durch Herumprobieren
und mit fanatischer
Hingabe von Menschen
geschaffen, die
mindestens
Exzentriker, wenn
nicht sogar komplett
verrückt waren.«

—Jack Mingo,
Autor, *How the Cadillac
Got Its Fins*

Jack Mingos Buch *How the Cadillac Got Its Fins* ist ziemlich unterhaltsam. UND ES ENTHÄLT EINE … SEHR … ERNÜCHTERNDE BOTSCHAFT. Sie lautet, daß die wirklich coolen Dinge ganz selten von den »Anzugträgern« geschaffen werden (vor allem dann nicht, wenn sie auch noch anthrazit oder schwarz sind). Etwas zu entwickeln, das aus dem Rahmen fällt … benötigt … hätten Sie's gedacht (?) … jemanden, der selbst aus dem Rahmen fällt … in einer Umgebung, die alles aus dem Rahmen fallende unterstützt.

Das heißt natürlich nicht, daß jeder beliebige ungewöhnliche Mensch automatisch lauter erfolgreiche Produkte oder Leistungen erbringt. Die meisten von diesen Menschen fallen … einfach nur … aus dem Rahmen. Und sie scheitern. Andererseits … verdanken wir alle großen Errungenschaften der Welt – ob in der Politik oder in der Industrie – dem unermüdlichen Streben von einigen fanatischen/verrückten Wenigen. D. h.: »ES SIND DIE DURCHGEKNALLTEN, DIE DAS LICHT IN DIE WELT BRINGEN. … DIES GILT AUCH FÜR DIE WELT DES BUSINESS.«

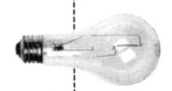

DIE G-R-O-S-S-E IDEE:

Innovation = Talentgestützte

Unternehmen

Große Idee: ALLE (GROSSEN) ERFOLGE SIND

DIE RESULTATE VERRÜCKTER SPINNERTER/

ABGEDREHTER WELTSICHTEN.

Wer sind die WOW-Leute?

Alan Webber weiß es.

»Erfahrung ist out. Unerfahrenheit ist in. Vielen Managern im mittleren Alter ist das wohl unangenehm, aber so ist das Leben.«

—Alan Webber,
Gründer/Herausgeber, *Fast Company*

Wenn Sie mich fragen (und wenn Sie das hier lesen, haben Sie es indirekt getan), gibt es unter den Zeitschriften, die die neu strukturierte Unternehmenswelt beschreiben wollen, keine, die *Fast Company* das Wasser reichen kann. Der gewitzte Begründer und Herausgeber Alan Webber sagt es auf seine Weise: »Erfahrung ist out. Unerfahrenheit ist in. Vielen Managern im mittleren Alter ist das wohl unangenehm, aber so ist das Leben.«

Wenn auch ungern, muß ich doch meinerseits dazu sagen … SO SEI ES!! Sicher hat auch Erfahrung noch einen Stellenwert. Aber … herzerfrischende Naivität … gewinnt … immer mehr … an Bedeutung. Die Charakteristika der »Branchen« ändern sich. Immer mehr Unternehmen fallen aus der Liste der 500 größten Unternehmen der Zeitschrift *Fortune* heraus. … Newcomer verdrängen sie … ein Unternehmen nach dem anderen.

Vielleicht nehmen Sie mir das nicht ab. Von mir aus! Aber … versprechen Sie mir eins … daß sie … sich zumindest … GEDANKEN DARÜBER MACHEN … ERNSTHAFT … BALD.

Tony Hsieh, Ali Partovi, Susan Cooney und Sanjay Madan wissen es.

Sehen die Menschen auf diesem Foto so aus wie die Menschen in der Vorstandsetage Ihres Unternehmens? Nein? Dann haben Sie (oder Ihr Unternehmen) vielleicht ein Problem. Ich stelle Ihnen Tony, Ali, Susan und Sanjay vor ... die Gründer von LinkExchange ... einem der führenden Anbieter von Werbung im WorldWideWeb.

Sieht so (wie sie) die Zukunft aus? Weit gefehlt. Es ist die G-e-g-e-n-w-a-r-t, die so aussieht.

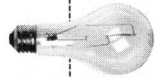 **DIE G-R-O-S-S-E IDEE:**

Innovation = Talentgestützte

Unternehmen

Große Idee: ACH DU LIEBER HIMMEL ...

ERFAHRUNG ALS KLOTZ AM BEIN? VIELLEICHT.

(WAHRSCHEINLICH?)

Bernard Arnault

ist verrückt nach

Verrückten.

»Mich interessieren einzig und allein
die Jüngsten, die Klügsten und die
sehr, sehr Talentierten.«

—Bernard Arnault,
Chairman, LVMH Louis Vuitton Moët Hennessy

Bernard Arnault, Chef von LVMH Louis Vuitton Moët Hennessy, ist laut *Women's Wear Daily* **der**
»Modepapst«. Letztes Jahr hat er mit seinen Luxusprodukten bei einem Umsatz von 5,4
Milliarden US-Dollar einen Gewinn von 649 Millionen US-Dollar gemacht.

Woran Arnault glaubt: »Die Jüngsten, die Klügsten und die sehr, sehr Talentierten.«
Nehmen wir ein (nicht ganz unwichtiges) Beispiel: Der neue Kopf von Givenchy, Alexander
McQueen, ist gerade 28 Jahre alt. Sollten wir daraus lernen? *(Hinweis: Ich meine schon.)*

DIE G-R-O-S-S-E IDEE:

Innovation = Talentgestützte Unternehmen

Große Idee: SIND 28JÄHRIGE FÜR W-E-S-E-N-T-L-I-C-H-E

BEREICHE IHRES UNTERNEHMENS VERANTWORTLICH?

Marcy Carsey
ist verrückt nach Verrückten.

»Ich finde es toll, ein Unternehmen zu führen, weil ich es toll finde, Menschen zusammenzubringen und mit ihnen Großartiges zu erreichen. ... Ich finde es toll, daß Menschen zusammenkommen und ihre individuellen Talente in die gemeinsame Aufgabe einbringen. Und dann entsteht etwas aus dem Nichts, und alle gehen – hoffentlich – mit dem guten Gefühl nach Hause, etwas zustande gebracht zu haben. Manchmal ist es hart und ein echter Kampf, aber wir haben immer das Ziel vor Augen. Was will man erreichen? Worum geht es eigentlich? Es geht um ein Leben mit Stil ... Und es geht um das Ergebnis, ... richtig gutes Fernsehen. Das finde ich fabelhaft! Mit Menschen zu arbeiten, die die gleiche Wellenlänge haben – das ist einfach wunderbar!«

—Marcy Carsey,
Gründerin, The Carsey-Werner Company

Marcy Carsey ist die Produzentin von »Roseanne«, »Bill Cosby« und vielen anderen außergewöhnlichen Fernsehserien. Stets wird sie als die Beste unter den unabhängigen Fernsehproduzenten bezeichnet. Phantastische Gruppen? Eine Ansammlung von phantastischen Menschen mit Spleen. Und dann: wie schön sie das ausdrückt … EIN LEBEN MIT STIL … ARBEITEN MIT STIL.

Wie steht's damit bei Ihnen? Leben Sie mit Stil? Arbeiten Sie mit Stil? Außergewöhnliches schaffen … KÖNNTE DIESE BESCHREIBUNG IHRE (BUCH-HALTUNGS-)ABTEILUNG (MIT 6 MITARBEITERN) CHARAKTERISIEREN? Wenn nicht … WARUM NICHT?

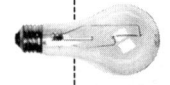

DIE G-R-O-S-S-E IDEE:

Innovation = Talentgestützte

Unternehmen

Große Idee: »ARBEIT« = GUTE LEUTE

ZUSAMMENZUBRINGEN, UM GROSSARTIGES ZU

ERREICHEN = LEBEN (ARBEITEN) MIT STIL

Die Chicago Bulls

sind verrückt nach

Verrückten.

»Er wurde respektiert, weil er die Wirklichkeit veränderte.«

—Phil Jackson vergleicht Dennis Rodman mit Heyoka, dem Stammesclown der Sioux (der nur verrückte Sachen trägt und immer Widerworte hat)

Phil Jackson, der Coach der Chicago Bulls, ist meiner Ansicht nach die beste Führungs-persönlichkeit im Profisport. Er gehört zu den besten Führungspersönlichkeiten … überhaupt. Sein Geheimnis: neu erfinden … das heißt … Gutes/Bewährtes … kräftig … aufzumischen.

Dennis Rodman, der beste Rebounder im Basketball, ist ganz sicher eine fürchterliche Nervensäge. Gelinde ausgedrückt, ist er ein bißchen verrückt und unkonventionell. Na ja, um bei der Wahrheit zu bleiben, mehr als nur »ein bißchen«.

Aber Jackson … hat das ausgenutzt … im positiven Sinne. Er hat Dennis Rodman in seinen eigenen, den (Jackson)-Stamm aufgenommen. Und, wie er sagte, hat Rodman »die Wirklichkeit verändert«.

»Es ist doch ganz einfach«, sagte eine Figur im Roman *Shogun* von James Clavell, »ändere einfach deine Weltsicht.« Die Bulls waren ein eingespieltes Team. Eine gute/großartige Mann-schaft. Dann kam Rodman hinzu. Sie erfanden sich neu. Sie »änderten ihre Sicht der Welt«.

Bravo! (Wie selten das doch ist.) (Und – wenn wir ehrlich sind – wie riskant. Aber, wie sonst soll man die Welt neu erfinden? D. h.: Neuerfindung ohne Risiko ist ein Widerspruch in sich.)

Achten Sie auf die Grundeinstellung, schulen Sie Fähigkeiten

----

1. Was man weiß, verändert sich, aber nicht, wer man ist.

2. Was man nicht sucht, wird man nicht finden.

3. Menschen kann man am besten beurteilen, wenn man sie bei der Arbeit beobachtet.

4. Menschen, die sich nicht bewerben, kann man auch nicht einstellen.

—Peter Carbonera, *Fast Company*

Cheryl Womack ist Chefin von VCW, einer schnell größer werdenden Firma für Versicherungsdienstleistungen. Sie sagt, das Geheimnis des Erfolges liege in der … EINSTELLUNGSPRAXIS. Sie achtet auf … »Leidenschaft, Flexibilität, Begeisterung«. Das Versicherungsgeschäft als solches könne sie jemandem beibringen, sagt sie, nicht aber Leidenschaft/Flexibilität/Begeisterung. Gary Withers, Gründer der beispiellosen britischen Marketing-Service-Firma *Imagination*, sagt, er sei auf der Suche nach »ausgeprägtem Abenteuergeist«.

Peter Carbonera teilt diese Ansicht in seinem Artikel für *Fast Company*. Schon der Titel sagt (fast) alles: »Auf die Grundeinstellungen achten und Fähigkeiten schulen«. In Regel 1 sagt er, daß sich die Persönlichkeit eines Menschen im Grunde genommen nicht mehr ändert, aber seine oder ihre Kenntnisse lassen sich erweitern, durch Vermittlung theoretischen Wissens und durch Trainings-on-the-job. Das bedeutet bei der Einstellung von Mitarbeitern: ACHTEN SIE AUF DIE GRUNDEINSTELLUNGEN UND SCHULEN SIE FÄHIGKEITEN.

Zweitens sagt Carbonera, daß man nicht finden kann, was man nicht sucht. Zurück zu den Beispielen von Womack und Withers: Wenn man nicht ausdrücklich nach Leidenschaft/Flexibilität/Begeisterung/Abenteuerlust sucht … und diese Eigenschaften nicht … ausdrücklich … auf die Prioritätenliste setzt, dann … BEKOMMT MAN SIE AUCH NICHT.

Carbonera fügt hinzu: Man kann Menschen am besten beurteilen, wenn man sie bei der Arbeit beobachtet. Das heißt, wir sollten sie tatsächlich bei der Arbeit beobachten. Oder wir sollten sie uns in simulierten anspruchsvollen Situationen ansehen. Wir sind, was wir tun … nicht das, was wir sagen, das wir tun werden. Also: Konzentrieren Sie sich auf das »Tun«…wenn irgend möglich. (Und phantasievoll natürlich).

Die dritte und letzte These von Carbonera: Menschen, die sich nicht bewerben, kann man auch nicht einstellen. Wir müssen also an den seltsamsten Orten und in allen Ecken und Winkeln suchen, um »Leidenschaft, Flexibilität, Begeisterung« … »Abenteuerlust« … oder was sonst noch zu bekommen. Wenn Sie Leidenschaft, Flexibilität, Begeisterung wollen … warum … VERLANGEN SIE DANN NICHT AUCH IN IHRER STELLENANZEIGE DANACH? Warum nicht: WIR SUCHEN LEIDENSCHAFT, FLEXIBILITÄT, BEGEISTERUNG! (Ich hab's ausprobiert, und ES HAT FUNKTIONIERT.)

Achten Sie auf Intelligenz (jeglicher Art) und **trainieren** Sie alle nötigen Kenntnisse.

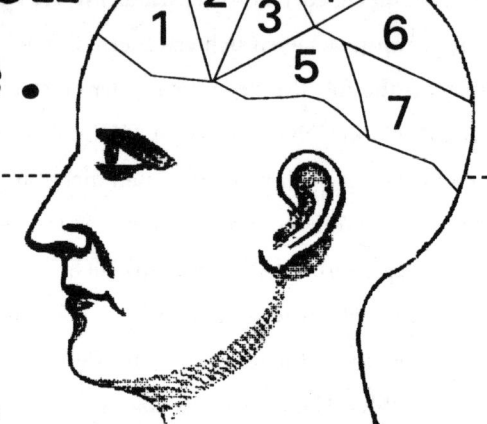

M.I./Howard Gardner

Logisch-mathematische Intelligenz (»logisches Verständnis«)

Sprachliche Intelligenz (»Sprachbegabung«)

Räumliche Intelligenz (»visuelle Auffassungsgabe«)

Musikalische Intelligenz (»musikalische Begabung«)

Kinesische Intelligenz (»Körpersprache«)

Soziale Intelligenz (»zwischenmenschliche Fähigkeiten«)

Intrapersonale Intelligenz (»Realistische Selbsteinschätzung«)

—Thomas Armstrong
nach Howard Gardner, in: *7 Kinds of Smart*

Howard Gardner, Professor für Erziehungswissenschaften an der Harvard University, hat in jahrzehntelanger Forschung »vielfache Intelligenzen« untersucht. Dazu gehören:

Die logisch-mathematische Intelligenz. Die (beinahe) einzige, die bei der Schüler-/Mitarbeiterbeurteilung zählt. Danach bemißt sich der IQ.

Die sprachliche Intelligenz. Der schöne und ausdrucksvolle Gebrauch von Sprache zur Beschreibung komplexer Wahrheiten … oder um Menschenmassen zu bewegen. Der Schriftsteller Salman Rushdie. Der Redner Churchill. (Ja, und auch die Unmenschen gehören dazu, … z. B. Hitler).

Die räumliche Intelligenz. Noch eine weitere … wieder ganz andere … Sicht der Welt. Beispiele: Picasso et al.

Die musikalische Intelligenz … wiederum eine völlig andere Art, die Welt zu erfassen … sie wird zum Beispiel durch Leonard Bernstein oder Igor Strawinsky verkörpert.

Die kinesische Intelligenz. Die Kunst, etwas durch Bewegung, Körpersprache auszudrücken. Beispiel ist die unvergleichliche Martha Graham (oder Michael Jordan).

Die soziale Intelligenz. Kontakt ist alles! Gute Verkäufer wissen/wußten das schon immer. Bill Clinton (unvergleichlich als Verkäufer … man liebt ihn oder man haßt ihn!) … verkörpert sie genauso wie Mahatma Gandhi.

Die intrapersonale Intelligenz. Erkenne dich selbst! Die Bedeutung der inneren Vorgänge in Verstand/Seele verstehen. Siehe: Freud.

***

Jede dieser Intelligenzen unterscheidet sich von den anderen. Und ist von unschätzbarem Wert. Das Problem dabei: Bei den meisten Verfahren zur Mitarbeiterauswahl und -förderung achten wir nur auf eine der sieben … die logisch-mathematische. Ein Riesenfehler. Welche Verschwendung! Also … WAS WERDEN SIE (ganz konkret, bitte) DAGEGEN UNTERNEHMEN?

DIE G-R-O-S-S-E IDEE:
Innovation = Talentgestützte Unternehmen
Große Idee: VERZICHTEN SIE NICHT EINFACH AUF SECHS VON SIEBEN POTENTIELLEN STARS … NUTZEN SIE ALLE (7) INTELLIGENZEN

Achten Sie auf Talent, und schulen Sie alle nötigen Kenntnisse.

GENIE EINSETZEN

»Spitzenkonzerne und ihre Führung legen Wert auf Talent, und wissen, wo es zu finden ist. ... Sie freuen sich am Talent/den Fähigkeiten anderer.«

—Warren Bennis und Patricia Ward Biederman

»Ein Experte für Talent.«

—Kommentar zu Bob Taylor vom Xerox-Forschungszentrum in Palo Alto, Kalifornien

Ja, ja. Sie haben es schon hundertmal gehört. Also, passen Sie gut auf, ... jetzt kommt das 101. Mal. Zu jedem aufstrebenden Jungmanager wird gesagt: »Ob Sie wirklich groß rauskommen, hängt davon ab, ob Sie bereit sind, Mitarbeiter einzustellen, die besser sind als Sie.« Warren Bennis und Patricia Ward Biederman sagen, daß wahre Führungspersönlichkeiten diese Kunst beherrschen. Und wie! »Spitzenkonzerne und ihre Führung legen Wert auf Talente, und wissen, wo sie zu finden sind. ... Sie freuen sich am Talent/den Fähigkeiten anderer.«

DAS GEFÄLLT MIR: SICH AM TALENT/DEN FÄHIGKEITEN ANDERER ERFREUEN.

Dies ist das Markenzeichen großer Football-Trainer ... offensichtlich. Und auch das des Leiters vom großartigen Manhattan Project, auf das sich Bennis und Biederman in ihrer Untersuchung über »Großartige Gruppen« unter anderem beziehen. Das ist sinnvoll ... SEHR SINNVOLL ..., auch für den Leiter einer aus sieben Mitarbeitern bestehenden Aus- und Weiterbildungsabteilung. (Wenn Sie sich hier angesprochen fühlen, frage ich: Können Sie mit gutem Gewissen sagen, daß Sie sich »am Talent/den Fähigkeiten« Ihrer Mitarbeiter »erfreuen«?)

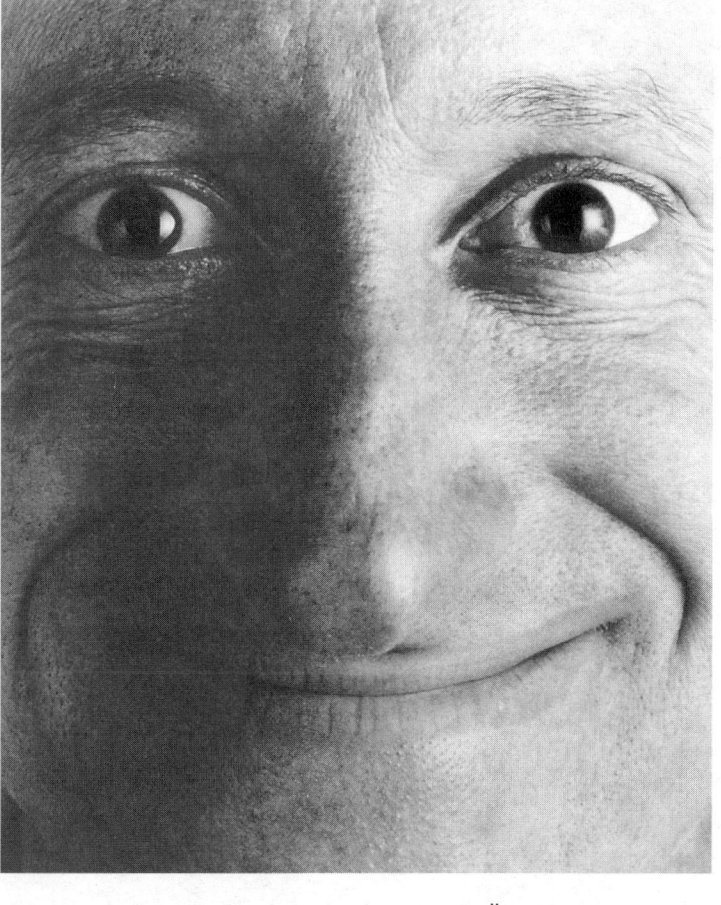

Ähnlich beschreibt der Computer-Pionier Alan Kay den Hauptakteur im Forschungszentrum von Xerox in Palo Alto (PARC). Bob Taylor war ein »Experte für Talent«. Und wieder: DAS GEFÄLLT MIR … EXPERTE FÜR TALENT (Und Sie …??)

Wie rekrutiert man solche Talente? Einer der Leiter der großartigen Gruppen sagt, das Ausschlaggebende wäre das »Leuchten in ihren Augen«. Und n-o-c-h e-i-n-m-a-l: DAS GEFÄLLT MIR. UND WIE. Sicher, das Diplom wurde vielleicht mit Eins abgeschlossen, aber der Unterschied …

der entscheidende Vorsprung … ist DAS LEUCHTEN IN IHREN AUGEN

… und die Bereitschaft, dieses als Einstellungskriterium anzunehmen.

B-I-T-T-E DENKEN SIE DARÜBER NACH: EXPERTEN FÜR TALENT! (Was sonst … im Zeitalter der talentgestützten Unternehmen?)

DIE G-R-O-S-S-E IDEE:

Innovation = Talentgestützte Unternehmen

Große Idee: DAS TALENTGESTÜTZTE UNTERNEHMEN

ERFORDERT EINE OBSESSION FÜR … TALENTE.

Achten Sie auf Vielfalt

und schulen Sie alle nötigen Kenntnisse.

»Woher kommen gute, neue Ideen?«

»Das ist einfach ... sie entstehen durch unterschiedliche Sichtweisen. Kreativität entspringt aus ungewöhnlichen Zusammenstellungen. Extrem unterschiedliche Sichtweisen kommen dann zusammen, wenn viele Altersgruppen, Kulturen und Disziplinen miteinander gemischt werden.«

—Nicholas Negroponte,
Gründer und Direktor des MIT Media Lab

Vielfalt funktioniert. Vielfalt ist sinnvoll. Warum? Nun ... aus Gründen der Profitmaximierung. In diesem Zeitalter der Brainware/Kreativität ... entspringt die Kreativität ... der VIELFALT.

Negroponte, Direktor des legendären MIT Media Lab, trifft es genau. (Soweit ich es einschätzen kann ... und soweit alle kompetenten Kreativitätsforscher gefragt sind.)

Vielfalt = Mischung = kreativ = Ursprung aller genialen Produkte (und auch der meisten schmerzlichen Fehlschläge ... es gibt nichts umsonst.)

Achten Sie auf Vielfalt und fördern Sie sie!

»Immer sind Kräfte da, die der Vielfalt entgegenwirken. ... Wen wollen Sie um sich haben, wenn es um die Umsetzung von Ideen oder um kreative Vorschläge geht, oder wenn Sie ein Feedback brauchen? Der Trend zur Uniformität ist allgegenwärtig; ihm müssen wir uns entgegenstellen ... Instinktiv stellen wir Menschen ein, an denen wir vertraute Züge entdecken, die ähnlich reden wie wir ... Dagegen müssen wir immer und immer wieder ankämpfen ... bei uns selbst genauso wie bei den Mitarbeitern, die wir einstellen und die ihrerseits wieder Mitarbeiter einstellen. Wir streben ein größtmögliches Spektrum in puncto Ansichten, Persönlichkeit und Ausbildung an.«

—**Marcy Carsey,** Gründerin der Carsey-Werner Company

Hoffentlich haben Sie mit den Kräften, die »der Vielfalt entgegenwirken« und gegen die Marcy Carsey ankämpft, NICHT allzuviel zu tun. Sie führt ihren Erfolg zum großen Teil darauf zurück, daß sie offen auf Vielfalt setzt ... um der Vielfalt willen – um so ein »größtmögliches Spektrum in puncto Ansichten, Persönlichkeit und Ausbildung« zu erzielen.

DESHALB BRAUCHEN WIR VIELFALT ... UM HIMMELS WILLEN!

Verstanden!!!??

H-O-F-F-E-N-T-L-I-C-H!!

DIE G-R-O-S-S-E IDEE:

Innovation = Talentgestützte Unternehmen

Große Idee: VIELFALT IST SINNVOLL, WEIL SIE (ÖKONOMISCH) SINNVOLL IST.

T̲alent-E̲rneuerungs-S̲et (TES)

Welcher Abschreibungszeitraum gilt für Sie?

Mein ganzes Berufsleben habe ich mich darum bemüht, die Unternehmenswelt menschlicher zu gestalten. Aber in diesem (kritischen) Bereich bin ich bereit, mit den Buchhaltern konform zu gehen. Um es mit ihren Worten zu sagen: Sie/ich/wir sind … WIRTSCHAFTSGÜTER MIT … S-C-H-N-E-L-L-E-M … WERTVERLUST. Ich habe einmal einen amerikanischen Universitäts-präsidenten zu den Abgängern der ingenieurwissenschaftlichen Studiengänge sagen hören, er hoffe, daß ihnen ihr Studium Spaß gemacht habe, aber bedauere, ihnen mitteilen zu müssen, daß die »Halbwertszeit« des von ihnen Erlernten etwa vier Jahre betrage.

Das gleiche gilt für die Fachleute in den Bereichen Einkauf, Personal, Finanzen, Marketing, Werbung. Welcher Abschreibungszeitraum gilt für Sie/mich? Ich weiß es nicht! Nehmen wir 10 Jahre!? 5 Jahre?! 3 Jahre?! Egal. LANGLEBIG (als Wirtschaftsgut) sind wir JEDENFALLS NICHT.

Wenn Sie für eine Vertriebseinrichtung oder ein Werk oder eine EDV-Anlage verant-wortlich wären, die pro Jahr ein Drittel an Wert verliert, wären Sie zu Tode erschrocken. Sie würden etwas dagegen unternehmen … ETWAS DRASTISCHES … und zwar … UMGEHEND.

Warum tun wir nur nicht mehr für das wichtigste Wirtschaftsgut mit der höchsten Abnutzung …, also für uns selbst … für unsere Abteilung/unser Unternehmen?

Die Lösung liegt auf der Hand. Ich nenne sie NUEI … Neuer universeller Erneuerungs-imperativ (oder auf neudeutsch: New Universal Renewal Imperative). Zurück zum Finanzwesen: Bedingung Nr. 1: Eine knallharte INVESTITIONSSTRATEGIE. Zunächst einmal … muß der Investitionsplan alle FORMALEN VORSCHRIFTEN erfüllen, selbst wenn er »nur« für den privaten Gebrauch gedacht ist … brauchen Sie einen PLAN. Geben Sie ihm die Überschrift Erneuerungsinvestitionsplan, EIP. Dies soll keine Übung zur »Karriereplanung« sein. Vielmehr handelt es sich hier um eine persönliche (höchstens mit einem engen Berater, Ehegatten, wichtigen Partner oder engen Freunden zu beratende) Strategie für Investitionen in Erneuerungen. Schlüsselworte … persönlich … Strategie … Investition … Erneuerung … jetzt … und groß angelegt.

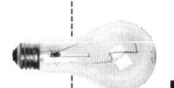

DIE G-R-O-S-S-E IDEE:

Innovation = Talentgestützte Unternehmen

Große Idee: FORMALER ERNEUERUNGS-

INVESTITIONSPLAN. J-E-T-Z-T.

Talent-Erneuerungs-Set

2.0

Wie hoch ist Ihre Risikofreude?

IN EINER VERRÜCKTEN WELT ist Erneuerung … um mit den Worten Henry Fords zu sprechen … die vorrangige Aufgabe. Ist das egoistisch? Natürlich! Aber gleichzeitig ist es auch selbstlos! Wieso? Warum?

Weil folgende Gleichung gilt: LEBENSKRAFT EINES BEREICHS/EINER ABTEILUNG = SUMME AN ENERGIE UND ENGAGEMENT, DIE IN PLÄNE FÜR TALENT-ERNEUERUNGSINVESTITIONEN GESTECKT WIRD … durch die Mitarbeiter …, ob 6 an der Zahl oder 6 666.

Natürlich bin ich für umfangreiche Investitionen in Forschung und Entwicklung. Schließlich bin ich ein Innovations-Freak. Aber die Lebenskraft eines Unternehmens hängt weniger von hohen F+E-Ausgaben ab, als vom Engagement jedes einzelnen und seinem … geplanten … Beitrag zur persönlichen Erneuerung … durch solche Investitionspläne.

Jeder Plan zur Investition in Erneuerung (den im übrigen jeder aufstellen sollte, auch der frischgebackene Universitätsabgänger) sollte außerdem auf RISIKOFREUDE abgeklopft werden. Jeder auf Erneuerung ausgerichtete Plan sollte (quantitativ) in puncto Risikofreude bewertet werden.

Die Topmanager tragen natürlich die Verantwortung für die »strategische« Ausrichtung des Unternehmens. Sie müssen dafür sorgen, daß das Unternehmen frisch und knackig bleibt. Und damit stellt sich ein/DAS(?) Problem. Topmanager haben unheimlich viel zu tun. Nur ganz selten »finden sie selbst einmal die Zeit« für ein »viertägiges Seminar zum Total Quality Management« … Das überlassen sie lieber dem Führungsnachwuchs. Zudem sind die Manager, vor allem die Topmanager, auch nicht mehr so jung, wie sie einmal waren. (Glauben Sie das jemandem, der selbst auch nicht mehr so jung ist!) Und mit zunehmendem Alter kommt … ob Sie es wollen oder nicht … auch zunehmende Inflexibilität. Machen Sie sich da nichts vor: Genauso wie man mit 50 viermal so intensiv trainieren muß wie mit 25, um auch nur im entferntesten die Kondition zu halten, muß man auch seine Gehirnzellen viermal intensiver trainieren. Also müßte auch die Risikofreude der älteren Herrschaften in ihren Investitionsplänen zur individuellen Erneuerung viermal höher sein als die der Jüngeren. (Bemerkung am Rande: *Sie ist es selten.*) (2. Bemerkung am Rande: *Das war noch untertrieben.*) Ja … das ist ernst gemeint (sehr ernst!): Zu jedem Investitionsplan für Talenterneuerung gehört eine Bewertung der Risikofreudigkeit.

Hier meine Wertungstabelle:

10 = Olympiasieger im Neuerfinden.

5 = Jemand, der sich viel Mühe gibt.

1 = Ich bin jetzt schon überarbeitet, laß mich in Ruhe.

Eine klare 10 erhält der Olympiasieger im Neuerfinden … fest entschlossen, seine/ihre Welt innerhalb der nächsten 12 Monate … mit (oder ohne) Hilfe des Unternehmens völlig umzukrempeln. In den mittleren Wertungsklassen befinden sich diejenigen, die sich »Mühe geben«, sie wollen Neuerungen, aber haben nicht allzu viele Ideen, sprich, sind nicht so auf Neuerung fixiert wie die Zehner. Ganz unten stehen die (soll man sie rauswerfen? … KEIN SCHERZ!) »Ich hab' ohnehin schon Arbeit genug«, »Laß mich in Ruhe«-Typen, die einfach »nicht die Zeit« haben, etwas zum Erneuerungsprozeß beizutragen – nach dem Motto: »Ordentliche Arbeit für ordentlichen Lohn« und so weiter.

Risikofreude bewerten! … – VERSUCHEN SIE'S!

DIE G-R-O-S-S-E IDEE:

Innovation = Talentgestützte Unternehmen

Große Idee: LEBENSKRAFT EINES BEREICHS =

SUMME DER RISIKOFREUDE IN DEN INDIVIDUELLEN

ERNEUERUNGSINVESTITIONSPLÄNEN

Talent-Erneuerungs-Set

Notizbücher!

Ein kleiner … oder auch gar nicht so kleiner … Schritt, den Sie gleich HEUTE tun können …

H-A-L-T-E-N S-I-E D-I-E A-U-G-E-N O-F-F-E-N. FÜHREN SIE EIN NOTIZBUCH, AB SOFORT.

Mein Freund Karl Weick, Guru für das Thema »lernende Organisationen«, tut's. Wann auch immer er etwas Bemerkenswertes aufschnappt, holt er automatisch (auch mitten im Gespräch bei einem Empfang) eine Karte im DIN-A7-Format aus seinem Jackett und schreibt es sich auf.

Und Richard Branson macht es ähnlich … im großen Stil. Bei der letzten Zählung war er bei Notizbuch Nr. 227 angekommen. Der Chef des Virgin-Konzerns kann es gar nicht lassen, Eindrücke und Ideen festzuhalten. Wie ich schon sagte, Sie können … SOFORT … damit anfangen. Und … so den Grundstein zu Ihrem (persönlichen) Erneuerungs-programm legen.

Talent-Erneuerungs-Set

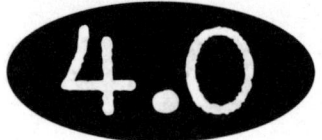

4.0

Erfinden Sie Querdenker-/Routinekiller-Projekte

Reorganisieren Sie – um der Reorganisation willen

Gehen Sie seitwärts!

Bewerten Sie nach dem Erfolg der Erneuerung

Steigen Sie auf ... oder aus

Personalauswahl: Suchen Sie Kreative

(KEINE KLONE!)

Starten sie irre komische, spontane Aktionen

Reaktivieren Sie die Couch-Potatoes

Schaffen Sie eine anregende Atmosphäre

Unterstützen Sie Sabbaticals und Bildungsurlaube

Vorhin habe ich Ihnen zugerufen: … »WIR ALLE SIND … S-C-H-N-E-L-L … AN WERT VER-LIERENDE WIRTSCHAFTSGÜTER!!« Der Chef eines Unternehmens für Finanzdienst-leistungen sprang darauf an und fragte mich: »O.k., Tom, was soll ich machen? Wie setzen wir Eneuerung auf die Tagesordnung?«

Hier meine Antwort (ich habe sie für das Buch ein bißchen geordnet):

Erfinden Sie Querdenker-/Routinekiller-Projekte. Kreativität be-deutet, uns über unsere Bequemlichkeit hinwegzusetzen. In den meisten Firmen bearbeiten wir ein Projekt nach dem anderen. Die Themen ändern sich ein wenig. Aber im Grunde (wenn Sie mal ganz ehrlich sind) ist es immer so ziemlich das gleiche. Aber – man kann auch Projekte erfinden, die anders sind – die der Routine diesen heilsamen Schock versetzen. Vor vielen Jahren arbeitete ich bei McKinsey eine Reihe von Standardstrategiepro-jekten ab. Dann »bot« man mir etwas an, was wie ein Rückschritt aussah: Ich sollte das strategische Gesamt-konzept für ein Straßenbauunternehmen (Schot-terung/Asphaltierung) namens Basalt Rock Com-pany in Napa/Kalifornien ausarbeiten.

Ich sträubte mich. Aber man ließ mir keine Wahl. Und es stellte sich heraus, daß das so ziemlich das Beste war, was mir in meinen ersten Jahren bei McKinsey widerfuhr. Ich mußte mich völlig aus meinem gewohnten Rahmen lösen. Diese Erfahrung war so lehrreich, daß ich von da an selbst die Initiative ergriff und mich in regelmäßigen Abständen um Projekte bemühte, die aus der Routine herausfielen. Und ich halte es auch heute noch so: Ich nehme Vorträge über Themen an, von denen ich keine Ahnung habe (zu denen ich gar nicht erst hätte eingeladen werden dürfen!) … nur, damit ich … MASSIV … gezwungen werde …, etwas … (ganz) anderes/ (ganz) Unbequemes zu tun.

Reorganisieren Sie – um der Reorganisation willen. Veränderung um der Veränderung willen. Man hält das im allgemeinen für keine gute Idee. Es sei doch bloß ein

»Sich-im-Kreis-Drehen« usw. Ich bin da nicht so sicher. Vor Jahren, als noch alles gut lief, reorganisierte der Gründer von Digital Equipment, Ken Olsen, sein Unternehmen von Zeit zu Zeit … einfach nur, um die Führungskräfte zu zwingen, sich neuen Aufgaben zu stellen … und mit anderen Mitarbeitern zu arbeiten. Er meinte, das sei eine sehr nützliche Übung. Ich teile diese Ansicht.

(Aber man kann es natürlich auch übertreiben … z. B. wenn man die Kunden durch regelmäßige Umstrukturierungen verärgert. Andererseits … STÄNDIGE ERNEUERUNG IST AUFGABE NUMERO 1 …, und ab und zu ist es keine schlechte Idee, das Organigramm ganz neu zu zeichnen, einfach nur so … und die Verwirrung, die das bei den Kunden auslöst, muß man eben in Kauf nehmen.)

Gehen Sie seitwärts!
Wir schreiben das Jahr 1998 und sind immer noch vom »Hierarchiedenken« geprägt. So wie »die Karriereleiter hinauf-/hinunterfallen«. Entweder du steigst auf … oder du steigst ab.

Fehler!

Einige hervorragend geführte Organisationen, wie zum Beispiel das High-Tech-Unternehmen Raychem, haben schon seit langem andere Spielregeln, genauso wie professionelle Dienstleister. Dort bedeutet »Aufstieg« – der neue »Aufstieg«? –, daß man eine faszinierende Aufgabe übernimmt …, die vielleicht sogar mit einer Versetzung auf eine Ebene weiter »unten« einhergeht. Aber man lernt nur dann etwas wirklich Neues und kommt nur dann aus seinen eingefahrenen Bahnen heraus …, wenn man in ein (fast) völlig neues Umfeld geworfen wird.

Eine solche Parallelversetzung muß nicht automatisch weniger Gehalt bedeuten. Warum soll ein Mensch, der Spitzenleistungen erbringt, nur weil er (im Organigramm) zur Seite oder nach unten gerutscht ist, auf Jahre keine Gehaltserhöhung erhalten? Er soll sie bekommen (wenn Sie meinen, daß er sie verdient hat).

Bewerten Sie nach dem Erfolg von Erneuerungen.
Eine Binsenweisheit. Und wahr. Es heißt: WAS GEMESSEN WIRD, WIRD AUCH ERLEDIGT. Wollen Sie sich auf Qualität konzentrieren? Legen Sie Maßstäbe fest! Legen Sie entsprechende Maßstäbe in der Leistungsbeurteilung fest! Führen Sie diese Maßstäbe unter den Beförderungsvoraussetzungen auf! Und … Überraschung! …, legen Sie Maßstäbe für … Erneuerungen fest.

Ich habe vorgeschlagen, in regelmäßigen Abständen »eine Resümee zu ziehen« … und den Lebenslauf alle paar Monate zu aktualisieren. So entsteht der Ehrgeiz, etwas Neues, Nennenswertes hinzufügen zu können (siehe Kapitel 5). Ich habe auch den Begriff »Bewertung des persönlichen Markenpotentials« eingeführt. Dieses Konzept geht in eine ähnliche Richtung (auch in Kapitel 5). Die Quintessenz: Mit diesen Konzepten sollen Erneuerungen gemessen werden.

Also … wie wär's … warum nicht formale Investitionspläne zur Talentauffrischung/die Bewertung des persönlichen Markenpotentials/die Aktualisierung des Lebenslaufs in die formalen Bewertungsverfahren mit einbeziehen? In die Voraussetzungen für eine Beförderung … ganz offiziell? Sie wollen »mehr« Erneuerungen? Machen Sie Erneuerungen zum Maßstab. Messen Sie anhand von Erneuerungen! Belohnen Sie anhand von Erneuerungen! Für die Leistungsbeurteilung. Für die Vergütung. Für die Beförderung. So einfach ist das! Und wenn es Ihnen damit wirklich ernst ist … so ernst wie es der Führungskraft war, die mir die Frage stellte … stellen Sie die Beurteilung der Erneuerungsleistung an den Anfang des jährlichen Mitarbeitergesprächs!

Steigen Sie auf … oder aus. Das gilt für die Chicago Cubs. Und die Chicago Bulls. Und für Meryl Streep. Und für Harrison Ford. Und für Kameraleute in Hollywood. Und für Wirtschaftsprüfer bei Arthur Andersen. Und für Berater bei McKinsey. Was gilt für Sie? RAUF-ODER-RAUS.

Das kann brutal sein. Muß es aber nicht. Es ist das (neue) Konzept. Entweder man wird besser, … oder man ist draußen. Dieses Konzept muß – schon morgen – jedes Unternehmen jeder Größe in jeder Branche verinnerlicht haben. Sonst geht es ihm an den Kragen. Das bedeutet nicht, daß man die Verantwortung für intensives Coaching los wäre. (Ganz im Gegenteil.) Auch nicht, daß man die Verantwortung für intensive Aus- und Weiterbildung los wäre (ganz im Gegenteil). Es ist … letzten Endes … eine klare Abmachung, … die schon beim Einstellungsgespräch getroffen wird …, daß es nur derjenige schafft und somit seinen Job behält, der … ständig … immer besser wird … ein Leben lang.

Personalauswahl: Suchen Sie Kreative (KEINE KLONE!). Wenn Sie bei Ihren jetzigen Mitarbeitern wirkliches Engagement für Erneuerung erreichen wollen … sollten Sie nach ungewöhnlichen Menschen, nach Kreativen Ausschau halten … und das Unternehmen mit faszinierenden Talenten mit Potential geradezu überschwemmen.

Diese Methode ist ganz klar das A und O für jede Profimannschaft im Sport. Nimmt man für eine Fußballmannschaft einen Spitzenstürmer unter Vertrag, kommt es meistens allein dadurch schon zu einem mittleren Aufruhr unter den übrigen Stürmern …, die sich nicht auf ihren Millionenlorbeeren ausruhen dürfen. Nun, das gleiche gilt für die Buchhaltung … oder den Einkauf. Machen Sie sich auf die Suche nach faszinierenden neuen Talenten. Heben Sie die Meßlatte an. Definieren Sie neu. Und sorgen Sie dafür, daß die gesamte Organisation ständig in dynamischer/energiegeladener/schöpferischer Bewegung bleibt. (Hey … Dennis Rodman.)

Starten Sie irre komische, spontane Aktionen.
Ist für heute nachmittag um 14.00 Uhr die wöchentliche Lagebesprechung angesetzt? Prima! Und … es ist jetzt Juni? Warum findet die Besprechung nicht im Park … ein paar Straßen weiter statt? Gerade kam die Bestätigung, daß ein größerer Auftrag gelandet wurde? Schlagen Sie den Gong. (Sicherlich haben Sie so etwas Ähnliches). Rufen Sie die ganze Truppe zusammen … sausen Sie die vier Stockwerke aus dem Büro nach unten … rennen Sie zweimal um den Block. Und: Machen Sie einen Zwischenstopp bei der Eisdiele an der Ecke und kaufen Sie Eis für alle zwanzig. Das Konzept der Erneuerung klingt wie eine große Sache, aber zu diesem Konzept gehört auch, ständig neues Leben (und Licht) in die Dinge zu bringen. Ergreifen Sie jede Gelegenheit, etwas Spontanes zu tun, um … wieder und wieder … AUS DEM ALTEN TROTT AUSZUBRECHEN!

Reaktivieren Sie die Couch-Potatoes.
Ich hatte ein paar Pfund zuviel (und habe dann noch ein paar zugelegt). Beim Sport im College war ich ein Versager. Also, ich bin keines dieser »Sportasse«. Aber ich bin sehr für Bewegung im Freien. Der Star unter den Finanzdienstleistern, Michael Bloomberg – dem keiner so schnell zu widersprechen wagt –, läßt seinen Mitarbeitern ihr Essen (kostenfrei) in die Büros bringen. Damit die Mitarbeiter auch die Mittagspause am Arbeitsplatz verbringen.

Wer wagt es, ihm zu widersprechen?

ICH!

Wir alle brauchen regelmäßig einen Tapetenwechsel. Mal rauskommen und etwas anderes sehen … auch wenn es ein kalorienreiches Mittagessen drei Straßen vom Büro weg ist, … auch das ist wichtig. Man sieht, daß eine kleine Dosis Morgensonne (sehr) lange anhalten kann. So ist es auch mit einem Spaziergang um den Block. (Nein, ich sage nicht, daß man in der Mittagspause einen strammen 5-km-Lauf absolvieren muß … womöglich noch unter Leitung des Fitneß-fanatikers im Büro … wer will schon so werden wie der.) Man weiß auch, daß jede Form von Bewegung enorm wichtig ist. Also … da die meisten von uns heutzutage in bequemlichkeits-fördernden Umgebungen arbeiten … sollten Sie etwas dagegen unternehmen.

Schaffen Sie eine anregende Atmosphäre. Ich gebe es ja zu: Ich bin ein Raum-Freak! Einige (die meisten/alle) Arbeitsstätten ziehen mich runter. Ich werde dann (sofort) depressiv. Und einige/wenige bringen mich auf Hochtouren. Absolut genial! Die räumliche Umgebung ist erstaunlich wichtig. Und auch erstaunlich wenig beachtet. Noch einmal: Manche Räumlichkeiten haben Kraft. Persönlichkeit. Sind energiegeladen. Innovativ. Und einige/die meisten/fast alle … nicht.

Machen Sie es wie ich: Werden Sie ein Raum-Freak ! (Übrigens … es ist gar nicht teuer.)

Unterstützen Sie Sabbaticals und Bildungsurlaube.

Und als Letztes … bestehen Sie … um Himmels willen … darauf, daß die Mitarbeiter ihren Urlaub nehmen! Und wenn ihnen, sagen wir mal, fünf Wochen Urlaub zustehen, bestehen Sie darauf, daß sie mindestens drei dieser Wochen zusammenhängend nehmen. Wenn sie nur Miniauszeiten nehmen …, ihren Urlaub immer nur zweitageweise abstottern …, … entsprechen sie dem Neuen Universellen Erneuerungsimperativ absolut nicht.

Noch besser: … Führen Sie Sabbaticals ein. Sie müssen Ihre Mitarbeiter nicht dafür bezahlen, daß sie sich für einen längeren Zeitraum freinehmen. Sie müssen nur eine Atmosphäre schaffen, in der die Menschen merken, daß es … etwas Edles ist …, drei oder vier Monate Urlaub vom Arbeitsplatz zu nehmen (natürlich von langer Hand vorgeplant, … damit im Betrieb alles reibungslos weiterläuft). Wiederum sehen wir uns diesem großen Paradoxon gegenüber: Einerseits wird von uns verlangt, daß wir wie kopflose Hühner herumrennen, andererseits sollen wir erfrischt, neugierig und kreativ sein … in beispiellosem Ausmaß. Die beiden Extreme sind schwer unter einen Hut zu bekommen. (Understatement!) Das heißt … ZWECK DER ÜBUNG ist, … daß wir die Erneuerung als sehr wichtiges STRATEGISCHES Konzept behandeln müssen.

Okay??

DIE G-R-O-S-S-E IDEE:

Innovation = Talentgestützte Unternehmen

Große Idee: TALENTERNEUERUNG KANN SYSTEMATISCH UND STRATEGISCH GEPLANT UND UMGESETZT WERDEN.

Talent-Erneuerungs-Set

5.0

»Unsere Lebenskreisläufe sind durch die
Technologie, die uns ans Netz fesselt – die
Handys, Modems und Faxe –, so überlastet, daß
wir die Fähigkeit verloren haben, am
hellichten Tag zu träumen.«

—James Atlas

Fünf Minuten,
vier Sekunden.
Ein Werk für
die Ewigkeit.

Irrsinn läuft Amok!

Andererseits …

Neulich hörte ich im Auto eine CD mit dem Kanon in D von Pachelbel. Ich hörte das Stück zum x-ten Mal, und es berührte mich wie immer. Dann hatte ich eine Idee. Ich ließ den Kanon noch einmal laufen und stoppte die Zeit: fünf Minuten, vier Sekunden.

Pachelbel ist nicht Mozart oder Beethoven. Das heißt, es gibt nicht so viele Werke von ihm. Aber wir erinnern uns an ihn … UND DAS TUN WIR WIRKLICH … wegen einer Arbeit von fünf Minuten, vier Sekunden Länge. Brillante Arbeit! Spitzenleistung! Es handelt sich um … seinen Kanon.

Schließlich und endlich waren es nicht mehr als fünf Minuten. Und wir erinnern uns daran … noch Jahrhunderte später (!!).

Glauben Sie ehrlich, daß sich irgend jemand an das, was Sie tun … eben gerade … oder im Verlauf Ihres Berufslebens … ein Jahr später noch erinnert? Oder zwanzig Jahre später?? Oder hundert Jahre später??

Wir sind immer in Eile. Immer beschäftigt. Wir schreien. Wir brüllen. Wir blühen auf im Chaos!! Aber letzten Endes stellt sich die Frage … WAS ZUM TEUFEL IST EINE SPITZEN-LEISTUNG? Jawohl, wir müssen schnell sein, und beschäftigt. Und alles auf den Kopf stellen. Aber wir müssen auch innehalten und nachdenken. Und … TRÄUMEN … AM HELLICHTEN TAG.

Oh … wie sehr ich mir wünsche, daß man sich … in 100 Jahren … an mich erinnert, wegen eines Beitrags von fünf Minuten und vier Sekunden Länge!

Denken Sie darüber nach. Intensiv. Bitte.

DIE G-R-O-S-S-E IDEE:

Innovation = Talentgestützte Unternehmen

Große Idee: AM HELLICHTEN TAG ZU TRÄUMEN WAGEN.

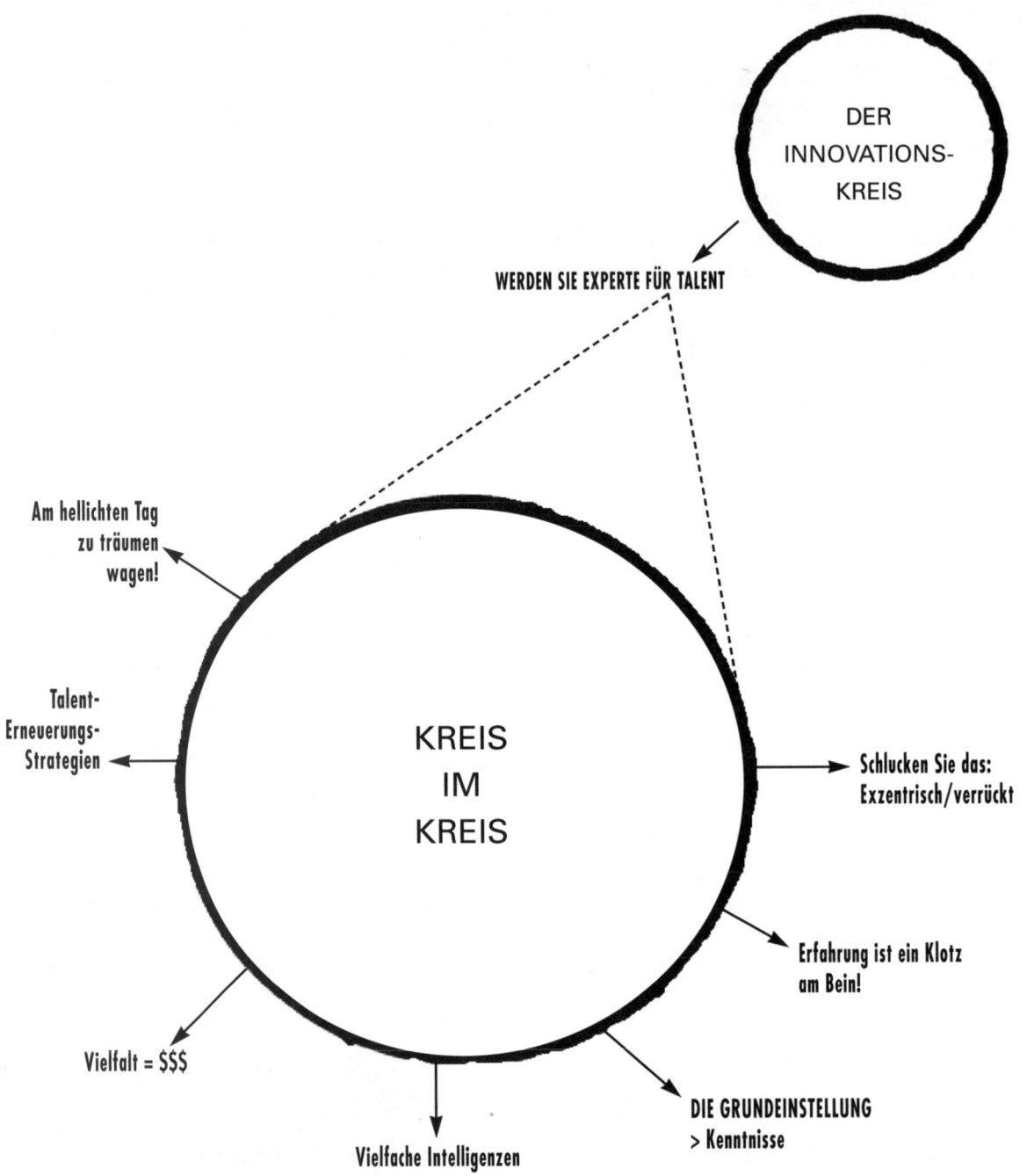

DER INNOVATIONS-KREIS

WERDEN SIE EXPERTE FÜR TALENT

Am hellichten Tag zu träumen wagen!

Talent-
Erneuerungs-
Strategien

KREIS
IM
KREIS

Schlucken Sie das:
Exzentrisch/verrückt

Erfahrung ist ein Klotz
am Bein!

Vielfalt = $$$

Vielfache Intelligenzen

DIE GRUNDEINSTELLUNG
> Kenntnisse

WORTALARM NR. 11

Talentgestützte Unternehmen

WOW!-(Ideen) erfordern WOW!-(Leute)

Verrückt nach Verrückten

Gelobt seien … die von keinerlei Erfahrung beeinträchtigten … Jüngsten/
die Gescheitesten/die Hochtalentierten

Leben (arbeiten) mit Stil

Willkommen in der Abteilung Einkauf … Dennis Rodman

Vielfache Intelligenzen

Experten für Talent

Vielfalt = $$$

Anlage mit hohem Abschreibungsvolumen

Plan für Investitionen in Erneuerung

Werteskala für Risikofreude

Talent-Erneuerungs-Strategien

Fähigkeit, am hellichten Tag zu träumen/5:04

Ein weiterer Aspekt der offensiven Differenzierung: eine neue Sicht auf das Thema »Mitarbeiter«. Hier haben wir uns auf die Wertschöpfung durch Menschen konzentriert, auf Vielfalt (Vielfalt = Kreativität), auf talentgestützte Unternehmen (hallo, Hollywood), auf Erneuerung – individuelle und gemeinsame – … und natürlich auf die (neue) Kraft der Unerfahrenheit!

KAPITEL 12

Die Welt gehört den Frauen!

Es gibt nur (L-Ä-C-H-E-R-L-I-C-H) wenige Unternehmen,

die die MÖGLICHKEITEN VON FRAUEN zu ihrem Vorteil nutzen.

Was für ein (KOSTSPIELIGER) Fehler.

Frauen

In den USA verdienen 10,2 Millionen
Frauen (20 Prozent der berufs-
tätigen Ehefrauen) MEHR als ihre
Ehemänner

Frauen kaufen 51 Prozent aller ...
Autoreifen

Frauen konsumieren:
3,3 Billionen US-Dollar + Ausgaben
von Einkäuferinnen im öffentlichen
und privaten Sektor > 50 Prozent
des amerikanischen
Bruttoinlandsprodukts

----

bestimmen!

Frauen = 43 Prozent der
US-Bürger mit Vermögen
> $ 500 000.

Wie häufig entscheiden Frauen über den Kauf
eines bestimmten Produktes, oder wie häufig
üben sie maßgeblichen Einfluß auf die
Kaufentscheidung aus?*

Inneneinrichtung . . . 94 Prozent
Urlaub . . . 92 Prozent
Wohnung/Haus . . . 91 Prozent
Bankkonto (Wechsel der Bank) . . . 89 Prozent
Krankenversicherung . . . 88 Prozent

* australische Untersuchung

Drei von vier Entscheidungen
im Gesundheitsbereich werden
von Frauen getroffen; zwei
Drittel der Ausgaben im
Gesundheitsbereich werden
von Frauen getätigt.

Frauen kaufen mehr . . .
Sportschuhe . . . als Männer.

Die amerikanischen Frauen bilden faktisch die größte »Volks«-wirtschaft auf unserem Planeten.

Geschätzte Größe des Softwaremarktes ... für Mädchen von 7 bis 12 Jahren ... 4–6 Mrd. US-Dollar/Jahr

Hier ein paar nicht gerade unbedeutende Fakten: Vor 25 Jahren nannten rund 400 000 Amerikanerinnen ein Unternehmen ihr eigen. Heute nähert sich die Zahl der US-Unternehmen, deren Inhaber Frauen sind, der 8-M-i-l-l-i-o-n-e-n-Grenze. Diese Unternehmen erzielen Jahresumsätze von 2,3 Billionen US-Dollar und beschäftigen mehr als 18 Millionen Menschen. Mehr als die Hälfte der seit 1992 in den Vereinigten Staaten neugeschaffenen Arbeitsplätze können solchen Unternehmen in Frauenhand zugeschrieben werden. (In Deutschland gibt es mittlerweile 800 000 Unternehmerinnen, und jede vierte geförderte Existenzgründung 1996 geht auf das Konto der Frauen. Die Zahl der weiblichen Führungskräfte in Unternehmen wird auf über 22 000 geschätzt.)

Über 10 Millionen Frauen verdienen in den USA mehr als ihre Ehemänner. In 43 Prozent der Doppelverdienerfamilien bringen Frauen den Hauptverdienst nach Hause. Und dieser Prozentsatz steigt … SCHNELL. (In Deutschland verdienen 18 Prozent der Frauen genausoviel, 9 Prozent mehr, und 27 Prozent beinahe soviel wie ihre Männer; 54 Prozent der Frauen können finanziell mit ihren Ehemännern mithalten.)

Außerdem … kontrollieren Frauen mehr als die Hälfte des gewerblichen und privaten Verbrauchs, der zum amerikanischen Bruttoinlandsprodukt beiträgt. Das bedeutet: Die amerikanischen Frauen stellen … FÜR SICH GENOMMEN … in Wirklichkeit die GRÖSSTE »VOLKS«-WIRTSCHAFT AUF DIESEM PLANETEN … größer als die gesamte (!) Wirtschaft Japans.

Und Frauen haben den Boom der offenen Investmentfonds angeheizt. Und … Frauen gründen neue Investmentclubs, und zwar schneller und mehr als Männer.

Irgend etwas geht hier vor … wie bitte? (Nennen Sie es »Frauensache«.)

DIE G-R-O-S-S-E IDEE:

Frauen sind die Chance Nr. 1

Große Idee:

DIES IST EINE G-R-O-S-S-A-R-T-I-G-E I-D-E-E.

Frauen bestimmen!

Was soll daran falsch sein?

Welches Auto gekauft wird, wird zu
65 Prozent von FRAUEN entschieden.

Aber nur 7 Prozent der AutoverkäufER
sind FRAUEN.

Das Sportsuspensorium ... erfunden 1874.

Der Sport-BH ... erfunden 1977.

(US-Umsatz mit Sport-BHs im ersten Jahr:

25 000 Stück; 1996: 42 Millionen Stück)

—Women's Sports + Fitness

Das ist doch ... EINFACH ... albern. Ich meine diese Statistiken. Warum gab es bis 1977 noch keinen Sport-BH? Warum gibt es keine (o.k. ... nur so verdammt wenige) AutoverkäuferINNEN? Das weiß Gott allein.

Frauen bestimmen!

Frauen sind klüger als Männer. Frauen sind bessere Manager als Männer.

Die Beweise liegen vor – und sie sind bestechend. Frauen sind klüger als Männer. Aber lassen Sie mich dies präziser machen, denn diese Behauptung wird kontrovers diskutiert. Frauen sind klüger als Männer ... im Durchschnitt. Die glockenförmige Verteilung von Intelligenz (wie sie mit dem IQ gemessen wird) ist bei Frauen etwas konzentrierter, und bei Männern etwas weniger konzentriert. Das heißt: Es gibt mehr Männer, die »Genies« sind, ... und (weit) mehr, die Idioten sind!

Amerikanische Frauen sind im Durchschnitt auch besser ausgebildet als die Männer. Seit Anfang der achtziger Jahre haben Frauen mehr als 50 Prozent aller Bachelor- und Master-Degrees zuerkannt bekommen. Und: Das erste Semester an der Yale Medical School bestand 1996 zu 54 Prozent aus Frauen. (In Deutschland liegt bei den 24-34jährigen der Anteil der weiblichen Besitzer von Abitur- und Hochschulzeugnis mit 27,3 Prozent höher als der der männlichen. Und: der Frauenanteil an deutschen Hochschulen lag im Wintersemester '96 bei 52 Prozent.)

Frauen sind bessere Manager als Männer ... sagen Männer ebenso wie die Frauen. Wie sieht aber die Definition von »besser« aus? Besser im zwischenmenschlichen Kontakt. (Nicht sehr überraschend, oder?) Und besser in der Planung, bei der Festsetzung der Ziele und im Durchhaltevermögen. Offensichtlich geht es nicht darum, daß die »weichen« Faktoren der Frauen den »harten« der Männer gegenübergestellt werden.

Einige neuere Belege dazu stammen von Lawrence A. Pfaff und Kollegen. In seiner zweijährigen Studie erfaßte er 941 Führungskräfte (672 Männer und 269 Frauen) aus 204 Organisationen. Sein Beurteilungsschema wird in den Staaten allgemein als das 360°-Feedback-Schema bezeichnet: Manager wurden von ihren Untergebenen, ihren Vorgesetzten und ihren Kollegen beurteilt. Es gab 20 Kategorien. In 15 dieser 20 Kategorien schnitten die Frauen (statistisch signifikant) besser ab als die Männer. Die Kategorien, in denen die Frauen besonders glänzten: »Planung«, »Maßstäbe setzen« und »Entschlossenheit«.

Frauen bestimmen!

»Männer und Frauen ... kaufen nicht aus denselben Gründen. Er will einfach, daß das Geschäft gemacht wird. Sie ist daran interessiert, eine Beziehung aufzubauen.«

—Faith Popcorn, Autorin,
Clicking – Der neue Popcorn-Report

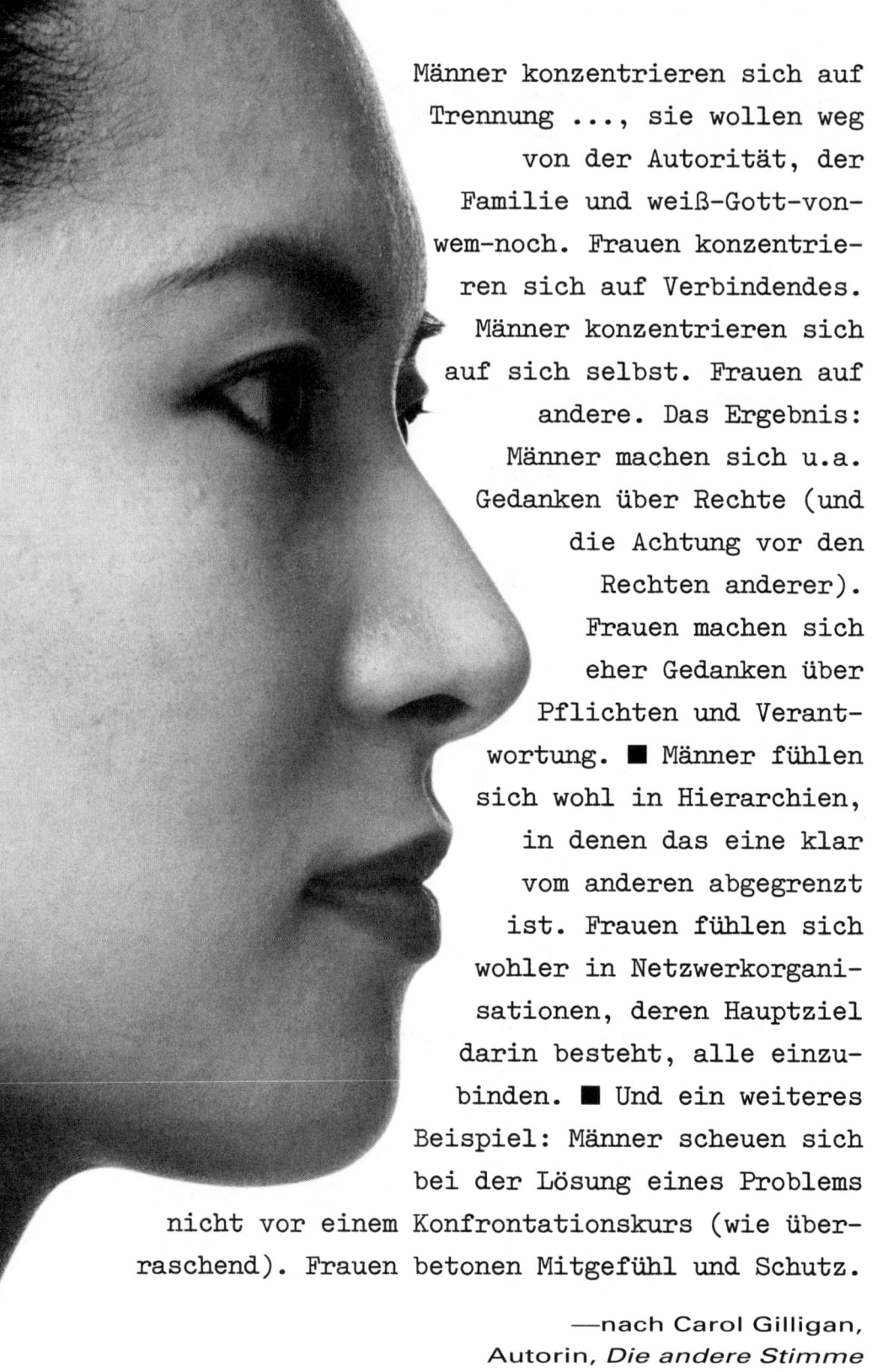

Männer konzentrieren sich auf Trennung ..., sie wollen weg von der Autorität, der Familie und weiß-Gott-von-wem-noch. Frauen konzentrieren sich auf Verbindendes. Männer konzentrieren sich auf sich selbst. Frauen auf andere. Das Ergebnis: Männer machen sich u.a. Gedanken über Rechte (und die Achtung vor den Rechten anderer). Frauen machen sich eher Gedanken über Pflichten und Verantwortung. ■ Männer fühlen sich wohl in Hierarchien, in denen das eine klar vom anderen abgegrenzt ist. Frauen fühlen sich wohler in Netzwerkorganisationen, deren Hauptziel darin besteht, alle einzubinden. ■ Und ein weiteres Beispiel: Männer scheuen sich bei der Lösung eines Problems nicht vor einem Konfrontationskurs (wie überraschend). Frauen betonen Mitgefühl und Schutz.

—nach Carol Gilligan, Autorin, *Die andere Stimme*

»Männer schauen sich bei einer Olympiade so gut wie alles an, solange sie nur ein paar Gewinner und ein paar Verlierer zu sehen bekommen. Frauen ... wollen wissen, wer die Sportler sind, wie sie es bis dahin geschafft haben, welche Opfer sie bringen mußten. Sie wollen eine Bindung herstellen, sie haben ein echtes Interesse daran, Entwicklungen zu verfolgen.«

—Dick Ebersol,
President, NBC Sports, über die (erfolgreiche) Berichterstattung seines Senders bei den Olympischen Spielen in Atlanta

Die Wirtschaft muß … zuallererst und ganz schnell … lernen … DASS MÄNNER UND FRAUEN VERSCHIEDEN SIND. Beispiel: Er … will einfach nur, daß das Geschäft getätigt wird. Sie ist daran interessiert, eine Beziehung aufzubauen. (Faith Popcorn)

Vor Mitte der sechziger Jahre ging man davon aus, daß Frauen ganz anders seien als Männer. Anders … und ungleich. Die feministische Bewegung Ende der sechziger, in den siebziger und achtziger Jahren ging in eine andere Richtung. Sie strebte nicht nur die »Gleichberechtigung« an, sondern forderte darüber hinaus auch die Nivellierung der Unterschiede. Männer sollten sich so wie Frauen verhalten. Frauen sollten sich so wie Männer verhalten. Androgynität war »in.«

Die Gleichberechtigung ist zwar nicht unbedingt erreicht worden, aber wir haben uns (massiv – würden viele/die meisten sagen) in diese Richtung bewegt. Der Gleichheitsgrundsatz bedeutet nicht, daß Männer und Frauen gleich sind.

Frauen streben nach finanzieller Unabhängigkeit. Nicht Wohlstand um des Wohlstands willen, aber auch nach »genügend Geld« für ein (oder drei!) eigene(s) Zimmer.

Elissa Moses von The BrainWavesGroup, einem Marktforschungsunternehmen in New York City, bezeichnet die Frauenbewegung (sofern das noch die richtige Bezeichnung ist) der neunziger Jahre als ein Streben nach weitergehender Selbstbestimmung. Gleichberechtigung? Ja! Aber mit der Gleichberechtigung kommt auch die Frage nach den Unterschieden zwischen den Geschlechtern wieder auf.

Was heißt also Selbstbestimmung? Die Untersuchung der BrainWavesGroup enthält einige Hinweise: Frauen streben nach finanzieller Unabhängigkeit. Nicht Wohlstand um des Wohlstands willen, aber auch nach »genügend Geld« für ein (oder drei!) eigene(s) Zimmer. Frauen wollen ihr Privat- und ihr Berufsleben selbst in die Hand nehmen. Frauen wollen »ihr Ding« durchziehen (was auch immer es sein mag), aber sie sind auch offen für neue Möglichkeiten, und sie sind flexibel. Sie wollen sich nicht mehr zwanghaft irgendwo auf der altmodischen Karriereleiter nach oben strampeln müssen. Da wir gerade von Karriere sprechen … Frauen suchen auch weiterhin die Balance zwischen Beruflichem und Privatem. Vergnügen und

Freude in der Freizeit sind nach der Untersuchung der BrainWavesGroup für 88 Prozent der Frauen von größter Bedeutung.

Die neue Frau? Sie übernimmt die Verantwortung für sich selbst. Sie übernimmt die Verantwortung für die Menschen in ihrem Umfeld. Sie lebt – wie schon in der Vergangenheit, aber in noch viel größerem Maße heute – ein Leben mit verschiedenen Rollen und bringt vielfältige Persönlichkeiten zum Ausdruck: Mutter, Versorgerin, Mitarbeiterin, Chefin, ehrenamtlich Tätige, Ehefrau usw.

Alle Männer behaupten, sie seien »extrem« beschäftigt. Das mag stimmen … aber Frauen *sind* extrem beschäftigt. »Zeit ist der entscheidende Faktor«, so die BrainWavesGroup, und angesichts dieser verschiedenen Rollen ist der Weg auf der Unternehmensleiter nach oben noch schwieriger.

MÄNNER UND FRAUEN … SIND … NICHT GLEICH.

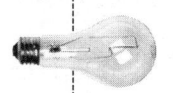

DIE G-R-O-S-S-E IDEE:
Frauen sind die Chance Nr. 1
Große Idee:
BEGREIFEN SIE DIE (GROSSEN) UNTERSCHIEDE.

Frauen bestimmen!

Die Daten laufen ein ... und
ich staune. Staune über
meine eigene Blindheit.
(Wenigstens stehe ich damit
nicht alleine da.) Ich
staune über diese enorme
Chance. Das heißt ... diese
»Frauensache« ist ...
zweifelsohne in meinen Augen
... *DIE* CHANCE FÜR DIE
WIRTSCHAFT ... in nächster
Zeit.

In welchen Bereichen?

Antwort:

<u>Gesundheitswesen</u>

<u>Finanzdienstleistungen</u>

<u>Autos</u>

<u>Wohnungen und Inneneinrichtung</u>

Computer, Software und

<u>Telekommunikation</u>

<u>Sport und Freizeit</u>

<u>Dienstleistungen</u>

<u>ÜBERALL!!!</u>

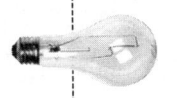

DIE G-R-O-S-S-E IDEE:

Frauen sind die Chance Nr. 1

Große Idee:

DIES IST EINE G-R-O-S-S-A-R-T-I-G-E I-D-E-E.

Wer hat's begriffen?

Amazon!

»Eines Sonntagnachmittags dachte ich darüber nach, wie ich mich wohl beim Fahren einer Harley fühlen würde. Mir wurde bewußt, daß es überhaupt nicht dem entsprach, was ich über den Harley-Kult gelesen hatte. Wenn Männer eine Harley fahren, werden sie Mitglied einer Sippe. Sie gehen in der Legende auf. Sie werden richtiggehend zu harten Kerlen. Frauen, die eine Harley fahren, interessiert diese Legende nicht. Sie fahren, um sich selbst zu verwirklichen. Sie trotzen den Erwartungen und wollen sich von den Verlierern abgrenzen. Frauen fahren, um einmal ganz *ohne männliche Begleitung* zu sein. Frauen fahren Harley, weil sie selbst die Kontrolle über ihr Vergnügen haben wollen.«

—Lynda Pearson,
Mitbegründerin, Creative Director, Amazon Advertising

it vibrates

Harleys for Ladies

DUDLEY PERKINS HARLEY DAVIDSON | 66 PAGE STREET SF 415-703-9494

Harley-Davidson … so unwahrscheinlich es klingen mag … hat die Frauen entdeckt. Und wandte sich zwecks Unterstützung an eine von Frauen gegründete, von Frauen betriebene Werbeagentur. So entdeckten die Frauen Harley-Davidson und kaufen sie – zu ihrem eigenen Vergnügen.

Hut ab vor den großen Motorradherstellern in Milwaukee … und den phantastischen Werberinnen bei Amazon Advertising in San Francisco!

Wer hat's begriffen?

Sears!

»Wir hatten ein Unternehmen, das von Männern geführt wurde, die dachten, das Geschäft mit Autos und Haushaltsgeräten sei ein Geschäft, ›bei dem man sich die Finger schmutzig macht‹. Wenn wir es nicht schaffen würden, den Laden und die Ware für Frauen attraktiv zu gestalten, würden wir, aus der Klemme, in der wir steckten, nicht wieder herauskommen. Das war ein ausgesprochenes Aha-Erlebnis.«

—Arthur Martinez,
Chairman und CEO, Sears,
Roebuck and Co.

Ein richtiges Aha-Erlebnis. Arthur Martinez hat in den letzten Jahren Sears erfolgreich neuerfunden. Ein großer Teil des Geheimnisses: Konzentration auf die Zielgruppe Frauen.

Frauen, die Kleidung kaufen. (Schluck.) Und Kosmetik. (Schluck.) Und als »Einkäuferinnen für die ganze Familie gelten« (nach Time) … Frauen, die Haushaltsgeräte kaufen … und Werkzeug … und Reifen … und Autoersatzteile.

O.k., aber ein Aha-Erlebnis?? Na ja gut, … ich gehe mal davon aus, es war eins! Aber mich ärgert wirklich, daß das für Sears eine Überraschung war. Jedenfalls …

Sears hat's begriffen!

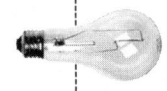

DIE G-R-O-S-S-E IDEE:

Frauen sind die Chance Nr. 1

Große Idee:

SEARS ENTDECKTE DIE FRAUEN.

UND SIE?

Wer hat es begriffen?

Ford!

Anfang 1997 zielten bei Ford 60 Prozent der Werbung in den Printmedien auf Männer. Und 40 Prozent auf Frauen. Aber Autos werden zu 65 Prozent von Frauen gekauft, wie Ross Robert, Unternehmensbereichsleiter bei Ford, eingesteht. Daher zielen … seit Mitte des Jahres 1997 … 60 Prozent der Werbung in den Printmedien auf … FRAUEN.

Ford hat noch einen langen Weg vor sich. Aber das war ein schneller/ gewaltiger Kurswechsel!

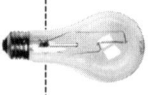

DIE G-R-O-S-S-E IDEE:

Frauen sind die Chance Nr. 1

Große Idee:

FORD HAT DIE FRAUEN ENTDECKT.

UND SIE?

Wer hat es begriffen?

Westin!

Von 1 Prozent auf 50 Prozent ... Oh-là-là!

Westin Hotels & Resorts kam in einer vor kurzem von J. D. Power & Associates durchgeführten Umfrage unter den Hotelketten der Luxuskategorie auf den ersten Platz. Ein (wesentlicher) Grund: CEO Jürgen Bartels konzentriert sich auf weibliche Geschäftsreisende. 1970 machten Frauen nur 1 Prozent der Geschäftsreisenden aus. Bis zum Ende des Jahrhunderts wird diese Zahl auf 50 Prozent angewachsen sein.

Bei Westin wurden neue Annehmlichkeiten eingeführt, u. a. große Spiegel, Haartrockner, Bügeleisen und Bügelbretter. Außerdem wurde auf Wunsch der Frauen das Angebot der Restaurants und des Zimmerservices um einige Salate und kalorienarme Gerichte ergänzt.

Ebenso wichtig (noch wichtiger!) ist es, daß Westin an einer neuen Einstellung arbeitet: Dem weiblichen Gast Respekt entgegenzubringen. USA Today berichtet, daß eine der häufigsten Beschwerden darin bestand, daß die (Hotel-)Mitarbeiter, vor allem in den Restaurants, sich mehr um die männlichen Gäste bemühten. Bartels hat seine Mitarbeiter nun zum Beispiel angewiesen, nicht automatisch davon auszugehen, daß immer der männliche Gast die Rechnung begleicht. Genau diese kleinen Dinge (kleine?? GROSSE!!) sind es, die den (GROSSEN) Unterschied ausmachen (können/werden). Das heißt: Westin hat's begriffen.

DIE G-R-O-S-S-E IDEE:

Frauen sind die Chance Nr. 1

Große Idee: SOLCHE STATISTIKEN ... WIE DER 49FACHE

ANSTIEG DES FRAUENANTEILS BEI GESCHÄFTSREISENDEN ...

FINDEN SICH ÜBERALL.

Wer hat's nicht begriffen?

In den USA:
Die
Automobil-
industrie!

Verkaufskiller!

Hören Sie einfach mal hin (ich hab es kürzlich getan), und Sie werden eine Geschichte nach der anderen hören. Während einer meiner Seminare wurde ich in einer Pause von einer Bankmanagerin (M-A-N-A-G-E-R-I-N) abgefangen, die mir ihre Fassung einer mehr als wohlbekannten Geschichte erzählte.

Sie und ihr Mann gingen in ein Autohaus. Während der 20 Minuten, die sie dort waren, wurde sie vom Verkäufer einfach ignoriert ... »bis kurz vor Ende des Gesprächs, als mir eine Besonderheit erklärt wurde, die mir helfen sollte, wenn ich ›meinen Schlüssel verlieren‹ würde«. Er (der VerkäufER) hat ... die Chance verpaßt ... er hat keinen Auftrag geschrieben. (Und ich wette mit Ihnen, daß er sich sicher gefragt hat, warum!!?)

DIE G-R-O-S-S-E IDEE:
Frauen sind die Chance Nr. 1
Große Idee: WIR UNTERBRECHEN DIESES BUCH FÜR EINE WICHTIGE MITTEILUNG: FRAUEN KAUFEN (VIELE) AUTOS!

Frauen 1.0 Chancen-Set

Was ist also zu tun?
Vergessen Sie die Luftballons!

»Sie« (die Chance Nr. 1) wahrzunehmen, heißt nicht ... eine »Fraueninitiative« ... zu starten ... und tausend rosarote Luftballons in den azurblauen Himmel aufsteigen zu lassen.

Selbst wenn es eine solche Fraueninitiative gäbe, müßte sie schon wesentlich mehr Substanz haben.

Das heißt, sie sollte abzielen ... auf eine NEUERFINDUNG DES UNTER-NEHMENS an sich. Ein völliges Überdenken: 1. der Personalsuche, 2. der Personal-auswahl, 3. der Vergütungssysteme, 4. der Beförderungskriterien, 5. der Organi-sationsstruktur, 6. der Geschäftsabläufe, 7. der Bewertungsmaßstäbe, 8. der Unternehmensstrategie insgesamt, 9. der Unternehmenskultur, 10. der Unter-nehmensvision und 11. der Führungsphilosophie.

Versuchen Sie es zunächst mit den folgenden sechs Fragen:

1. **Wieviel Prozent Ihres Umsatzes erzielen Sie mit Frauen? Welchen Umsatzanteil haben Frauen in Ihrem speziellen Bereich??** Fangen Sie mit dem Offensichtlichen an: Was kaufen Frauen ... heute ... bei Ihnen? Und in welcher Relation steht das zur allgemeinen Marktentwicklung? Schneiden Sie überdurchschnittlich ab? Unterdurchschnittlich? WARUM?

2. **Wie beeinflußt (besonders) der Geschmack von Frauen die Produktent-wicklung, den Vertrieb, das Marketing, die Logistik und den Service in**

Ihrem Unternehmen? Vergessen Sie nicht: FRAUEN SIND ANDERS. Wird dies von Produktentwicklung, Vertrieb, Marketing, Logistik und Kundenservice … ganz besonders … berücksichtigt? Lassen Sie sich Zeit mit der Antwort! NEHMEN SIE ALLE ABLÄUFE … G-A-N-Z … GRÜND-LICH UNTER DIE LUPE.

3. **Wie hoch ist der Prozentsatz an Frauen in leitenden Positionen in Produktentwicklung, Vertrieb, Service und Marketing?** Nein … das ist nicht das einzig Entscheidende. Bei weitem nicht! ABER ALS ANFANG IST ES NICHT SCHLECHT. Wenn Sie einem anderen

Denken den Weg bereiten wollen (der Denkweise von Frauen) … dann wären Frauen in Positionen, die mit weitreichenden Befugnissen ausgestattet sind, gar keine so schlechte Idee. DENKEN SIE DARÜBER NACH … GRÜNDLICH.

Die große Frage ist nicht, ob und wie Frauen mit Ihren Produkten oder Dienstleistungen zufrieden sind. Es geht vielmehr um die Frauen, die durch Ihre Unternehmenspolitik so abgetörnt sind, daß sie gar nicht erst an Sie … Ihr Unternehmen … Ihre Branche herantreten.

4. **Haben Sie in Ihrem Bereich Mitarbeiter/INNEN, die sich (so phantastisch wie bei Sears?) auf Frauen als Zielgruppe spezialisiert haben?** Führen Sie ein Benchmarking durch, und messen Sie sich an den Besten der Besten im Bereich Service für Frauen (gleich in welcher Branche). Benchmarking hat natürlich seine Grenzen. Andererseits, mit irgend etwas müssen Sie anfangen. Sehen Sie sich die Besten … und die Schlechtesten an. Dann sehen Sie über den Tellerrand Ihrer eigenen Branche hinaus: Kann ein Autohersteller von Sears lernen? SELBSTVER-STÄNDLICH!

5. **Wie groß ist in Ihrem Bereich die Chancen für eine Frau?** (SIND SIE SICHER?) Das ist hier die wohl allerwichtigste Frage. Die große Frage ist

nicht, ob und wie Frauen mit Ihren Produkten oder Dienstleistungen zufrieden sind. Es geht vielmehr um die Frauen, die durch Ihre Unternehmenspolitik so abgetörnt sind, daß sie gar nicht erst an Sie … Ihr Unternehmen … Ihre Branche herantreten.

6. **Haben Sie eine explizite »Frauenstrategie«, die den Markt wirklich gut bedient und auch die dafür notwendigen Organisationsstrukturen?** Eine »Frauenstrategie« allein reicht nicht. Aber … auch hier … sie ist ein Anfang. Eine solche Strategie muß jedoch beide Seiten abdecken, zum einen die Marktchancen *und* zum anderen die Organisationsstrukturen, um diese Strategie auch einfühlsam durchzuführen (z. B. der Prozentsatz an Frauen in leitenden Positionen … siehe oben – unter Punkt 3).

Randbemerkung: Dies sind schwierige Fragen. Warum? Weil sich die meisten Fragen mit etwas beschäftigen, das noch nicht eingetreten ist, aber geschehen könnte, wenn wir es nur richtig anpacken. GEBEN SIE SICH NICHT MIT OBERFLÄCHLICHEN ANTWORTEN AUF DIESE FRAGEN ZUFRIEDEN!

DIE G-R-O-S-S-E IDEE:
Frauen sind die Chance Nr. 1
Große Idee: G-R-O-S-S-E CHANCE = G-R-O-S-S-E INTERNE UMWÄLZUNG, WENN MAN SIE NUTZT.

»Du verstehst einfach nicht.«

—Deborah Tannen, Autorin, *Du kannst mich einfach nicht verstehen*. Frauen und Männer im Gespräch.

»Du kannst einfach nicht verstehen.«
—MICH

Vor kurzem war ich als beinahe einziger Mann auf einer Tagesveranstaltung. Unter den Teilnehmerinnen waren einige der mächtigsten Frauen in den USA. Am Ende des Tages stand ich da … vollkommen durcheinander. Und das im zarten Alter von 54 Jahren …

Der Grund: Ich wurde als Junge geboren, weiß, angelsächsisch, protestantisch. Wir sind die herrschende Klasse – auch heute noch. Und ich kann daran überhaupt nichts ändern.

Das bedeutet: Ich habe ein Problem: ICH <u>KANN</u> ES EINFACH NICHT VERSTEHEN.

Als ich diesen einflußreichen Frauen zuhörte, die darüber sprachen, wie sie in unterschiedlichem Maße brüskiert, herabgesetzt worden waren, insbesondere, wenn sie asiatischer oder afrikanischer Herkunft waren, wurde mir langsam klar, daß ich es bei all meiner Liberalität nicht begriff. Ich konnte und kann auch heute nicht begreifen, was es bedeutet, systematisch brüskiert/herabgesetzt/ignoriert zu werden.

Daraus läßt sich etwas sehr Wichtiges lernen: Ich kann vorgeben, Frauenideen gegenüber sehr aufgeschlossen zu sein (Ich bin es … und ich meine es so.) Aber ich bin nicht einer von »ihnen«. Ich weiß (W-E-I-S-S) nicht, wie es ist, einfach so verprellt zu werden, immer … und immer … wieder.

Was wiederum bedeutet, daß die einzig mögliche Reaktion auf diese Fragen (CHANCEN) darin liegt, führende (sehr wichtige) Positionen im ganzen Unternehmen mit Frauen zu besetzen.

DIE G-R-O-S-S-E IDEE:
Frauen sind die Chance Nr. 1
Große Idee: ICH VERSTEHE NICHT NUR NICHT …
ICH KANN EINFACH NICHT VERSTEHEN.
(HALLO JUNGS: MACHT EUCH DA NICHTS VOR.)

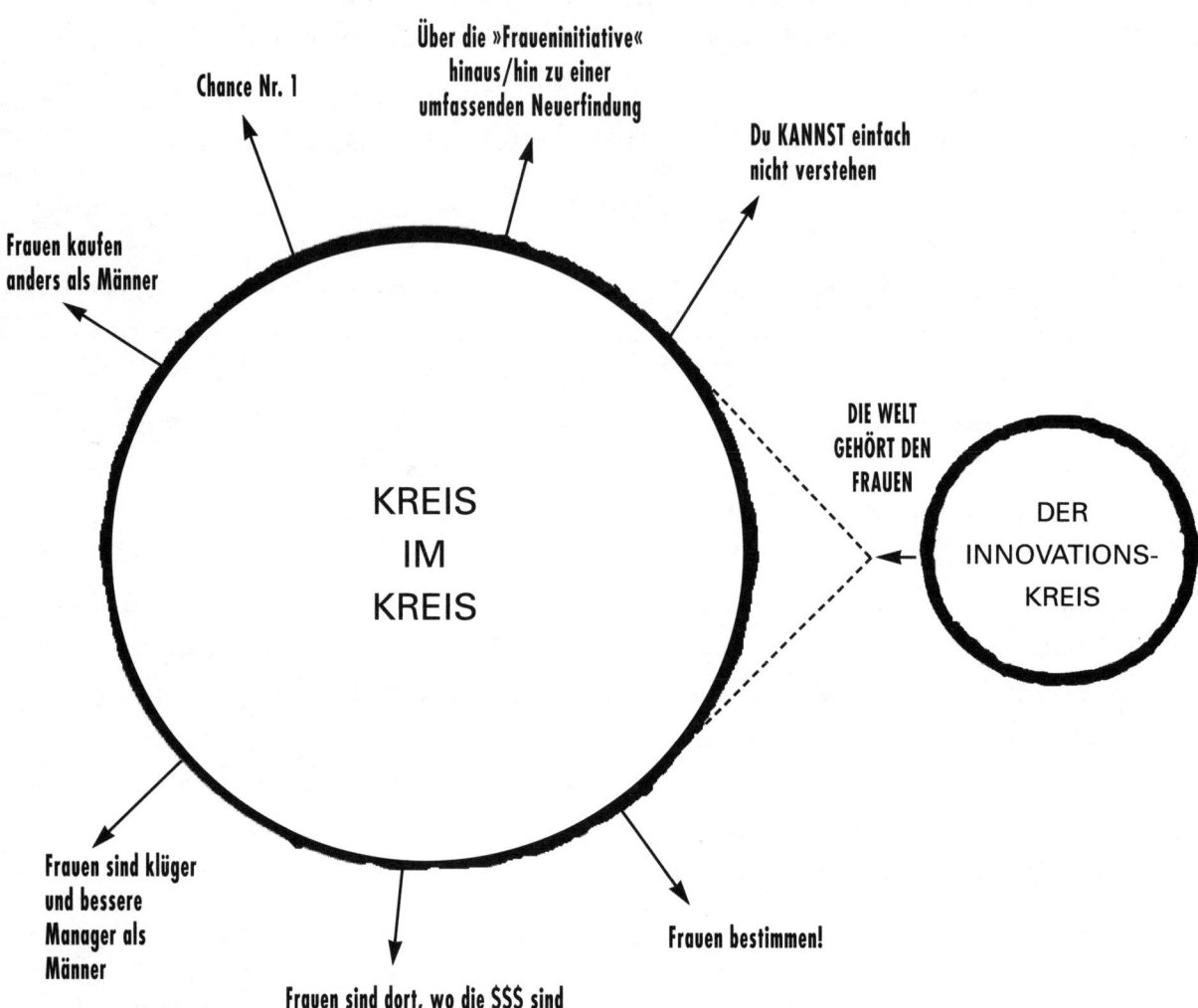

Chance Nr. 1

Über die »Fraueninitiative« hinaus/hin zu einer umfassenden Neuerfindung

Du KANNST einfach nicht verstehen

Frauen kaufen anders als Männer

DIE WELT GEHÖRT DEN FRAUEN

KREIS IM KREIS

DER INNOVATIONS-KREIS

Frauen sind klüger und bessere Manager als Männer

Frauen sind dort, wo die $$$ sind

Frauen bestimmen!

WORTALARM NR. 12

DENKEN SIE AN: F-R-A-U-E-N

DEN FRAUEN GEHÖRT DIE WELT

Denken Sie ... an die UNTERSCHIEDE

CHANCE NR. 1

Frauen und Autos

Frauen als Amazonen der Landstraße

Frauen als ...

Nur mit NEUERFINDUNG funktioniert es

Frauen-1.0-Chancen-Set

Du KANNST es einfach nicht verstehen

SCHLUSSBEMERKUNG

Ich komme mir klein vor.

Ich bin total durcheinander.

Die Idee ist gewaltig (G-E-W-A-L-T-I-G).

Sie ist einfach.

Sie ist genial.

Sie liegt auf der Hand.

Sie ist das BESTGEHÜTETE GEHEIMNIS der Welt (der Wirtschaft).

Nach wie vor.

Katy, verrammele die Tür! Diese erstklassige Differenzierungsstrategie ist der größte Renner aller Zeiten! ... Die Frage lautet: Wie komme ich an die kollektive/enorme/mißverstandene/unterschätzte Kaufkraft der Frauen? Problem: Sie müssen Ihr Unternehmen komplett auf den Kopf stellen, um diese (erstaunliche/wahnsinnige) Chance zu Ihrem Vorteil nutzen zu können ..., diese CHANCE NR. 1.

Auf die kleinen Dinge kommt es an.

Ich verstehe nicht, warum Design ein solch unergründliches Geheimnis ist.

Sony hat's verstanden. Und Rubbermaid. Und John Deere.

Sie erreichen (viel) durch Design. Und das kann auch Ihnen gelingen!

428

Das Design macht's!

»Vor fünfzehn Jahren lief der Wettbewerb zwischen den Unternehmen über den Preis. Heute geht es um Qualität. Und morgen um das Design.«

—Robert Hayes,
Professor,
Harvard Business School

Bob Hayes hat den Ruf, alles, was er tut, auch richtig zu machen. Möglicherweise haben er und Bill Abernathy 1980 mit ihrem Artikel »Managing our Way to Economic Decline« (Wie wir uns in den wirtschaftlichen Abgrund katapultieren) in der *Harvard Business Review* die amerikanische Management-Renaissance ausgelöst. In diesem Artikel beklagen sie die Tatsache, daß die leidenschaftslose Analyse das leidenschaftliche Engagement für das Produkt selbst abgelöst hat.

Seitdem hat Hayes seine Botschaft weiter ausgefeilt und auf den Punkt gebracht. Er wurde zum Vorkämpfer für die Qualitätsrevolution. Aber genug ist nie genug, und vor ungefähr sechs Jahren begann Hayes, Design als Wettbewerbsfaktor in Betracht zu ziehen. Nach umfangreichen Forschungen kam er zu einer einfachen Wahrheit: Design entscheidet!

DIE G-R-O-S-S-E IDEE:

Innovation = Design entscheidet!

Große Idee: EIN WEITERER (GEFÄHRLICH) UNTERSCHÄTZTER WETTBEWERBSVORTEIL ... DESIGN.

Design
Hall of Fame

Body Shop

Boots

Braun

Dow

Chrysler

John Deere

Gillette

Herman Miller

Nike

Rubbermaid

Sony

Stanley

Meine Hall of Fame des Designs besteht aus Menschen und Unternehmen, die »es« ernst nehmen, aus Menschen und Unternehmen, die »es« an die a-l-l-e-r-oberste Stelle auf ihrer strategischen Tagesordnung setzen, Menschen und Unternehmen mit leidenschaftlichem Engagement für die Produkte und Dienstleistungen, die sie hervorbringen.

Body Shop. Er fällt sehr in dem überbordenden Einzelhandelsmarkt sehr auf – vor allem weil Design einen so hohen Stellenwert hat. Die Läden selbst sind beeindruckend und farbenfroh … im Design. Die einfachen und aussagekräftigen Verpackungen sind beeindruckend … im Design. Und ihre Tüten (ich bin ein Fan von Tüten … und Sie sollten es auch sein!) sind beeindruckend und unterscheiden sich … durch ihr Design. Design ist das Erkennungszeichen von Body Shop. Die Unternehmensgründerin Anita Roddick hat's begriffen.

Boots, die Apotheken- und Drogeriekette.

Die große britische Apotheken- und Drogeriekette integriert Design so effektiv in ihre Unternehmensstrategien und -ziele wie kein anderes Unternehmen der Welt. Die Verpackung von Boots hebt sich (deutlich) von der Masse ab, und die Boots-Geschäfte sind wunderschön ausgestattet. Designüberlegungen sind eng mit allen Elementen und Prozessen des Kerngeschäfts von Boots verknüpft. Boots ist ein großer Gewinner … durch ihr Design.

Braun. In der Abteilung für Industriedesign des Museum of Modern Art in New York finden sich mehr Produkte der deutschen Tochter von Gillette als von irgendeinem anderen Unternehmen der Welt. Und das kommt nicht von ungefähr. Brauns Chefdesigner, Dieter Rams, ist Mitglied der Geschäftsleitung ..., und sein Wort (seine Vision!) hat enormes Gewicht. Braun weiß, womit es sein Geld verdient; den entscheidenden Unterschied macht: ... das Design.

Chrysler. Lee Iacocca, der »Vater« des Mustang, war ein Designfanatiker. Zeitweise (vielleicht selbst heute noch) war/ist die Qualität von Chrysler nicht so ganz das wahre. Aber es gibt den Minivan. Den Neon. Usw. Chrysler hat mehr Leidenschaft für Design gezeigt – für wirklich gewagtes Design – als andere Autohersteller. Und es hat sich bezahlt gemacht ... durch Design.

Dow. Eigentlich geht es nicht um Dow selbst, sondern um ein Produkt von Dow ... Ziplocs. Ich liebe sie! Ich kann nicht mehr ohne sie auskommen! Das ist Design! Das ist etwas Besonderes! Und etwas Besonderes für wenig Geld! (Design = Tiffany. NEIN.) Das verdient ein G-A-N-Z großes WOW ... fürs Design.

Gillette. Der Zauber von Braun hat – zusammen mit Gewinnen in Millionenhöhe – auf die Muttergesellschaft Gillette abgefärbt. Nehmen Sie als ein (gutes/sehr gutes) Beispiel den Lady Sensor. Sein Aussehen und seine Mechanik sind, tja, revolutionär ... durch Design.

Herman Miller. Das Geschäft mit Möbeln war ein Geschäft mit Massenware ..., bis George Nelson 1945 bei Herman Miller auftauchte. Als einer der berühmtesten amerikanischen Designer des 20. Jahrhunderts stellte Nelson eine ganze Branche auf den Kopf ... durch Design.

Nike. Bei Nike geht es nicht um Glanz. Hier geht es um Mechanik und Glanz. Der Unternehmensgründer Phil Knight war ein gefeierter Läufer der berühmten Läuferstaffel der University of Oregon. Läufer haben eine Leidenschaft für Schuhe. (Kein Wunder.) Knight hat es jedoch geschafft, seine Leidenschaft zu unser aller Leidenschaft zu machen. Er wollte einen besseren Schuh ... und wußte auch instinktiv um die Macht der Ästhetik. Bei Schuhen. Und ... natürlich ... das Nike-Emblem. Knights Unternehmen unterhält eine Designabteilung mit 350 (!) Mitarbeitern ..., der größten in den USA. Nike/Knight hat seine (harten) Konkurrenten abgehängt ... durch Design.

Rubbermaid. Ich liebe die Produkte von Rubbermaid. Ich mag, wie sie ... funktionieren. Ich mag, wie sie ... aussehen. Ich mag, wie ... anwenderfreundlich sie sind. Rubbermaid ist ein ganzes Unternehmen von Designfanatikern. Das fängt bei CEO Wolf Schmitt an – wo sonst? In allen Lebenslagen zeigt er eine unglaubliche Leidenschaft/Besessenheit für Design. Und sehr methodisch und zweckgerichtet hat er diese Leidenschaft den 13 861 Mitarbeitern von Rubbermaid eingeflößt. Und zufällig (nicht ganz so zufällig) haben wir hier ein weiteres hervorragendes Beispiel für hervorragendes Design ... für (in manchen Fällen) weniger als einen Dollar. Soviel zum Thema »Massen«markt! (Das kann Design!)

Sony. Stimmen Sie sich darauf ein ...

Stanley. Ich liebe ... L-I-E-B-E ... meine Hammer von Stanley. Und ein Umsatz von 2,6 Mrd. USD zeigt, daß ich nicht der einzige bin. Wie bei Nike ist die Funktionalität einfach ... großartig. Und auch die Ästhetik ... Das ist Design.

John Deere. Mist (Entschuldigung, Jauche) und Design passen zusammen. Henry Dreyfus … erwähnen Sie nur den Namen, und jeder Industriedesigner in der Welt wird den Hut ziehen. Er hat uns das stromlinienförmige Telefon von Bell beschert. Und Honeywells preisgekrönte Thermostate. Aber am bekanntesten ist er dafür, daß er aus den Landwirtschaftsmaschinen von John Deere einen Welterfolg gemacht hat … durch Design.

Henry Dreyfus … erwähnen Sie den Namen, und jeder Industriedesigner der Welt wird den Hut ziehen … am bekanntesten ist er dafür, daß er aus den Landwirtschaftsmaschinen von John Deere einen Welterfolg gemacht hat … durch Design.

DIE G-R-O-S-S-E IDEE:

Innovation = Design entscheidet!

Große Idee: DESIGN IST DER WETTBEWERBSVORTEIL FÜR EINE KLEINE … aber S-E-H-R EINDRUCKSVOLLE … ZAHL VON UNTERNEHMEN.

Design
heißt Differenzierung!

»Wir von Sony gehen davon aus, daß alle Produkte unserer Mitbewerber mehr oder minder die gleiche Technologie, den gleichen Preis, die gleiche Leistung und die gleichen Eigenschaften aufweisen. Design ist das einzige, was ein Produkt von dem anderen auf dem Markt unterscheidet.«

—Norio Ohga, Präsident und CEO, Sony

Auf Sonys unheimlich schnellebigen Märkten sind konkurrenzfähige Preise und Leistungen ein Muß. Selbst wenn Sony Marktführer wird, mit technologischer Brillanz allein könnte es sich nicht an der Spitze halten. Aber mit Design geht's.

Das Design ist Sonys Trumpfkarte.

Sony als Technologieunternehmen? Natürlich, aber …

Wie steht's mit: Sony als D-e-s-i-g-n-unternehmen? JA.

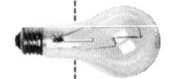

DIE G-R-O-S-S-E IDEE:

Innovation = Design entscheidet!

Große Idee: ES MAG FÜR SIE WIE TECHNOLOGIE AUSSEHEN … FÜR DIE ANDEREN SIEHT ES JEDOCH AUS WIE D-E-S-I-G-N.

Design

heißt, auf Design zu achten!

----

20 Arten, wie Design Ihnen unter die Haut geht

(und in Ihren Kopf)

Design bedeutet nicht nur, einen tollen Designer einzustellen. Design hat ganz sicher nicht nur mit »Verschönerung« zu tun. Beim Design – als Kernkompetenz – geht es darum ..., DESIGN IMMER UND ÜBERALL IM KOPF ZU HABEN – wie ich es bezeichne. Das heißt, wenn Design den Unterschied ausmacht – wie bei sehr gutem Total Quality Management –, dann ist es eine Lebensweise.

Design ist eine Lebensweise:

1 Es gehört zu jedem Schritt in der Entwicklung neuer Produkte/Dienstleistungen ... von Anfang an ..., es kommt nicht erst nachträglich dazu.

2 Es ist Thema der täglichen Pausengespräche im Bereich Finanzen genauso wie im Marketing und der Forschung und Entwicklung.

3 Es ist die unverhohlene Obsession des Führungsteams.

4 Es durchdringt das Vergütungs- und Beförderungssystem (Ford könnte seinen Chefdesigner zum CEO befördern).

5 Es ist wie bei der Pharmakette Boots in Großbritannien in jedem Kernbereich und in jeden einzelnen Ablauf eingebettet.

6 Es spiegelt sich in der Organisationsstruktur wider.

7 Es spiegelt sich in informellen Machtallianzen wider.

8 Es spiegelt sich darin wider, wer in den Vorstand berufen wird.

9 Sie können es – wie bei Steelcase – im Stammhaus ... und überhaupt an allen Standorten erkennen.

10 Sie können es auf jedem Lieferwagen erkennen ... bei Odwalla oder Body Shop zum Beispiel.

11 Sie können es an der Verpackung erkennen ... bei FedEx und überall in Japan.

12 Sie können es an den Kassenaufstellern und am Produkt selbst bemerken ... Sony ist darin einfach traumhaft gut.

13 Sie können es bei sich tragen ... wie eine Einkaufstüte von FAO Schwarz oder eine von Banana Republic.

14 Sie können es als Sitzgelegenheit nutzen … zum Beispiel in den Starbucks-Geschäften.

15 Sie können es (mit viel Liebe) zum Einschlagen von Nägeln nutzen … mit einem Hammer von Stanley.

16 Sie können damit angeben … wie mit Tiffany und Hermès.

17 Sie können drüber lächeln … wie bei den Swatch-Uhren.

18 Sie können damit staubsaugen … wie mit Black & Decker.

19 Sie können es einstellen … – wollen Sie tolles Design, stellen Sie einen tollen Designer ein (das ist The Gaps neue Strategie).

20 Mit anderen Worten: Design ist Teil von a-l-l-e-m … von Aussehen/Gefühl/Geschmack/Geruch/Farbe der Produkte, Dienstleistungen, Büros, Produktionsstandorten, Broschüren, Anzeigen, Briefpapier, Vordrucken, Richtlinien (für den Personalbereich genauso wie für die Technik) und vielem mehr.

Design ist wie eine große Enchilada, … eigentlich die GANZE Enchilada … in ihrer (leider nicht so häufig vorkommenden) Bestform.

DIE G-R-O-S-S-E IDEE:

Innovation = Design entscheidet!

Große Idee: DESIGN-ALS-BESONDERER-WETTBEWERBSVORTEIL = DIE AUFMERKSAMKEIT FÜR DESIGN BESTIMMT ALLE ASPEKTE DES UNTERNEHMENS.

Auf das Design zu achten, heißt, das Risiko zu suchen!

»Wir müssen aktiv werden, wenn etwas als verrückt bezeichnet wird. Wenn es heißt, etwas sei ›gut‹, dann bedeutet das, jemand anderes tut es bereits.«

—Hajime Mitarai, Präsident, Canon

DESIGN (immer und überall auf Design zu achten), das verändert und das Verbraucher und Unternehmen mit völligem Neuland konfrontiert, ist naturgemäß gewagt. »Mach etwas Tolles«, sagte der Chef von Nintendo zu einem seiner Spieleentwickler. »Etwas Tolles« ist etwas Unerwartetes … eine Überraschung … und daher riskant. »Wir sind verrückt«, sagte der Präsident von Canon, Hajime Mitarai, dem Magazin *Forbes*. »Wir müssen aktiv werden, wenn etwas als verrückt bezeichnet wird. Wenn es heißt, etwas sei ›gut‹, bedeutet das, jemand anderes tut es bereits.«

Nach dem ultimativen Potential von Design zu streben und immer und überall auf Design zu achten, bedeutet normalerweise auch den Versuch, das Verrückte, Überraschende zu erreichen. Und auch, immer mit Risiken … und auch der Möglichkeit eines Scheiterns umgehen zu müssen.

DIE G-R-O-S-S-E IDEE:
Innovation = Design entscheidet!
Große Idee: GROSSARTIGES DESIGN = RISIKO (UND LOHN) FÜR EMOTIONALES ENGAGEMENT …
ODER ABLEHNUNG.

Auf das Design zu achten, heißt, mit Design zu überraschen!

»Unsere Aufgabe ist es, dem Kunden zu geben ..., wovon er noch nicht einmal im Traum wußte, daß er es haben wollte.«

—Dewys Lasdon, Stardesigner

Der Schock der Erkenntnis. Den Kunden leiten, führen. Ich nenne das … DESIGN ALS ÜBERRASCHUNGSEFFEKT. (Und das gilt für die Buchhaltung … den Einkauf … die EDV … die Aus- und Weiterbildung … und auch für den Bereich Industriedesign in der Entwicklung neuer Produkte.)

Design als Überraschungseffekt … stimmt das auch für Sie? Läßt sich so das Projekt beschreiben, an dem Sie … zur Zeit … arbeiten? Wenn nicht …, verpassen Sie eine verdammt gute Chance!

Stardesigner Dewys Lasdon bringt es auf den Punkt: »Unsere Aufgabe ist es nicht, dem Kunden – rechtzeitig und kostengünstig – zu geben, was er will, sondern etwas zu geben, wovon er noch nicht einmal im Traum wußte, daß er es haben wollte; und wenn er es dann hat, soll er darin etwas sehen, was er schon immer hat haben wollen.«

Der Schock des Wiedererkennens … das ist das höchste Ziel großartigen Designs. Das ist ein schwer zu erreichendes Ziel …, aber möglicherweise das einzige, nach dem es sich zu streben lohnt … auf einem (ich sage es nochmals) total überfüllten Markt.

Design mit Überraschungseffekt: Post-it-Haftnotizen. CNN. MTV. Lady Sensor. Macintosh. FedEx. Miata. Lotus 1-2-3. Quicken. Der Walkman. Virgin Air. Chronicle Books. Die 1986er Kaffeetassenhalter von Taurus. Ziplocs. Boeing 747. Klettverschlüsse. Gore-Tex. J. Peterman. Star Wars. Das Web! *S, M, L, XL,* das Buch.

> Ihre Kunden lassen sich durch außergewöhnliches Design leiten.

Auf Design zu achten, bedeutet, die kleinen Dinge ernst zu nehmen!

»Jahrein, jahraus bin ich durchs Leben gestolpert, gegen Türen gelaufen, habe den Wasserhahn nicht gefunden ... Wieso passiert das >immer mir<, fragte ich mich. Aber als ich dann anfing ..., das Verhalten anderer zu beobachten, merkte ich auf einmal, daß es nicht nur mir so ging. Da wir die Schuld zunächst bei uns selbst suchen, bleibt der wahre Übeltäter unentdeckt: mangelhaftes Design. Es ist Zeit umzudenken.«

—Donald Norman,
Autor, *The Design of Everyday Things*

Ich bin's nicht – der D e s i g n e r ist schuld!

In Australien habe ich gerade eine fabelhafte Jogginghose gekauft. (Ich bin ein Jogginghosen-Fan.) Aber sie treiben mich zum Wahnsinn. Die Taschen sind nicht tief genug. Meine Brille fällt ständig heraus. Ich habe eine 250-Dollar-Brille in der Einfahrt zertrampelt. Ich bin sauer. Ich bin sauer auf mich, weil ich meine Brille in der Tasche trage. F-a-l-s-c-h-e Einstellung: Ich sollte (s-t-i-n-k)sauer sein auf die Designer, die diese zu kleinen Taschen entworfen haben!

Ich bin's nicht – der D e s i g n e r ist schuld!

Warum verstehe ich nicht, welche Tasten ich an meinem Autoradio drücken muß? Warum verstehe ich nicht, welche Tasten ich an *irgendeinem* Autoradio drücken muß? Mangelndes technisches Verständnis? Nein! Es gibt einfach keine Autoradios mit einem durchdachten Design. Die Stationstaste? Die Sendersuchlauftaste? Oder welche Taste auch immer, wenn es ein kalter Wintertag ist und man Handschuhe anhat? ALLES FURCHTBAR!

Ich bin's nicht – der D e s i g n e r ist schuld!

Das gleiche gilt für die Temperaturregler an Kühlschränken. Entweder ist alles vereist. Oder in Kondenswasser getaucht. Ich kann die Regler nicht finden. Sind sie hinter der Milch? Oder bei den Eiern? Wie herum stellt man auf kälter? Wie herum auf wärmer? Meine Güte, stelle ich mich blöd an! (Noch einmal.) NEIN! Der Designer ist ein Blödmann! (Noch einmal!)

Ich bin's nicht – der D e s i g n e r ist schuld!

DIE GANZE SOFTWARE IST ENTSETZLICH! Natürlich ist sehr gute Software nützlich … SEHR NÜTZLICH. Aber »anwenderfreundlich«? Lassen Sie mich in Ruhe damit. Ich habe mich noch nie länger als zehn Minuten … EGAL MIT WELCHEM SOFTWAREPROGRAMM beschäftigt … ohne daß ein Problem auftritt. Anwenderfreundlich? Sie können mich mal!!

Ich bin's nicht – der D e s i g n e r ist schuld!

Gehören Sie auch zu den über 45jährigen, deren Augen immer schlechter werden? Und sind Sie J-E-M-A-L-S in einem Hotel auf eine Shampooflasche gestoßen … AUF DER SIE DAS WORT »SHAMPOO« LESEN KONNTEN? Ich jedenfalls nicht! Verdammt, ich hasse es, alt zu werden! NEIN! Verdammt … ich H-A-S-S-E Designer. Ja, so ist es schon besser.

Ich bin's nicht – der D e s i g n e r ist schuld!

Und dann gibt es noch diese Sensorenlichtschalter. Wenn Sie irgendeinen Teil der Leuchte berühren, geht das Licht an. Nett! Ausgenommen der Fall, daß … die verdammte Leuchte zufälligerweise mitten in der Nacht angeht und aus unerfindlichen Gründen auch an bleibt. Möge der Designer in der Hölle schmoren … in einer speziellen Abteilung gleich neben dem Designer, der meinte, den Schalter an einer sehr teuren Leuchte, die ich kürzlich gekauft habe, direkt neben der Glühbirne anbringen zu müssen. Der Schalter ist aus Metall … und ich verbrenne mir unweigerlich die Finger, wenn ich die Leuchte ausschalten will.

Wenn Sie anfangen, statt sich selbst den Designern die Schuld zu geben, wenn etwas nicht funktioniert, haben Sie den ersten (großen) Schritt getan auf dem Weg dazu, AUF DESIGN ZU ACHTEN. Werden Sie sauer … und dann setzen Sie den Ärger um in Ihre eigene Arbeit … und sorgen Sie dafür, daß die Dinge, die Sie entwerfen (z. B. Formulare und oder auch Verfahrensweisen), nicht bei den meisten Ihrer Kunden (ob intern oder extern) zu einer ärgerlichen Reaktion führen. Das ist der Weg!

Sie wissen jetzt, worum es geht. Design kann ein phänomenaler Wettbewerbsvorteil sein … WENN WIR STÄNDIG DARAUF EINGESTIMMT SIND … BESONDERS WENN ES SICH IN DEN »ALLERKLEINSTEN« NEBENSÄCHLICHKEITEN ZEIGT.

Design ist überzeugend.

Design ist eine Chance.

DESIGN IST EINE RIESENCHANCE. Also ……???

DIE G-R-O-S-S-E IDEE:

Innovation = Design entscheidet!

Große Idee: GEBEN SIE DEM DESIGNER DIE SCHULD FÜR

PANNEN MIT DEM PRODUKT … NICHT SICH SELBST … UND DANN

DENKEN SIE DARAN, DASS SIE IN IHREM ALLTÄGLICHEN

ARBEITSLEBEN SELBST EIN DESIGNER(!) SIND.

Design1.0
Chancen-Set

Erste Schritte:
Achten Sie auf Design.

Die Aufgabe heißt: Sensibilisierung für Design. Lernen Sie, Ihre Augen aufzumachen. Wie machen Sie das?

1. **Halten Sie die Augen offen.**

Seien Sie wachsam. Fangen Sie an, sich … ÜBERALL … nach »kleinen« Dingen umzuschauen, die mit Design zu tun haben und die Sie irritieren. Nach Dingen, die Sie Nerven kosten.

2. **Lesen Sie.**

Lesen Sie Design-Magazine. Fangen Sie an mit I.D. (*International Design*). Kaufen Sie Bücher über Design. Beginnen Sie mit Donald Norman, *The Design of Everday Things*, Christopher Lorenz, *Die Macht des Design*, und Thomas Hine, *The Total Package: The Evolution and Secret Meaning of Boxes, Bottles, Cans and Tubes.* Das heißt: Bilden Sie sich weiter.

3. **Schneiden Sie großartige Werbeanzeigen, großartige Illustrationen, großartige Junk-Mails usw.** aus und sammeln Sie sie. Wenn Sie auf eine großartige Werbeanzeige stoßen … oder auf eine großartige Formulierung in einer Werbeanzeige … schneiden Sie sie aus. (Überlegen Sie auch, ob Sie nicht *Advertising Age* abonnieren wollen. So wie ich.) Das gleiche gilt auch für die (seltenen) Fälle glänzender Junk-Mails.

4. Halten Sie Ausschau nach guten Vordrucken … guten Briefen … guten Visiten-karten … usw.

Einige Vordrucke sind ansprechend und leicht auszufüllen. (FedEx.) Über so manche andere ärgern Sie sich maßlos! Werden Sie zum »Vordruck-/Formular-fanatiker«. Beurteilen Sie sie … gnadenlos. Das heißt … schon wieder … seien Sie aufmerksam!

5. Analysieren Sie Gebrauchsanleitungen und Ausschilderungen.

Sie haben einen Barbecue-Grill bestellt. Er wird geliefert. Sie sind begeistert. Sie packen die Teile aus, lesen die Anleitung und … sind sauer. Achten Sie auf die Anleitungen auf … Gutes, Schlechtes, Neutrales. Achten Sie auf Ausschilderungen. Ich habe kürzlich im Opryland Hotel in Nashville übernachtet: 2900 Zimmer. Eine riesige Anlage. Die Ausschilderung ist wohl die … schlechteste der Welt. Ich konnte mich überhaupt nicht zurechtfinden! (Auch den anderen, mit denen ich sprach, ging es so.) Ausschilderung ist wichtig.

6. Legen Sie zwei Ordner an: Einen mit der Aufschrift »Schön« und einen mit der Aufschrift »Entsetzlich«.

Machen Sie sich Notizen! Werden Sie zum Sammler! Wenn Sie auf etwas stoßen, das nach gutem Design aussieht oder davon handelt … HEBEN SIE ES AUF. Wenn Sie auf etwas stoßen, das nach schlechtem Design aussieht bzw. davon handelt … HEBEN SIE ES AUF. Bauen Sie sich ein Archiv auf. (Und stellen Sie Ihre Designantenne auf absoluten Empfang ein.)

7. Gehen Sie auf einen Einkaufstrip, bei dem sie höchstens 10 Dollar ausgeben wollen.

Sehen Sie sich nach »schönen Dingen« (mit durchdachtem Design) um, die nur ein paar Pfennige kosten. Post-it-Haftnotizen … Bic-Kugelschreiber … einen Lady Sensor-Rasierer … eine Postkarte … Büroklammern … einen Schokoriegel.

Schön

Entsetzlich

Der Sinn? Sensibilisieren Sie sich für die Erkenntnis, daß gutes Design genauso 59 Cent … wie 59 000 Dollar kosten kann.

8. Fangen Sie ein Notizheft von beiden Enden aus an: »schön« und »entsetzlich«.

Ich habe vor ein paar Jahren mit einer leeren Kladde angefangen. Auf den vorderen Einband habe ich »schön« geschrieben. Auf den hinteren Einband »entsetzlich«. Und dann habe ich angefangen, alle »Design-Dinge«, auf die ich gestoßen bin, und die mir gefallen haben (eine tolle Einkaufstüte von einem kleinen Laden in Gualala, Kalifornien) … oder mich abgestoßen haben (Bedienungsknöpfe in einem Lift, bei denen »1« für das Untergeschoß stand), aufzuschreiben. In kurzer Zeit hatte ich Dutzende von Einträgen zusammen. Die Idee lautet (noch einmal): SENSIBILISIERUNG FÜR DESIGN.

9. Setzen Sie es um!!

Es geht mir bei der Sensibilisierung für lausiges Design nicht darum, Ihnen den Tag zu vermiesen. Mir geht es … offensichtlich … vielmehr um … die UMSETZUNG. Das heißt: Wenn Ihnen eine lausige Ausschilderung auffällt … oder unzutreffende Anleitungen … oder ein ärgerliches Formular …, dann fragen Sie sich stets: Geht meine Organisation mehr oder weniger auch so mit ihren Kunden um? (SEIEN SIE EHRLICH!) Vielleicht schaffen Sie es, daß alle der Idee mit der Design-Kladde folgen. Oder der Idee mit dem Ordner. Und dann arbeiten Sie alle zusammen an der Umsetzung: Wie wäre es mit einem Design-Tag alle drei Monate? Mit einem ganztägigen Treffen, das … ausschließlich … den »kleinen« Designproblemen gewidmet ist? Oder einem halbtägigen Design-Lokaltermin … in einem Einkaufszentrum? Das heißt: F-A-N-G-E-N S-I-E A-N! J-E-T-Z-T!

DIE G-R-O-S-S-E IDEE:
Innovation = Design entscheidet!
Große Idee: ES GIBT KLEINE PRAKTISCHE SCHRITTE, MIT DENEN SIE … JETZT … IHRE AUFMERKSAMKEIT FÜR DESIGN STEIGERN UND IHRE DESIGN-SENSIBILISIERUNG BEGINNEN KÖNNEN.

Design

ist ein Wettbewerbsvorteil!

»Die alten Waffen im Kampf um
wirkliche Differenzierung sind stumpf
geworden. Wettbewerbsvorteile können
nicht länger über niedrigere Kosten
oder bessere Technologien erhalten
werden ... Design ist nicht länger nur
fakultativer Teil des Marketings und
der Unternehmensstrategie, sondern
sollte vielmehr deren Dreh- und
Angelpunkt sein.«

—Christopher Lorenz,
Autor, *Die Macht des Design*

In diesem Buch geht es um die Suche … die verzweifelte Suche … nach neuen Wegen hin zu Wettbewerbsvorteilen in einem heißen Konkurrenzkampf … der immer heißer wird.

»Wenn alles wie selbstverständlich funktioniert, was machen wir dann?« Eine noch vor zwanzig Jahren undenkbare Frage (außer in Japan und in Deutschland). Tja, inzwischen funktioniert fast alles. Ein Auto, das auch »bis minus 20° C anspringt«, wird uns im Wettbewerb nicht weiter nach vorne bringen.

Was wird uns weiterbringen?

Dieses Kapitel begann mit Bob Hayes … und endet mit dem verstorbenen Christopher Lorenz, dem ehemaligen Managementredakteur der Financial Times und führenden Design-Guru in Großbritannien. Die Botschaft von Hayes und Lorenz ist klar: DESIGN IST DIE DENKBAR BESTE »NÄCHSTE GROSSE SACHE«.

Ich glaube, sie liegen damit (VERDAMMT) richtig.

DIE G-R-O-S-S-E IDEE:

Innovation = Design entscheidet!

Große Idee: NOCH EINE CHANCE NR. 1

(ZUM TEUFEL MIT DEM LOGISCHEN FEHLSCHLUSS.)

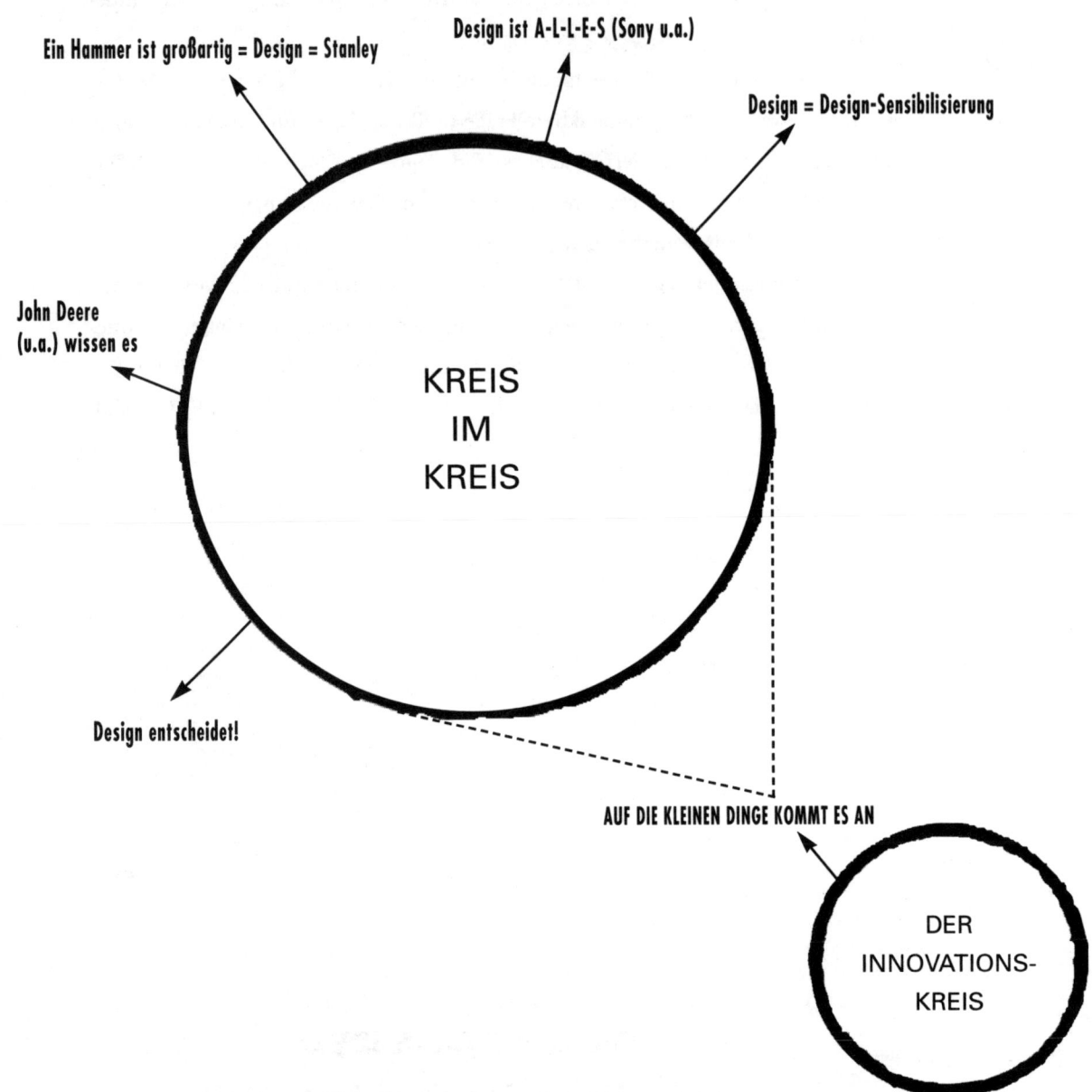

Ein Hammer ist großartig = Design = Stanley

Design ist A-L-L-E-S (Sony u.a.)

Design = Design-Sensibilisierung

John Deere
(u.a.) wissen es

KREIS
IM
KREIS

Design entscheidet!

AUF DIE KLEINEN DINGE KOMMT ES AN

DER
INNOVATIONS-
KREIS

WORTALARM NR. 13

Design = John Deere (und Sony)

Design = Großartiger Hammer @ Stanley

Auf Design achten

KLEIN(E Dinge) = GROSS(E Dinge)

HALTEN SIE IHRE AUGEN OFFEN!

CHANCE NR. 1 (noch eine)

Aber hallo! Anti-Massenmarkt-Differenzierungskonzept Nr. 4. Wieder eine unterschätzte Chance Nr. 1 (okay, okay ..., also Chance Nr. 1a).

Nämlich: Design.

Als strategische Möglichkeit ist Design weitgehend unterbewertet ... im produzierenden Sektor ... und vor allem im Dienstleistungsbereich ... und selbst von de facto/de jure unabhängigen Angehörigen der freien Berufe, ob sie nun irgendwo auf einer Gehaltsliste stehen oder nicht.

»Love all, serve all«

G-R-O-S-S-A-R-T-I-G-E-R Service ist die G-R-Ö-S-S-T-E

Innovation.

Warum gibt es dann nicht mehr ServiceFANATIKER in den

Unternehmen?*

* Das will nicht in meinen Kopf!

Wer geht heute noch einkaufen?

(Beinahe) niemand mehr.

Sie haben wahrhaftig anderes zu tun, nicht wahr? Nun … hier haben Sie's: Allein im letzten Jahr hat sich die Zeit, die der Normalbürger (in den USA) auf das Einkaufen verwendet, um erstaunliche 1,3 Stunden pro Monat verringert … Die durchschnittliche Einkaufszeit ging von 4,3 auf 3,0 Stunden zurück. Hinzu kommt: Rund 51 Prozent der Verbraucher verlassen die Läden mit leeren Händen, auch wenn 68 Prozent von ihnen genau wissen, was sie wollen, wenn sie ein Geschäft betreten. Und ein Großteil der Leute, die einkaufen gehen (37 Prozent bei den Frauen/61 Prozent bei den Männern) finden Einkaufen »fürchterlich«.

Die Antwort?

Elsa Klensch, Lifestyle-Redakteurin bei CNN, bringt es auf den Punkt: »Die Geschäfte müssen sich klarmachen, daß niemand mehr wirklich etwas braucht. Service, Service und noch einmal Service ist der Schlüsselfaktor.«

Das Zeitalter des gehetzten Käufers hat unweigerlich begonnen. Die Konsequenz liegt auf der Hand. Ein neues Zeitalter des Services. Das Problem dabei? Allzu wenige Unternehmen haben das »begriffen«.

Sie glauben mir nicht? Versuchen wir es einmal so. Beim Stichwort »großartige Qualität« fallen Ihnen sicher gleich ein Dutzend (oder zwei Dutzend … oder drei Dutzend) Unternehmen ein, oder? Aber wer fällt Ihnen spontan beim Stichwort »großartiger Service« ein? FedEx? Disney? Nordstrom? Caterpillar? Charles Schwab? Das Ritz-Carlton? USAA? Saturn? Das waren dann auch schon fast alle.

Die Wahrheit ist …, und ich kann beim besten Willen nicht erklären, warum … daß nur S-E-H-R W-E-N-I-G-E Unternehmen sich durch ihren Service per se einen Vorsprung (sprich: nachhaltigen Wettbewerbsvorteil) verschafft haben.

DIE G-R-O-S-S-E IDEE:
Großartiger Service ist die
größte Innovation!
Große Idee: EINDRUCKSVOLLER SERVICE GILT
NACH WIE VOR ALS »BESTGEHÜTETES GEHEIMNIS«!

Wer ist heute noch treu?

(Beinahe) niemand mehr.

Die Firmen- und Markentreue in der Automobilindustrie ist erstaunlich gering, besonders angesichts der gewaltigen Summen, die diese Branche für Promotion und Marketing ausgibt. Über die Hälfte aller Verbraucher sprechen von wenig oder gar keiner Bindung an Automobilhersteller (Ford, General Motors usw.) oder ihre Marken (Mercury, Chevrolet usw.). Nur eine ganz kleine Fraktion erklärt ihre Loyalität zu individuellen Autohandelshäusern (z. B. Joe's Toyota, Bob's Jeep usw.).

Was soll ein Automobilhersteller (oder ein Autohändler) tun?

Auf der Basis von Qualität (allein) in den Wettbewerb zu treten, ist nicht die Lösung. Es wird weitere Qualitätssteigerungen geben. Insgesamt kann man sicherlich behaupten, daß die Automobilhersteller auf einer Skala von 1 bis 10 (wobei 10 Perfektion bedeutet) bei 8 stehen. Darüber hinaus ist die Wahrscheinlichkeit gering, daß die großen Automobilhersteller noch einmal dabei erwischt werden – so wie die großen Drei der amerikanischen Automobilindustrie von den Japanern vor 20 Jahren –, daß sie Qualitätsfortschritte verschlafen. Daher ist die Wahrscheinlichkeit, sich auf der Basis verbesserter Qualität von den anderen »deutlich abzuheben«, sehr gering (sagen wir, sie liegt gerade bei 30 Prozent). Und die Wahrscheinlichkeit, einen signifikanten neuen Qualitätsunterschied auch halten zu können, ist noch geringer (sie liegt auf einer Skala von 1 bis 10 bei etwa 2).

Den Wettbewerb über das Design (allein) entscheiden zu wollen, ist nicht die Lösung. Die Punktewertung für den Faktor Karosseriedesign/Stil liegt noch unterhalb der Bewertung des Faktors Qualität, nämlich bei einer Punktzahl von 5 oder 6 im Verhältnis zu einer perfekten 10. Zwar besteht immer noch die Möglichkeit, sich auf der Basis eines aufregenden Images von den anderen deutlich abzuheben. (In Japan ist der flippige Neon von Chrysler der letzte Schrei … trotz einiger Qualitätsprobleme). Auf der anderen Seite altert ein flippiges Image auch schnell … und der »andere« holt meist auch schnell auf. So ist die Nachhaltigkeit eines aufregenden Images relativ gering. Sie liegt bei nicht mehr als 2 oder 3 auf der besagten 10er-Skala.

Warum, frage ich, bemühen sich die Automobilhersteller nicht um den riesigen, nachhaltig strategischen Unterschied, der mit Sicherheit aus … großartigem Kundenservice erwachsen könnte? Ich kann es mir nur so erklären, daß Automobilhersteller Service nicht als die Prachtstraße zu einer ungeheuren … *und nachhaltigen* … Differenzierung sehen. D. h., die großen Autohersteller können sich sehr gut vorstellen, daß ein Wettbewerbsvorsprung oder -vorteil aus der Forschung und Entwicklung oder aus dem Marketing kommt, nicht aber durch den Service als solchem. Doch die Wirklichkeit sieht anders aus. Ein Zeuge dafür ist … S-A-T-U-R-N.

> ## DIE G-R-O-S-S-E IDEE:
> ## Großartiger Service ist die
> ## größte Innovation!
> ## Große Idee: ES SIEHT SO AUS, ALS OB SIE
> ## ALLES VERGESSEN KÖNNTEN – ALLES AUSSER
> ## UNVERGLEICHLICHEM SERVICE.

Wer gewinnt heute?

Der Saturn!

»Eins wußten wir von Anfang an: Wenn der Saturn ein Erfolg werden sollte, mußten wir mehr tun, als bloß ein gutes Auto zu verkaufen. Wir mußten auch die Art und Weise verändern, wie Autos verkauft werden, die Art und Weise, wie Autoverkäufer wahrgenommen werden und die Art und Weise, wie Kunden über das Autokaufen an sich denken.«

—Stuart Lasser, Saturn-Händler

Der Saturn ist ein qualitativ hochwertiges Auto ... keine Frage. Aber er unterscheidet sich nicht wegen seiner Qualität von anderen. Der Saturn ist ein *attraktives*, irgendwie auch flippiges Auto. Aber wegen seines Erscheinungsbildes hebt er sich nicht von der Schar der übrigen Autos ab.

Was ist das Besondere an Saturn? Während das Massenprodukt Automobil seinen hundertjährigen Geburtstag feiert, fällt Saturn dadurch auf, daß sie die Art und Weise des Autoverkaufs komplett neu erfunden hat.

Die Saturn-Geschichte ist ... ATEMBERAUBEND IM POSITIVEN SINNE.

Die Marktforschung hat folgendes festgestellt: Unter den gut 125 Automodellen, die in den Vereinigten Staaten verkauft werden, ist der Saturn der zweitteuerste ... hinter dem Lexus (der noch ein bißchen teurer ist). Tatsache ist, daß 95 Prozent der Saturn-Käufer diesen Wagen dringend weiterempfehlen (damit liegt die Quote der Empfehlungen höher als bei Mercedesfahrern).

Der Grund dafür? Joel Mandy, Gebietsverkaufsleiter bei Saturn, faßt es so zusammen: Etwa 25 Prozent der Anziehungskraft dieses Wagens machten Qualität und Fahrgefühl aus (viele – damit meine ich mich – sagen, daß dieser Prozentsatz wohl geringer ist). Etwa 25 Prozent sind bedingt durch geniales Marketing (z. B. wird immer wieder ganz gezielt die Saturn-»Familie« hervorgehoben, die das Auto in Spring Hill, Tennessee, produziert). Und etwa 50 Prozent der Zufriedenheit ... wie bei Batman ... sind direkt auf das »Kauferlebnis und die anschließenden Erfahrungen zurückzuführen«. Sprich: K-U-N-D-E-N-S-E-R-V-I-C-E!

Noch G-R-Ö-S-S-E-R-E Beifallsstürme erzielte die klar umrissene Strategie von Saturn, ... FRAUEN ALS ZIELGRUPPE zu gewinnen. Es ist ... ganz klar ... das HERZSTÜCK ihres (phänomenalen) (Service-)Erfolgs!

> ## DIE G-R-O-S-S-E IDEE:
> ## Großartiger Service ist die
> ## größte Innovation!
> ## Große Idee: WENN SIE SCHON IM KLEINWAGENMARKT
> ## DURCH EXZELLENTEN SERVICE ETWAS ERREICHEN
> ## KÖNNEN, DANN ERREICHEN SIE ES ÜBERALL.

Wer gewinnt noch?

Das Ritz-Carlton!

Vor einiger Zeit mußte ich an zwei Abenden hintereinander in zwei verschiedenen Hotels übernachten … und ich beschloß, beide Hotels g-r-ü-n-d-l-i-c-h unter die Lupe zu nehmen.

In Atlanta hatte ich im Ritz-Carlton, Peachtree Center, gebucht. Während meines Aufenthaltes begegnete ich ungefähr 25 bis 30 Hotelangestellten – Hausdamen … Kellnern … Handwerkern … Mitarbeitern des Rechnungswesens mit Bergen von Papier unter dem Arm auf dem Weg zu einem Meeting.

Alle (und dazu gehörten auch die Mitarbeiter des Rechnungswesens!) nahmen sich die Zeit für das, was ich die Ritz-Pause nenne. Sie hielten für ein paar Sekunden inne, schauten mich an und fragten: »Alles in Ordnung? Kann ich etwas für Sie tun?« (Ich war versucht, einen Mitarbeiter des Rechnungswesens zu bitten, mir anhand meiner Buchungsbelege meinen Kontostand auszurechnen. Und er hätte es getan, wenn ich ihn darum gebeten hätte.)

Am nächsten Abend übernachtete ich in einem sogenannten »guten Hotel«. Ich hatte keine Probleme mit dem Service (keine unfreundlichen Mitarbeiter, das Zimmer war ordentlich und sauber usw.). Auf der anderen Seite aber hat nicht ein Mitarbeiter … kein einziger … von den 25, mit denen ich in diesem Hotel in Kontakt kam, auch nur annähernd etwas getan, das an die Ritz-Pause herangekommen wäre. Der geschäftig zu einem Meeting eilende Mitarbeiter des Rechnungswesens tat genau das … er eilte geschäftig weiter. Genauso war es mit den Handwerkern …

und der Hausdame. Für diese Menschen war ich noch nicht einmal ein offenkundiges Ärgernis. Ich war für sie einfach nicht existent.

Also sehen wir uns die Ritz-Pause näher an: WAR DIES EINES DER KLEINEN DINGE? In gewissem Sinne – glaube ich – schon. Sie nimmt ja nur wenige Sekunden in Anspruch. Für mich aber … und ich weiß, ich stehe mit dieser Meinung nicht alleine da (inzwischen habe ich die Geschichte mehreren tausend Menschen weitererzählt) … zählt sie zu den G-R-O-S- 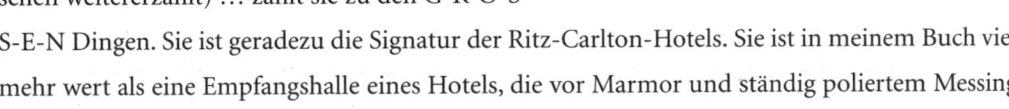 S-E-N Dingen. Sie ist geradezu die Signatur der Ritz-Carlton-Hotels. Sie ist in meinem Buch viel mehr wert als eine Empfangshalle eines Hotels, die vor Marmor und ständig poliertem Messing strotzt.

LÄSST SICH DAS KOPIEREN? Natürlich kann man all das Messing und all den Marmor kopieren, den Entwurf des preisgekrönten Architekten … und natürlich kann man auch mit Hilfe von ein oder zwei freundlich gesonnenen Banken an einem genauso großartigen Standort bauen. Aber die Ritz-Pause kopieren? Praktisch unmöglich!

Vielleicht nimmt die Konkurrenz solche Praktiken nicht ernst. Vielleicht ist das Entscheidende, daß solch eine zunächst als »mechanisch« wahrgenommene Handlung sich als überhaupt nicht mechanisch herausstellt – d. h., sie entspringt aus den tiefsten Quellen der Unternehmenskultur. Praktiken wie die Ritz-Pause können aber einen grundlegenden … und nachhaltigen … Unterschied machen, … WENN SIE/ICH/WIR SIE NUR ERNST NEHMEN WÜRDEN!

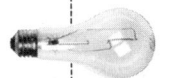

DIE G-R-O-S-S-E IDEE:
Großartiger Service ist die
größte Innovation!
Große Idee: »KLEINE« DINGE = STRATEGISCHER VORSPRUNG (UND DIESE IDEE LÄSST SICH NUR S-E-H-R SCHWER VERKAUFEN).

Service-Obsession 1.0/
Wer gewinnt noch?

Disney!

Im Februar 1997 wohnte ich im Disney's Contemporary Resort in Disney World. Ich hielt ein Seminar vor 900 Führungskräften. In meinem Zimmer stand ein Diaprojektor, damit ich mir die Abfolge meiner 35mm-Dias vorab ansehen konnte. Eine Kleinigkeit? Ich meine nicht.

Neben dem Diaprojektor fand ich zudem eine Gebrauchsanleitung, die so einfach geschrieben war, wie ich es bei keiner Gebrauchsanleitung bisher erlebt habe. Eine Kleinigkeit? Meiner Ansicht nach nicht.

Am zweiten Tag meines Hotelaufenthalts fiel mir auf, daß die Schnur des Projektors mit Klebeband auf dem Boden befestigt worden war, damit ich nicht darüber stolperte. Eine Kleinigkeit? Wieder: Ich bin anderer Ansicht.

Ich könnte noch Dutzende dieser »kleinen Dinge« aufzählen, die ich während meines dreitägigen Aufenthaltes erlebte. Worum es dabei geht: Sie brachten mich zum Nachdenken. Über Schiefgegangenes (SG) … und das Gegenteil, Gutgegangenes (GG). Disney ist Meister im GG.

Disney ist auch Meister in der Kreation von Magischen Momenten (ich bezeichne sie als MM). Disney-Gäste werden geradezu hofiert und können sich immer auf eine ganze Reihe unverhoffter und reizender magischer Momente freuen. Ich liebe diesen Begriff … MAGISCHE MOMENTE! Die Rekrutierung von Mitarbeitern, die Unterweisung von Mitarbeitern, die Weiterqualifizierung, das Entlohnungssystem und die Aufstiegsmöglichkeiten … sie alle sind bei Disney ganz genau durchdacht und festgelegt … und alle zielen ganz spezifisch darauf ab, … MAGISCHE MOMENTE … zu maximieren.

Was glauben Sie: Besteht der Service, den Sie anbieten … in der Bäckerei, in der Reparaturwerkstatt oder in der Versicherungsagentur … aus MAGISCHEN MOMENTEN? Stellen Sie Mitarbeiter ein, die für MAGISCHE MOMENTE sorgen? Schulen Sie Ihre Mitarbeiter auf MAGISCHE MOMENTE? Bezahlen Sie Ihre Mitarbeiter nach MAGISCHEN MOMENTEN? Sprechen Sie immer wieder über MAGISCHE MOMENTE? Machen Sie die MMs ausdrücklich zum Bestandteil Ihrer Unternehmenskultur …, wie es Disney explizit tut? Erster Schritt: Begriffe wie MAGISCHE MOMENTE ernst nehmen … SEHR ERNST.

Ich neige inzwischen zur Pedanterie. Und weise Sie an … mit der schrillen Stimme eines Lehrers, der eine Viertkläßlerbande bändigen muß … folgendes hundertmal aufzusagen oder hundertmal zu schreiben: Ich arbeite mit MAGISCHEN MOMENTEN! MEINE ABTEILUNG ERZEUGT MAGISCHE MOMENTE!

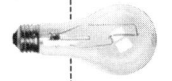

Die G-R-O-S-S-E IDEE:
Großartiger Service ist die
größte Innovation!
Große Idee: GG/MM … UND DER OFFENE UMGANG MIT
DIESEN BEGRIFFEN IN IHRER (BUCHHALTUNGS-)ABTEILUNG.

Service-Obsession 1.0/
Wer gewinnt noch?

Carl

Hal

Herb

Katherine

Hall of Fame des Service

Einsatz für die Kunden fängt AN DER SPITZE an! Lernen Sie die (meine) Crème de la crème kennen: Carl. Hal. Herb. Katherine.

■ Autohändler CARL SEWELL (Sewell Village Cadillac-Vertretung in Dallas, Texas, … u.a.) leitet ein Unternehmen mit einem Umsatz von einer halben Milliarde Dollar. Das Geheimnis seines Erfolges? Er selbst. Er lebt, schläft, ißt und atmet … seine Philosophie … DIE KUNDEN SIND SEIN LEBENSUNTERHALT UND LEBENSZIEL!

■ Hal Rosenbluth ... hat die Reisebürobranche revolutioniert. Das Riesenunternehmen Rosenbluth International nutzt die neueste Informationstechnologie. Den Unterschied macht jedoch Hals persönliches (und leidenschaftliches!) Engagement für die Erstklassigkeit seiner Dienstleistung (neue Mitarbeiter in der Zentrale in Philadelphia bedient er persönlich mit Tee und Gebäck).

■ Und Herb. Oh ja ... HERB! Herb Keller, der Kronprinz/Clownprinz von Southwest Airlines. Von dem, was um ihn herum vorgeht, läßt er sich nicht ablenken (er tut immer nur eines). Er lebt für die M-e-n-s-c-h-e-n bei Southwest ... und für das fliegende Publikum. (Für mich!)

■ Katherine Barchetti betreibt eine Reihe von Kurzwarenläden in Pittsburgh. Die K. Barchetti Shops wurden von einem bekannten Berater, der ähnliche Läden ... in rund 800 Städten besuchte, mit der Auszeichnung »bester Service im Einzelhandel« bedacht. (Nicht schlecht!) Was Katherine Barchetti auch tut, es ist eindeutig darauf ausgelegt, den Kunden ein ÜBERWÄLTIGENDES ERLEBNIS mitzugeben. Das Evangelium nach Barchetti: »Gewinne den Kunden, nicht einen Verkaufsabschluß.«

Beim Kundenservice zählen die Leute, die im direkten Kontakt mit ihnen stehen. Daran gibt es keinen Zweifel! (Daran hat's auch nie einen Zweifel gegeben ... jedenfalls nicht für mich.) Doch was diese Leute motiviert, ist die sichtbare Leidenschaft (auch für die, deren Sehkraft nachgelassen hat) dafür, das richtige zu tun und es den Kunden recht zu machen. Alle an der Spitze der Hall of Fame des Service – alle Carls, Hals, Herbs und Katherines – leben dafür solche Gelegenheiten.

> ## DIE G-R-O-S-S-E IDEE: Großartiger Service ist die größte Innovation!
> ### Große Idee: VERSPRECHEN ERFÜLLEN. WIE WÄRE ES DAMIT: VERSPRECHEN SOFORT ERFÜLLEN? DAS IST DIE QUINTESSENZ DES CARL-ISMUS, KATHERIN-ISMUS USW.

Service-Obsession 1.0/
Mit Service gewinnen

Vergessen Sie Kundenservice.
Machen Sie Kunden zu Eigentümern.

Die folgende Idee habe ich von Saturn übernommen: Den Kundenservice weniger und das Erlebnis, Eigentümer zu werden, mehr zu betonen (damit meine ich die von der Wiege bis zur Bahre gemachte Erfahrung, Autobesitzer zu sein).

Vor Jahren habe ich mich auf den ersten Blick in Carl Sewells Autohaus in Dallas verliebt. Warum? Bei meinem ersten Besuch sah ich in den Ausstellungsräumen nicht ein einziges Auto, sondern nur großflächige Bilder mit Blumenmotiven. Carl verkaufte den »Sewellismus« ... oder das Erlebnis, Eigentümer zu sein ... nicht einen Haufen Blech.

Das ist eine reizende Geschichte ..., aber ich möchte dieses Argument kühl und kalkuliert weiterverfolgen. Wenn Sie von dem Potential der Konzentration auf ... Kunden fürs Leben/Kundenbindung/Eigentumserlebnis überzeugt sind ... was halten Sie dann von folgendem Organigramm?

```
┌─────────────────────────────────────────────┐
│   OBL (OBERSTE BEREICHSLEITUNG)               │
│   DAS ERLEBNIS, EIGENTÜMER ZU SEIN            │
└─────────────────────────────────────────────┘
```

BL
Verkauf

BL
Vertrieb und
Logistik

BL
Erfahrung mit dem
Kundendienst

BL
Kundenbindung und
Marketing

DIE G-R-O-S-S-E Idee:

Großartiger Service ist die

größte Innovation!

Große Idee: KUNDENSERVICE IST EIN (S-E-H-R)

BEGRENZTES KONZEPT!

Service-Obsession 1.0/
Mit Service gewinnen

Stellen Sie gleichdenkende, leidenschaftlich kundenorientierte Leute ein, und bezahlen und fördern Sie sie entsprechend!

Southwest Airlines hat den besten Ruf in punkto Gepäckbeförderung. Die beste Wertung in punkto Sicherheit. Die beste Wertung bei der Pünktlichkeit. Die wenigsten Kundenreklamationen. Und diese Wertung halten sie Jahr für Jahr. Immer führen sie die Bestenliste des amerikanischen Verkehrsministeriums an.

Alles lupenrein. Alles hat seine Ordnung. Kein Zweifel. Worin liegt das Erfolgsgeheimnis dieser extrem zuverlässigen Fluggesellschaft ... die auch noch zusätzliche Attraktionen für ihre Fluggäste bietet? Es ist die außerordentlich engagierte Mannschaft von über 20 000 Mitarbeitern – von den Stewards und den Stewardessen über die Piloten bis hin zu den Mitarbeitern im Finanz- und Rechnungswesen und den Mechanikern.

In Interviews für eine Sendung des Fernsehsenders PBS mit dem Titel *Service with Soul* befragte ich das Vorstandsmitglied für den Kundenbereich (schöner Titel, nicht wahr? Haben Sie auch so einen!?), Colleen Barrett, welche Kriterien Southwest für die Einstellung von Mitarbeitern anlegt. Ihre Antwort kam wie aus der Pistole geschossen: »Worauf wir achten, ist ... zuhören, kümmern, lächeln, ›Danke‹ sagen, menschliche Wärme vermitteln.«

DAS GEFÄLLT MIR!

In einem Seminar fragte mich ein Teilnehmer: »Sind das wirklich die Kriterien, die bei der Einstellung eines Mechanikers wichtig sind ?« Meine Antwort: » Allerdings … absolut!«

Ich habe kein Problem mit klugen Mechanikern …, Mechanikern, die die Technik beherrschen. Aber ich will Ihnen sagen, von wem ich das Flugzeug, mit dem ich fliege, nicht gewartet wissen möchte, nämlich nicht von den beiden Kerlen, die ich vor einigen Jahren am National Airport in Washington, D.C beobachtete. Schlecht gelaunt, einer wie der andere, so schien es mir jedenfalls. Riesige Felsbrocken schienen auf ihren Schultern zu lasten. Sie gehören zu denen, die mindestens einen Kilometer Abstand von meinem Flugzeug halten sollten! Ich möchte Ärzte mit einer positiven Einstellung. Piloten mit einer positiven Einstellung. Finanzleute mit einer positiven Einstellung. Mechaniker mit einer positiven Einstellung.

Bei Southwest erzählt man sich eine wunderbare Geschichte über einen Bewerber für eine Stelle als Pilot. Als er die Zentrale in Dallas betrat, war er zu der Dame am Empfang nicht so freundlich, wie es sich gehört hätte … Er wußte nicht, daß die Dame am Empfang schließlich eine maßgebliche Rolle bei der Entscheidung spielen würde, ob er eingestellt werden sollte oder nicht. Das Unternehmen nahm ihn nicht. Vorstandsvorsitzender Herb Kelleher meinte dazu: »Es gibt eine Menge Menschen, die Flugzeuge fliegen können, aber nicht gerade viele mit einer großartigen Grundeinstellung.«

Amen! Ist diese Geschichte erfunden? Ich kenne Southwest. Sehr genau. Und ich glaube es eigentlich nicht. Aber selbst wenn sie es ist …, verwette ich meine Farm in Vermont darauf, daß es eine Geschichte über Southwest gibt, die diese noch übertrifft … und die bis auf das letzte I-Tüpfelchen wahr ist.

Also … was halten Sie davon, Ihren *formalen* Anforderungen an neue Mitarbeiter Colleen Barretts fünf magische Worte voranzustellen: zuhören/kümmern/lächeln/›Danke‹ sagen/ menschliche Wärme vermitteln.

B-I-T-T-E!

DIE G-R-O-S-S-E IDEE: Großartiger Service ist die größte Innovation!
Große Idee: STELLEN SIE LÄCHELN EIN. STELLEN SIE »DANKE« EIN. NEHMEN SIE DIESE DINGE (S-E-H-R) ERNST.

Service-Obsession 1.0/
Mit Service gewinnen

¡Überraschung!

Was sind überhaupt Spitzenleistungen im Service? Ist es ein besonders hoher »Return on Investment«? Etwas, das sich von anderen abhebt, weil es »toll« ist?

Spitzenleistung im Service hat etwas mit Konsequenz und Stetigkeit zu tun. Mit der unfehlbaren Sauberkeit der Toiletten bei McDonald's vor 25 Jahren. (McDonald's stand damals für Konsequenz und Stetigkeit, für Q, S, S, M, Qualität/Service/Sauberkeit/Mehrwert.) Konsequenz und Stetigkeit alleine reichen nicht mehr aus ..., jedenfalls nicht in der heutigen Zeit, ... in der eine saubere Toilette nicht mehr das herausragende Merkmal ist, das es einmal war.

Das bedeutet nicht, daß ich den Konsequenzteil der Gleichung nicht mehr gelten lasse. Denken Sie einmal an Disneys reibungslos funktionierenden »Park unter dem Park«, das Uhrwerk, das der Motor all der magischen Momente ist, die die Millionen von Gästen »über Tage« erfreuen. Und dennoch ... und auch hier ist Disney wieder ein gutes Beispiel ... der Park unter dem Park/der perfekt geeichte Mechanismus allein ist eben nicht alles. Ein perfekter Maschinenpark unter Tage macht noch lange keinen großartigen Park über Tage. Er bereitet lediglich (»lediglich« ist stark untertrieben!) den Weg für diese MM ... Magischen Momente.

Was bedeuten diese »Magischen Momente« für die Kunden? Auch wenn sie genau wissen, was sie bei Disney erwarten können …, sind es die kleinen Wendungen … DIE ÜBERRA-SCHUNGEN …, die einen gelungenen Tag ausmachen.

Eine Spitzenleistungs-Maschine hat immer einen unglaublichen »Park unter dem Park« als Unterstützung. KEIN ZWEIFEL. Und mehr: Bei Spitzenleistungen geht es immer um Über-raschungen:

Spitzenleistungs-Maschine = Überraschungs-Maschine

Eine Überraschung?

Überraschung = Charme. Überraschung = Spannung. Überraschung = Regeln lockern und auch Extrawege für die Kunden in Kauf zu nehmen. (Ganz im Gegenteil zu »Kollege kommt gleich« … auch vom Standpunkt eines Anbieters von Massenartikeln). Schlüsselargument: Ich behaupte, daß *Überraschung* kein »weiches« Thema ist. Disney überläßt seine »Magischen Momente« nicht dem Zufall. Genausowenig wie die Hotelkette Ritz-Carlton. Genausowenig wie Southwest Airlines. Sie machen alle … KLIPP UND KLAR … ihre Geschäfte mit Über-raschungen … »Überraschung & Co.«. Sie arbeiten wie der Teufel, um ihre Mitarbeiter unter anderem dazu anzuhalten, sie selbst zu sein und ihre (kreative) Persönlichkeit einzubringen … immer und überall. Natürlich gibt es Regeln bei Southwest, Disney und bei der Ritz-Carlton-Hotelkette. Ohne solche Regeln säßen alle drei (ganz schön) tief in der Tinte. Doch das, was sie zu so etwas Besonderem macht, ist – eindeutig, stetig und konsequent –, daß sie für ÜBERRASCHUNGEN sorgen!

Denken Sie: Überraschung!

Arbeiten Sie an Überraschungen!

Können Sie sich eine »Überraschungs-Maschine« bei Ihrem Autohändler vorstellen? Bei Ihrem Blumenhändler? In der sieben Personen umfassenden Weiterbildungsabteilung? Ja, diese Idee paßt zur Abteilung Aus- und Weiterbildung genauso wie zum … Rechnungswesen … und zu Vergnügungsparks.

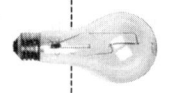

DIE G-R-O-S-S-E Idee: Großartiger Service ist die größte Innovation!
Große Idee: SORGEN SIE FÜR INKONSEQUENZ … ALIAS ÜBERRASCHUNGEN.

Service-Obsession 1.0/
Mit Service gewinnen

»Love all, serve all.«

—Credo, Hard Rock Cafe

KLINGT WIE EINE GUTE G-E-S-C-H-Ä-F-T-S-STRATEGIE.

NEIN, MACHEN SIE DARAUS EINE »GROSSARTIGE« STRATEGIE FÜR DIE ÖFFENT-LICHEN ÄMTER/DIE PRIVATWIRTSCHAFT/DIE SELBSTÄNDIGEN!

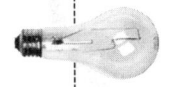

DIE G-R-O-S-S-E IDEE:
Großartiger Service
ist die größte Innovation!
Große Idee: L-O-V-E A-L-L, S-E-R-V-E A-L-L.

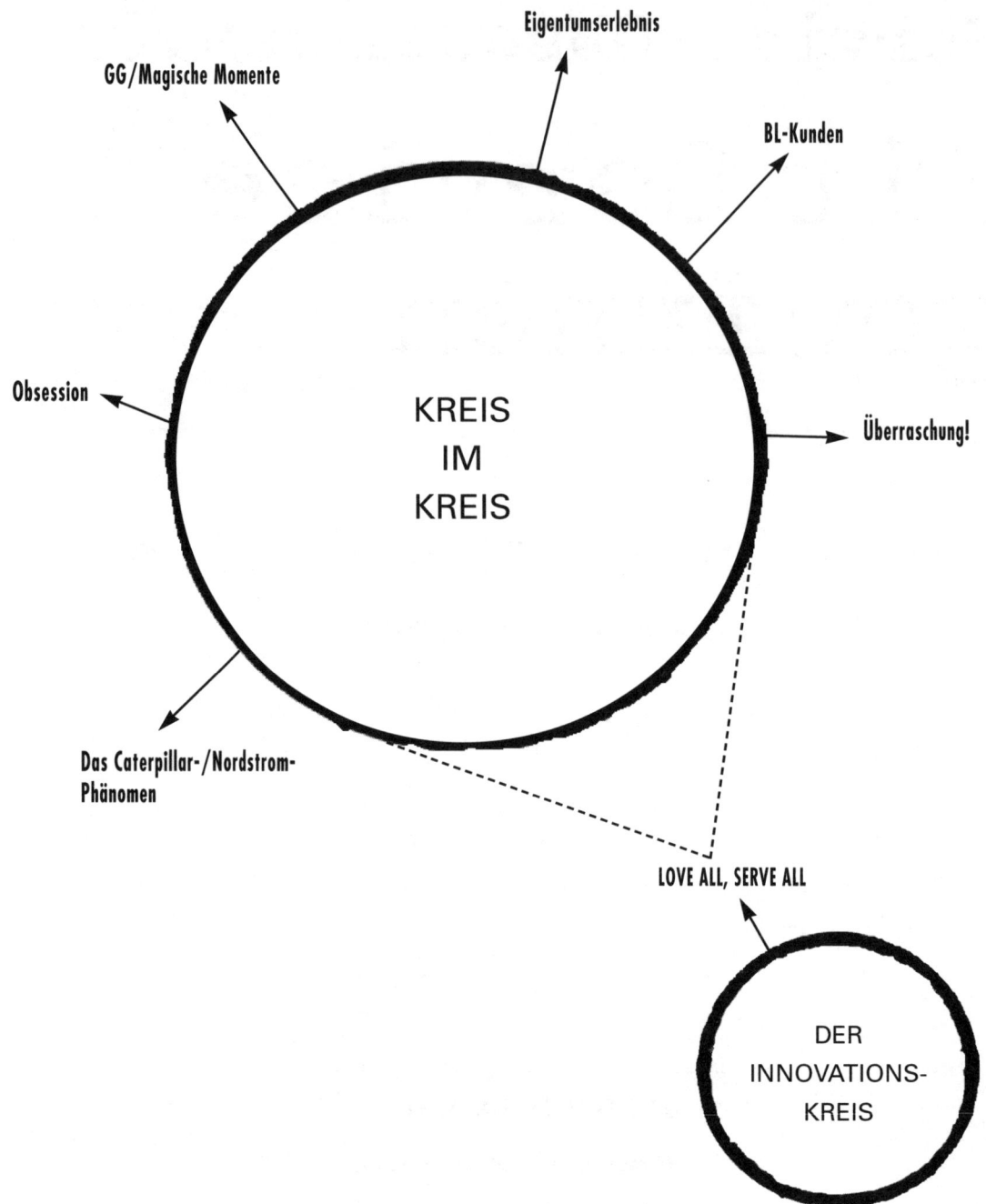

WORTALARM NR. 14

S-A-T-U-R-N-I-S-I-E-R-U-N-G

Gutgegegangenes/GG

MM/Magische Momente

Eigentumserlebnis

Spitzenleistungen = Überraschungen/Überraschung & Co.

Love all, serve all

Das fünfte und letzte Kapitel über die Umsetzung des Anti-Massenmarkt-Konzepts (Kapitel 10 bis 14) ist nicht weniger wichtig als die anderen vier: Service (als nachhaltiger strategischer Vorteil) scheint ein (sehr) großes, (sehr) unergründliches Geheimnis zu sein. Warum?!

Das weiß Gott allein!

Aber die Chance ist ... WIEDERUM ... enorm ... und wird ... WIEDERUM ... unterschätzt. Und ... WIEDERUM ... erfordert es eine komplette Umstrukturierung, um einen Wettbewerbsvorteil durch Service zu erzielen.

* * * *

Diese sechs Kapitel (Kapitel 9 bis 14) beschreiben die großen Hürden auf dem steinigen Pfad zu großen Chancen. Aber angesichts der hitzigen Wettbewerbslage stellt sich die Frage: WAS WÄRE DIE ALTERNATIVE?

Wir wollen leben, intensiv und laut.

Leidenschaft braucht: Leidenschaft!

Sie fehlt an der Harvard Business School (meistens).

Und in den Fluren der Großunternehmen (meistens).

G-r-o-ß-e-r F-e-h-l-e-r!

Leidenschaft erfordert
...Obsession!

Werden Sie Gründungsmitglied des
Clubs der Exzentriker!

Jack Welch, Chairman und CEO von General Electric, macht nie halbe Sachen. Er nahm die Qualität aufs Korn … und machte sie auf seine kompromißlose Art zu seiner höchsten Priorität … mit der gleichen unerbittlichen Konsequenz, mit der ein preisgekrönter Retriever eine Ente jagt. »Man kann nicht mehr besonnen und rational vorgehen«, beschrieb er sein neuentdecktes (1997) Engagement. »Man muß sich im Grenzbereich zur Exzentrik bewegen.« General-Electric-Spitzenmanager stellten plötzlich fest, daß fast die Hälfte ihrer Prämien unmittelbar an die Erfolge der neuen Qualitätsinitiative gekoppelt waren.

Wird Welch das durchziehen können? Ich möchte darauf wetten. Er war schon immer so … Erst jagte er den Laden in die Luft (als »Neutronen-Jack« in den frühen achtziger Jahren), dann predigte er das Empowerment (als »Work-out Jack« – »Jack wird's schon richten« in den frühen neunziger Jahren), … dieser Kerl hält einfach nichts von halbherzigen Maßnahmen.

Jack Welch: Gründungsmitglied des Clubs der Exzentriker.

Hurra!

DIE G-R-O-S-S-E IDEE:

Innovation erfordert Leidenschaft!

Große Idee: DIE SIEGER-»STRATEGIE« = EIN

BEKENNENDER EXZENTRIKER SEIN.

Leidenschaft erfordert

... Begeisterung!

»Ich habe keinen
Stolz. Mir ist
jedes Mittel recht,
um Menschen für
etwas zu gewinnen.
Ich bin ein
Katalysator für
Begeisterung.«

—Benjamin Zander,
Dirigent, Boston Philharmonic

EIN KATALYSATOR FÜR BEGEISTERUNG!

Großartig!

Als Dirigent gehört Ben Zander zur Sonderklasse (und ist auf seinem Gebiet zudem ein äußerst gefragter Redner/Managementguru). Wenn Sie an »Symphonie« denken … denken Sie wahrscheinlich an Führung, Autorität, Einheitlichkeit und Ordnung. Das trifft alles zu … bis zu einem gewissen Grad.

Eine wirklich großartige Symphonie, sagt uns Zander, entsteht aber erst dann, wenn sich jedes einzelne Mitglied des Orchesters in ungeahnte Höhen emporwagt. Und das bedeutet … Engagement und innere Beteiligung (Leidenschaft!) … und geht weit darüber hinaus, den eigenen Part in Beethovens Neunter auswendig herunterspielen zu können.

Und wie bringt man die Orchestermitglieder von da nach dort? Wie erreicht man es, daß sie diesen entscheidenden Schritt nach vorne tun?

Wie wäre es mit: … OBERSTER-KATALYSATOR-FÜR-BEGEISTERUNG? Wie hoch würden Sie sich auf der »Begeisterungsvermittlungs«-Skala einordnen? Heute? (In den letzten dreißig *Minuten*?) (Ganz konkret?)

DIE G-R-O-S-S-E IDEE:
Innovation erfordert Leidenschaft!
Große Idee: DER LEITER (WOVON AUCH IMMER)
ALS SCHAMLOSER KATALYSATOR FÜR
BEGEISTERUNG.

Leidenschaft erfordert

... Konzentration

»Ich hatte mir selbst zur Regel
gemacht, zu jeder Zeit meine
drei großen Ziele im Kopf zu
haben – oder manchmal auch auf
einem Kärtchen notiert bei mir
zu tragen. Drei. Nicht zwei.
Nicht vier. Nicht fünf.
Nicht zehn. Drei.«

—Richard Haass,
Autor, *The Power to Persuade*

Richard Haass hat während der Amtsperiode von Präsident Bush als Beamter im amerikanischen Verteidigungsministerium einiges in Bewegung gesetzt. Über seine Erfahrungen schrieb er ein ausgezeichnetes Buch, *The Power to Persuade*.

Allerdings stimme ich nicht völlig mit Haass überein, denn meine magische Zahl ist … die ZWEI.

Das macht aber nichts. Ob nun zwei … oder drei …, auf jeden Fall hat er recht, wenn er sagt »nicht vier …, nicht zehn«.

Jeder Idiot kann um 6.00 Uhr in der Frühe aus dem Bett hüpfen, zum Computer stürzen und eine »To-do-Liste« mit 17 … oder 97 … Punkten heruntertippen. Genial ist aber derjenige, der sich … ZIELSTREBIG und KNAPP … auf nur zwei … oder drei … dieser Punkte beschränkt … und konzentriert.

Erstellen Sie diese (lange) Liste. Und dann: Streichen Sie … streichen Sie … streichen Sie. Lassen Sie nur drei Punkte übrig. (Oder zwei!) Stecken Sie sie in Ihre Hosentasche. Tätowieren Sie sie auf Ihre Hand. Befragen Sie die Liste … J-E-D-E S-T-U-N-D-E.

DIE G-R-O-S-S-E IDEE:
Innovation erfordert Leidenschaft!
Große Idee: VERGESSEN SIE DIE DUMME
»TO-DO-LISTE«. LEISTEN SIE ZWEI ODER DREI
N-A-C-H-H-A-L-T-I-G BEEINDRUCKENDE DINGE IN
IHREN VIER JAHREN ALS LEITER DES EINKAUFS
(USW.)

Leidenschaft erfordert

Menschen sind das einzig Wahre.

Menschen.

Menschen sind das Wichtigste.

Ein guter Freund von mir liebt Sport – und Sportgeräte. Er erfüllte sich vor einiger Zeit seinen Lebenstraum und eröffnete mit zwei Partnern ein Sportgeschäft. Die Begeisterung seiner Partner stand seiner eigenen in nichts nach. Das Geschäft wuchs und hatte schließlich etwa 35 Mitarbeiter. Mein Freund entdeckte, daß er ein Händchen für »Menschen« hatte (seine Partner dagegen offensichtlich nicht.)

Aber es gab ein Problem ... und ich half ihm, es durchzustehen. (Ich weiß nicht, ob ich ihm wirklich einen Gefallen getan habe.) Er kam Abend für Abend müde nach Hause, immer mit dem Gefühl: »Heute habe ich wieder nichts Richtiges geschafft. Ich war die ganze Zeit mit Personalproblemen beschäftigt.« Dies ist, wie ich aus meiner (inzwischen doch recht langen) Zeit als Berater weiß, eine (sehr) häufige Klage. Menschen, die sich auf »Dinge«, auf Waren konzentrieren (Sportzubehör, Eisen/Haushaltswaren, Bücher, Kinderbekleidung) fühlen sich oft vage – oder auch nicht so vage – entmutigt, wenn sie feststellen, daß sie immer mehr Zeit für Fragen rund um das Personal aufwenden müssen.

Einigen liegt der Umgang mit Menschen, anderen nicht. Wenn eine Firma wächst, wird jedoch schnell klar: ... DIE MENSCHEN SIND DAS WICHTIGSTE. Und ... vorsichtig ausgedrückt ..., Menschen sind REAL.

(S-E-H-R) REAL.

Besonders jungen Managern sei hiermit gesagt: Wenn Sie am Ende des Tages das Gefühl haben, nichts »Richtiges« getan zu haben, ... außer daß Sie sich mit dieser oder jener zwischenmenschlichen Frage beschäftigt haben: Willkommen in der Welt der Wirklichkeit! Wenn Sie in diesem Bereich gut werden ... haben Sie eine beeindruckende Karriere vor sich! Topmanager, selbst sogenannte »Visionäre«, berichten übereinstimmend, daß sie im Schnitt dreiviertel (oder mehr!) ihrer Zeit auf »Menschen« verwenden. (D. h. sie widmen diese Zeit der sorgfältigen Pflege ihrer besten Talente.) Willkommen im Club! Sperren Sie sich nicht dagegen! Machen Sie mit! Lernen Sie es! Konzentrieren Sie sich darauf!

Leidenschaft erfordert

... Wahrheit.

Sagen
Sie die
Wahrheit!

»Was ist das einzig Wichtige für eine Führungskraft, die einen grundlegenden Wandel bewirken will?«

Diese Frage stellte mir neulich ein Seminarteilnehmer. Ich war zunächst um eine Antwort verlegen (was nicht hätte passieren dürfen.) Dann brach es aus mir heraus: »Sagen Sie die Wahrheit!«

In Organisationen, die sich im Umbruch befinden, brodelt meistens die Gerüchteküche. Die Bosse – auf allen Ebenen – versuchen häufig, die Wahrheit zu verschleiern – oft, weil sie sie selbst nicht kennen ... und selbst verunsichert sind. Trotzdem ist es der beste Weg (der einzig sichere Weg!), Verbündete aus Menschen mit Todesängsten (also allen Menschen, die mit tiefgreifenden Veränderungen konfrontiert sind) zu machen, die Wahrheit zu sagen ... NACH BESTEM GEWISSEN ... SOWEIT SIE IHNEN IM AUGENBLICK BEKANNT IST ... SELBST WENN SIE UNVOLLSTÄNDIG IST ... UND MORGEN SCHON WIEDER GANZ ANDERS AUSSEHEN KANN.

Der inzwischen verstorbene Mike Walsh war der großartigste Mittler des Wandels, den ich je kennengelernt habe. Er hat fast über Nacht die verknöcherte Eisenbahngesellschaft Union Pacific komplett umgekrempelt. Mike war klug und weise. Er war ein »politischer« Mensch (d. h., er wußte geschickt zu manövrieren). Aber er blieb immer bei der Wahrheit. Er nahm kein Blatt vor den Mund.

Vor einigen Jahren erarbeitete ich (für PBS) ein Profil für das dramatische Turnaround eines alten General-Motors-Ersatzteilwerks in Bay City, Michigan. Die Künstlerin, der es gelang, das Unternehmen aus der Krise zu führen, war Pat Carrigan, die »in ihrem früheren Leben« die erste Frau gewesen war, die ein General-Motors-Werk leitete. Ich erinnere mich gut an ein Gespräch mit Jack Whyte, dem Gewerkschaftsführer vor Ort, über Carrigans Führungsstil. »Pat Carrigan ist durch und durch echt. Sie hat nichts Falsches an sich«, sagte er zu mir (und ... Gott sei Dank ... auch vor laufender Fernsehkamera).

Geheimnis Nr. 1 auf dem Weg zum Erfolg ... ganz besonders dann, wenn einer Organisation das Wasser bis zum Halse steht: Sie/Er (die klugen Führungskräfte auf allen Ebenen) sollten »nichts Falsches an sich« haben. Geheimnis Nr. 2? Wie gesagt ... es gibt kein anderes!

DIE G-R-O-S-S-E IDEE:
Innovation erfordert Leidenschaft!
Große Idee: VERRÜCKTE ZEITEN = PRÄMIE FÜR JEDEN,
DER DIE WAHRHEIT SAGT.

Leidenschaft erfordert

... Lautstärke!

Wenn Sie mich fragen, warum ich auf der Welt bin ... werde ich antworten: Ich will leben, intensiv und laut.

—Frei nach Émile Zola

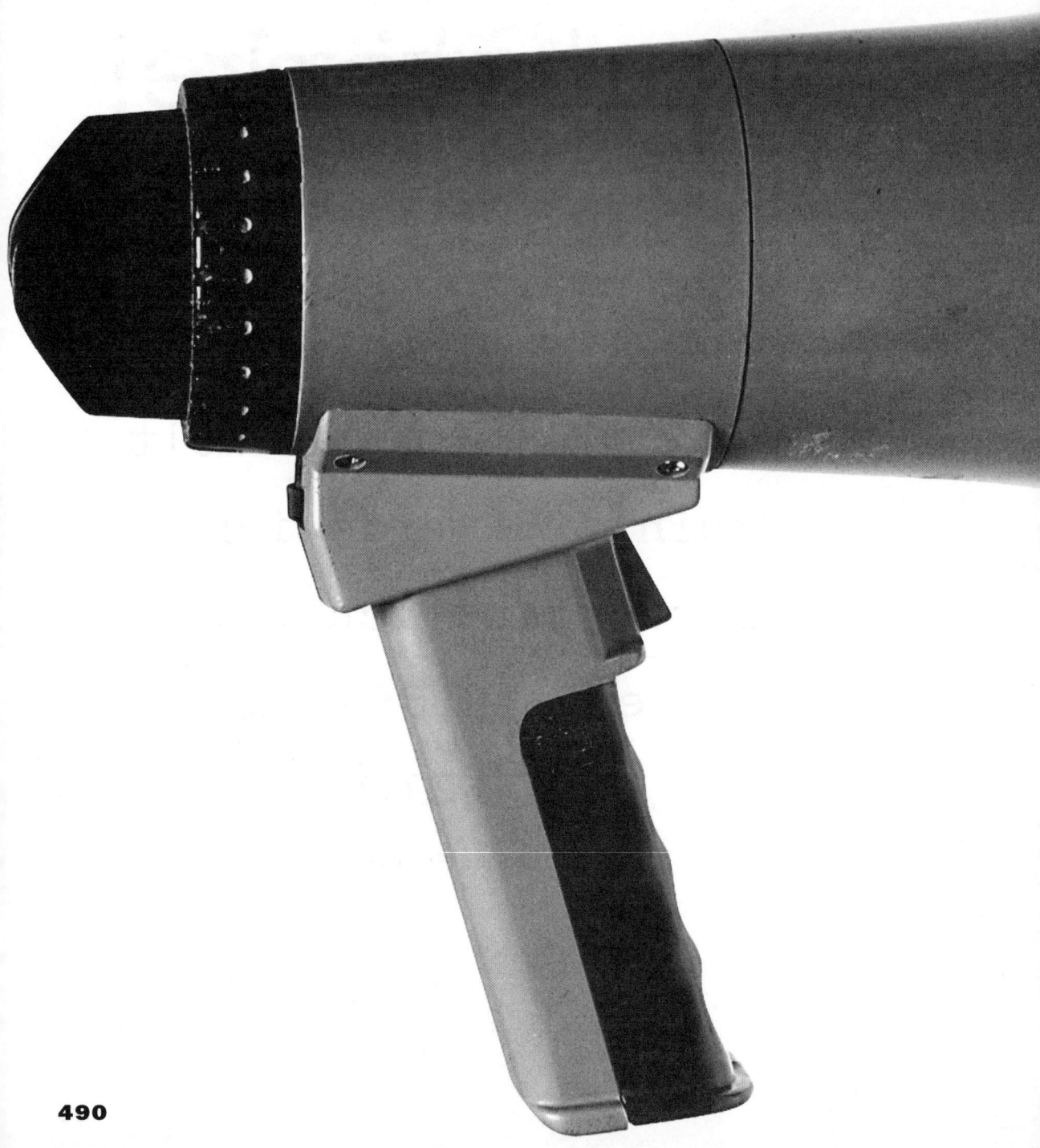

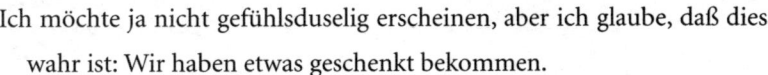

Ich möchte ja nicht gefühlsduselig erscheinen, aber ich glaube, daß dies wahr ist: Wir haben etwas geschenkt bekommen.

Zu Zeiten meines Vaters lautete die Botschaft: »Halte still, bleib sauber, fall nicht auf.« (Die großen drei Verhaltensmaßregeln.) 1957 ... ich war 15 Jahre alt ... war dies genau die richtige Botschaft, die er mir mitgeben konnte. Heute ..., 40 Jahre später ... könnte nichts unsinniger sein.

Purer Zufall hat es so gewollt, daß Sie und ich verantwortungsvolle Positionen innehaben, gerade als die größten Umwälzungen seit ... 250 (oder noch viel mehr) Jahren die Welt der Arbeit erschüttern. Stellt sich die Frage: Werden wir in diesen (irrsinnigen) Zeiten mithalten können? Oder: Werden Sie/ich/wir die uns anvertraute Gabe zu nutzen wissen ... oder sie verschwenden? Das ist zwar sehr direkt gesagt, aber doch treffend, wie ich meine.

Werden wir diese Gabe nutzen?

Werden wir sie verschwenden?

Werden wir den Mut, die Nerven, das Durchhaltevermögen, die LEIDENSCHAFT aufbringen, so intensiv und laut zu leben, wie es diese Zeiten fordern?

Für Ihren und meinen beruflichen Weg, für unsere Bereiche, unsere Organisationen, unsere Familien, unsere Kommunen, unser Land ... ist dies die Preisfrage. Also ...?

LEBEN SIE INTENSIV UND LAUT!

Leidenschaft erfordert ...

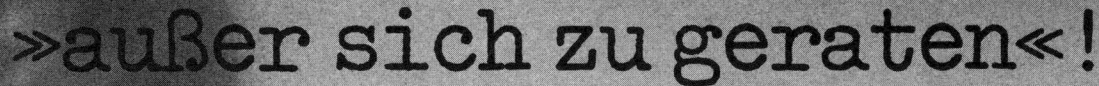

»außer sich zu geraten«!

»Wenn Sie glauben, alles unter
Kontrolle zu haben, fahren Sie noch
nicht schnell genug.«

—Mario Andretti, Rennfahrer

Und mit diesem (bedeutsamen) Spruch
... sage ich Ihnen auf Wiedersehen ...
und wünsche Ihnen alles Gute ...
Ich danke Ihnen für Ihre Zeit und
Ihre Aufmerksamkeit.

Tom Peters,
Palo Alto, Kalifornien,
September 1997

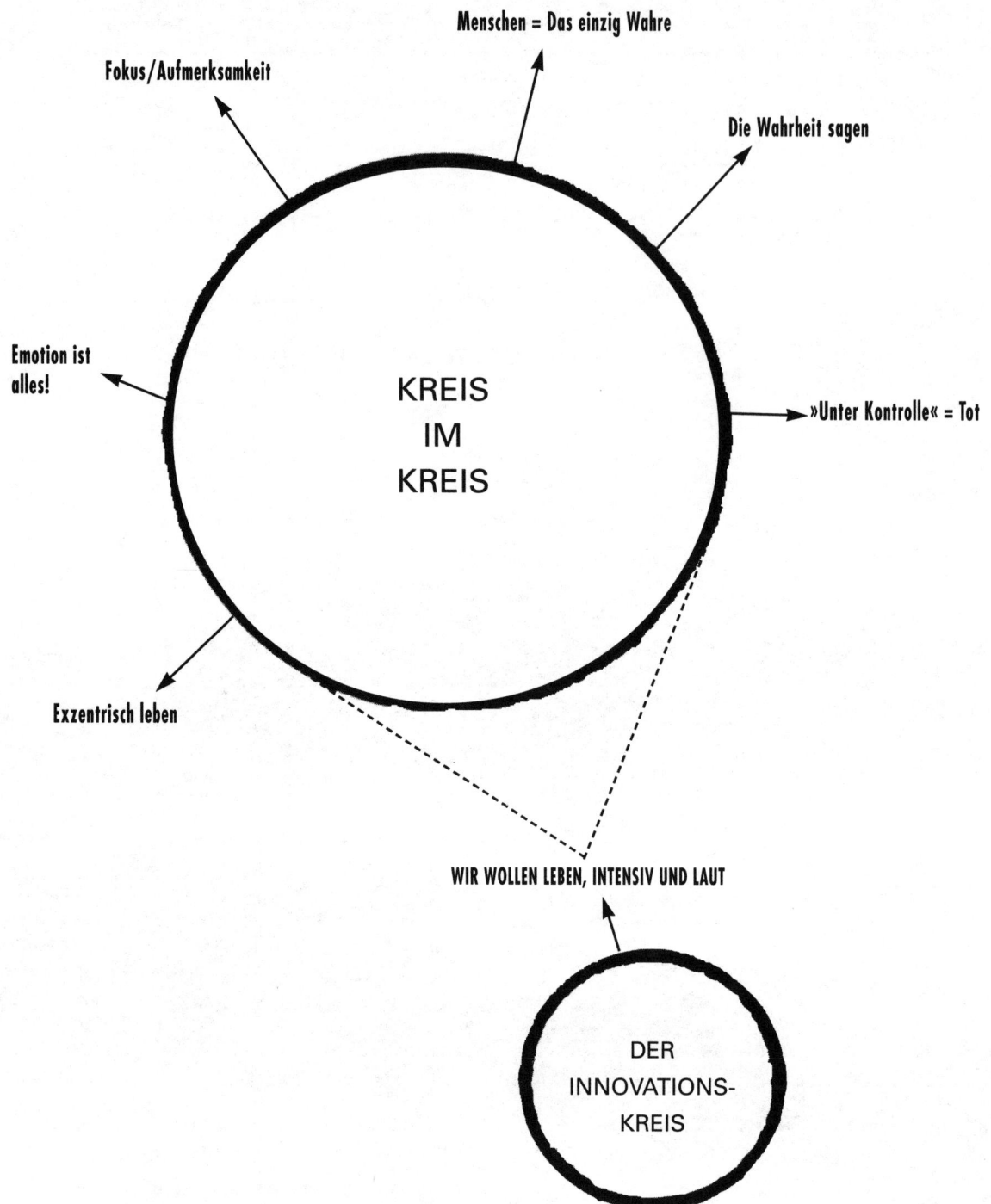

Menschen = Das einzig Wahre

Fokus/Aufmerksamkeit

Die Wahrheit sagen

Emotion ist alles!

KREIS
IM
KREIS

»Unter Kontrolle« = Tot

Exzentrisch leben

WIR WOLLEN LEBEN, INTENSIV UND LAUT

DER
INNOVATIONS-
KREIS

WORTALARM NR. 15

Treten Sie ein ... in den Club der Exzentriker

Leben (Führungsqualität) = Emotion

Katalysator für Begeisterung!

Erfolg = (zwei) (drei) große Ziele

Menschen = Das einzig Wahre

(Führungs-)Erfolg = Die Wahrheit sagen

Erfolg = leben, intensiv und laut

Die Kontrolle haben = akzeptieren, ohne Kontrolle zu sein

Auf jeder einzelnen Seite dieses Buches geht es indirekt um Führungsqualitäten. Jetzt werden wir explizit: Ein umfassendes und nachhaltiges Engagement für Innovation muß sich so äußern: »Die-Führungskraft-als-Katalysator-der-Begeisterung. Also: Leidenschaft ist angesagt, was denn sonst! Unsere Zeiten sind aus den Fugen geraten ... sie verlangen ... förmlich ... nach, ... ja, ... nach Führungskräften, die selbst aus den Fugen geraten. Bravo ... Ted Turner! Bravo ... Martha Stewart!

To Do's: Ein Dutzend und ein Punkt

Ein frustrierter Seminarteilnehmer flehte mich fast an: »Aber wo und wie soll ich bei dieser Masse an Ideen meine Prioritäten setzen?« Das kann ich natürlich niemandem vorschreiben …, aber …, Großmaul wie ich eines bin …, konnte ich nicht widerstehen zu antworten:

1. Entwerfen Sie einen Investitionsplan für Erneuerung. (Innerhalb der nächsten 30 Tage. Besprechen und überarbeiten Sie den Plan mit Kollegen in den darauffolgenden 30 Tagen. »Unterschreiben« Sie dann …, oder verpflichten Sie sich selbst feierlich zur Einhaltung dieses Planes.)

2. Machen Sie Ihre gegenwärtige Hauptaufgabe zu einem ausgereiften Projekt. … Die Kriterien dazu finden Sie unter PE/1.0 auf Seite 221. (Innerhalb der nächsten 10 Tage.)

3. Wenn Sie Leiter einer Abteilung oder eines Bereiches sind, berufen Sie eine Abteilungs-/Bereichskonferenz ein und besprechen die Einführung von PDU, 1.0/Umwandlungs-Set in ein professionelles Dienstleistungsunternehmen …, wie in Kapitel 6 beschrieben. (Starten Sie die Diskussionen zu diesem Projekt innerhalb der nächsten 5 Arbeitstage. Die formale Programmeinführung folgt innerhalb von 60 Tagen??)

4. Beginnen Sie mit »Anti-Massenmarkt«-Gesprächen: Sprechen Sie über »unausgesprochene Wünsche und Bedürfnisse«/»Träume …, nicht Möbel«/»Gleichgesinnte«/Hierarchie der Lust/usw. (Beginnen Sie informelle Gespräche innerhalb der nächsten fünf Arbeitstage; lassen Sie den Aktionsplan innerhalb der nächsten 30 bis 60 Tage folgen.)

5. Arbeiten Sie für Ihren Bereich an einer Strategie des Vergessens/Zerstörens. Zum Beispiel: Schicken Sie ein Ein-Mann-/Eine-Frau-Team auf eine vage definierte »Reise« von drei Monaten mit dem Auftrag, etwas »Tolles/Bemerkenswertes/Verrücktes« aufzuspüren … Seite 101. (Innerhalb der nächsten 20 Arbeitstage.)

6. Entwickeln Sie einen strategischen Plan zur Talentrekrutierung. … Darin sollten Sie völlig unkonventionelle Bedingungen/Quellen, neue Kriterien für die Einstellung von Mitarbeitern festlegen. Zum Beispiel: »große Abenteuerlust« … siehe Kapitel 11. (Innerhalb der nächsten 30 bis 60 Tage.)

7. Überprüfen und verbessern Sie die Mitarbeiterbeurteilung und Beförderungskriterien. Schwerpunkt: »Architekt des menschlichen Potentials«/»Tägliche Arbeit, die wirklich zählt«/und so weiter … Seite 153. (Innerhalb der nächsten 30 Tage entwerfen. Innerhalb der nächsten 60 Tage formal verabschieden.)

8. Führen Sie eine persönliche Markenpotentialbewertung durch. (So schnell wie möglich! … Innerhalb der nächsten 5 bis 10 Tage muß der Entwurf stehen. … Danach – in den nächsten 10 bis 15 Arbeitstagen – mit den besten Freunden diskutieren.)

9. Rufen Sie eine Markeninitiative für Ihren Bereich/Ihre Abteilung ins Leben. (Stellen Sie innerhalb der nächsten 30 Tage ganz präzise zusammen, »wofür wir stehen«. Der Maßnahmenplan dazu muß in den folgenden 60 Tagen erstellt werden.)

10. Denken Sie über eine Initiative für SCHÖNE Systeme nach. (Nehmen Sie sich einen wichtigen Geschäftsprozeß/oder auch ein Schriftstück vor und bewerten Sie es nach den Kriterien Schönheit/Charme … Seite 285. … Tun Sie so etwas regelmäßig alle 15 bis 20 Arbeitstage.)

11. Starten Sie eine (GROSSE) strategisch ausgerichtete Studie zur Entfernung von überflüssigen Zwischenstufen/Ebenen … und eine Prüfung zum Kunden-Empowerment. (Legen Sie die Studienparameter in den nächsten 30 bis 45 Tagen fest. Führen Sie die Studie in den darauffolgenden 3 bis 5 Monaten durch.)

12. Untersuchen Sie, ob Sie auch Frauen in Ihrem Marktsegment bedienen … (Legen Sie die Kriterien fest, und fangen Sie mit der Untersuchung innerhalb der nächsten 45 Tage an; führen Sie die erste Phase in den folgenden 90 Tagen durch; erstellen Sie einen Plan für permanente Revolution in den darauffolgenden 60 Tagen.)

13. Denken Sie an eine großangelegte Design-Initiative. (Setzen Sie die Parameter dazu in den nächsten 30 bis 60 Tagen; führen Sie erste Schulungen zur Sensibilisierung für Design … Seite 445 … in den folgenden 60 bis 120 Tagen durch.)

Viel Glück!

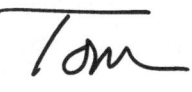

DANK

Zuerst … kommen die, denen dieses Buch gewidmet ist. *Susan Sargent* … Beste Freundin. Fan. Künstlerin. Unternehmerin. Ehrenamtlich tätig. Vorbild. Bringt Tom (gelegentlich) von seiner Großspurigkeit wieder auf den Boden der Tatsachen zurück … und ist … Toms Frau. *Donna Carpenter* … Gute Freundin. Gehört auch zu meinen Fans. Sprachschöpferin. Ideenquelle und Lektorin. Unternehmerin und CEO von Wordworks. Entschärft Toms (mehr als gelegentlich vorkommende) schreckliche Exzesse. *Ken Silvia* … Guter Freund. Auch ein Fan. Designer. Schöpfer. Muse. De facto Herrchen von Bailey, der dabei geholfen hat, das Manuskript zu zerreißen (zu fressen), als es zu lang geworden war.

Sonny Mehta … Guter Freund. Fan. Genialer Herausgeber. Verfechter der Management-Renaissance. (Meistens) geduldig, … ja sogar verständnisvoll …, wenn sich der Abgabetermin … immer weiter … und immer weiter hinauszögert. *Herb Kelleher* … Guter Freund. Fan. Gründer, CEO, Wirtschaftsguru und Chefinspirator der sehr erfolgreichen, immer pünktlichen, etwas anderen Fluggesellschaft aus Texas … alias Southwest/LUV. Der kreativste … und vernünftigste … und lustigste … Topmanager, der mir je begegnet ist. *Larry Holman* … Guter Freund und Fan. Unternehmer. Spinner. Visionär. Steht (sozusagen) zusammen mit Bunny Holman … an der Spitze von WYNCOM. Dieses Unternehmen veranstaltet die Seminare, die den Grundstock für dieses Buch legten. *Ian Thomson* … Guter Freund. Fan. Geschäftspartner. Renaissance-Verfechter. Er liest … unglaubliche Mengen von Büchern … nur nicht meine. Einziger Nichtverrückter in meiner verrückten Welt.

Und … bei Wordworks (Donnas Unternehmen) … Eric Hansen … Projektmanager … kümmert sich um alle großen und (vor allem) alle kleinen Dinge … verfolgt paranoid auch die kleinsten Irrtümer. … Er hat unter anderem die verspätete Abgabe des Manuskripts mitverursacht, weil Ken und Tom einen ganzen Tag lang mit ihm auf die Suche nach wollenen Sportsocken mit dem perfekten Strickmuster gehen mußten. Maurice Coyle … Lektorkollege von Donna … phantastische Mischung aus höchster Professionalität und einem köstlichen Sinn für Humor. Christina Braun … Frau Faktenüberprüferin … weiß alles … wahrhaftig ein Quälgeist (Bravo!). Auch bei Wordworks: Ellen Mary Carr, Surrena Goldsmith, Chantal Laurie, Martha Lawler, Cindy Sammons, Katie Schofield, Pat Wright. Und … bei der Ken Silvia Design Group … Nancy Cutter …, die das Manuskript besser kennt als wir alle.

Bei … den Tom Peters Companies … geht mein Dank an … Leane Reelfs … Schöpferin der Dias, die das Rückgrat dieses Buches ausmachen. Und an … Michelle Rotzin und Pat Reardon …, die mich enorm unterstützten … und die mir nichts, aber auch gar nichts durchgehen ließen. Und an Susan Bright Winn bei Bright Typing, die die ersten, ziemlich wüst aussehenden Entwürfe dieses Manuskripts erfaßt hat. Bei … ICM … an Esther Newberg … außergewöhnliche Persönlichkeit unter den Literaturagenten. … Ihr sind die Ideen zu meinen Büchern zu verdanken, unter anderem auch zu diesem.

Und … Dean LeBaron … Finanzdienstleister/Unternehmer … Ideenschmied … König der Neugier …, der so freundlich war, das Vorwort zu diesem Buch zu schreiben. Mein ganz besonderer Dank in punkto »Frauensachen« geht … an … Heather Shea … und an die Mannschaft am Disney Institute.

Und … bei Alfred Knopf … an die unvergleichliche Powerfrau … Jane Friedman! Und an Alberto Vitale, Jon Segal, Paul Bogaards, Katherine Hourigan, Ida Giragossian, Pat Johnson, Quinn O'Neill, Mel Rosenthal, Bill Loverd und Marlene London von den Professional Indexing Services. Und … an die Königin der Covergestaltung … Carol Carson.

***

Mein ganz besonderer Tribut gilt dem Turnaround-König. Dem Menschen, der es geschafft hat, viele schon totgeglaubte große Unternehmen zu neuem Leben zu erwecken. Von ihm stammt der Ausspruch »Großschrumpfen geht nicht« … Es ist: Arthur Martinez, Mister Sears.

Ihnen allen möchte ich danken!

A N M E R K U N G E N

EINLEITUNG

John H. Sheridan, »Lew Platt: Creating a Culture for Innovation,« *Industry Week,* December 19, 1994, p. 26.

Peter Georgescu: »Looking at the Future of Marketing,« *Advertising Age,* April 14, 1997, p. 30.

Jim Rohwer, *Asia Rising* (New York: Simon & Schuster, 1995), pp. 42-44.

KAPITEL 1

3-4 »The Death of Distance,« *The Economist,* September 30, 1995, pp. 15, 27.

7 AP(Associated Press), »Gates Three-peats as World's Richest,« *San Jose Mercury News,* July 14, 1997, p. A4.

9 J.C. Herz, *Joystick Nation: How Videogames Ate Our Quarters, Won Our Hearts, and Rewired Our Minds* (Boston: Little, Brown and Company, 1997), p. 2.

11 Hal Kahn: »Shoppers Haltingly Embrace Machines Replacing Clerks,« *The Denver Post,* April 19, 1997, p. A22.

11 Elizabeth Weil, *Fast Company,* April:May, 1997, p. 100.

13 Oren Harari: »Let Computers be the Bureaucrats,« *Management Review,* September, 1996, p. 57.

14 John R. Dorfman: »Microsoft, Intel Take Over As the New Kings of Stocks,« *Wall Street Journal,* March 21, 1997, p. C1.

16 William C. Symonds, Brian Bremmer, Stewart Toy und Karen Lowry Miller, »The Globetrotters Take Over,« *Business Week,* July 8, 1996, p. 46.

19 Fred R. Bleakley: »Going for Growth,« *Wall Street Journal,* July 5, 1996, p. A1.

19 Zitiert in John Greenwald: »Reinventing Sears: The Big Store, Once Close to Closeout, Has Become the Merriest Retailer under CEO Arthur Martinez. How Long Can He Keep it Going?« *Time,* December 23, 1996, p. 52.

20 Zitiert in Seth Lubove: »A Long, Long Last Mile,« *Forbes,* October 10, 1994, p. 66.

20 Bill Dahlberg, Vortrag, Marketing Meeting, The Southern Company, January, 1997.

21 Fred R. Bleakley: »Going for Growth,« *Wall Street Journal,* July 5, 1996, p. A1.

22 Peter Georgescu: »Looking at the Future of Marketing,« *Advertising Age,* April 14, 1997, p. 30.

26 Nicholas Negroponte: »The Balance of Trade of Ideas,« *Wired,* April, 1995, p. 188.

28-29 James F. Morse: »Predators and Prey: A New Ecology of Competition,« *Harvard Business Review,* May/June, 1993, p. 75.

29 Kevin Kelly: »New Rules for the New Economy,« *Wired,* September, 1997, p. 140.

31 Tom Peters: »Column No. 500 Reviews Some Bedrock Beliefs,« *Star Tribune,* August 30. 1994, p. 2D, Zitierend, Richard Sullivan, SVP of Advertising, Home Depot.

KAPITEL 2

44-45 Joe Flower: »Of Communities and Hired Hands,« *Healthcare Forum Journal,* May/June, 1997, p. 55.

46 Mike Hannan und John Freeman, *Organizational Ecology,* (Cambridge, MA: Harvard University Press, 1989), p. 21.

48   Thomas H. Naylor, Rolf Osterberg und William H. Willimon: »Work Without Meaning,« *Chicago Tribune,* November 27, 1996, p. 25.

49   Patricia Sellers: »How Coke is Kicking Pepsi's Can,« *Fortune,* October 28, 1996, p. 70.

52   Eben Shapiro, *Wall Street Journal,* February 21, 1997, p. A1.

52   Andrew Pollack: »Sony Embraces the Digital Age,« *International Herald Tribune,* May 23, 1997.

54   Leslie Eaton: »Market Place; Corporate Spinoffs are Getting a New Spin,« *New York Times,* January 30, 1997, p. D1.

55   John R. Hayes: »Acquisition is Fine, But Organic Growth is Better,« *Forbes,* December 30, 1996, p. 52.

55   Katharine Campbell: »People: Presiding Over ›Creative Chaos‹-A Love of Travel Led the Young Peter Job of Reuters,« *Financial Times,* October 10, 1994, p. 16.

56   Mark L. Sirower: *The Synergy Trap: How Companies Lose the Acquisition Game* (New York: The Free Press, 1997), p. 4.

57   Leslie Eaton: »Spinoffs Become the Trendy Thing to Do,« *New York Times,* January 30, 1997, p. D1.

57   Mark L. Sirower, *The Synergy Trap,* p. 18.

59   Patricia Anslinger, Dennis Carey, Kristin Fink und Chris Gagnon: »Equity Carve-Outs: A New Spin on the Corporate Structure,« *The McKinsey Quarterly,* 1997, Number 1, pp. 165-172.

60   Phillip L. Zweig: »Why Divorce Is Paying Off On The Street,« *Business Week,* December 5, 1994, p. 84.

60   Patricia Anslinger, Dennis Carey, Kristin Fink, und Chris Gagnon: »Equity Carve-Outs: A New Spin on the Corporate Structure,« *The McKinsey Quarterly,* 1997, Number 1, pp. 165-172.

62-63   Kathy Rebello: »Bill's Quiet Shopping Spree,« *Business Week,* January 13, 1997, p. 34.

66   *Newsweek,* January 15, 1996, p. 17.

67   George Will: »Shadow World,« *Newsweek,* May 4, 1992, p. 82.

68   Kevin Kelly, Out of Control, dt. *Das Ende der Kontrolle.* Bollmann Vlg., 1997.

KAPITEL 3

76   M. Mitchell Waldrop: »The Trillion-Dollar Vision of Dee Hock,« *Fast Company,* October:November, 1996, p. 79.

77   Tom Peters: »To Forget is Sublime« *Forbes ASAP,* April 11, 1994, p. 128.

78   John Maynard Keynes, *General Theory of Employment, Interest and Money* (Harcourt Brace: 1989).

78   James M. Utterback, *Mastering the Dynamics of Innovation: How Companies Can Seize Opportunities in the Face of Technological Change* (Boston: Harvard Business School Press, 1994), p. xxvii.

80   Alison L. Sprout: »Can it Become the Communication Company of the Next Century?« *Fortune,* October 2, 1995, p. 110.

80   Catherine Arnst: »MCI is Swarming over the Horizon,« *Business Week,* February 19, 1996, p. 68.

81   Catherine Arnst: »MCI is Swarming over the Horizon,« *Business Week,* February 19, 1996, p. 68.

82   Kathy Rebello, mit Amy Cortese und Rob Hof: »Inside Microsoft,« *Business Week,* July 15, 1996, p. 56.

83   Teena Hammond: »Banana Republic Eyes New Formats and Revived Catalog,« *Womens' Wear Daily,* April 21, 1997, p. 1.

84   John H. Sheridan: »Lew Platt: Creating a Culture for Innovation,« *Industry Week,* December 19, 1994, p. 30.

85-87   John Mickelthwaite: »Vital Intangibles,« *The Economist,* March 29, 1997, p. 7. © 1997 The Economist Newspaper Group, Inc. Reprinted with permission.

86   Michael S. Malone: »Silicon Valley Primer,« *San Jose Mercury News,* June 27, 1993, p. C4.

91   Warren Bennis und Patricia Ward Biederman, *Organizing Genius: The Secrets of Creative Collaboration* (Reading, MA: Addison-Wesley), 1997, p. 21, dt. *Geniale Teams.* Campus Vlg., Frankfurt 1998.

94   Scott Kirsner: »7 Seers,« *Webmaster,* July, 1997, p. 48.

95   Scott Kirsner: »7 Seers,« p. 47.

96   Michael Schrage: »The Culture(s) of Prototyping,« *Design Management Journal,* Winter, 1993, p. 65.

100   Martha E. Mangelsdorf: »Behind the Scenes,« *Inc.,* October, 1992, p. 72.

103   Debora Vrana: »New Centurion; MTV Creator goes Boldly into Century 21,« *Los Angeles Times,* August 27, 1995, p. D3.

103   »Failure,« *Forbes ASAP,* June 2, 1997, p. 47.

108   George Bernard Shaw, *Annajanska,* 1919, according to *Bartlett's Familiar Quotations,* 16th ed. (Boston: Little, Brown, 1992), p. 571.

108   Jonathan Romney, *New Statesmen and Society,* March 26, 1993, p. 32.

114   Richard Hoffer: »Sitting Bull; Phil Jackson May Invoke Sioux Lore and Zen Mysticism In Coaching Michael Jordan & Co., But the Real Message Is: Play Smart Basketball,« *Sports Illustrated,* May 27, 1996, p. 76.

119   Ingrid Sischy: »The man from Boss; Interview with Hugo Boss AG Head Peter Littmann,« *Interview Magazine,* November, 1996, p. 26.

KAPITEL 4

124   Alan M. Webber: »XBS Learns to Grow,« *Fast Company,* October:November, 1996, p. 115.

128   Julia Flynn Siler: »Hospital, Heal Thyself,« *Business Week,* August 27, 1990. p. 66.

132   William A. Charland, *Career Shifting: Starting Over in a Changing Economy* (Massachusetts: Bob Adams, Inc., 1993), p. 21.

133   Grafik entnommen aus William A. Charland, *Career Shifting,* p. 21.

134   »They Dared to Dream,« *BeautyInc.,* July/August, 1997, p. 32.

138   Richard C. Whiteley, *The Customer Driven Company: Moving from Talk to Action* (Reading, MA: Addison-Wesley, 1991), pp. 9-10.

138   Barry Gibbons, *This Indecision is Final: 32 Management Secrets of Albert Einstein, Billy Holiday, and a Bunch of Other People Who Never Worked 9 to 5* (Chicago: Irwin Professional Publishing, 1996), p. 4.

138   Richard C. Whiteley, *The Customer Driven Company: Moving from Talk to Action* (Reading, MA: Addison-Wesley, 1991), pp. 9, 10.

140   Charles Trueheart: »Welcome to the Next Church,« *Atlantic Monthly,* August, 1996, p. 56.

141   James O'Toole, *Leading Change: Overcoming the Ideology of Comfort and the Tyranny of Custom* (San Francisco: Jossey-Bass Publishers, 1995), p. 9.

142   James O'Toole, p. xiii.

144   David Williams: »Zander: Contribution to Business,« *Encouraging Excellence,* Winter, 1995.

145   Warren Bennis und Patricia Ward Biederman, *Organizing Genius,* p. 27, dt. *Geniale Teams.* Campus Vlg., Frankfurt 1998.

146   Stanley Crouch: »Swingin' to the Digital Times,« *Forbes ASAP,* December 2, 1996, p. 252.

KAPITEL 5

159   Michael Hammer: »Reengineering Work: Don't Automate, Obliterate,« *Harvard Business Review,* July/August, 1990, p. 104.

161   Andrew Brown: »Top of the Bosses,« *International Management,* April, 1994, p. 26.

162   Brian Dumaine: »The New Non-Manager,« *Fortune,* February 22, 1993, p. 80.

164   Marjorie Blanchard, Presentation, May, 1997.

167   Zitiert in Philip K. Howard: »Overregulation yields ›culture of resistance‹, excess of laws, litigation turns good intentions to farce,« *Rocky Mountain News,* June 20, 1995, p. A22.

167   Tom Robbins, *Still Life with Woodpecker* (New York: Bantam Doubleday Dell Pub., 1994), p. 190, dt. *Buntspecht. So was wie eine Liebesgeschichte.* Rowohlt, Reinbek 1983.

168   David Lamb: »›Lone Eagles‹ Flying From Cities to New Job Horizons,« *Los Angeles Times,* August 18, 1993, p A1.

171   Stephen H. Dunphy: »The Newsletter,« *Seattle Times,* June 27, 1997, p. D1.

175   Ronald Heifitz, *Leadership Without Easy Answers* (Cambridge, MA: The Belknap Press of Harvard University Press, 1994).

177-178   Nathaniel Branden, *Taking Responsibility: Self-Reliance and the Accountable Life* (New York: Simon & Schuster, 1996), p. 110, 122.

180-181   Ffyona Campbell, *On Foot Through Africa* (Great Britain: Orion Publishers, 1994).

191   Ellis E. Conklin: »Rick Kaminski: Peanut Vendor,« *Seattle Post,* May 7, 1997, p. D1.

194   Gary Wescott, *Russian Life,* March, 1997, p. 12.

195   George Carlin, *Brain Droppings* (New York: Hyperion: 1997), p. ix.

KAPITEL 6

201   James Brian Quinn, Speech, February, 1997.

208   Im Gespräch mit dem Autor.

215   Patricia Sellers: »How Coke is Kicking Pepsi's Can,« *Fortune,* October 28, 1996, p. 70.

224   Walter Russell Mead: »A History of the Future,« *Worth,* June, 1997, p. 35.

KAPITEL 7

230   Patrick McGovern: »Circling Back to the Small and Simple,« *Forbes ASAP,* December 2, 1996, p. 197.

230   Timothy Aeppel: »The Property Report: Free: Landmark Tower, 31 Stories, As Is,« *Wall Street Journal,* December 20, 1996, p. 1.

231   Graeme Kennedy: »Airlines' new buzzword cuts out tickets—and high costs,« *The National Business Review,* July 5, 1996, p. 24.

232   Paul M. Barrett: »Legal Beat: More Law Firms turn to Temps with LL.D.S,« *Wall Street Journal,* May 19, 1997, p. 1.

234   Arno Penzias, *Harmony: Business, Technology and Life after Paperwork* (New York: HarperBusiness, 1995), p. 4.

236   »Functional Foods growth requires industry decision,« *Milling and Baking News,* December 17, 1996, p. 7.

238   Linda Himelstein: »Wells Fargo Bets Big on Minibanks,« *Business Week,* November 18, 1996, p. 160.

239   Im Gespräch mit dem Autor.

244   Linda Haugsted: »MSOs Will Test Payment Card Option,« *Multichannel News,* December 23, 1996, p. 7.

244   Im Gespräch mit dem Autor.

251   Jordan D. Lewis, *The Connected Corporation* (New York: The Free Press, 1995), p. 8.

255   Heath Row: »The Electric Handshake,« *CIO,* December 15/January 1, 1997, p. 50.

256   Scott Kirsner: »7 Seers,« p. 50.

257   Raymond Lane: »The Information Age is Not Yet Here,« *New Perspectives Quarterly,* March, 1997, p. 19.

KAPITEL 8

273   M. Mitchell Waldrop: »The Trillion-Dollar Vision of Dee Hock,« *Fast Company,* October:November, 1996, p. 78.

275   Michael Hammer: »Reengineering Work: Don't Automate, Obliterate,« *Harvard Business Review,* July/August, 1990, p. 104.

275   John R. O'Neil, *Paradox of Success: When Winning At Work Means Losing At Life: A Book of Renewal for Leaders,* (New York: G.P. Putnam's Sons, 1993), p. 48.

278   Ken Kaye: »Air of Anticipation,« *Fort Lauderdale Sun Sentinel,* January 21, 1996, p. F1.

280   Roger Dow und Susan Cook, *Turned On: Eight Vital Insights to Energize Your People, Customers, and Profits,* (New York: HarperBusiness, 1996), pp. 22-23.

281   John Greenwald: »Buying a Car Without the Old Hassles,« *Time,* March 18, 1996, p. 74.

284   Barry Gibbons, *This Indecision is Final,* p. 12.

286   Alan M. Webber: »What's so New About the New Economy,« *Harvard Business Review,* January/February, 1993, p. 24.

286   Thomas A. Stewart: »Managing in a Wired Company,« *Fortune,* July 11, 1994, p. 44.

286-288   Etienne Wenger: »Communities of Practice: Where Learning Happens,« *Benchmark,* Fall, 1991, p. 8.

289   David Stamps: »Are We Smart Enough For Our Jobs?« *Training,* April, 1996, p. 44.

290   William C. Taylor: »At VeriFone It's a Dog's Life (And They Love It!),« *Fast Company,* Premier Issue, p. 117.

KAPITEL 9

296   Im Gespräch mit dem Autor.

296   Paul Goldberger: »The Sameness of Things,« *New York Times Magazine, April 6, 1997,* pp. 56, 58.

297   J.D. Power und Associates Report, September 11, 1996, p. 1.

299   Samuel Autman: »Sitting on Top of the Independent Heap; The Sundance Film Festival Showcases 127 Cutting-Edge Movies,« *St. Louis Post-Dispatch,* January 26, 1997, p. 3C.

301   Bill Richards: »Sharper Image is Dropping Spa Line, Focusing on Home-Furnishings Catalog,« *Wall Street Journal,* March 7, 1997, p. B9A.

302   Jack Neff und Pat Sloan: »Procter & Gamble out to Simplify its Product Lines,« *Advertising Age,* September 30, 1996, p. 21, 24.

303   Barry Gibbons, *This Indecision is Final,* p. 26.

305   Tim Stevens: »Quality is Free Because it's Built-In,« *New Straits Times,* March 26, 1996, p. 11.

307   Ronald Henkoff und Reporter Ricardo Sookdeo, »The Hot New Seal of Quality,« *Fortune,* June 28, 1993, p. 116.

310   Credo des The Ritz-Carlton.

312   »Secrets of the Empire Builders,« *Success,* September, 1996, p. 30.

312   Tom Peters: »On Excellence: Airlines' Soul Survivor,« *The Independent,* October 2, 1994, p. 16.

314   Im Gespräch mit dem Autor.

316   Alan Goldstein: »Inside Intel; How a Chipmaker Becomes a ›Benevolent Monopoly,‹« *Dallas Morning News,* August 11, 1996, p. H1.

317   Warren Bennis und Patricia Ward Biederman, *Organizing Genius,* p. 19, dt. *Geniale Teams.* Campus Vlg., Frankfurt 1998.

323   Rahul Jacob: »Corporate Reputations; The Winners Chart A Course of Constant Renewal And To Sustain Culture That Produce the Very Best Products and People,« *Fortune,* March 6, 1995, p. 54.

326   Im Gespräch mit dem Autor.

326   Tara Weingarten und John Leland, *Newsweek,* June 9, 1997, p. 60.

326   Caroline E. Mayer: »Prophet Among the Pots and Pans,« *Washington Post,* May 19, 1993, p. E1.

329   Rance Crain: »Callaway Stalking Tiger? Ely Hints He's on the Prowl,« *Advertising Age,* May 26, 1997, p. 20.

KAPITEL 10

334   Gillian Law und Nick Grant: »The Changing Face of the Marketplace 2001,« *Management,* June, 1996, p. 64.

337   Bradley Johnson: »EDS May Pour $80 Million Into First Global Campaign; Spending Soars To Reflect Growing Businesses,« *Advertising Age,* September 30, 1997, p. 4.

340   Charlie Vestner: »What Does it Take to Stay Hot in the World's Most Fickle Business, *Individual Investor,* February, 1997, p. 40.

341   »Secrets of the Empire Builders. The 25 Best Business Schools,« *Success,* September, 1996, p. 30.

342   Bill Burgess, Vortrag, Atlanta, January, 1997.

342   Richard C. Greene, *Forbes* print ad.

344   Bill Dahlberg, Vortrag, Atlanta, January, 1997.

346   Bernd H. Schmitt und Alexander Simonson, *Marketing Aesthetics: The Strategic Management of Brands, Identity, and Image* (New York: Free Press, 1997) p. 18, dt. *Marketing-Ästhetik.* Econ Verlag GmbH, Düsseldorf und München 1998.

KAPITEL 11

354   Steve Lohr: »Creating Jobs,« *New York Times,* January 12, 1997, p. 14.

355   Jonathan Weber: »Cult. Company. Chaos.« *Los Angeles Times,* December 10, 1995, p. 24.

357   Patricia Pitcher, *The Drama of Leadership* (New York: John Wiley & Sons, Inc., 1997), p. 139, dt. *Das Führungsdrama.* Klett-Cotta, Stuttgart 1997.

359-360   Jack Mingo, *How the Cadillac Got Its Fins* (New York: HarperBusiness, 1995).

361   Alan Webber: »If anything, experience counts against you,« *USA Today,* January 28, 1997, p. A11.

364   Zitiert aus Martha Duffy, »The Pope of Fashion,« *Time,* April 21, 1997, p. 112.

365   Jean Lipman-Blumen, *The Connective Edge: Leading in an Interdependent World* (San Francisco: Jossey-Bass Publishers, 1996), p. 308.

367   Zitiert aus Richard Hoffer, »Mystical Methods; Phil Jackson Has Become a Kind of Spiritual Force for the Bulls, and However Quirky his Style, It Works,« *Sports Illustrated,* June 19, 1996, p. 88.

367   James Clavell, *Shogun: A Novel of Japan* (New York: McClelland and Stewart Ltd., 1975).

368   Peter Carbonara: »Hire for Attitude, Train for Skill,« *Fast Company,* August:September, 1996, p. 73.

369   Charles Burck: »Succeeding with Tough Love,« *Fortune,* November 29, 1993, p. 188.

369   Im Gespräch mit dem Autor.

371   Entnommen aus Thomas Armstrong, *7 Kinds of Smart: Identifying and Developing Your Many Intelligences* (New York: Plume, 1993), pp. 9-11. Vergleiche Howard Gardner, *Frames of Mind: The Theory of Multiple Intelligences* (New York: Basic Books, 1993); *Multiple Intelligences: The Theory in Practice* (New York: Basic Books, 1992).

372   Warren Bennis und Patricia Ward Biederman, *Organizing Genius,* pp. 5, 12, dt. vgl. Anm. 317.

373   Warren Bennis und Patricia Ward Biederman, *Organizing Genius,* p. 10, dt. vgl. Anm. 317.

376   John Gerstner: »Cyber-Architect Nicholas Negroponte,« *Communication World,* January/February, 1996, pp. 14-17.

377   Jean Lipman-Blumen, *The Connective Edge,* p. 307.

390   Jim Coyle: »Like swords? Funny hats and capes? Apply to Queen's Park,« *Ottawa Citizen,* November 20, 1996, p. A15.

KAPITEL 12

396   Don Longo: »The Top 500,« *National Home Center News,* May 26, 1997, p. 29.

396-398   Phyllis A. Katz und Margaret Katz, *The Feminist Dollar: The Wise Woman's Buying Guide* (Plenum Press, 1997).

398   »Out of the Box,« *Brandweek,* December 2, 1997.

399   »Cool Companies,« *Fortune,* July 7, 1997, p. 104.

400   National Foundation for Women Business Owners Brochure, September, 1996. Daten zu den deutschen Bedingungen: Horizont vom 20.3.1997 nach Angaben der Deutschen Ausgleichsbank und Hoppenstedt sowie Focus vom 2.9.1996

401   Jean Halliday: »Ford Upping Magazine Spending In The Fourth Quarter,« *Advertising Age,* July 7, 1997, p. 2.

401   Linda Prochazka-Dahl: »They Really Are Different; Selling Cars to Women,«, *Wards Dealer Business,* February, 1997, p. 31.

401   Erin Kuniholm: »Truth in Numbers,« *Women's Sports + Fitness,* January/February, 1997, p. 27.

404   Laurie Larwood und Marion M. Wood: »Training Women for Management: Changing Priorities,« *Journal of Management Development,* 1995, p. 54.

404   Elaine McShulskis: »Update,« *HRMagazine,* December, 1996, p. 14. Daten zu den deutschen Studierenden: SZ, 9.11.96 nach Angaben des Hochschul-Informations-Systems (HIS).

405   Faith Popcorn und Lys Marigold, *Clicking* (New York: HarperCollins, 1996), p. 160, dt. *Clicking, Der neue Popcorn-Report.* Heyne, München 1997.

406   Entnommen aus Carol Gilligan, *In a Different Voice* (Cambridge, MA: Harvard University Press, 1993), pp. 22, 38, 40, 41, dt. *Die andere Stimme.* dtv, Frankfurt 1996.

407   Lani Guinier, Michelle Fine und Jane Balin, *Becoming Gentlemen: Women, Law School and Institutional Change* (Boston: Beacon Press, 1997).

409   (BrainWaves study).

412   Im Gespräch mit dem Autor.

414   John Greenwald: »Reinventing Sears.« *Time,* December 23, 1996, p. 54.

416   Jean Halliday: »Ford Upping Magazine Spending In The Fourth Quarter,« *Advertising Age,* July 7, 1997, p. 2.

417   Bill Brocato: »Women Travelers Get Their Due,« *Successful Meetings,* July, 1996, p. 13.

423   Deborah Tannen, *You Just Don't Understand* (New York: Ballantine Books, 1991), dt. *Du kannst mich einfach nicht verstehen.* Kabel Vlg., Hamburg 1993.

KAPITEL 13

429   Larry Reynolds: »Is Your Product Design Really Protected?« *Management Review,* August, 1991, p. 36.

430   Robert H. Hayes und William J. Abernathy: »Managing Our Way to Economic Decline,« *Harvard Business Review,* July/August 1980.

440   Gale Eisenstodt: »Crazy is Praise For Us« *Forbes,* November 7, 1994, p. 174.

441   Tom Peters im Gespräch mit David Kelley, IDEO.

442   Donald Norman, *The Design of Everyday Things* (New York: Basic Books, 1988), p. xi.

448   Christopher Lorenz, *The Design Dimension* (Blackwell, 1990), dt. *Die Macht des Design.* Campus Vlg., Frankfurt/M. 1992.

KAPITEL 14

455   Mickey H. Gramig: »Retailers Given a Stern Lecture,« *Atlanta Journal and Constitution,* January 15, 1997, p. D1.

457   Edith Hill Updike: »Will Neon Be The Little Car That Could?« *Business Week,* June 10, 1996, p. 56.

458-459   David Aaker, *Building Strong Brands* (New York: Free Press, 1996), pp. 37, 38-40.

468   Research on Southwest Airlines was conducted by Peter Karl, Char Woods, and Tom Peters, Summer 1994. Additional information was derived from Kenneth Labich, »Is Herb Kelleher America's Best CEO?« *Fortune*, May 2, 1994, pp. 46-50.

468   PBS show *Service with Soul*.

473   Credo des Hard Rock Café.

KAPITEL 15

469   William M. Carley: »To Keep GE's Profits Rising, Welch Pushes Quality-Control Plan,« *Wall Street Journal*, January 13, 1997, p. 1.

480   David Williams: »Zander: Contribution to Business,« *Encouraging Excellence*, Winter, 1995.

482   Zitiert aus Richard N. Haass, *The Power to Persuade* (Boston, Houghton Mifflin Company, 1994), pp. 29-30.

489   Salli Rasberry und Padi Selwyn, *Living Your Life Out Loud* (Pocket Books, 1995).

REGISTER

BILDNACHWEIS

Zum Autor

Tom Peters ist Mitautor von *Auf der Suche nach Spitzenleistungen* (zusammen mit Robert H. Waterman, Junior) und von *Leistung aus Leidenschaft* (zusammen mit Nancy Austin).

Kreatives Chaos, Jenseits der Hierarchien – Liberation Management, Das Tom Peters Seminar und *Der Wow!-Effekt* stammen von ihm als Alleinautor. Er hat die Tom Peters Group in Palo Alto, Kalifornien, begründet. Den größten Teil seiner Zeit verbringt er an Bord von Flugzeugen. Ansonsten lebt er mit seiner Familie auf einer Farm in Vermont oder auf einer Insel vor der Küste von Massachusetts – hoch lebe die Revolution in der Informationstechnologie. (Zu erreichen ist er unter tompeters@businessedge.net.)